◇现代经济与管理类系列教材

企业运营管理

主编 王 磊 王成飞

U0362090

清华大学出版社

北京交通大学出版社

·北京·

内容简介

本书以及时向顾客提供有价值的高质量的产品或服务为核心，对企业运营与战略、产品开发与设计、选址与流程优化、企业计划管理等进行了介绍，同时，注重非制造业的运营管理研究。本书内容不局限于传统的生产过程的计划、组织与控制，而是重点放在运营战略的制订、运营系统的设计以及运营系统的运行等多个层次的内容上。把运营战略、新产品开发、产品设计、采购供应、生产制造、产品配送，直至售后服务看作一个完整的"价值链"，对其进行集成管理。

本书适合工商管理专业本科生学习使用，也可作为研究生学习企业运营管理的入门教材及企业管理人员的培训教材和参考用书。

图书在版编目（CIP）数据

企业运营管理 / 王磊，王成飞主编. —北京：北京交通大学出版社：清华大学出版社，2019.5（2022.8 重印）

ISBN 978-7-5121-3861-2

Ⅰ. ① 企… Ⅱ. ① 王… ② 王… Ⅲ. ① 企业管理–高等学校–教材 Ⅳ. ① F272

中国版本图书馆 CIP 数据核字（2019）第 041143 号

企业运营管理
QIYE YUNYING GUANLI

责任编辑：田秀青

出版发行：清 华 大 学 出 版 社　　邮编：100084　　电话：010-62776969　　http://www.tup.com.cn

北京交通大学出版社　　邮编：100044　　电话：010-51686414　　http://www.bjtup.com.cn

印　刷　者：北京时代华都印刷有限公司

经　　销：全国新华书店

开　　本：185 mm×260 mm　　印张：18　　字数：450 千字

版　　次：2019 年 5 月第 1 版　　2022 年 8 月第 5 次印刷

书　　号：ISBN 978-7-5121-3861-2/F·1864

定　　价：49.00 元

前　言

　　"企业运营管理"是工商管理专业本科生和硕士生的核心课程之一。传统上它是以制造业为背景展开相关研究的。随着后工业化社会的到来，服务经济在国民经济中发挥越来越重要的作用。运营管理中越来越多地引入了服务生产与运营管理的相关研究内容。

　　"企业运营管理"的相关教材所研究和包含的内容比较广泛，大多数教材在内容体系安排上沿着管理的计划、组织、协调和控制这四大职能展开。其特点是既介绍传统运营管理方法和手段，又介绍现代管理思想和技术措施；既研究制造业的企业运营管理，又研究服务业的企业运营管理。本教材在内容选取和论述中充分考虑了现代企业所处的环境以及对运营人才的要求，结合多年的教学实践，注重战略思维和与时俱进。随着社会发展和技术的进步，运营管理的知识体系也将会不断地延伸和更迭，有些认为当时有研究意义的成果随着技术的进步，将会逐渐失去其研究意义和价值。而随之而来的，社会发展所带来的新课题，将会成为运营管理研究的重点。因此，本书在结构安排上，按照从宏观战略到具体运营、从计划到控制的思路，注重锻炼学生理论、方法和模型的应用能力；启发学生的运营管理和创新能力；启发学生面对运营管理新课题的探索和研究能力。

　　本书结构严谨、条理清晰，每章均有课后思考题，非常利于学生加深对所学内容的理解。本书编写过程中难免有许多问题和不足之处，敬请各位批评指正。

编　者

2018 年 10 月

目 录

第一章

运营管理概论

1. 了解运营管理的相关概念。
2. 熟悉运营系统的类型。
3. 了解运营管理的发展历程。

引导案例

制造业新趋势——服务型制造

继高端化、智能化之后，服务化成全球制造业发展新趋势。《经济参考报》记者调研了解到，目前我国东部沿海地区推进服务型制造已初显成效，越来越多的企业开始从提供产品向提供全生命周期管理转变、从提供设备向提供系统解决方案转变。企业人士及专家表示，发展服务型制造能有效应对资源环境约束，对推进我国产业结构优化，抢占全球制造业产业链高端具有重要作用，需要国家加快政策支持力度，推进公共服务平台建设。位于广州开发区的广电运通是一家主要生产 ATM 机等金融设备的企业，经过 20 年发展，销售额占全国 ATM 机销售额的近 30%，持续九年居行业第一。近年来，受移动支付冲击，不断减少的银行网点也导致公司 ATM 机销售量逐年下降。"面对挑战，公司决定向基于产品的服务方向转型，将涉及 ATM 机选址、巡查、监控、清钞、押运等服务进行垂直整合，2016 年公司营收 44 亿元，2017 年上半年服务收入已超过制造板块，现在已变身成为金融智能设备及系统解决方案提供商。"公司总经理叶子瑜说。

随着产品复杂程度提高、用户需求日趋个性化，在新一代信息技术的助推下，服务型制造已成为我国制造业发展的新趋势。在经历市场煎熬与创新洗礼后，佛山爱斯达服饰有限公司"脱胎换骨"，成功从加工制造"转行"成智能裁缝机器人设备供应商。18 秒，一块标准布料输送出来。三个小时后，一条牛仔裤制作完毕。"传统的大批量、标准化生产已经满足不了个性化需要。为适应小批量、多品种订单趋势，公司投入 3 000 万元，耗时 5 年研发出了适用于服装定制领域的智能裁剪机器人。"佛山爱斯达服饰有限公司总裁樊友斌说，"以前我们是做了再卖，现在是卖了再做，大幅减少库存积压，提高了资金流动效率。"

记者调研了解到，作为一种新型产业形态，服务型制造正在上海、山东、浙江、广东、福建等地不少企业加快推进。统计显示，目前福建大中型制造企业服务型收入已占到总收入的 17%。在被称为"世界工厂"的东莞，26.4%规模以上工业企业已尝试向系统集成商转变，12.9%规模以上工业企业开始提供全生命周期管理服务。

中国社会科学院工业经济研究所所长黄群慧表示，装备制造、白色家电、电子信息消费品以及衣饰家具等行业呈现出典型的制造业服务化趋势，企业开始从生产加工向材料供应、研发设计、品牌建设、管理服务、营销推广等环节延伸，帮助制造企业摆脱对资源、能源等要素的投入，减轻对环境的污染，同时能够更好地满足用户需求、增加附加价值、提高综合竞争力。

不少企业人士及专家表示，我国产业结构变化明显，服务业已经成为占比最大的产业，但产业结构转型背后却出现了"转型"未"升级"的问题，其中制造业服务化水平不够是重要原因之一。要实现服务业和制造业的有机融合，需打破传统的产业界限，制定鼓励产业融合发展的政策体系。

首先，要树立融合发展战略思路，加快推进生产性服务业发展。深圳怡亚通董事长周国辉认为，我国要迈入工业强国，不缺生产能力，缺的是强大的工业服务能力，国家应整合优质工业服务能力资源形成服务体系，建立制造企业、生产性服务企业、科研服务机构、金融机构和地方政府良性互动的产业生态系统。同时，企业要避免"大而全、小而全，肥水不流外人田"的思维去延伸服务功能，而是应该"主辅分离"，集中力量做大主力业务，对辅助业务外包，让专业的人做专业的事，实行整合发展优势。有业内人士表示，生产性服务业对制造业转型升级具有支撑作用，可推进生产性服务业集聚区建设，让生产性服务企业享受高科技企业同等的税收优惠。

其次，加快制定政策支撑体系，营造良好制度环境。中国社会科学院财经战略研究院副院长夏杰长表示，随着服务型制造的发展，三次产业日趋融合，产业结构调整和产业政策的目标不应该只是追求统计意义上工业和服务业在国民经济中的比重，而应更加重视产业的运行效率、运营质量和经济效益。相关部门应加快编制发展服务型制造三年行动计划以及发展服务型制造的指导意见，从发展方向、推进路径、政策扶持、基础保障等方面着手。叶子瑜表示，产业融合过程中会涉及多个监管部门，相关部门应尽量遵循底线思维，减少行政管制、降低准入门槛，才能促进新业态快速成长。

最后，搭建公共技术服务平台，解决融合共性需求。政府一方面要围绕制造业服务需求，建立创新设计、物流服务、质量检验检测认证、市场营销、供应链管理等公共服务公共平台，如智能交通产业需要政府开放实时交通数据与地理信息数据，知识产权运营服务需要开放知识产权数据库；另一方面要加强信息化网络服务平台建设，积极研究工业互联网网络架构体系，加快制定面向工业互联网平台的协同制造技术标准，以及产业链上下游间的服务规范，从而推进信息技术与制造技术在研发设计、生产过程、企业管理、产品流通和采销渠道等各个环节上的融合应用。

资料来源：http://www.ccidnet.com/2018/0130/10357450.shtml.

第一节 运营管理概述

自从人类有了生产活动，就开始了生产管理的实践。18 世纪 70 年代西方产业革命之后，工厂代替了手工作坊，机器代替了人力，生产管理理论研究与实践开始系统、大规模地展开。

现代运营管理既要解决传统产业存在的问题，又要针对服务业、高新技术等新兴产业存在的问题进行研究。现代企业的内部分工越来越精细，任何一个生产环节的失误都可能使整个生产过程无法进行。为了适应变化多端的市场竞争和提高产品的综合竞争能力，采用先进的生产制造技术和生产制造模式并提高运营管理水平已势在必行。

一、运营管理的概念

运营管理是广泛应用于生产产品和提供服务的全球所有企事业单位的一门学科，无论是生产产品的制造型企业，还是提供服务的服务型企业。生产是创造产品和提供服务的，而过去人们习惯把提供有形产品的活动称为生产，将提供无形产品的活动称为服务。近年来随着服务业的兴起，更为明显的趋势是把有形产品的生产和无形产品的服务统称为运营，因此，运营管理就是将输入转化为输出的一系列创造价值的活动，并体现为有形的产品和无形的服务。运营管理概念的发展如图 1.1 所示。

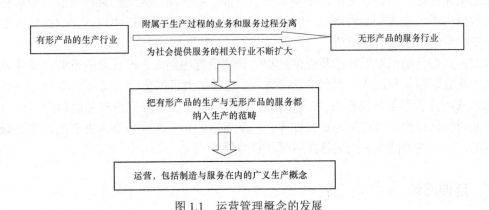

图 1.1　运营管理概念的发展

二、运营管理概念的发展过程

随着经济的发展，技术的进步以及社会工业化、信息化的进展，人们除了对各种有形产品的需求不断提高之外，对有形产品形成之后的相关服务的需求也不断提高。而且，随着社会构造越来越复杂，社会分工越来越细，原来附属于生产过程的一些业务、服务过程相继分离、独立出来，形成了专门的流通、零售、金融、房地产等服务行业，使社会第三产业的比重越来越大，见表 1.1。

表 1.1　我国各产业在 GDP 中所占比重

年份	1980	1990	1995	2000	2004	2009	2011	2014	2017
第一产业/%	30.1	27.1	20.5	16.4	7.7	10.3	10.1	9.2	7.9
第二产业/%	48.5	41.6	48.8	50.2	52.2	46.3	46.8	42.6	40.5
第三产业/%	21.4	31.3	30.7	33.4	40.1	43.4	43.1	48.2	51.6

同时，服务业所吸纳的就业人口比重也越来越大，见表 1.2。

表 1.2　我国就业人口在各产业中所占比重

年份	1980	1992—1997	2000	2004	2005	2010	2012	2013	2017
第一产业/%	68.7	52.2	50	46.9	44.8	36.7	33.6	31.4	27.7
第二产业/%	18.2	23	22.5	22.5	23.8	28.7	30.3	30.1	28.8
第三产业/%	13.1	24.8	27.7	30.6	31.4	34.6	36.1	38.5	43.5

因此，随着经济的发展，生活水平的提高，人们对教育、医疗、保险、理财、娱乐、人际交往等方面的要求也在提高，服务业范围也将不断扩大。

因此，对所有这些提供无形产品的运营过程进行管理和研究的必要性也就应运而生。系统论的发展使人们能够从更抽象、更高的角度来认识和把握各种现象的共性。所以，人们开始把有形产品的生产过程和无形产品的提供过程，即服务的提供过程都看作一种"输入—变换—输出"的过程，作为一种具有共性的问题来研究。这样的变换过程的共性主要表现在，其产出结果无论是有形还是无形，都具有如下特征：能够满足人们的某种需要，即具有一定的使用价值；需要投入一定的资源，经过一定的变换过程才能得以实现；在变换过程中需要投入一定的劳动，实现价值增值。

因此，人们开始把对无形产品提供过程的管理研究也纳入生产管理的范畴，或者说，生产管理的研究范围从制造业扩大到了非制造业。这种扩大了的生产的概念，即"输入—输出"的概念，在西方管理学界被称为"operations"，即运营。无论是有形产品的生产过程，还是无形产品的提供过程，被统称为运营过程。但从管理的角度来说，这两种变换过程是有许多不同点的，对这些不同点的论述将在后续各章节展开。

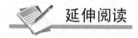 延伸阅读

社会经济的不同发展阶段

美国思想家和社会学家丹尼尔·贝尔以技术为中轴，将社会经济的发展分成前工业社会、工业社会和后工业社会三个阶段。

在前工业社会中，主要的产业部门是农业、林业、渔业、矿业等。这些经济部门以消耗自然资源为主，人们利用体力、兽力和简单的工具，以家庭为基本单位进行生产，直接从自然界提取所需的物品。劳动生产率低下、受自然条件的影响大，可将其归类为第一产业。

在工业社会中，主要的产业部门是制造业、建筑业等。制造业的实质是通过物理或化学的方法，改变自然界的物质，生产人们需要的物质产品，极大地丰富了人们的生活。人们利用机器和动力，以工厂为单位进行生产，使劳动生产率大幅度提高，可将其归类为第二产业。

后工业社会是一个服务社会，经济结构将发生重大变化，服务性产业将成为社会经济的主导产业。饭店、旅游、娱乐、运动等产业开始发展，保健和教育成为人们普遍的需求。人们主要从事各种各样的服务，如贸易、运输、金融、研究、教育和管理等工作。人类利用知识、智慧和创造力，以信息技术为依托，通过不同的社会组织，为顾客提供服务，信息成为关键资源。

资料来源：贝尔. 后工业社会的来临：对社会预测的一项探索. 北京：商务出版社，1984.

三、运营管理的研究对象

（一）运营系统

运营管理的研究对象是运营系统。如前所述，运营过程是一个"输入—变换—输出"的过程，是一个价值增值过程。所谓系统，是指使上述的变换过程得以实现的手段。它的构成与变换过程中的物质转化过程和管理过程相对应，也包括一个物质系统和一个管理系统。

物质系统是一个实体系统，主要由各种设施、机械、运输工具、仓库、信息传递媒介等组成。例如，一个机械工厂的实体系统包括车间、车间内的各种机床、行车等工具以及车间与车间之间的在制品仓库等。一个化工厂的实体系统可能主要是化学反应罐和形形色色的管道；一个急救系统或一个连锁快餐店的实体系统可能又大为不同，它们不可能集中在一个位置，而是分布在一个城市或一个地区内各个不同的地点。

管理系统主要是指运营管理系统的计划和控制系统，以及物质系统的设计、配置等问题，其中的主要内容是信息的收集、传递、控制和反馈。

（二）运营过程

把输入资源按照社会需要转化为有用输出并创造价值的过程就是运营过程。这一过程的载体是形形色色的社会组织，有生产有形产品的，如海信电视机、华为手机等，而另一些组织并不提供有形的产品，如医院、银行、高校、美容院等，它们分别提供身体检查、理财服务、教育和面部美容等各种服务，这些社会组织的活动通常总称为运营管理。在运营管理过程中，每一个社会组织都有其特定的目标和功能，其活动的输入是能源、信息、原材料等，在一定外部环境的约束（如宏观经济、政治、法律、市场）下，通过组织的内部资源支持（如人员、财力、技术等），输出产品和服务，过程如图 1.2 所示。

社会组织的输出是企业赖以生存的基础，是吸引顾客的依据；输入则由输出决定，生产什么样的产品或提供什么样的服务决定了需要输入的资源和其他要素。这一转化过程的有效性是影响企业竞争力的关键因素之一。

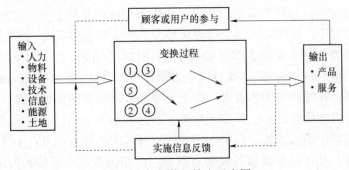

图 1.2　组织输入输出示意图

表 1.3 列出不同行业、不同社会组织的输入、变换和输出的主要内容。

表 1.3　输入—变换—输出的典型系统

系统	主要输入资源	变换	输出
汽车制造厂	钢材、零件、设备、工具	制造、装配汽车	汽车
学校	学生、教师、教材	传授知识、技能	受过教育的人才
医院	病人、医师、护士、药品、医疗设备	治疗、护理	健康的人
商场	顾客、售货员、商品、库房、货架	吸引顾客、推销产品	顾客的满意
餐厅	顾客、服务员、食品、厨师	提供精美食物	顾客的满意

　　人们最初是对生产制造过程的研究，主要研究有形产品生产制造过程的组织、计划和控制，被称为生产管理学。随着经济的发展、技术进步及社会工业化、信息化的进展，社会构造越来越复杂，社会分工越来越细，原来附属于生产过程的一些业务和服务过程相继分离并独立出来，形成了专门的商业、金融、房地产等服务业。此外，人们对教育、医疗、保险、娱乐等方面的要求也在不断提高，相关行业也在不断扩大。因此，对这些提供无形产品的运作过程进行管理和研究的必要性也就应运而生。人们开始把有形产品和无形产品的生产和提供都看作是一种"输入—变换—输出"的过程，从管理的角度来看，这两种变换过程实际上是有许多不同之处的，但从汉语习惯上将生产管理和运营管理两者统称为生产运作。其特征主要表现为：（1）能够满足人们某种需要，即有一定的使用价值；（2）需要投入一定的资源，经过一定的变换过程才能实现；（3）在变换过程中需投入一定的劳动，实现价值增值。

四、运营管理的目标及主要任务

（一）运营管理的目标

　　运营管理所追逐的目标可以用一句话来概括：高效、灵活、准时、清洁地生产合格产品和（或）提供满意服务。

　　效率是投入和产出的比较，产出的是产品和服务，投入包括人力、物力、财力和时间。高效指以最少的人力、物力和财力的消耗，迅速地生产满足用户所需要的产品和提供优质的服务。低耗才能低成本，低成本才有低价格，低价格才能争取用户。灵活是指能很快地适应市场的变化，生产不同品种的产品、开发新产品，以及提供不同的服务和开发新的服务。准时是在用户需要的时间，按用户需要的数量，提供所需的产品和服务。清洁指在产品生产、使用和报废处理过程中，对环境的污染和破坏最少。合格产品和（或）满意服务，是指质量。当前，激烈的市场竞争对企业的要求包括六方面：时间（time，T）、质量（quality，Q）、成本（cost，C）、服务（service，S）、柔性（flexibility，F）和环保（environment，E）。T 指满足顾客对产品和服务在时间方面的要求，即上市要及时，交货期要短而准；Q 指满足顾客对产品和服务在质量方面的要求；C 指满足顾客对产品和服务在价格和使用成本方面的要求，即不仅产品形成过程中的成本低，而且在用户使用过程中的成本也低；S 指为满足顾客需求而提供的相关服务，如产品售前服务及售后服务；F 指组织适应环境和需求变化的能力；E 指对环境的保护程度。

（二）运营管理的主要任务

试想你要开一家餐馆，需要做些什么？

首先，需要进行产品决策，是经营西餐还是中餐？如果中餐，是经营快餐还是传统餐？如果要经营中式快餐，主要提供哪些类型的食品？产品决策之后，接着要选择食品的生产工艺和向顾客提供食品的流程，确定餐厅的规模。然后，需要确定在何处开店，确定餐馆的布局和装修风格。完成以上任务后，餐馆要正式投入运行。这时要合理采购原材料，安排食品生产计划，实现人力、物力和财力的合理配置，控制食品生产现场的进度和质量，使食品能够按照顾客的要求生产出来，并能以良好的服务尽快送达顾客，供给顾客享用。此外，为了使餐馆的经营活动适应顾客需求和环境的变化，还要经常分析，对餐厅的运营管理活动进行不断改进。

如果你要开办制造型企业或提供某种服务，也会遇到类似的问题。可见，运营管理的内容大致可分为三大部分，对运营系统设计的管理，对运营系统运营过程的管理和对运营过程改进的管理。

运营管理是对运营系统的设计、运行与维护过程的管理，它包括对运营活动进行计划、组织与控制。运营管理就是对由输入到输出之间的变换过程的设计、运行和改进过程的管理。其主要任务是建立一个高效的产品和服务的提供系统，为社会提供具有竞争力的产品和服务。效率是投入和产出的比较，所谓高效就是以较少的投入得到较多的产出。运营管理是企业经营过程中最基本的管理职能之一。

五、运营管理的职能

运营、理财和营销是运营管理的三个最基本职能。运营就是创造社会所需要的产品和服务，把运营活动组织好，对提高企业的经济效益有很大作用。但是，运营并不是企业的唯一职能。一般认为，运营是企业最基本的活动。企业中的大部分人力、物力和财力都投入运营活动之中，以制造社会所需要的产品和提供顾客所需要的服务。因此，把运营活动组织好，对提高企业的经济效益至关重要。理财就是为企业筹措资金并合理地运用资金。从资金运动的观点看，企业和公司可以被视为资金汇集的场所，不断有资金进入，也不断有资金流出。只要进入的资金多于流出的资金，公司的财富就能不断增加。营销就是要发现与发掘顾客的需求，让顾客了解公司的产品和服务，并将这些产品和服务送到顾客手中。

三项基本职能是相互依存的。其中，发现需求是进行生产经营活动的前提，有了资金和生产某种产品或提供某种服务的能力，如果该产品或服务没有市场，那将是毫无意义的；有了资金和市场，但却制造不出产品或提供不了服务，也只能眼睁睁地看着市场被别人占领；有了市场和生产能力，但没有资金购买原材料、支付工资，显然也是不行的。三项基本职能连同组织的其他职能，都是组织不可少的，且每项职能都依赖于其他职能。因此，当人们研究生产运作管理时，不要忘记生产运作职能与其他职能之间的关系。传统的生产管理将生产运作职能与其他职能分离开来讨论，不能满足市场经济的客观要求，也不利于企业生产经营活动的整体优化。

三项基本职能是任何一个企业都有的。离开这三项基本职能，任何企业都不可能存在。但企业并不只有这三项职能。采购与供应也是一项很重要的职能。在集中的计划经济体制下，供应比营销更重要。但是，随着社会主义市场经济体制的逐步建立，卖方市场逐渐为买方市场所取代，供应职能将远远不如营销职能重要。人力资源管理也是一项十分重要的职能，它也具有普遍性，但它与企业经营活动的关系不如这三项基本职能直接。

六、运营管理者所需的技能

运营管理者对组织所提供的产品和服务负责。要搞好生产运作管理，必须有一支高水平的生产运作管理人员队伍。运营管理人员运用企业资源的效果决定了企业效益的好坏。因此，运营管理人员在企业中的作用是十分重要的。

由于不同企业的运营活动差别很大（如银行的运作和汽车制造厂的生产），运营管理者的具体工作业务的差别也就很大。然而，作为运营管理者，他们所做的工作是有共性的。运营管理者与其他管理人员一样，也是通过他人来完成工作任务。因此，他们的工作主要是计划、组织、指挥、协调和控制。具体地讲，计划就是要确定在一定时期运营的目标和达成目标需要采取的方法和措施，包括确定生产能力、选址、设施布置、确定所要提供的产品和服务、确定自制还是外购，编制生产作业计划等；组织包括确定运营的集中程度，将什么任务转包出去，确定谁来做、做什么、何处做、何时做以及怎样做；指挥包括分配任务，发出指令，提出建议和激励下属高效、准时完成所分配的任务；协调则是使不同部门、岗位的工作相互配合，和谐地进行；控制包括衡量所做出的结果，并对出现的偏差采取纠正措施，具体的控制包括质量控制、库存控制等。

为了完成生产运作管理任务，生产运作管理者必须具备两方面的技能。

第一，技术技能。技术技能包括两方面：专业技术与管理技术。运营管理者面临的是转化物料或提供各种特定服务这样的活动，他们必须了解这个过程。因此，必须具备有关的专业技术知识，特别是工艺知识。不懂专业技术的人是无法从事运营管理的。但单有专业技术知识对运营管理者来说是不够的，他们还需要懂得运营过程的组织，懂计划与控制，懂现代生产运作管理技术。这些正是本书要讲的内容。

第二，行为技能。运营管理者要组织工人和技术人员进行生产活动，他们必须具备处理人际关系的能力，要善于与他人合作共事，调动他人的工作积极性，协调众人的活动。

因此，对运营管理人员的要求是很高的。要获得这些技能，当一名有效的运营管理者，一靠培训，二靠实践。运营管理者是企业的宝贵财富，企业主管应当充分发挥他们的作用。

第二节　企业运营类型

可以从不同角度对企业运营进行分类。如果从管理的角度，可以将企业运营分成两大类：制造性生产和服务性运作。

一、制造性生产

制造性生产是通过物理和（或）化学作用将有形输入转化为有形输出的过程。例如，通过切削加工、装配、焊接、弯曲、裂解、合成等物理或化学过程，将有形原材料转化为有形产品的过程，就属于制造性生产。通过制造性生产能够产生自然界原来没有的物品。

（一）连续性生产与离散性生产

按工艺过程的特点，可以把制造性生产分成两种：连续性生产与离散性生产。连续性生产是指物料均匀、连续地按一定工艺顺序运动，在运动中不断改变形态和性能，最后形成产品的生产。连续性生产又称为流程式生产，如炼油、冶金、食品和造纸等。

离散性生产是指物料离散地按一定工艺顺序运动，在运动中不断改变形态和性能，最后形成产品的生产，如轧钢和汽车制造。轧钢是由一种原材料（钢锭）轧制成多个产品（板材、型材和管材）；汽车制造是由多种零件组装成一种产品。像汽车制造这样的离散性生产又称为加工装配式生产。机床、汽车、柴油机、锅炉、船舶、家具、电子设备、计算机和服装等产品的制造，都属于离散性生产。在离散性生产过程中，产品是由离散的零部件装配而成的。这种特点使得构成产品的零部件可以在不同地区，甚至不同国家制造。离散性生产的组织十分复杂，是生产管理研究的重点。

连续性生产与离散性生产在产品市场特征、生产设备和原材料等方面有着不同的特点，如表 1.4 所示。

表 1.4　连续性生产与离散性生产的比较

类型 特征	连续性生产	离散性生产
产品品种数	较少	较多
产品差别	有较多标准产品	有较多用户要求的产品
营销特点	依靠产品的价格与可获性	依靠产品的特点
资本/劳力/材料密集	资本密集	劳力、材料密集
自动化程度	较高	较低
设备布置的性质	流水式生产	批量或流水生产
设备布置的柔性	较低	较高
生产能力	可明确规定	模糊
扩充能力的周期	较长	较短
对设备可靠性要求	高	较低
维修的性质	停产检修	多数为局部修理
原材料品种数	较少	较多
能源消耗	较高	较低
在制品库存	较低	较高
副产品	较多	较少

由于连续性生产与离散性生产的特点不同，导致生产管理的特点也不同。对连续性生产来说，生产设施地理位置集中，生产过程自动化程度高，只要设备体系运行正常，工艺参数得到控制，就能正常生产合格产品，生产过程中的协作与协调任务较少。但由于高温、高压、易燃、易爆的特点，对生产系统可靠性和安全性的要求很高。相反，离散性生产的生产设施地理位置分散，零件加工和产品装配可以在不同地区甚至在不同国家进行。由于零件种类繁

多，加工工艺多样化，又涉及不同加工单位、设备和众多的工人，导致生产过程中协作关系十分复杂，计划、组织、协调任务相当繁重，生产管理非常复杂。因此，生产管理研究的重点一直放在加工离散性生产上。

（二）备货型生产与订货型生产

按照企业组织生产的特点，可以把制造性生产分成备货型生产（make-to-stock，MTS）与订货型生产（make-to-order，MTO）两种。流程式生产一般为备货型生产，加工装配式生产既有备货型生产又有订货型生产。

备货型生产是指在没有接到用户订单时，经过市场预测按已有的标准产品或产品系列进行的生产，生产的直接目的是补充成品库存，通过维持一定量成品库存即时满足用户的需要。例如，轴承、紧固件和小型电动机等产品的生产，属于备货型生产，这些产品的通用性强，标准化程度高，有广泛的用户。

订货型生产是指按用户特定的要求进行的生产。用户可能会对产品提出各种各样的要求，经过协商和谈判，以协议或合同的形式确认产品性能、结构、质量、数量和交货期的要求，然后组织设计和制造。例如，锅炉、船舶等产品的生产，属于订货型生产，这些产品的专用性强，大都是非标准的，有特定的用户。

以往，对生产计划与控制方法的研究大都以备货型生产为对象。人们认为，对备货型生产所得出的计划与控制方法，也适用于订货型生产。其实不然。订货型生产与备货型生产是完全不同的组织生产方式。备货型生产是预测驱动的，它通过需求预测、生产计划、库存控制、物资需求计划、作业计划和排序等活动来组织生产。相应的计划与控制方法不一定能够用于订货型生产。例如，用线性规划方法优化产品组合，适用于备货型生产，但一般不能用于订货型生产。原因很简单：用户不一定按工厂事先优化的结果来订货。备货型生产可以在顾客需求发生之前进行，可以使制造厂家及其供应厂家的生产活动按计划均衡地进行，能够即时向顾客提供产品，这是它最大的优势。但是，如果预测不准确，将带来产品积压的风险。在供不应求的市场环境下，备货型生产方式是适用的。订货型生产是顾客订单驱动的，订单可能只包括企业产品清单上的产品，但更可能的是非标准产品或各种变型产品。订货型生产能够避免产品积压的风险，在供过于求的市场环境下是适用的。但是，订货型生产的交货期长，又降低了对顾客需求的响应性。表1.5列出了备货型生产与订货型生产的主要区别。

表 1.5　备货型生产与订货型生产的主要区别

项目 ＼ 类型	备货型生产（MTS）	订货型生产（MTO）
驱动生产的方式	预测驱动	订单驱动
产品	标准产品	按用户要求生产，无标准产品，大量的变型产品与新产品
生产过程	均衡	不稳定
风险	产品积压风险	交货期长风险
适应市场	供不应求的稳定市场	供过于求的变化市场
对产品的需求	具有共性，可以预测	个性化，难以预测

续表

项目 ＼ 类型	备货型生产（MTS）	订货型生产（MTO）
价格	事先确定，较低	订货时确定，较高
交货期	由成品库随时供货，交货期短	订货时决定，交货期长
设备	多采用专用高效设备	多采用通用设备
人员	专业化人员	需多种操作技能人员

　　备货型生产和订货型生产是两种典型的组织加工装配式生产的方式。一般而言，备货型生产的加工对象的标准化程度高，生产效率高，但对顾客的个性化要求的满足程度低；订货型生产的加工对象的标准化程度低，生产效率低，但对顾客的个性化要求的满足程度较高。为了兼顾顾客的个性化要求和生产过程的效率，可以将备货型生产和订货型生产组合成各种不同的生产方式，这种组合的关键是确定备货生产与订货生产的分离点，简称"备货订货分离点"（customer order decoupling point，CODP）。在 CODP 的上游是备货型生产，是预测和计划驱动的；在 CODP 的下游是订货型生产，是顾客订货驱动的。加工装配式生产可以划分为产品设计、原材料采购、零部件加工和产品装配等几个典型的生产阶段。将 CODP 定在不同的生产阶段之间，就构成了组织生产的不同方式，如图 1.3 所示。

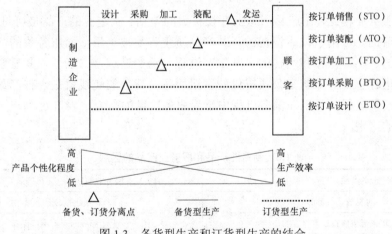

图 1.3　备货型生产和订货型生产的结合

　　当 CODP 在装配与发运之间时，说明装配及其上游的所有生产阶段都是备货型生产，产品已经制造出来，顾客只能在其中选购，即按订单销售（sale-to-order，STO），也就是单纯的备货型生产。当 CODP 在加工和装配之间时，零部件加工及其上游生产阶段都是备货型生产，零部件已经制造出来，按照顾客的要求装配成不同的产品，即按订单装配（assemble-to-order，ATO）。当 CODP 在原材料采购与零部件加工之间时，说明原材料采购及其上游生产阶段都是备货型生产，顾客可以对加工及其下游生产阶段提出特定要求，这就是按订单加工（fabrication-to-order，FTO）。当 CODP 在设计与采购之间时，说明设计是按照预测进行的，顾客可以对采购及其下游生产阶段提出特定要求，这就是按订单采购（purchase-to-order，BTO）。当 CODP 在设计阶段之前时，说明设计及其下游生产阶段都是按照顾客的特定要求进行的，这就是按订单设计（engineering-to-order，ETO）。

ATO、FTO、PTO 生产必须以产品设计模块化、零部件通用化和标准化为前提。随着 CODP 的左移（往上游生产阶段移动），产品的个性化程度越来越高，生产效率越来越低；随着 CODP 的右移（往下游生产阶段移动），产品的个性化程度越来越低，生产效率越来越高。ETO 和 STO 是两个极端，ETO 生产的产品个性化程度最高，但生产效率最低，STO 生产的产品个性化程度最低，但生产效率最高。

其实，图 1.3 中的 CODP 是可以连续移动的，从 ETO 至 STO 是一个连续带。例如，CODP 可以在产品装配过程的某一点，这表明部分共用零部件可以事先装配，一旦发生顾客订货，就可以立即将专用零部件装配到产品中。这样，不仅提高了对顾客需求的响应性，而且延迟了产品的差异化，减少了成品积压的风险。在设计、采购和加工阶段，也可以将部分标准零部件或通用零部件按备货生产方式先确定、先采购或先加工，等到订单到达再设计、采购或加工有特殊要求的零部件。

服务业也有不同的组织运作的例子。例如，餐馆按顾客点的菜来炒菜，每种菜的原料和半成品是事先准备好的，这就是 ATO；如果顾客不仅要点菜，而且有特定的制作要求（如手工还是机器加工），这就是 FTO；如果顾客不仅要点菜，而且对原材料有特定的要求（如"点杀"鱼或鸡），这就是 BTO；为特定顾客设计与众不同的宴席，这就是 ETO。

二、服务性运作

制造业与服务业相比，在产品形态上存在极大的差别。制造业的产品是可见的、有形的、可保存和可运输的、可用于以后消费的，其产品质量容易被测量。而服务业的产品往往是不可见的、无形的、不可保存和运输的，其生产过程与消费过程合二为一，其质量很难测量，只能通过消费进行感知，如航空公司提供的客运服务，特定的航线就是一种产品，产品的生产过程也就是消费过程，可以在消费过程中感受服务质量的高低。表 1.6 列出了制造业产品和服务业产品的区别。

表 1.6　制造业产品和服务业产品的区别

制造业的产品（有形产品）	服务业的产品（无形产品）
可见的、有形的	不可见的、无形的
可以形成库存、可保存	无法形成库存、不可保存
产品可以运输	可以运输的是服务的提供者，而非产品
生产过程和消费过程是相互独立的	生产过程与消费过程合二为一
质量容易测量	质量很难测量，只能通过消费进行感知

服务性运作又称为非制造性（non-manufacturing）生产，它的基本特征是提供劳务，而不制造有形产品。但是，不制造有形产品不等于不提供有形产品。

（一）服务性运作的类型

可以按以下方式对服务运作进行分类。

（1）按照是否提供有形产品可将服务性运作分成纯劳务运作和一般劳务运作两种。纯劳务运作不提供任何有形产品，如咨询、法庭辩护、指导和讲课。一般劳务运作则提供有形产品，如批发、零售、邮政、运输、图书馆书刊借阅。

（2）按顾客是否参与也可将服务运作分成顾客参与的服务运作和顾客不参与的服务运作两种。顾客参与的服务运作如理发、保健、旅游等，没有顾客的参与，服务不可能进行；顾客不参与的服务运作如修理、洗衣、邮政和货运等。顾客参与的服务运作管理较为复杂。

（3）按劳动密集程度和与顾客接触程度可将服务运作分成大量资本密集服务、专业资本密集服务、大量劳务密集服务和专业劳务密集服务四种，如图1.4所示。

劳动（或资本）密集程度

与顾客接触程度	低高	资本密集		劳动密集
		大量资本密集服务：航空公司、酒店、游乐场等		大量劳务密集服务：学校、批发、零售等
		专业资本密集服务：医院、车辆修理等		专业劳务密集服务：律师事务所、专利事务所、会计师事务所等

图1.4　按生产要素密集程度和与顾客接触程度对服务业分类

（二）制造性生产和服务性运作的异同

制造业以制造产品为特征，汽车、冰箱和电视机都是看得见、摸得着的实物。服务业以提供劳务为特征，外科医生做检查、汽车修理以及教授讲课，都只是某种行动，不一定提供有形的物品。当然，服务业也从事一些制造性生产，只不过制造性生产处于从属地位，如餐厅需要制作各种菜品。制造性生产管理和服务性运作管理在"做什么"上是相似的，如都要选择工厂厂址和服务设施的位置，确定工厂的生产能力和服务设施的容量，对稀缺资源进行配置，对生产服务活动进行计划与控制等。由于服务业的兴起，提高服务运作的效率日益引起人们的重视。然而，由于制造是产品导向，服务是行动导向，服务性运作的管理与制造性生产的管理有很大不同，不能把制造性生产的管理方法简单地搬到服务性运作中。与制造性生产相比，服务性运作有以下几个特点：无形性、同步性、异质性和易逝性。正是这些特点决定了服务运作管理的特殊性。

1. 无形性

服务看不见、摸不着、闻不到，也尝不了，它们只是一种"表现"，而不是一件"东西"。因此，服务运作的生产率难以测定。工厂可以计算它所生产的产品的数量，律师做出的辩护词则难以计量。

2. 同步性

在提供服务时，顾客必须出现，顾客也对服务运作过程做出贡献，服务运作实现的时候就是服务同时消费的时候。服务过程发生的时候就是服务提供者和顾客双方同时出现在服务场所的时候，他们是不能分离的。制造业可以将生产和消费分离，生产车间可以不与顾客接触；服务业则以运作和消费结合为特征，与顾客接触是服务性运作的一个重要内容，但这种接触往往导致运作效率降低。

3. 异质性

服务难以标准化，每个顾客每次经历的都是不同的服务，服务质量取决于顾客的感知、情绪和服务氛围。因此，服务运作的质量标准难以建立。教师讲课水平不同，同时不同学生的评价也往往不同。

4. 易逝性

服务不能通过库存来调节，不可存储供未来之用。

因此，需要专门对服务性运作管理进行研究。

（三）制造业与服务业的融合

以上所讲的是产品和服务的主要区别，在很多情况下这种区别并没有明显的界限。在现实的企业活动中大多都是有形和无形两者的结合。当服务中不包含有形产品时称为纯服务，纯服务并不多见，心理咨询是其中之一。图 1.5 反映了各种产品中所包含的服务范围。

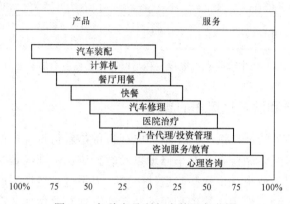

图 1.5　各种产品所包含的服务范围

近年来的发展趋势表明，制造业与服务业的界限正变得越发模糊，两者有许多共同之处，不论是工厂、银行还是超市，它们都需要面对市场，为用户提供有竞争力的产品；它们都需要把设备和人员组织起来，使之形成生产能力；都要对设备和作业进行计划与控制，使之成为有效的系统。因此人们开始将生产活动中的概念、方法和管理模式应用于对服务系统的管理，目的是提高这些系统的效率和业绩水平。在服务业有一个很重要的观念，就是尝试着把一家服务型的企业当作一家制造型企业来进行经营和管理。已经有一些企业提出要在服务质量上向制造型企业看齐，强调服务质量的标准化。

可见，生产管理的领域在不断拓宽，西方的学者把与制造业联系在一起的有形产品的生产称为"production"（生产），而将提供无形服务的活动称为"operations"（运营），现在常将二者均称为"operations"，即"运营"。相关学科称为"运营管理"（operations management）。例如，1999 年年底，海尔实施了经营观念大转变，提出由制造业向服务业转移。就是把"我生产你购买"转变成了"你设计我生产"。前者是典型的制造业，后者却有了服务业的概念，它更能满足消费者的个性化需求。向服务业转型，这并不意味着海尔不制造产品了，恰恰相反，海尔要造好产品，更好地服务于顾客，要把制造业的客户服务提升到基于整个产品生命周期的服务。其中包含着市场调研、产品设计的"思维服务"，产品制造过程的"品质服务"和低成本的"真诚回报服务"，顾客消费过程的"优质售后服务"。在这一转变过程中也产生了许多新的管理方法，丰富了运营管理学科的内容。

第三节 运营管理的发展历程

一、运营管理的产生

伴随着人类历史的演变，人类生产出现了多次革命性的变革。在历史的演变中，生产与运作管理也在不断发展。运营管理产生的时间并不长，但内容却十分丰富。表 1.7 是近 300 年来运营管理理论发展过程中出现的一些重要理论和主要代表人物。

表 1.7　运营管理理论发展简史

时间	主要理论与观点	创始人或代表人物
1776 年	劳动分工理论，主张生产制造劳动专业化	亚当·斯密
1790 年	零件互换性	埃尔·惠特尼
1883 年	按技能进行劳动分工和委派任务	查尔斯·巴贝奇
科学管理原理时代		
1911 年	科学管理原理	泰勒
1911 年	工业心理学、动作研究与时间研究	弗兰克·吉尔布雷斯
1912 年	活动规划图	甘特
1913 年	流水装配线	福特
1915 年	库存管理的数学模型	哈里斯
1930 年	工人动机的霍桑试验	梅奥
统计与运筹学时代		
1931 年	质量控制图	沃尔特·A.谢沃特
1935 年	统计抽样法应用于质量控制	道奇和罗曼
1947 年	线性规划法	乔治·丹齐克
1951 年	质量成本理论	朱兰
1954 年	排序理论	Johnson
1955 年	任务分配匈牙利算法	美国的库恩
1956 年	网络计划的关键路线法（CPM）	美国杜邦公司
1958 年	网络计划的计划评审法（PERT）	美国海军
基于成本竞争时代		
1960 年	零缺陷质量	劳克斯比
1961 年	全面质量控制（TOC）	费根堡姆
1962 年	价值工程	麦尔斯
1963 年	物料需求计划（MRP）	奥里奇·怀特
1970 年	最优生产技术（OPT）理论	Goldratt
1973 年	计算机集成制造	哈林顿
全面质量管理时代		
20 世纪 80 年代	准时制生产（JIT）	日本丰田公司
1980 年	制约因素理论（TOC）	Goldratt
20 世纪 80 年代初	漏斗模型	Bechte Wiendall
20 世纪 80 年代初	MRP Ⅱ	美国 APICS 协会
	全面质量管理	日本企业
	计算机集成制造系统	美国，欧共体

续表

时间	主要理论与观点	创始人或代表人物
基于时间的竞争与变革管理时代		
1987 年	大规模定制	斯坦·戴维斯
1988 年	基于时间的竞争	乔治·斯托克
20 世纪 90 年代	敏捷制造	美国里海大学，国防部
1990 年、1993 年	业务流程重组	哈默，钱皮
20 世纪 90 年代	企业资源计划（ERP）	美国 Garter Group Inc.公司

（一）管理的萌芽

经济学家亚当·斯密在 1776 年撰写的《国富论》一书中，最早注意到了生产经济学。他揭示出劳动分工的三个基本优点：重复完成单项作业会使技能或熟练程度得到发展；减少了由于工作变换而造成的时间损失；当人们在一定范围内努力使作业专门化时，通常会发明出机器工具来。在工厂制度下，由于大量生产需要集中大量的人员，劳动分工作为一个具有普遍意义的方法发展起来，协作的方法是有效的。亚当·斯密观察到这个现象，注意到了它三方面的优点，并把它写进了《国富论》中。《国富论》是生产经济学发展中的一个里程碑，运营管理这门学科从完全叙述的阶段发展到具有一门应用科学特征的阶段。

在亚当·斯密之后，伊莱·惠特尼被认为是较早通过采用标准化和质量控制来推广零部件互换性的人。他在为美国政府生产 10 000 支步枪的合同中，通过提供可以互换的枪械零部件获得了额外的利润。英国人查尔斯·巴贝奇扩大了亚当·斯密的观察范围，提出了许多关于生产组织和经济学方面带有启发性的观点。他的思想在 1832 年所写的《论机器和制造业的经济》一书中概述出来。查尔斯·巴贝奇同意亚当·斯密关于劳动分工的三方面优点，但是他注意到亚当·斯密忽略了一个重要的优点。例如，查尔斯·巴贝奇引用了那个时候制针业的调查结果，专业化分工导致制针业有七个基本操作工序：（1）拉线；（2）直线；（3）削尖；（4）切断顶部；（5）作尖；（6）镀锡或镀白锌；（7）包装。查尔斯·巴贝奇研究了对这些不同工序工资等级所付的费用后指出，如果工厂按照每个人完成全部工序的操作来重新组织的话，就要对这些人按全部工序要求的最难的或者最好的技巧来支付工资。实行劳动分工就可以按每种技巧恰好所需的数量来雇佣劳动力。所以，除了亚当·斯密提出的生产率方面的优点以外，查尔斯·巴贝奇还认识到对技巧划出界线作为支付报酬依据的原则。在亚当·斯密和查尔斯·巴贝奇考察之后的年代里，劳动分工继续发展，并且在 20 世纪前半叶发展更快了。

（二）科学管理

泰勒被誉为科学管理之父。他在员工选择、生产计划和作业计划、动作研究以及现在流行的工效学领域做出了巨大贡献。他的一个主要贡献是提出管理对改进工作方法能起到非常积极的作用。泰勒及其同事亨利·甘特、弗兰克·吉尔布雷斯、莉莲·吉尔布雷斯夫妇均是最早系统地探索最佳生产方法的先驱，为运营管理的发展做出巨大的贡献。泰勒认为，科学的方法能够而且也应当应用于解决各种管理中的难题，完成工作所用的方法应当通过科学的调查研究，由企业的管理部门来决定。他列举出管理部门的四条新的职责，概述如下：

（1）研究一个人工作的各个组成部分，以替代传统的凭经验的做法；

（2）对员工进行科学的选拔、培训和提高，以代替允许员工选择自己的工作和尽他自己的能力来锻炼自己的传统做法；

（3）在员工和管理部门之间发展诚心合作的精神，以保证工作在科学的设计程序下进行；

（4）在员工和管理部门之间按几乎是均等的份额进行工作分工，各自承担最合适的工作，以代替过去员工负担绝大部分工作和责任的状况。

这四条职责使人们对管理组织有了许多的考虑，几乎完全是现代组织实践的基本组成部分，并在工程方法与劳动测量领域中得到了发展。泰勒还做了许多著名的开创性实验。这些实验涉及各个领域，包括基层生产组织、工资付酬理论以及诸如当时钢铁工业部门中常有的金属加工、生铁搬运和铲掘作业的基本步骤的制订。

在很长的一段时间里，泰勒的基本观点很少变化，他所设想的本来意义上的生产管理科学发展极为缓慢。其原因有很多，如还没有可以运用的、合适的知识与工具。多年来，人们试图打破这种僵局，用单一的数字代表人们的产量或用单个人机系统化产量来解决一项作业的产量，可见这个方法不适用于这种情况。在泰勒以后的时期中，困扰着人们的另一个重大困难是大规模问题的复杂性出现了，任何问题的所有可变因素似乎完全是相互依存的。由于对统计和概率论的普遍认识并日益应用于生产以及计算机的运用，与以往相比，现在的生产系统模型更加接近于现实了。

1913年，亨利·福特和查尔斯·索伦森将零部件标准化和肉制品包装与邮件分拣业的准装配线相结合，提出了工人站立不动而物料移动的装配线这一革命性概念。

（三）管理科学的发展

第二次世界大战以后，运筹学与统计学的发展及其在生产管理中的应用给生产管理带来了惊人的变化。存储理论、线性规划方法、网络计划方法、排序方法等一系列的定量化工具在生产管理中获得应用。

在生产管理中，运筹学与统计学的理论与方法的主要应用如下。

（1）计划问题的优化求解。利用线性规划、整数规划、模拟方法等求解适应需求的生产、存储和劳动力安排问题、配料问题、作业编制、日程安排等。

（2）库存管理。库存的基本问题是多长时间检查库存、何时补充库存、每次补给量是多少。利用存储理论建立相应的数学模型可以解决上述问题。

（3）质量控制。20世纪四五十年代起，质量管理专家大量采用统计、运筹学方法进行质量控制，如正交实验方法、抽样检验、多元诊断、控制图等。

（4）厂址的选择。厂址的选择是新厂建设或老厂改造时一个重要的决策问题。在这里，运筹学中的线性规划方法、运输模型都可以有所作为。

（5）设备维修。设备维修是生产的两个基础工作，设备的维护决策、机器的可靠性分析都需要运筹学与统计学的知识。

运筹学与统计学在企业应用的未来发展趋势是多学科交叉，如与模糊方法、人工智能方法相结合，同时增加软系统方法应用。

（四）信息技术的应用

20世纪50年代以来，计算机在生产管理中的应用越来越普遍，出现了如物料需求计划

（MRP）、制造资源计划（MRPⅡ）等工具。

制造资源计划把企业生产经营管理过程的销售、生产、库存、成本、车间作业、采购等业务活动统一起来，形成一个有机整体，使企业能够按物料转化组织生产。1973年美国的哈林顿提出了计算机集成制造的概念。这是计算机技术在生产制造过程中的又一重大应用，由此发展起来的计算机集成制造系统（CIMS）进一步把企业的经营过程集成为一个完整的有机整体。

20世纪90年代，在制造资源计划基础上又发展出一种新的计算机辅助生产管理软件——企业资源计划（ERP）。企业资源计划从更广泛的资源空间进行资源的优化，即从供应链范围去进行资源优化。

ERP的应用使企业在资源管理、响应市场方面的能力增强。随着网络技术的发展，计算机技术将会更广泛地应用于企业生产管理中，提高企业响应市场的能力。但是计算机技术如何与人、管理有机结合起来，是今后计算机辅助生产管理的一个重要研究课题，也是本书探讨的问题。

（五）丰田生产方式

20世纪80年代，日本的汽车产量超过了美国，成为世界汽车产量最大的国家。大量价廉质优的日本汽车进入美国市场，使美国汽车在美国国内汽车市场的占有率由100%下降到64%。这样的结果源于日本汽车工业采用了不同于福特的新的生产方式，即丰田公司的生产方式——准时制生产。

准时制生产，即JIT生产，是丰田公司从20世纪50年代开始经过30年的历史磨炼，逐渐形成的一种生产方式。准时制生产的核心是零库存、零缺陷，即通过不断降低库存，暴露矛盾，解决问题，进行永无休止的改进。因为丰田公司认为库存是掩盖管理问题的，只有降低库存才能使问题暴露出来，然后解决问题。准时制生产在20世纪80年代获得全球的广泛关注，因而JIT和计算机集成制造业系统（CIMS）在整个20世纪成为最有竞争力的两个世界级制造战略武器。

在20世纪90年代，准时制生产进一步演变成精细生产，并且和全面质量管理思想相得益彰。精细生产和全面质量管理共同构成了日本管理模式。

日本管理模式的特点如下。

（1）重视人的因素在提高生产率中的作用。在西方国家，提高生产率主要是通过技术与设备的自动化与现代化水平来实现；但是日本企业更多通过人的因素，即通过人的改善精神实现生产率的提高。

（2）重视团队活动在生产活动中的作用。日本的企业生产管理中有比较多的团队组织活动，如改善团队、创造团队等。

（3）精细化思想。日本的企业在生产管理中，以丰田公司为代表形成的生产管理模式的基本特征是工作精细化、追求高质量、持续改善。

除了以上典型管理思想，在最近的20年中，先后出现了其他有代表性的生产管理思想与管理方法。

（六）约束理论与最优生产技术

TOC，即 theory of constraints，一般中文译为"制约理论"或"约束理论"。1984 年高德拉特博士在著作《目标》一书中最早介绍了 TOC 在制造业环境下的应用。20 世纪 80 年代后期，TOC 发展出以"产销率、库存、运行费"为基础的运作绩效衡量标准，并逐渐形成一种增加产销率而不是传统的减少成本的管理理论和工具。

TOC 是一套系统解决问题的思想方法。TOC 围绕系统中存在的制约因素——"瓶颈"，解决企业中产、供、销不平衡的问题。它可以帮助企业或组织机构识别出在实现目标的过程中存在哪些约束，并进一步指出如何实施必要的改进来消除这些约束，从而更有效地实现其目标。

（七）供应链管理

随着 20 世纪 90 年代以来信息技术的广泛应用与全球化竞争，一种新的企业运作策略出现，即供应链管理。供应链管理在 20 世纪 80 年代就已出现，但是真正受到全球的关注是在 20 世纪 90 年代初。供应链管理是一种系统的管理思想，一种整体优化的战略。它试图在供应商、制造商、分销商、用户所组成的产品价值链上的所有组织之间建立一个双赢的合作机制，从而使市场的竞争从单一企业的竞争转向供应链之间的竞争。供应链管理涉及的内容是多方面的：从管理的幅度看，供应链管理包括需要预测、生产计划与控制、采购与供应、后勤管理四大领域；从管理的层次上看，供应链管理涉及战略层面的供应链设计与规划、合作伙伴关系建立等，以及战术层面的中期管理决策问题（采购、生产、库存、运输策略等）和作业层面的短期日常管理活动如生产 H 程计划、货物的分发与运输等。

尽管供应链管理的内容与形式不同，不同的条件下采用不同的策略，考察供应链管理绩效的指标多种多样，但是供应链管理的目标可以归纳为如下三个方面：（1）把恰当的产品以最小的成本输送到恰当的地点；（2）在维持尽可能低的库存的情况下仍然获得卓越的用户服务；（3）减少从用户订单获取到交货的整个周期时间。

供应链管理最重要的管理思想是集成与协调。通过集成（横向集成），实现跨企业资源的优化，通过协调，使供应链系统达到同步化响应顾客需求。

（八）敏捷制造

20 世纪，美日两国的生产方式成为全球工业界的两大典范。20 世纪上半叶以美国福特的大量生产方式为主，下半叶则是以日本的准时制生产为主。20 世纪末 21 世纪初，美国制造业为了夺回其全球制造业的霸主地位，发起了向日本企业的挑战，提出了新的制造战略——敏捷制造。敏捷制造是一种不同于大量生产与精细生产的新的生产方式。

1991 年美国国会提出为国防部拟订一个较长时期的制造技术规划。里海大学的亚科卡研究所根据国会的指令，邀请国防部、工业界和学术界参加联合研究。1991 年正式出版《21 世纪制造企业战略》的研究报告。报告分两卷：第一卷分析 2006 年以前美国制造业面临的挑战，提出了 2006 年的方案；第二卷研究敏捷制造企业特征、敏捷制企业要素、敏捷制造的 29 项技能技术。

敏捷制造虽然需要相关的支撑技术，如高速信息通信技术、信息集成技术、并行工程技术、数据通信标准等，但是更重要的是观念和组织上的转变、企业运作模式与社会协作体系的建立。

（九）大规模定制

最近几年，一些学者认为 21 世纪需求个性化更明显，产品生命周期缩短，顾客参与性明显，甚至进入新的时期，称为体验经济时代。

大规模定制是敏捷制造之后被理论界研究得比较多的一个管理模式。早在 20 世纪 70 年代，阿尔文·托夫勒在其著作《未来的冲击》一书就提出了大规模定制生产的设想，1993 年，B.约瑟夫·派恩二世在其著作《大规模定制》一书中对大规模定制的思想进行了完整的描述。

大规模定制生产主要是利用大规模生产的经济性与单件生产的多样性，在一个生产系统中实现原本相互冲突的两种生产理念，也就是把标准化生产与个性化生产统一在一个系统中。大规模定制的难点是快速识别顾客需求，即如何有效获取并进行细分顾客需求，然后把个性化需求转化为组件的标准生产。通过组件的标准生产实现生产规模效应，然后利用不同的组件进行配置，完成产品个性化需求，实现顾客需求的多样性。

当然，要实现大规模定制不是一件容易的事情，需要一些新的技术与管理策略。

（1）产品设计与开发系统。要建立一种顾客参与的产品设计系统，顾客可以快速参与并体验自己需要的产品性能；要利用并行工程（CE）、质量功能展开（QFD）等先进的产品开发与组织管理技术进行产品开发。

（2）需求管理系统。传统的顾客需求处理系统在大规模定制中需要改变，要利用顾客关系管理（CRM）、数据挖掘、在线订货等技术挖掘顾客需求，提高对顾客的响应能力。

（3）生产计划与控制系统。大规模定制需要改变传统的生产计划与控制系统，根据产品组合策略建立不同的产品组件，利用成组生产技术进行组件生产，生产计划要有更高的柔性与调整能力，以适应需求变化。

（4）供应链系统。大规模定制下供应链系统也要进行一定调整，要对供应商进行组合分类，把供应商细分为核心组件供应商、一般外包供应商与临时分包合作伙伴等不同类型；推动供应商参与产品开发，提高供应系统的柔性与适应性。

随着各种先进生产管理方法在全球先进制造企业中的广泛推行，各工业化国家主要制造企业的生产运营管理方式也日趋接近，并逐渐形成一种潮流，这种趋势被称为世界级制造方式（world class manufacturing，WCM）。

从 21 世纪开始，随着电子商务和移动互联技术的发展和人类对生存环境的持续关注，大数据、3D 打印、智能制造以及绿色制造等技术和制造模式对生产运营管理影响也逐步显现出来。

二、传统运营管理模式的弊端

20 世纪 20 年代开始出现了"第一次生产方式革命"，即单一品种（少品种）大批量生产方式替代手工制造单件生产方式，但随后代之的是"多品种、小批量生产方式"，即"第二次生产方式革命"。我国传统的生产管理模式是在 20 世纪 50 年代学习苏联的基础上创立发展起来的，与单一品种（少品种）大批量生产方式相适应，以产品为中心组织生产，使整个经济处于投入多、产出少、消耗高、效益低的粗放型发展状态，形成生产单一产品的"大而全"

"小而全"的工业生产体系。可以看出我国传统的生产管理模式是以产品为中心的组织生产，以生产调度为中心控制整个生产，与单一品种大批量生产方式相适应的生产管理模式。与现代企业的运营管理相比，企业传统的生产管理模式存在以下弊端。

（一）企业生产缺乏柔性，对市场反应能力差

所谓柔性，就是加工制造的灵活性、可变性和可调节性。现代企业的生产组织必须适应市场需求的多变性，要求在短时期内，以最少的资源消耗，从一种产品的生产转换为另一种产品的生产。但传统生产管理模式是以产品为单位，按台时定额编制生产计划。投入产品与调整产品对整个计划影响较大，再加上企业生产的反馈信息比较慢，下月初才有上月末的生产统计资料，无法实现动态调整，生产严重滞后，导致生产系统反应速度慢。

（二）企业的"多动力源的推进方式"使库存大量增加

所谓"多动力源的推进方式"，是指各个零部件在生产阶段都以自己的生产能力和生产速度安排生产，而后推到下一个阶级，由此逐级下推形成"串联"，平行下推形成"并联"，直到最后的总装配，构成了多级驱动的推进方式。由于生产是"多动力源"的多级驱动，加上没有严格有效的计划控制和全厂的同步化均衡生产的协调，各生产阶段的产量必然会形成"长线"和"短线"。长线零部件"宣泄不畅"进入库存，加大库存量，而短线零部件影响配套装配，形成短缺件。然后，当"长线"越长、"短线"越短时，使各种库存不但不能起到协调生产和保证生产连续性的作用，反而适得其反，造成在制品积压，流动资金周转慢，生产周期长，给产品的质量管理、成本管理、劳动生产率以及对市场的反应能力等方面带来极其不利的影响。

（三）单一产品的"大而全""小而全"生产结构

现代化大生产是充分利用发达的社会分工和协作，组成专业化和多样化相结合的整机厂和专业化的零部件厂。然而，随着时代的变迁、科学技术的不断进步和人们生活条件的不断改善，消费者的价值观念变化很快，消费需求呈现多样化，从而引起产品的寿命周期相应缩短，为适应市场需求环境的变化，必将使多品种、中小批量混合生产成为企业生产方式的主流。长期以来，我国"大而全""小而全"的生产结构方式，不仅是一种排斥了规模经济效益的、效率低下的生产方式，而且也排斥多样化经营，靠增大批量降低成本生产，这样非常不利于企业分散风险、提高效益和促进企业顺利成长。

（四）企业生产计划与作业计划相脱节，计划控制力弱

传统生产管理模式在生产计划的编制过程中，是以产品为单位进行的，但又由于各生产阶段内部的物流和信息流是以零件为单位，因此，作为厂一级的生产计划只能以产品为单位，按台份下达到各有关车间，而不能下达到生产车间内部。生产车间内部则根据厂级生产计划，以零件为单位自行编制本车间的生产作业计划，由于各生产车间的工艺、对象和生产作业计划的特殊性和独立性，致使各生产车间产量进度不尽相同。而厂级计划是以产品为单位编制的，对各车间以零件为单位的生产作业计划不能起到控制作用。

三、现代运营管理的挑战

运营管理过程就是产品和服务的提供过程，是通过将各种资源输入转化为输出的过程。而输出的产品和服务的价值是指输出与输入之比，根据价值工程理论可知，企业的目标就是通过提高产品或服务的价值更好地服务于顾客，以获得企业的生存和发展。但随着经济的发展和潜力的不断被挖掘，尤其是在知识经济的大潮下，全球早已驶入知识经济的快车道，我们所处的经营环境也面临诸多挑战。

（一）技术的快速发展

交通、通信和网络技术的快速发展，丰富了人们的新生活。知识信息可以瞬间即得，大英博物馆数百万卷的信息5秒钟可以发到任何一台服务器上，得以传播。知识更新速度加快，工业经济时代，300年把人类知识的总和翻了一番，相当于历史上5 000年的知识量，如今知识经济时代，基本每5年知识量翻一番。对企业而言，有一组统计数据：每隔10年，原来的世界500强企业便有1/3消失，因为没有学习和应变能力不够快。从国内情况看，企业的数量比10年前增加33倍，经营环境比10年前复杂25倍，平均寿命是10年前的20%，平均利润逐年递减10%；第一高科技试验区中关村每年60%的企业倒闭，民营企业平均寿命仅为29年，每100家企业中每3年便有68家死亡。竞争更加激烈且没有止境与界限，环境呈现出发展越来越迅速、变化越来越快捷、竞争越来越激烈的特点。一切运营和业态模式越来越多元化且变化速度也逐步加剧，产品生命周期缩短。在运营管理中，利用可靠、便捷、低廉的全球通信和运输网络，尤其是互联网，首先进行快速的产品/服务开发和设计；其次，面对更新的技术、更快的行动和更有效率的对手，运营系统的规划和设计一定要具有快速响应的性质和柔性的特征；在运营系统管理和控制过程中，为满足顾客的需求以及应对技术、材料和工艺等的快速变化，必须不断降低原材料到产成品的库存，吸收供应商的参与，并与关键的供应商建立长期的合作关系，通过合资、联盟等形式，秉持供应链管理的理念。企业运营管理的挑战、要求和应对措施见表1.8。

表1.8　企业运营管理的挑战、要求和应对措施

环境的挑战	对运营管理的要求	运营管理的应对措施
技术的快速发展 消费主义的兴起 全球化的市场态势	加剧的成本竞争 更高的质量要求 更好的服务需求 更多的选择和品种 发展更为迅速的技术 经常推出新产品/服务 提高道德敏感性 环境影响更透明化 更多的法律规定 更强的安全意识	运营网络的全球化 以信息为基础的技术 以互联网为基础的运营活动 一体化 供应链管理 客户关系管理 灵活的工作方式 集团定制 快速进入市场的方法 精益流程设计 环境敏感设计 供应商"伙伴关系"及发展故障分析 业务恢复计划

（二）消费主义的兴起

生活条件的改善使人们越来越关注自己，也更加关注自身的需求。社会进步很重要的特征就是每个人愿意以自己喜欢的方式过自己想过的生活，并且能过上自己想过的生活。因此，社会分工越来越精细化。这个时代也被称为张扬个性、展现真我风采的时代。这一变化对企业运营管理构成三个方面的挑战：（1）在现代企业中的员工，从过往的唯命是从到今天的追求个性的张扬和个人的自我价值和自我实现，与制度的冲突逐渐增多，领导者在运营管理的工作设计和测量中，必须考虑员工整体贡献的重要性，知识社会的挑战，进行恰当的员工授权和工作扩展。（2）生活的日渐丰富和顾客需求的多元化使企业从低成本的标准化产品和生产模式转到大规模的定制生产，生产流程具有足够的柔性，以便随时随地满足顾客的个性化需求。（3）大众对污染以及诸多社会和伦理等问题不断关注，使企业在运营管理中不断投入报废处置费用，采用 ISO 14000 标准进行环保生产和绿色制造，以提高企业的可持续性。尤其是环保型的产品和流程以及包装等的设计，必须考虑产品的生物降解、零件的重复使用和循环利用等，从采购原材料加工为成品到交付顾客使用，在各个关键的节点上，都必须考虑绿色和环保的要求。

（三）全球化的市场态势

随着科学技术的进步、网络技术的发展、信息交流渠道的发达和传递速度的加快，尤其是通信费用和运输费用的快速下降，使各个区域市场不断向全球化迈进。与此同时，以物资、人才和劳动力形式存在的资源也在走向全球化，世界各国竞相提高经济增长率和工业化程度。在运营管理中，必须不断创新，随时随地以更快、更好和更合适的方式、方法生产和运输零部件和产成品；从全球的角度来考虑市场和顾客，个体化的差异会更大，顾客的选择也更多，竞争越激烈，对运营管理的响应速度和能力要求也越高。企业对内部的原材料、人才和技术发展等资源的投入也相应地从关注局部地区和国内市场到关注全球市场和国际协作。

美国学者阿尔文·托夫勒出版的《权力的转移》一书充分说明了以上的诸多的挑战环境。企业为适应外界环境的挑战，在运营管理中需要建立持续改进的理念，以求能够时时跟得上时代的发展与变化。要应对 40 年的工作时间，前工业化阶段，只要 7～14 年的学习时间；工业化阶段，求学时间延伸为 5～22 年，而在当今后工业化阶段，即知识经济时代，管理者必须为企业和员工提供终身学习的机会和理念，才能在日新月异的社会中取得生存和发展。管理大师彼得·圣吉说："你未来唯一持久的优势就是——比你的竞争对手学得更快的能力。"有专家称，知识经济就是发挥人的智慧，让智慧创造前所未有的价值。企业价值的提高是在追求高质量的产出时更注重高质量的投入。

（四）环境问题日益受到重视

环境保护已经成为人类所面临的一个重大问题，而企业在这个问题上具有最直接的责任。为此，企业有必要在产品设计和运营过程中考虑如何保护环境；在资源获取和利用上尽量节约自然资源、合理使用资源，并考虑各种资源的再生利用问题。国际标准化组织已经于 1996 年颁布了有关环境管理的 ISO 14000 系列标准。当今，企业是否取得 ISO 14000 的认证已经成为企业能否走向国际市场的又一个通行证。构建生态经济，实行企业绿色制造、清洁生产的可持续发展之路已成为全社会的共识。

四、运营管理的新趋势

虽然面对着严峻的挑战和严酷的现实，但我国企业应该清楚地看到，这也是一次很好的契机。如果能抓住这个机遇，彻底改变传统的生产管理观念，采用先进的生产方式，构造新的适合我国国情的运营管理模式，"跳跃"过"第一次生产方式革命"的阶段，直接迎接"第二次生产方式革命"的挑战。那么，我国企业必然会产生翻天覆地的根本性变化，从而带动整个国民经济的腾飞。所以，更新我国传统的生产管理模式，对促进我国企业运营管理以及社会经济的发展，有着十分重要的意义。

（一）生产方式方面，从粗放式生产转变为精益生产

按照精益生产的要求，企业应围绕市场需求来组织生产，其具体形式是拉动式生产，即企业的生产以市场需求为依据，准时地组织各环节的生产，一环拉动一环，消除整个生产过程中的一切松弛点，从而最大限度地提高生产过程的有效性和经济性，尽善尽美地满足用户需求。拉动式生产彻底改变了过去那种各环节都按自己的计划组织生产以及靠大量的在制品储备保任务、保均衡的做法，使社会需要的产品以最快的速度生产出来，减少储存，最终做到生产与市场需要同步。

（二）生产组织方面，从以产品为中心组织生产转变为以零件为中心组织生产

所谓以产品为中心组织生产，是指在整个企业生产过程中，各生产阶段之间的物流和信息流都是以产品为单位流动和传递的，各生产阶段内的物流和信息流则是以零件为单位流动和传递的。生产一个产品，要把一个个零件设计出来，再把一个个零件加工出来，即实际工作是以零件为单位进行的，但它并不能改变整个生产过程以产品为单位的特性。也因为各生产阶段内部的单位口径不一致，产生了传统生产管理模式的特性。现代生产管理要求以零件为中心组织生产，即整个生产过程中，从工艺设计、计划编制、生产组织实施等各个环节，都以零件为单位组织安排，它不仅在生产阶段内部物流和信息流的传递是以零件为单位，而且在各阶段之间的物流和信息流也是如此。这样，可使生产计划与生产作业计划成为"一揽子"计划，它克服了以产品为中心方式因其单位口径不一致造成的物流和信息流的割裂和脱节，使得生产计划和生产作业计划之间的信息传递无障碍，从而使各生产阶段之间及其内部的物流和信息流都能受控于统一的控制中心，即整个生产过程受到严格、有序的控制。

（三）运营管理手段方面，由传统管理转变为智能管理

管理现代化的目标之一是手段集成智能化，企业的经营计划、产品开发、产品设计、生产制造以及营销等一系列活动有可能构成一个完整的有机系统，从而更加灵活地适应市场环境变化的要求。现阶段，移动互联网、云计算、大数据、人工智能、物联网、区块链六大技术正全方位改变人们所处的商业环境，改变当代企业的运营和管理。基于人工智能的三股力量是数据、计算力和算法。人工智能对于企业运营的改变包括使业务流程自动化，知识管理工作自动化，以及管理本身的智能化，以及数据采集到反馈、监控、评估，智能化的分析预测和决策的智能化。信息技术的巨大潜力在传统的管理体制和管理模式下是无法充分发挥的，

必须建立能够与之相适应的生产经营综合管理体制与模式，并进一步朝着经营与生产一体化、制造与管理一体化的高度集成方向发展。

（四）在生产品种方面，由少品种、大批量转变为多品种、小批量生产甚至一样一件生产

我国传统生产管理模式是以产品为中心组织生产，以调度为中心控制进度的管理方式，是与少品种、大批量生产方式相适应的。但是时代发展到今天，一方面，在市场需求多样化面前，这种生产方式逐渐显露出其缺乏柔性和不能灵活适应市场需求的弱点；另一方面，飞速发展的电子技术、自动化技术和计算机技术等使生产工艺技术以及生产方式的灵活转换成为可能。而当今的企业必须面向用户，适应市场，并依据市场和用户的需求变化不断地优化产品结构，最大限度地满足用户对产品品种、质量、价格与服务的需求，这也是市场经济高度发展的客观要求。可以肯定地说，多品种、小批量生产将越来越成为主流。

（五）管理制度方面，由非制度化、非程序化和非标准化转变为制度化、程序化和标准化

我国企业的基础管理工作是一个薄弱环节，非制度化、非程序化和非标准化成为我国传统生产管理模式的特征之一。它反映在管理业务、管理方法、生产操作、生产过程、报表文件、数据资料等各个方面，特别是在生产现场，生产无序、管理混乱、"跑、冒、滴、漏"以及"脏、乱、差"等现象比比皆是。运营管理的制度化、程序化和标准化是科学管理的基础，现代运营管理要求科学化的管理。在管理工作中，要完全按照各种规章制度、作业标准、条例等执行，一切都做到有据可依，有章可循，按制度办事，按作业标准操作，按程序管理。

五、现代运营管理的特征

现代运营管理的概念及内容与传统运营管理已有很大不同。随着现代企业经营规模的不断扩大，产品的生产过程和各种服务的提供过程日趋复杂。市场环境的不断变化导致运营管理学本身也在不断地发生变化，特别是信息技术突飞猛进的发展和普及，更为运营管理增添了新的有力手段，也使运营管理学的研究进入了一个新的阶段，使其内容更加丰富，体系更加完整。企业环境变化促进了运营管理的发展，为其注入了新的内容，从而形成现代运营管理的一些新的特征。

（一）现代运营管理的范围比传统的运营管理更宽

传统的生产管理着眼于生产系统的内部，主要关注生产过程的计划、组织和控制等。因此，也称为制造管理。随着社会经济的发展和管理科学的发展，以及整个国民经济中第三产业所占的比重越来越大，运营管理的范围已突破了传统的制造业的生产过程和生产系统控制，扩大到了非制造业的运作过程和运作系统的设计上，从而形成对整个企业系统的管理。

（二）运营管理与经营管理联系更加紧密，并相互渗透

市场经济的深入使企业的生存与发展需要搞好企业经营管理，特别关键的是制订正确的经营决策，而经营决策的实现是加强企业的运营管理。这是由于产品质量、品种、成本、交

货期等运营管理的指标直接影响到产品的市场竞争力。此外，为了更好地适应市场需求，生产战略已成为企业经营战略的重要组成部分，同时，生产系统的柔性化要求经营决策的产品研究与开发、设计与调整与之同步进行，以便使生产系统运行的前提能够得到保障。由此可见，在现代运营管理中，生产活动和经营活动、运营管理和经营管理之间的联系越来越密切，并相互渗透，朝着一体化的方向发展。

（三）多品种、小批量生产及个性化服务将成为运营管理方式的主流

市场需求的多样化使大批量生产方式正逐渐丧失其优势，而多品种、小批量生产方式将越来越成为生产的主流。生产方式的这种转变，使运营管理面临着多品种、小批量生产与降低成本之间相悖的新挑战，从而给运营管理带来了从管理组织结构到管理方法上的一系列变化。

（四）信息技术在运营管理中得到广泛运用

近 20 年来，计算机和互联网技术已经给企业的生产经营活动以及包括运营管理在内的企业管理带来了惊人的变化，给企业带来了巨大的效益。CAD（计算机辅助设计）、CAPP（计算机辅助工艺设计）、CAM（计算机辅助制造）和电子商务等技术的潜在效力是传统的生产管理无法比拟的。

总而言之，在技术进步日新月异、市场需求日趋多变的今天，企业的生产经营环境发生了很大的变化，相应地给企业的运营管理也带来了许多新课题。这就要求人们从管理理念、组织结构、系统设计、方法手段和人员管理等多方面进行探讨和研究。

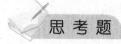 思考题

1. 如何理解生产运作管理的含义？加强生产运作管理对企业经营有什么意义？
2. 运营管理的目标和任务是什么？
3. 区分无形产品与有形产品的不同特点是什么？无形产品的这些特征对它的运作管理有什么影响？
4. 分析企业运营的类型以及备货订货分离点在现实中的应用。
5. 根据企业运营管理发展的历程，试述对现代企业运营的启示。
6. 现代运营管理面临的挑战及发展趋势是什么？

第二章

企业运营与战略

> ## 学习目标

1. 了解企业战略体系及运营战略。
2. 熟悉运营战略分析方法。
3. 了解运营战略的实施步骤。
4. 了解战略竞争要素。

▶ **引导案例**

柯达的战略失误

2012 年新年伊始，全球胶卷行业巨头柯达正式提出破产保护申请，标志着柯达胶卷之王从巅峰走向陨落。

柯达的英雄末路，可以说并不出乎人们的意料。前段时间《福布斯》公布了 2015 年最可能消失的品牌调查结果，柯达位居首位，并称没有人对这一排位感到吃惊，因为这家企业长期发展战略很差劲，"没有任何前景"并且"没有采取任何改变措施"。

不过，柯达将要破产的消息一出，还是立刻成为关注焦点，不少人为此扼腕叹息。遍布大街小巷的柯达店伴随了几代人的成长，作为全球影像和冲印行业的领导者，柯达曾是摄影领域的代名词，1997 年市值达到顶峰，约 300 亿美元。然而，眼下这家有着 132 年历史的公司市值只有 1.45 亿美元。由于股价连续 30 天低于 1 美元，处于困境中的柯达日前表示，如果未来 6 个月内该公司无法提高股价，则有可能从纽约证交所退市。

柯达的衰败可以说是时代变迁的一个缩影，也可以说是一家企业战略失败的经典案例。当摄影拍照技术从"胶卷时代"大踏步进入"数字时代"之际，柯达舍不得放弃传统胶片领域的帝王地位，面对新技术的出现和应用，反应迟钝。其实，并不是柯达不具备数字影像方面的技术和能力，相反柯达早在 1976 年就开发出了数字相机技术，并将数字影像技术用于航天领域，其在 1991 年就有了 130 万像素的数字相机。但是，倚重传统影像业务的柯达高层不仅没有重视数字技术，反而把关注的重点不恰当地放在了防止胶卷销量受到不利影响上，导致该公司未能大力发展数字业务。结果就是舍不得"自杀"，只能"他杀"。2002 年柯达的产品数字化率只有 25% 左右，而竞争对手富士已达到了 60%。随着胶卷的失宠，以及后来的智能手机的出现，柯达走向了末路。

今天，产业技术换代加快，各种技术路线和产业链之间在基础研究、标准制定、市场应用等各个层面激烈竞争，企业要基业长青，就需要把握产业技术竞争演变的态势，随机应变，在技术驱动扮演重要角色的战略性新兴产业领域尤其如此。柯达曾经是美国高技术产业的骄傲，但忽视了数码技术兴起对摄影领域带来的颠覆性创新的机遇，一旦失之交臂，终无力回天。

资料来源：丁兆威. 浅谈柯达公司破产对企业战略发展的若干启示. 中国公共安全（综合版），2012（3）：20.

第一节　企业战略管理体系与运营战略

一、企业战略管理

企业战略管理是企业在宏观层次通过分析、预测、规划、控制等手段，实现充分利用该企业的人、财、物等资源，以达到优化管理，提高经济效益的目的。企业战略管理是对企业战略的设计、选择、控制和实施，直至达到企业战略总目标的全过程，它涉及企业发展的全局性、长远性的重大问题。诸如企业的经营方向、市场开拓、产品开发、科技发展、机制改革、组织机构改组、重大技术改造、筹资融资，等等。企业战略管理的决定权通常由总经理、厂长直接掌握。

（一）企业战略管理的特点

企业战略管理具有以下特点。

（1）整体性。企业战略管理的整体性包括两个方面的含义，一方面将企业战略看成一个完整的过程来加以管理，另一方面将企业视为一个不可分割的整体。企业战略管理强调整体优化，而不是强调企业某一个战略单位或某一个职能部门的重要性。企业战略管理通过制订企业的宗旨、目标、战略和决策来协调企业各个战略经营单位、部门的活动。

（2）长期性。企业战略管理关心的是企业长期、稳定和高速的发展。企业战略管理的时间跨度一般为5~10年。

（3）权威性。企业战略管理重视的是企业领导者按照一定程序，对企业重大问题做出抉择并将其付诸实施的过程。企业战略是有效经营的必要前提，要充分发挥战略的整体效益功能，它就必须具有权威性。

（4）环境适应性。企业战略管理重视的是企业与其所处的外部环境的关系，其目的是使企业能够适应并利用环境的变化。企业是社会不可分割的开放的组成部分，它的存在和发展在很大程度上受其外部环境因素的影响。

（二）企业战略的构成要素

一般来说，企业战略由以下4个要素构成，这也是进行企业战略管理的重要依据。

（1）经营范围。经营范围是指企业从事生产经营活动的领域，它既反映出企业目前与其外部环境相互作用的程度，又反映出企业计划与外部环境发生作用的要求，对于大多数企业来说，应该根据自己所处的行业、自己的产品和市场来确定经营范围。企业确定经营范围的方式可以有多种形式，从产品角度来看，企业可以按照自己产品系列的特点来确定经营范围

（如钢铁公司），企业还可以根据产品系列的技术来确定自己的经营范围（如自动化仪表公司）。

（2）资源配置。资源配置是根据一定原则合理分配各种资源到各个用户单位的过程。资源配置的优劣状况会极大地影响企业实现自己目标的程度，因此，资源配置又被视为形成企业核心竞争力的基础。资源配置是企业实现生产经营活动的支撑点，企业只有采用其他企业很难模仿的方法，取得并运用适当的资源，形成独具特色的技能，才能在市场竞争中占据主动。

（3）竞争优势。竞争优势是指企业通过其资源配置的模式与经营范围的正确决策，所形成的与其竞争对手不同的市场竞争地位。竞争优势既可以来自企业在市场的地位，也可以来自企业对特殊资源的正确运用。具体来说，竞争优势可来源于三大层次：第一，通过兼并方式，谋求并扩张企业的竞争优势；第二，进行新产品开发并抢在对手之前将产品投放市场；第三，保持或提高竞争对手的进入壁垒，如利用专利和技术壁垒等。

（4）协同作用。协同作用是指企业从资源配置和经营范围的决策中所能发现的各类共同努力的效果。即分力整体大于各分力简单相加之和。在企业管理中，企业总体资源的收益要大于部分资源收益之和，即"1+1＞2"的效果。一般来说，企业的协同作用可以分为以下 4 类。第一，投资协同。投资协同作用产生于企业内各经营单位联合利用企业的设备，共同的原材料储备、共同研究开发的新产品，以及分享企业专用的工具和专有的技术。第二，生产协同。生产协同作用产生于充分地利用已有的人员和设备，共享由经验曲线形成的优势。第三，销售协同。销售协同作用产生于企业使用共同的销售渠道、销售机构和推销手段来实现产品销售活动。老产品能为新产品引路，新产品又能为老产品开拓市场。第四，管理协同。管理协同的作用不能通过简单的定量公式明确地表示出来，但它却是一种相当重要的协调作用。

二、企业战略管理的过程

企业战略管理包括战略制订、战略执行、战略控制等过程。

（一）战略制订

企业通过外部环境分析和内部条件分析制订自身的企业战略。深入细致分析企业的外部环境是正确制订企业战略的重要基础，为此，要及时收集和准确把握企业的各种各样的外部环境信息，例如，国家经济发展战略，国民经济和社会发展的长远规划和年度计划，产业发展与调整政策，国家科技发展政策，宏观调控政策，本部门、本行业和该地区的经济发展战略，顾客（用户）的情况，竞争对手的情况，供应厂家的情况，协作单位的情况，潜在的竞争者的情况，等等。

内部条件分析就是要分析该企业的人员素质、技术素质和管理素质，产、供、销、人、财、物的现状以及在同行业中的地位，等等，明确该企业的优势和薄弱环节。

战略制订的程序包括：明确战略思想，分析外部环境和内部条件，确定战略宗旨，制订战略目标，弄清战略重点，制订战略对策，进行综合平衡，方案比较及战略评价。

（二）战略执行

为了有效执行企业制订的战略，一方面要依靠各个层次的组织机构及工作人员的共同配合和积极工作；另一方面，要通过企业的生产经营综合计划、各种专业计划、预算、具体作业计划等，去具体实施战略目标。

1999 年《财富》杂志指出，70%的 CEO 不是因为糟糕的战略而失败，而是因为糟糕的战略执行而失败。所以，提升企业的战略执行力，已成为全球热门的研究领域。提升中国企业战略执行的解决方案主要围绕以下四个要素来展开。

（1）目标与责任。明确目标与责任就是确保企业有一个明晰战略以及如何化战略为行动，是战略执行的首要问题。因为只有明确了目标，执行才有意义。如何实现战略的明确？通过战略梳理可以解决这个问题，战略梳理包括战略分析、规划等一系列内容。化战略为行动是提升战略执行的核心问题，它首先需要经营计划与财务预算来实现，经营计划与财务预算是将企业的战略具体化为明确的行动指令，以计划与预算的方式安排具体的行动及资源配置；其次要建立责任机制，这可以通过绩效变革来实现。

（2）执行的愿力。所谓愿力，就是如何让员工愿意做事，提高工作的积极性和主动性，它是战略执行力的第二个构成要素。因为即使明确了每名员工个人工作的目标，落实了责任，但若员工缺乏动力，这种责任事实上是打了折扣的。员工在"愿意"与"被迫"两种状态下执行的结果必然有很大差异。因此当企业解决战略制订的问题后，还必须解决员工执行愿力的问题。解决员工执行愿力问题的方法可以通过薪酬管理、员工职业发展系统来解决，因为个人的收入与职业发展是员工的切身利益，而当这些利益与企业的目标实现相对接时，员工必然会产生执行的动力。还可以通过培育企业文化的方式来解决员工执行愿力的问题。企业文化不只是口号，而是凝结在员工心中的共同价值观与行为准则，特定的条件下，它比物质激励更加有效。

（3）执行的能力。执行的能力包括两方面，一是组织能力，即流程与组织的运作能力，它可以通过流程优化与组织构架涉及来实现；二是企业人才梯队的个体能力。如果一个公司的经理和员工有目标、责任和做事的愿力，但是如果他们缺乏能力照样也做不好事，企业战略执行效果依然不佳，员工个体能力的提升取决于企业的人力资源管理系统的支持。

（4）科学的绩效管理。科学的绩效管理体系是战略有效执行的保障，传统财务性考核具有以下缺陷：第一，财务指标仅能够衡量过去经营活动的结果，却无法评估未来的绩效表现；第二，财务指标作为企业绩效评估的唯一指标，会导致经营者过分注重短期财务结果；第三，不重视非财务性指标的评估，易使企业竞争力下降；第四，片面的指标考核，难以推动整体绩效的改善。

鉴于上述缺陷，20 世纪末哈佛商学院教授罗伯特·卡普兰与诺朗顿研究院的执行长戴维·诺顿总结出了一种得到广泛认可的考核方法——平衡计分卡。该方法从财务、顾客、内部运营及学习与成长四个互为关联的维度来平衡定位和考核公司各层的绩效水平。

（三）战略控制

战略控制是将战略执行过程中实际达到目标所取得的成果与预期的战略目标进行比较，评价达标程度，分析其原因；及时采取有力措施纠正偏差，以保证战略目标的实现。实践表明，推行目标管理是实施战略执行和战略控制的有效方法。根据市场变化，适时进行战略调整。建立跟踪监视市场变化的预警系统，对企业发展领域和方向、专业化和多元化选择、产品结构、资本结构和资金筹措方式、规模和效益的优先次序等进行不断的调研和战略重组，使企业的发展始终能够适应市场要求，达到驾驭市场的目的。

三、企业战略管理的层次

企业战略管理的三个层次是：总体层战略、业务层战略、职能层战略。

（一）总体层战略

总体层战略又称公司战略，是企业最高层次的战略，是企业整体的战略总纲。它需要根据企业的目标，选择企业可以竞争的经营领域，确定企业未来一段时间的总体发展方向，协调企业下属的各个业务单位和职能部门之间的关系，合理配置企业资源，培育企业核心能力，实现企业总体目标。它主要强调两个方面的问题：

一是"应该做什么业务"，即从公司全局出发，根据外部环境的变化及企业的内部条件，确定企业的使命与任务、产品与市场领域，如在海外建厂、在劳动成本低的国家建立海外制造业务的决策。

二是"怎样管理这些业务"，即在企业不同的战略事业单位之间合理配置企业经营所必需的资源，使各项经营业务相互支持、相互协调，以实现公司整体的战略。

（二）业务层战略

业务层战略又称经营单位战略。现代大型企业一般都同时从事多种经营业务，或者生产多种不同的产品，有若干个相对独立的产品或市场部门，这些部门即事业部或战略经营单位。

由于各个业务部门的产品或服务不同，所面对的外部环境（特别是市场环境）也不相同，企业能够对各项业务提供的资源支持也不同，因此，各部门在参与经营过程中所采取的战略也不尽相同，各经营单位有必要制订指导本部门产品或服务经营活动的战略，即业务层战略。

业务层战略是企业战略业务单元在公司战略的指导下，经营管理某一特定的战略业务单元的战略计划，具体指导和管理经营单位的重大决策和行动方案，是企业的一种局部战略，也是公司战略的子战略。

业务层战略着眼于企业中某一具体业务单元的市场和竞争状况，相对于总体战略有一定的独立性，同时又是企业战略体系的组成部分。业务层战略主要回答在确定的经营业务领域内，企业如何展开经营活动；在一个具体的、可识别的市场上，企业如何构建持续优势等问题。其侧重点在于以下几个方面：贯彻使命、业务发展的机会和威胁分析、业务发展的内在条件分析、业务发展的总体目标和要求等。

对于只经营一种业务的小企业，或者不从事多元化经营的大型组织，业务层战略与公司战略是一回事。所涉及的决策问题是在既定的产品与市场领域，在什么样的基础上来开展业务，以取得顾客认可的经营优势。

（三）职能层战略

职能层战略是为贯彻、实施和支持总体层战略与业务层战略而在企业特定的职能管理领域制订的战略。

职能层战略主要回答某职能的相关部门如何卓有成效地开展工作的问题，重点是提高企业资源的利用效率，使企业资源的利用效率最大化。其内容比业务战略更为详细、具体，其作用是使总体层战略与业务层战略的内容得到具体落实，并使各项职能之间协调一致，通常包括营销战略、人事战略、财务战略、生产战略、研发战略等方面。

简而言之，总体层战略倾向于总体价值取向，以抽象概念为基础，主要由企业高层管理者制订；业务层战略主要就本业务部门的某一具体业务进行战略规划，主要由业务部门领导层负责；职能层战略主要涉及具体执行和操作问题。

总体层战略、业务层战略与职能层战略这三个层次的战略都是企业战略管理的重要组成部分，它们一起构成了企业战略体系。在企业内部，企业战略管理各个层次之间是相互联系、相互配合的。企业每一层次的战略都为下一层次战略提供方向，并构成下一层次的战略环境；每层战略又为上一级战略目标的实现提供保障和支持。所以，企业要实现其总体战略目标，必须将三个层次的战略有效地结合起来。

四、战略分析

战略分析是企业战略管理的重要环节，战略分析即通过资料的收集和整理分析组织的内外环境，包括组织诊断和环境分析两个部分。战略分析包括确定企业的使命和目标；了解企业所处的环境变化，这些变化将带来机会还是威胁；了解企业的地位、资源和战略能力；了解与利益相关者的利益期望，在战略制订、评价和实施过程中，这些利益相关者的反应以及这些反应对组织行为的影响和制约。战略分析工具是企业战略管理咨询实务中经常使用的一些分析方法。企业可以从对企业整体目标的保障、对中下层管理人员积极性的发挥以及企业各部门战略方案的协调等多个角度考虑，选择自上而下、自下而上或上下结合的方法来制订战略方案。

战略分析工具主要包括以下几种方法。

1. SWOT 分析法

SWOT 分析法是用来确定企业自身的竞争优势（strength）、竞争劣势（weakness）、机会（opportunity）和威胁（threat），从而将公司的战略与公司内部资源、外部环境有机地结合起来的一种科学的分析方法。因此，清楚地确定公司的资源优势和缺陷，了解公司所面临的机会和挑战，对于制订公司未来的发展战略有着至关重要的意义。

优势，是组织机构的内部因素，具体包括：有利的竞争态势、充足的财政来源、良好的企业形象、技术力量、规模经济、产品质量、市场份额、成本优势、广告攻势等。

劣势，是组织机构的内部因素，具体包括：设备老化、管理混乱、缺少关键技术、研究开发落后、资金短缺、经营不善、产品积压、竞争力差等。

机会，是组织机构的外部因素，具体包括：新产品、新市场、新需求、外国市场壁垒解除、竞争对手失误等。

威胁，是组织机构的外部因素，具体包括：新的竞争对手、替代产品增多、市场紧缩、行业政策变化、经济衰退、客户偏好改变、突发事件等。

在形式上，SWOT 分析法表现为构造 SWOT 结构矩阵，并对矩阵的不同区域赋予了不同分析意义。在内容上，SWOT 分析法的主要理论基础也强调从结构分析入手对企业的外部环境和内部资源进行分析。SWOT 结构矩阵见表 2.1。

表 2.1　SWOT 结构矩阵

	优势（S）	劣势（W）
机会（O）	SO 战略（增长型战略）	WO 战略（扭转型战略）
威胁（T）	ST 战略（多种经营战略）	WT 战略（防御型战略）

在完成环境因素分析和 SWOT 矩阵的构造后，便可以制订出相应的行动计划。制订计划的基本思路是：发挥优势因素，克服劣势因素，利用机会因素，化解威胁因素；考虑过去，立足当前，着眼未来。运用系统分析的综合分析方法，将排列与考虑的各种环境因素相互匹配起来加以组合，得出一系列公司未来发展的可选择对策。

2. 内部因素评价法

内部因素评价法又称作内部因素评价矩阵（IFE 矩阵），是一种对内部因素进行分析的工具。是从优势和劣势两个方面找出影响企业未来发展的关键因素，根据各个因素影响程度的大小确定权数，再按企业对各关键因素的有效反应程度对各关键因素进行评分，最后算出企业的总加权分数。通过 IFE 矩阵，企业就可以把自己所面临的优势与劣势汇总，来刻画出企业全部的内部应力。

IFE 矩阵可以按如下五个步骤来建立。

（1）列出在内部分析过程中确定的关键因素。采用 10～20 个内部因素，包括优势和劣势两方面。首先列出优势，然后列出劣势，要尽可能具体，要采用百分比、比率和比较数字。

（2）给每个因素以权重，其数值范围由 0.0（不重要）到 1.0（非常重要）。权重标志着各因素对于企业产业成败影响的相对大小。无论关键因素是优势还是劣势，对企业绩效有较大影响的因素就应当得到较高的权重，所有权重之和等于 1.0。

（3）为各因素进行评分。1 分代表重要劣势，2 分代表次要劣势，3 分代表次要优势，4 分代表重要优势。值得注意的是，优势的评分必须为 4 或 3，劣势的评分必须为 1 或 2。评分以公司为基准，而权重则以产业为基准。

（4）用每个因素的权重乘以它的评分，即得到每个因素的加权分数。

（5）将所有因素的加权分数相加，得到企业的总加权分数。

无论 IFE 矩阵包含多少因素，总加权分数的范围都是从最低的 1.0 到最高的 4.0，平均分为 2.5。总加权分数大大低于 2.5 的企业的内部状况处于弱势，而分数大大高于 2.5 的企业的内部状况则处于强势。IFE 矩阵应包含 10～20 个关键因素，因素数不影响总加权分数的范围，因为权重总和永远等于 1.0。表 2.2 是对瑟克斯公司进行内部评价的例子。

表 2.2　瑟克斯公司 IFE 矩阵

关键内部因素	权重	评分	加权分数
优势			
1. 美国最大的赌场公司	0.05	4.0	0.20
2. 拉斯维加斯的客房入住率达到 95%以上	0.10	4.0	0.40
3. 活动现金流增加	0.05	3.0	0.15
4. 拥有拉斯维加斯狭长地带 1 英里的地产	0.15	4.0	0.60
5. 强有力的管理队伍	0.05	3.0	0.15

关键内部因素	权重	评分	加权分数
6. 员工素质较高	0.05	3.0	0.15
7. 大多数场所都有餐厅	0.05	3.0	0.15
8. 长期计划	0.05	4.0	0.20
9. 热情待客的声誉	0.05	3.0	0.15
10. 财务比率	0.05	3.0	0.15
劣势			
1. 绝大多数房产都位于拉斯维加斯	0.05	1.0	0.05
2. 缺乏多样性经营	0.05	2.0	0.10
3. 接待家庭游客，而不是赌客	0.05	2.0	0.10
4. 位于 Lauyhling 的房地产	0.10	1.0	0.10
5. 近期的合资经营亏损	0.10	1.0	0.10
总　　计	1.00		2.75

值得注意的是，该公司的主要优势在于其规模、房间入住率、房产以及长期计划，正如它们所得的 4.0 分所表明的。公司的劣势是其位置和近期的合资经营，总加权分数为 2.75，表明该公司的总体内部优势高于平均水平。

3. 外部要素评价法

外部要素评价法又称作外部因素评价矩阵（EFE 矩阵），是一种对外部环境进行分析的工具。它从机会和威胁两个方面找出影响企业未来发展的关键因素，首先根据各个因素影响程度的大小确定权数，然后按企业对各关键因素的有效反应程度对各关键因素进行评分，最后算出企业的总加权分数。通过 EFE，企业就可以把自己所面临的机会与威胁汇总，来刻画出企业的全部吸引力。

EFE 矩阵可按以下五个步骤来建立。

（1）列出在外部分析过程中确认的关键因素。因素总数为 10～20 个，包括影响企业和所在产业的各种机会与威胁，首先列举机会，然后列举威胁，尽量具体，可能时采用百分比、比率和对比数字。

（2）赋予每个因素以权重。数值由 0.0（不重要）到 1.0（非常重要），权重反映该因素对于企业产业取得成功影响的相对大小，机会往往比威胁得到更高的权重，但当威胁因素特别严重时也可得到高权重。确定权重的方法：对不同类型的竞争对手进行比较，通过集体讨论而达成共识。所有因素的权重总和必须等于 1。

（3）按照企业现行战略对关键因素的有效反应程度为各关键因素进行评分。分值范围为 1.0～4.0，4.0 代表反应很好，3.0 代表反应超过平均水平；2.0 代表反应为平均水平；1.0 代表反应很差。评分反映了企业现行战略的有效性，因此它是以公司为基准的。

（4）用每个因素的权重乘以它的评分，即得到每个因素的加权分数。

（5）将所有因素的加权分数相加，以得到企业的总加权分数。

无论 EFE 矩阵包含多少因素，总加权分数的范围都是从最低的 1.0 到最高的 4.0，平均分为 2.5。高于 2.5 则说明企业对外部影响因素能做出反应。EFE 矩阵应包含 10～20 个关键因素，因素数不影响总加权分数的范围，因为权重总和永远等于 1。表 2.3 是对吉林省民营图书行业发展进行外部评价的例子。

表 2.3　吉林省民营图书行业发展外部评价 EFE 矩阵

关键外部因素（KEF）	权重	评分	加权分数
机会			
1. 省内政策环境好	0.15	4.0	0.60
2. 省政府对民营提供融资便利	0.15	4.0	0.60
3. 市场环境逐渐变好	0.05	2.0	0.10
4. 民营书店不断增多	0.10	4.0	0.40
5. 新华书店规模大，应对困难	0.05	3.0	0.15
6. 外资进入还需要时间	0.05	2.0	0.10
威胁			
1. 各地区消费水平不一样	0.15	3.0	0.45
2. 图书行业管理体制不完善	0.10	3.0	0.30
3. 政策引导、拉动的促进作用不明显	0.05	2.0	0.10
4. 替代产品比较多	0.05	1.0	0.05
5. 相关人才匮乏	0.05	3.0	0.15
6. 企业规模小	0.05	2.0	0.10
总　　计	1.00		3.10

EFE 矩阵的总评分为 3.10，高于平均水平 2.5，说明吉林省民营图书行业的现状能够对外部的机会和威胁做出反应，可以通过适当的方式去利用有利的机会和避开不利的威胁。

4. 竞争态势评价法

竞争态势评价法又称作竞争态势矩阵（CPM 矩阵），是指用于确认企业的主要竞争对手和相对于该企业的战略地位，以及主要竞争对手的特定优势与劣势。CPM 矩阵与 EFE 矩阵的权重和总加权分数的含义相同。编制矩阵的方法也一样。但是，CPM 矩阵中的因素包括外部和内部两个方面的问题，评分则表示优势和劣势。

CPM 矩阵的分析步骤如下。

（1）确定行业竞争的关键因素。

（2）根据每个因素对在该行业中成功经营的相对重要程度，确定每个因素的权重，权重和为 1。

（3）筛选出关键竞争对手，按每个因素对企业进行评分，分析各自的优势所在和优势大小。

（4）将各评价值与相应的权重相乘，得出各竞争者各因素的加权评分值。

（5）加总得到企业的总加权分数，在总体上判断企业的竞争力。

CPM 矩阵分析的步骤如图 2.1 所示。

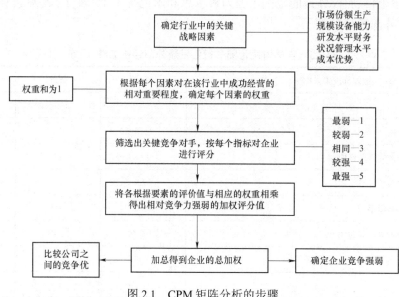

图 2.1　CPM 矩阵分析的步骤

5. 波士顿矩阵法

波士顿矩阵又称市场增长率-相对市场份额矩阵、波士顿咨询集团法、四象限分析法、产品系列结构管理法（BCG）等。由美国著名的管理学家、波士顿咨询公司创始人布鲁斯·亨德森于 1970 年首创。

波士顿矩阵认为一般决定产品结构的基本因素有两个，即市场引力与企业实力。市场引力包括企业销售量（额）增长率、竞争对手强弱及利润高低等。其中最主要的是反映市场引力的综合指标——销售增长率，这是决定企业产品结构是否合理的外在因素。

企业实力包括市场占有率，技术、设备、资金利用能力等，其中市场占有率是决定企业产品结构的内在要素，它直接显示出企业竞争实力。销售增长率与市场占有率既相互影响，又互为条件：市场引力大，市场占有高，可以显示产品发展的良好前景，企业也具备相应的适应能力，实力较强；如果仅有市场引力大，而没有相应的高市场占有率，则说明企业尚无足够实力，则该种产品也无法顺利发展。相反，企业实力强，而市场引力小的产品也预示了该产品的市场前景不佳。

通过以上两个因素相互作用，会出现四种不同性质的产品类型，形成不同的产品发展前景：（1）销售增长率和市场占有率"双高"的产品群（明星类产品）；（2）销售增长率和市场占有率"双低"的产品群（瘦狗类产品）；（3）销售增长率高、市场占有率低的产品群（问题类产品）；（4）销售增长率低、市场占有率高的产品群（现金牛类产品）。

五、战略选择

战略选择指企业对其发展所做的重大战略、规划及策略，是战略管理的重要组成部分。

选择适用的战略模型是企业经营取得成功的关键。企业究竟选择什么样的战略模型取决于企业所处的特定环境和企业自身的状况。战略选择通常包括公司层战略和职能层战略两个方面。

（一）公司层战略

公司层战略是公司的主导战略，主要是解决公司经营范围、方向和道路问题，是对企业全局的长远谋划，由其最高管理层负责制定和组织实施。企业总体战略主要考虑以下几个方面：企业是集中从事现有业务、相关业务的经营，还是要涉足其他产业；企业是否要进行扩张，如果要扩张，是通过内部发展，还是通过外部收购、合并或合资经营来实现这一目的；企业是否应该收缩防御或实行撤退，以便收回更多的投资或防止遭受更大的损失。企业总体战略模型主要有发展型战略、稳定型战略、防御型战略。

1. 发展型战略

发展型战略是以企业的发展战略为指导，将企业的资源导向开发新产品、开拓新市场，采用新的生产方式和管理方式，以便扩大企业的产销规模，增强企业的竞争实力。发展型战略一般会取得大大超过社会平均投资收益率的收益水平。发展型战略包括以下几种形式。

1）集中发展型战略

集中发展型战略是集中企业的全部资源，以快于过去的增长速度来增加现有产品或劳务的销售额、利润额或市场占有率。它的优势是经营目标集中，容易实现生产专业化和规模经济效益，这种战略也存在一定风险，最主要的就是完全被产业兴衰所左右。当本产业由于需求变化等原因出现衰退时，集中经营的企业必然受到相当大的冲击。任何商品的市场容量都是有限的。当市场已趋饱和，占有相对经营优势的企业的增长速度肯定会放慢，这会影响企业的长期稳定发展。这时，如果发现了新的商机，集中发展型企业就会向多样化经营的方向战略转移。

2）同心多样化战略

同心多样化战略是增加同企业现有产品或劳务相类似的新产品或新劳务。同心多样化能够利用企业的专门技能和技术经验、生产设备、销售渠道。当一个企业所在的产业处于上升时期时，该战略是一种很有生机的战略，它可以加强组织在具有特殊知识和经验的领域中的地位。同心多样化战略虽然避免了集中投入单一产品或劳务的风险，但增加了资本多方面投向的动作难度，也增加了资本短缺的风险。另外，经济不景气会危及各行各业，相关业务更是同涨同落，这使得同心多样化企业的抗风险能力大打折扣。如果企业总体实力不强，各项业务又规模都较小，竞争力都较差，那么各项业务的效果可能均会不佳。这样，反而造成了分散企业力量的负面作用。

3）纵向一体化战略

纵向一体化是指在两个可能的方向上扩大企业现有经营业务的一种发展战略。前向一体化就是组织自行销售其产品和劳务。后向一体化则是自行供应其生产现有产品或劳务所需的部分或全部产品或劳务。纵向一体化将原先由多个单一化经营企业的业务组合到一个企业的内部进行，从而节约了交易成本和风险费用，又便于企业最优化的利用资源。

4）横向一体化战略

横向一体化战略是企业通过购买、联合或兼并同自己有竞争关系的企业的发展战略。横向一体化可以实现规模经济，实现经验共享和优势互补；可以提高产业集中程度，增强对市场的控制能力。横向一体化同时也要承担在更大规模上的经营风险，以及出现由于规模庞大而生产机构臃肿、效率低下的弊病。

5）复合多样化战略

复合多样化战略是指增加与组织现有产品或劳务大不相同的新产品或劳务。它的优点很多，可以产生资金的协同作用，可以分散风险，可以向具有更优经济特征的产业转移，以提高企业的盈利能力和灵活性，联合后的企业可以产生协同效益，使用一个部门的利润来弥补另一部门的支出。但是复合多样化战略对最高管理者提出很多要求。企业经营业务范围越广，最高管理者就越难以了解各个经营单位的经营状况，也难以协调单位之间的工作。

2. 稳定型战略

稳定型战略是在战略规划期内将企业的资源基本保持在目前状态和水平的战略。它满足于过去的投资收益水平，决定继续追求与过去相同或相似的目标，每年所期望取得的投资收益以大体相同的比率增长，企业继续用基本相同的产品或劳务为它的顾客服务。

稳定型战略的风险较小，对处于正在上升的产业和稳定环境的成功的企业来说，是极为有效的。对许多产业和企业来说，稳定发展是最合逻辑、最为适宜的战略。它避免了开发新产品和新市场投资风险、竞争风险和开发失败风险。稳定型战略也有一定的风险。当外部环境发生动荡时，就会打破企业的战略目标、外部环境、企业实力三者的平衡使实施稳定型战略的企业陷入困境，它还会降低企业的风险意识，从而使企业面临风险时缺乏适应性和抗争性。

3. 防御型战略

当企业的经营状况、资源条件不能适应外部环境的变化，难以为企业带来满意的收益，以致威胁企业生存和发展时，企业常常采取防御型战略。一般来说，企业只想在短期内实行这一战略，以使企业度过危机，然后转而采用其他战略方案。

（二）职能层战略

职能层战略是指企业为实现愿景、战略目标、业务战略，在企业职能方面的重大选择、规划及策略。职能层战略为企业提供了发展能力。职能层战略首先要根据愿景、战略目标、业务战略，考虑整体上的核心发展能力，为实现核心发展能力，又进一步考虑市场营销战略、技术研发战略、生产制造战略、财务投资战略和人力资源战略。

（1）核心发展能力选择。核心发展能力是企业为实现未来愿景、战略目标、业务战略所需的最核心能力，核心发展能力包括了企业未来对最重要的能力方面的选择等。

（2）市场营销战略选择。市场营销战略是企业在市场营销职能方面的重大选择、规划及策略。市场营销战略选择通常包括品牌战略选择、推广战略选择、价格战略选择、渠道战略选择、客服战略选择等。

（3）技术研发战略选择。技术研发战略是企业在技术研发职能方面的重大选择、规划及策略。技术研发战略选择通常包括技术战略选择、研发战略选择、工艺战略选择等。

（4）生产制造战略选择。生产制造战略是企业在生产制造职能方面的重大选择、规划及策略。生产制造战略选择通常包括产能规划与布局战略选择、生产工艺战略选择、生产运行战略选择、成本战略选择等。

（5）财务投资战略选择。财务投资战略是企业在财务投资职能方面的重大选择、规划及策略。财务投资战略选择通常包括筹资战略选择、投资战略选择、财务运营战略选择、资本运营战略选择等。

（6）人力资源战略选择。人力资源战略是企业在人力资源职能方面的重大选择、规划及策略。人力资源战略选择通常包括组织发展战略选择、人员配置战略选择、人员激励战略选择、人员开发战略选择等。

六、战略实施

战略实施就是将企业战略付诸实施的过程。企业战略的实施是企业战略管理过程的行动阶段，因此它比战略的制订更加重要。

战略实施是一个自上而下的动态管理过程。所谓"自上而下"主要是指，战略目标在公司高层达成一致后，再向中下层传达，并在各项工作中得以分解、落实。所谓"动态"主要是指战略实施的过程中，常常需要在"分析—决策—执行—反馈—再分析—再决策—再执行"的不断循环中达成战略目标。

经营战略在尚未实施之前只是纸面上的或人们头脑中的东西，而企业战略的实施是企业战略管理过程的行动阶段，因此它比战略的制订更加重要。在将企业战略转化为战略的行动的过程中，有四个相互联系的阶段。

企业战略实施包含四个相互联系的阶段。

（1）战略发动阶段。为调动起大多数员工实现新战略的积极性和主动性，要对企业管理人员和员工进行培训，灌输新的思想、新的观念，使大多数人逐步接受一种新的战略。

（2）战略计划阶段。将经营战略分解为几个战略实施阶段，每个战略实施阶段都有分阶段的目标，相应的有每个阶段的政策措施、部门策略以及相应的方针等。要对各分阶段目标进行统筹规划、全面安排。

（3）战略运作阶段。企业战略的实施运作主要与各级领导人员的素质和价值观念、企业的组织机构、企业文化、资源结构与分配、信息沟通、控制及激励制度六个因素有关。

（4）战略的控制与评估阶段。战略是在变化的环境中实践的，企业只有加强对战略执行过程的控制与评价，才能适应环境的变化，完成战略任务。这一阶段主要是建立控制系统、监控绩效和评估偏差、控制及纠正偏差。

第二节　运营战略

第二次世界大战之后，美国企业通过市场营销和财务部门来开发企业战略。由于战争期间产品极为匮乏，使得战后的美国对产品的需求十分旺盛，当时美国企业能够以相当高的价格出售它们生产的任何产品。在这样的企业环境中，人们不注意运营战略问题，只关心生产大量产品供应市场。但是，到了20世纪60年代末期，哈佛商学院被称为"运营战略之父"的管理大师威克汉姆·斯金纳教授认识到美国企业的这一隐患，他建议企业开发运营战略，以作为已有的市场营销和财务战略的补充。

由哈佛商学院的埃伯尼斯、克拉克、海斯和惠尔莱特进行的后续研究，继续强调了将运营战略作为企业竞争力手段的重要性，他们认为如果不重视运营战略，企业将会失去长期的竞争力。例如，他们强调利用企业生产设施和劳动力的优势作为市场竞争武器的重要性，并强调了如何用一种长期的战略眼光去开发运营战略的重要性。

当产品供不应求时，人们很少注意运营战略问题，企业面临的问题主要是如何筹措资金扩大生产以供应市场，运营管理的任务仅仅是低价采购，使用简单的劳动力操作自动化程度高的机器，尽可能降低成本。企业的战略往往与市场和财务管理有关。

竞争力是指企业在经营活动中能够长期地以比其他企业或竞争对手更有效的方式提供市场所需要的产品和服务的能力，竞争力是决定一个企业生存、发展、壮大的重要因素。从 20 世纪 70 年代开始，学者们开始重视运营战略对企业整体发展的重要性。企业界也开始意识到，如果不重视运营战略，企业就会失去长期的竞争力。

延伸阅读 1

我国在计划经济时期，对运营战略的认识程度很低，大多数企业只管生产，甚至不考虑成本。20 世纪 70 年代末，美国学者斯凯纳意识到美国企业的这个弱点，提出要考虑运营战略，与企业的市场战略和财务战略相匹配。此后，学者们不断强调将运营战略作为竞争手段的重要性，到了 20 世纪 80 年代，当美国的加工制造业被日本全面赶上并超过时，这个观点才被证明是正确的。

资料来源：百度文库.http://wenku.baidu.com/view/15899a26ccbffl21 dd368334.html.

运营战略就是根据市场要求来制订企业的各项政策、计划，最大限度地利用有限的资源保障企业的长期竞争战略。运营战略的目标必须是源于市场，必须明确企业的细分市场，企业的顾客群在哪里，运营将以何种方式提升顾客价值；同时必须明确企业的竞争对手是谁，如何运用运营战略战胜竞争对手，获得市场份额。

运营战略是为了支持和完成企业的总体战略目标服务的。运营战略的研究对象是生产运营过程和生产运营系统的基本问题，所谓基本问题包括产品选择、工厂选址、设施布置、生产运营的组织形式、竞争优势要素等。运营战略的性质是对上述基本问题进行根本性谋划，包括生产运营过程和生产运营系统的长远目标、发展方向和重点、基本行动方针、基本步骤等一系列指导思想和决策原则。

运营战略作为企业整体战略体系中的一项职能战略，主要解决在运营管理职能领域内如何支持和配合企业在市场中获得竞争优势。运营战略一般分为两大类：一类是结构性战略，包括设施选址、运营能力、纵向集成和流程选择等长期的战略决策问题；另一类是基础性战略，包括劳动力的数量和技能水平、产品的质量问题、生产计划和控制以及企业的组织结构等时间跨度相对较短的决策问题。

一、运营战略要素

运营战略要素主要包括生产系统定位、产品计划、工艺流程、资源配置、外包、设施计划、供应链计划等。这些都是制订运营战略必须要慎重考虑的问题。

（1）生产系统定位是选择产品设计的类型、生产流程和每种产品的库存策略类型。产品设计类型的主要两种类型是标准型、顾客型。标准型产品的产品模型很少，可以进行持续或者大批量的生产，此类产品以低成本和交货快速为前提条件，如软包装中常用的 PPT 材料就是标准产品。顾客型产品是根据顾客的个性化要求而设计的，每一种产品的批量都很小，甚至就一件，如广东中山松德的多色高速凹印机的生产可以根据客户的要求进行特殊设计，而只生产一台或者几台，属于典型的客户产品。生产流程有两种典型的类型，分别是以工艺为主的生产、以产品为主的生产。以工艺为主的生产把整个生产过程细化为不同的过程，每个相关职能部门负责相应的部分。它具有柔性，可以满足顾客的特殊要求，是顾客型产品的理想选择。而以产品为主的生产是流水线生产，需要设备和工人组成工作小组来生产，它是标准产品的理想选择，如纸箱生产企业中的标准纸箱生产就是流水线生产。

（2）产品计划在企业战略计划中占有相当大的比例，它是对新产品的设计、完善以及推广进行计划。产品设计完毕后，产品的细节特征就固定了，细节特征的固定也就决定了怎么样生产产品，产品如何生产决定了生产系统的设计，而生产系统的设计是运营战略的首要问题。产品计划受产品生命周期不断缩短的影响，尤其是顾客型产品，这就要求运营战略具有持久快速的新产品设计研发能力，并且必须建立柔性生产体系，从而比较容易的转产。

（3）工艺流程运营战略的首要任务就是决定产品怎么样生产，即决定工艺流程，它包括计划生产工艺流程和设备中的每一个细节，如纸箱生产企业在生产标准纸箱时，如何确定工艺流程最合理、最有效。

（4）由于企业的资金、研发能力、人员、设备、材料等资源的限制，决定了企业必须合理配置资源才能有效生产，尤其是在资源短缺的情况下如何配置资源是运营战略必须考虑的问题。

（5）外包计划是运营战略的重要部分，是把原先由企业自己生产的工作外包给其他企业，它决定了企业要将多少业务进行外包。业务外包是为了使企业把自己的人、财、物集中在核心业务上面，提升企业的核心竞争力；同时业务外包也可以降低成本，提高效益。例如，包装盒的生产如需要手工糊盒的，就可以考虑外包。

（6）设施计划包括能力、选址、布局。它确定了企业何时获得多少数量的设施、机械设备、人员等，并将生产、存储以及其他主要设施选在何处，以及在设施内合理布局，使物料流动与设备相协调、使生产活动更具效率。设施计划是运营战略制订时的一个难度较大的问题。

（7）供应链计划是把从客户订单开始直到最后产品交给客户这一过程有效地组织起来，以获得速度、效益、质量的竞争优势。它也是运营战略的重要部分，直接影响到企业的成本、效益，以及竞争能力。

以上是运营战略必须要考虑的基本问题，但是运营战略必须突出其重点，包括产品的成本、质量、交货快速、交货的可靠性、柔性以及库存管理等。

二、竞争优势要素

运营战略是由企业的竞争优势要素构建的。竞争优势要素包括低成本、高质量、快速交货、柔性、库存管理和服务。运营战略涉及面通常非常广，主要的一些长期结构性战略问题包括：需要建造多大生产能力的设施？建在何处？何时建造？需要何种类型的工艺流程来生产产品？需要何种类型的服务流程来提供服务？

为了保持竞争力，不同国家的企业有不同的竞争优势要素。运营战略成功的关键是明确竞争的重点优势要素。了解每个竞争重点优势要素的选择后果，做出必要的权衡。竞争力是指企业在经营活动中超过其竞争对手的能力，是一个企业能够长期地以比其他企业（或竞争对手）更有效的方式提供市场所需要的产品和服务的能力。竞争力是决定一个企业生存、发展、壮大的重要因素，是企业取得竞争优势的保证条件。

（一）成本

成本（cost）是指满足顾客对产品和服务在价格和使用成本方面的要求，即不仅要求产品在生产过程或服务的提供过程中的成本低、售价低，而且在用户使用过程中所支付的成本也要低。在质量、功能相同的条件下，顾客将选择价格较低的产品和服务。价格竞争的实质是成本竞争，运营成本越低，企业在价格上就越有竞争优势。

成本是一个十分重要的竞争力要素，当消费者将价格作为购买的首要因素时，企业必须尽可能降低成本以获得竞争优势，但并不是企业这样做了就能获利，就能成功。我国家电行业的价格大战，有诸多的企业被淘汰出局，最能说明这个问题。

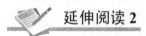 **延伸阅读 2**

沃尔玛是世界上最大的连锁零售商，2009 年沃尔玛全球营业收入高达 4 056.07 亿美元，实现利润 134 亿美元，在世界 500 强企业中位列第三。沃尔玛发展的一个重要原因是成功运用了低成本战略。沃尔玛的经营策略是所有商品在所有地区常年以最低价格销售。为了降低成本，沃尔玛的主要措施包括：直接向工厂购货、统一购货和协助供应商减低成本，以降低购货成本；建立高效运转的物流配送中心，保持低成本存货；建立自有车队，有效地降低运输成本；利用发达的高技术信息处理系统作为战略实施的基本保障。

此外，沃尔玛在每个细节上都竭尽节俭，如办公室不配置昂贵的办公用品和豪华装饰。商品采用大包装，尽量减少广告开支，鼓励员工为节省开支出谋划策等。沃尔玛的高层管理人员也一贯保持节俭作风，即使是总裁也不例外。首任总裁山姆·沃尔顿与公司的经理们出差，经常几人同住一间房，平时开一辆二手车，坐飞机也只坐经济舱。每当他看见其他公司的高级雇员出入豪华饭店，毫无顾忌地挥霍公司钱财时总是感到不安，他认为奢侈只会导致公司的衰败。正是由于沃尔顿的节俭习惯，他才能在经营时千方百计节省开支，降低成本，用一轮接一轮的价格战击败竞争对手，建立起庞大的连锁销售帝国。

资料来源：根据 http://bbs.tiexue.net/post2 3713995-1.html 的内容改编。

（二）质量

质量（quality）主要是指产品质量和过程质量，质量的好坏反映产品满足顾客需要的程度。产品质量主要指产品的功能、耐用性、可靠性、外观造型、产品的合格率等。在设计产品质量时，质量标准取决于该产品所面对的消费者需求。过度提高产品质量标准，超出用户需求会造成很大的浪费；反之，质量标准低于用户需求，同样会失去顾客。这些做法都不利于竞争优势要素的保持。例如，同样是汽车生产企业，显然生产家用经济型轿车的奇瑞公司和法拉利公司的产品质量标准有天壤之别。过程质量即通过控制运营工艺、技术、作业过程等，以保证达到所设计的产品标准，并保证质量的稳定性。过程质量的目标是生产没有缺陷的产品，也可以预防产品的质量问题，无论对于何种市场，这无疑都是非常重要的。不管是普通轿车市场，还是高级跑车市场，顾客需要的都是没有缺陷的汽车。服务性企业在服务的设计和提供过程中也存在类似问题。

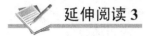 **延伸阅读 3**

丰田召回事件

2009 年 8 月 24 日，广汽丰田、一汽丰田宣布，由于零部件出现缺陷，自 8 月 25 日开始，召回部分凯美瑞、雅力士、威驰及卡罗拉轿车，涉及车辆总计 688 314 辆。这是我国 2004 年实施汽车召回制度以来，数量最大的一项召回。

资料来源：http://baike.baidu.com/view/3231696.html.

（三）柔性

柔性（flexibility）是指企业为用户提供多样化产品和服务的能力，也是衡量企业从旧产品和服务快速转换到新产品和服务的能力。随着人民生活水平的提高，消费的个性化和需求的多样化已成为当今社会生活的基本特征，导致产品和服务的更新换代速度加快，生命周期缩短，企业应能够迅速改变产品设计、产品组合以及产品批量生产的能力，实现多品种、小批量的生产，才能适应外部环境和市场需求的变化，因此增强运营系统的柔性已成为企业参与市场竞争的重要手段。

延伸阅读 4

2000 年 8 月，海尔在全国范围内推出"我的冰箱我设计"的定制冰箱业务，所谓定制冰箱，就是企业根据消费者提出的设计要求来定做特制冰箱。比如，消费者可根据自己家具的颜色或自己的喜好，定制冰箱的外观色彩或内置设计；消费者可以选择"金王子"的外观、"大王子"的容积、"欧洲型"的内置、"美国型"的线条等，从而能最大限度地满足顾客的不同需求。据公司有关负责人介绍，在短短不到一个月的时间内，就收到了 100 多万台的定制冰箱订单，创造了行业奇迹。目前海尔冰箱生产线上的冰箱，有一半以上是按照全国各大商场的要求专门定制的。"在这条生产线上，你找不到两台完全相同的海尔冰箱。"这位负责人自豪地说。

海尔还从消费者的个性化角度出发，设计了数千种不同类型的冰箱产品。以满足不同国家和地区消费者的不同需求。例如，海尔的冰箱超大容积设计满足了国外消费者"一日购物，六日休闲"的生活习惯；自动制冰等功能设计，为喜欢"红酒加冰块"的欧洲消费者增添了一份浪漫情调；容积庞大，却达到了 A+级能耗标准的省电功能，使澳洲客户的订单不断增加；多路风冷设计的冰箱让地处热带荒漠、气候炎热干燥的中东国家消费者感受到无限凉爽。另外，根据国外消费者喜欢放长假出游的生活习惯，海尔还设计了具有"假日功能"的冰箱，只要用户在外出度假前将冰箱设置在"假日"挡，冰箱内就不会因为长期密封而产生异味，而且耗电量也大大降低。这些只是海尔定制冰箱的前奏。

资料来源：陈荣秋，马士华. 生产运作管理. 3 版. 北京：机械工业出版社，2009.

（四）服务

服务（service）主要是指提供产品之外为满足顾客需求而提供的相关活动，如产品的售前、售中及售后服务等，服务的本质就是使顾客个性化的需求得到满足。

在当今的竞争环境中，企业为获取市场竞争优势，必须为客户提供周到的超值服务，这对不论是提供产品还是提供服务的企业都是重要的，因为服务可以增加客户的价值。

延伸阅读5

2009年1月16日，东方商厦淮海店盛装开业，顾客能够感受到更加礼貌、周到的服务。据相关人士介绍，东方商厦淮海店商场员工全部经过世博礼仪培训师的严格培训后上岗，从顾客进店到购物后离开，每一个环节都在诠释"礼在东方"的服务理念，让顾客感受礼仪的氛围，体验礼貌的服务。每位商场员工都掌握服务礼仪规范，懂得5米的职业关注、3米的友好示意、1米的招呼服务的"531"基本礼仪。

东方商厦淮海店注重在细节上给予消费者更多的细致服务，例如，收银员由坐姿服务变为站姿服务，同时完善和规范收银员操作流程，为消费者提供收款找零的托盘服务。又如，在商场增添女保安员，为消费者提供迎宾、导购、引导等服务，使女性消费者感受到人性关怀。东方商厦淮海店开张之际，正式宣告"礼仪迎世博"的服务承诺，并全力打造专属客服经理的管家式服务。另专辟VIP贵宾室、母婴室等人性化服务与配套设施。考虑到满足部分顾客随时能同外界交流与联络的需要，店内还特别设置了互联网接驳点；设有近百个泊车位，使驾车顾客缓解了停车难的问题，并提供贵宾代客泊车服务。

资料来源：http://WW3hr.shanghai00.cn/view.asp？id=5599.

（五）时间

时间（time）是指企业提供给顾客的产品和服务速度，主要包括新产品的开发速度和交货速度。新产品开发速度是指从产品的构思到最终定型和生产所经历的时间。对于生命周期较短的产品，新产品的开发速度显得愈发重要，能够率先推出新产品和服务的企业就会取得竞争优势，尤其在经营环境变化较快时更是如此。交货速度是指从接到订单时起到产品交付使用所经历的时间。在某些特定的行业中，交货速度是企业获得成功的关键，交货要及时而准确，如快递公司包裹速递、救护车的急救服务等。在同一质量水平下，谁能够最及时地向顾客提供定制的产品和服务，谁能够以最快的速度推出顾客意想不到的新产品和新服务，谁就能够受到顾客的欢迎。

延伸阅读6

在快递行业中，联合包裹公司和联邦快递公司这两大巨头总是在寻求超越对手的竞争优势，在它们旷日持久的角逐中，竞争的焦点主要就是时间。联邦快递公司每天要处理的包裹量大概在500万件左右，联合包裹公司的处理量则超过1300万件。如此巨大的业务量，让每秒钟的滴嗒声在这两家公司都显得异常珍贵。面对巨大的业务吞吐量，无论是联合包裹公司还是联邦快递公司都必须依靠近乎实时的数据传输,才能将各环节控制得当。

联邦快递公司的投递员手持的都是 PowerPad,在取件过程中,他们可以通过蓝牙扫描器获得包裹信息,这比他们原来的手持机与数据槽相连的方式减少了约 10 分钟。联邦快递公司的 PowerPad 还具有红外连接功能,投递员通过红外接口,每天可遥控 5 万个投递箱开关锁操作,联邦快递公司希望利用蓝牙技术进一步压缩投递员开关锁的时间。联邦快递公司甚至还希望,再节省一些投递员处理空投递箱的时间。为此,它正在测试通过蓝牙,投递箱是否能向附近的投递员发送空箱信号。

联合包裹公司用于抗衡联邦快递公司的 PowerPad 的是一种新的手持设备——DIAD Ⅳ(第四代投递信息采集器)。从功能上看,DIAD Ⅳ 和 PowerPad 非常相似,但不同的是,联合包裹公司的 7 万部 DIAD Ⅳ 是采用数字蜂窝网络传送数据的。从 DIAD Ⅲ 开始,联合包裹公司就一直持续进行升级并保证新系统能兼容旧系统。不过,联邦快递公司的蓝牙应用也让联合包裹公司深感不安。为此,联合包裹公司正计划在新的手持机中植入蓝牙技术,这样,它的递送员在 GPRS 信号较弱的建筑物里也能顺利地读取包裹的信息,以实时向总部汇报;同时,联合包裹公司还利用蓝牙技术统计投递员各种操作的时间,甚至连投递员上下投递车的时间也"逃脱"不了蓝牙的监控。为能给客户提供更好的服务,联合包裹公司还在 DIAD Ⅳ 中增加 GPS,以实现对货物的跟踪。如果客户在最后时刻打电话要求改变投递地址,GPS 可以帮助司机选择到达新地点的最佳路线,以尽可能减少时间的浪费。

资料来源:http:7/info.100001ink.eom/newsdetail.aspx? doc=2009060800012.

(六)环保

环保(environment)是指企业所提供的产品和服务对环境的影响程度。消费者对环境越来越敏感,更倾向于购买对环境无害的产品。越来越多的企业意识到绿色产品对提高企业形象获得的竞争优势的深远意义。例如,节能型汽车、绿色食品、低碳排放的家用电器、废旧产品的回收再利用等问题得到了越来越多的消费者和企业的关注。

延伸阅读7

2010 年 7 月 3 日 15 时 50 分左右,福建紫金矿业紫金山铜矿湿法厂发生铜酸水渗漏事故,事故造成汀江部分水域严重污染,紫金矿业直至 12 日才发布公告,瞒报事故 9 天。紫金矿业,当初是靠压低成本提炼"低品位"金矿发家而闻名的,然而伴随其发展的却是多次的重大环境污染事故。本次事故仅仅是因为"暴雨造成",还是一个因为压低成本而带来的恶果? 不可否认的是,此次污染事件,对当地生态环境、居民的健康来说,都是一场不容忽视的灾难。

紫金矿业是一个传奇。20 世纪 90 年代,地质工作者陈景河(紫金矿业董事长)冒险用氰化钠溶液提炼黄金,使原先没有开采价值的低品位矿具有开采价值,庞大的紫金矿业帝国也就此崛起。紫金矿业的采矿成本低在行业中是出了名的。2007 年,紫金矿业每克矿产金的成本只有 57.64 元,仅为国内平均水平的 45%。然而,紫金矿业创造的这一低成本奇迹,却使自己陷入污染的泥潭,不能自拔。

资料来源:http://baike.baidu.corrt/view/3956201.htm.

顾客对以上这六大因素的满意度越高，产品和服务就越能赢得顾客的信赖。可见，成本、质量、柔性、服务、时间和环保这六方面的因素是企业取得竞争优势的保证条件。

运营战略的中心是运营重点以及对其权衡。这是由于企业不可能同时满足所有的运营重点，企业首先确定运营重点中的哪些部分是本企业成功的关键，然后集中企业资源去实施。运营重点中，如低成本与交货快速不可能同时实现，二者是矛盾的，必须采用权衡的方法来决定。

运营战略必须与其他战略相配合，尤其是与营销战略相配合。企业必须考虑订单赢得要素和订单资格要素。订单赢得要素是指企业的产品区别于其他企业的评价标准，订单资格要素是指允许一家企业的产品参与客户采购竞争的资格筛选标准。企业必须在日常的业务中根据要求进行改进来获得竞争优势。

三、基于核心能力的运营平台体系

1990 年普拉哈拉德和哈默在《哈佛商业评论》上发表了《公司的核心能力》一文，提出了核心能力的概念，它指的是多元化经营的一种模式，即公司所有进入的产业都有一个共同的圆心——核心竞争力，并着重分析了一些日本公司围绕核心技术进入多种相关产业的情况，如佳能公司的光学、图像、微处理一体化能力，索尼公司的微缩能力，本田汽车的发动机技术能力等，核心能力把企业界关注的焦点从研究竞争策略转向了增强企业核心能力，是企业战略理论的一个里程碑。

长期以来，竞争力来自建立比竞争者更低的成本和更快的速度提供出人预料的产品的核心竞争力。优势的真实来源在于管理者把全公司的技术和生产技能统一到竞争能力中，这种竞争能力能使单个业务很快适应机遇的变化。在网络经济时代，人力资源、信息资源、知识资源成为企业的核心资源。企业的核心能力是企业获取长期竞争优势的源泉，企业的核心能力可以分为核心知识能力和核心运作能力，两者的紧密结合才能够充分发挥企业的核心能力。核心知识能力是指企业拥有的独一无二的专长、技术和知识，例如，3M 公司的核心知识是腐蚀剂和胶黏剂的技术知识。核心运作能力是指使企业能够高速度、高效率地生产高品质产品以及提供相应服务，它可以是某一商业运作过程，也可以是某些有用的技术，例如，HP 公司的核心运作能力是迅速推出新产品的能力，Wal-Mart 公司的核心运作能力是后勤管理，Amazon 公司的核心运作能力是掌握用户详细信息的信息技术。通过核心知识能力与核心运作能力的比较，可以明确企业是如何赢得竞争优势的。企业的竞争能力和竞争优势不再被看作是转瞬即逝的产品开发和战略经营的结果，而被看作是企业深层次的能力物质运作的结果，这种能力物质以企业能力的形式存在，能够促使企业不断地产出消费者难以想象的新产品，是企业的一种智力资本。

芮明杰、袁安照从战略管理的角度提出了企业的三种核心能力，即产业洞察力、系统能力和组织运行能力。产业洞察力是一种将"生产机会"与"现有资源"联系在一起的超群的能力，也就是企业的产业发展预见能力，是建立在对技术、人口统计数据、规章制度及生活方式的发展趋势的深刻洞察力之上的能力，是建立在未来市场基础上的发展战略；系统能力是指企业识别经营方向的能力，确定企业从事的核心活动的范围，系统能力包括价值保障提升能力与创新能力。组织运行能力是企业在"技术"上的能力，是经营中具体的实施能力，运行能力直接影响到企业产品成本和管理费用的高低。运行能力就是在既定的战略框架下企业行动的能力，它关系到企业战略意图能否完全被实施。产业洞察力、系统能力属于战略性的，是企业战略管理体系需要提供的核心能力；而组织运行能力是运营管理体系必须提供的核心能力。

网络经济时代，在企业取得和维持竞争优势的过程中，企业内部能力的培养和各种能力的综合运用成为最关键的因素，而企业运营过程就是企业发挥核心能力的潜能和在运作中应用核心能力的活动和行为。企业存在的根本目的，首要的就是要通过产品或服务为客户提供满意的解决方案，核心能力是由不同的能力要素通过有机整合而形成的系统整体能力，而不是单一的要素能力，运营管理体系的核心能力应该体现如下三个方面：

（1）企业对于客户需求的实时感知和把握能力，实现需求管理功能；

（2）企业整合内外资源提供产品和服务的能力，实现自身资源管理与合作网络管理；

（3）企业全方位的质量保证能力，实现系统效率与价值功能。

按照战略定位理论，在每个行业中，总是有好几个位置可供公司挑选。因而，战略重点在于选择一个该公司能够为自己所独有的位置。无论何时，每个公司所做出的选择都将确定该公司在本行业中的战略地位。客户需求是企业运营的原点，企业要探求客户的认知空间，了解客户的内心需求和行为方式，从客户的认知空间中，找出新的客户利益，形成市场机会，而电子商务能力与客户关系管理是需求管理的有效途径；企业为了能够适当地、前后一致地、快速地回应市场机会和客户需求，企业必须有效管理自身的资源，形成核心能力，并能够处理与合作伙伴之间有关获取、处理、传递产品的复杂关系，为客户提供合适的产品和服务，产品研发设计、产品生产制造、供应链物流管理是企业提供产品和服务能力的核心要素；为了使企业的所有流程能够有效地传递价值，企业必须具备能够一次将事情做好的能力，具备优秀的质量保证能力。企业组织运行核心能力的三个方面，体现在企业运营管理体系的能力平台体系中，企业运营能力平台体系应该包括：电子商务平台，基于客户需求的实时感知和把握能力；产品研发平台，基于客户需求的产品和服务快速开发能力；生产制造平台，基于供应链理论的资源整合能力和虚拟生产能力；物流管理平台，基于高效物流体系的准时与便利的交付和服务支持；质量保证平台，基于整个流程体系的质量控制和质量保证，达到客户的满意度。

电子商务平台和质量保证平台是基础能力平台，贯穿于企业运营的整个过程，并影响着产品研发平台、生产制造平台、物流管理平台三个企业供应链过程能力平台的运营。运营能力平台体系构成了企业的战略性资产，是企业竞争力的本质，是企业在市场中确立主导地位的基础。战略性资产具有稀缺性、不能被模仿性、不可替代性等基本特征，体现了企业的核心能力，使企业在行业中不仅是一个竞争参与者，还是竞争中的胜利者，而竞争胜利者则与其独一无二的、富有竞争力的战略性资产密切相关，也就是取决于运营能力平台体系所体现出的核心竞争能力。核心能力是一组能力要素整合而成的系统能力，一组分散的技能、专长和能力要素不能成为核心能力。

企业运营能力平台体系的五个运营能力平台的核心能力最终体现在客户服务的速度竞争上，速度将成为网络经济时代企业竞争的第一要素，在第一时间发现客户的潜在需求和市场机会，快速反应能力使运营平台体系的运行效率得到全面提升，有效地满足客户需求。基于时间的竞争（time based competition，TBC）成为运营管理体系运行的主要目标，核心还是提高企业运营的速度，实施精准的管理模式，达到速度与费效比的统一。

它是一个企业所具有的在本行业独树一帜的、难以复制模仿的能力，可实现用户看重的、高于竞争对手的价值，可提供进入广阔市场的潜能，从而是长期利润的源泉。

核心能力具有三个基本属性：用户价值，核心能力应当对最终产品中顾客重视的价值做出关键贡献；独特性，核心能力应当是竞争对手难以模仿的能力，是具有不可替代性的能力；延展性，核心能力能够成为企业开拓新市场的基础。

核心能力本质上是企业拥有的一系列知识、技能和资源的综合体，核心竞争力是企业赖以生存和发展的决定性力量，佳能公司的"图像化"技术，本田公司的发动机设计与制造能力，微软公司的软件设计与开发能力，英特尔公司的芯片设计与开发能力，都成为各自在其本行业竞争中超越竞争者与合作者，长期处于行业领先地位的力量源泉，核心能力是需要管理的。一般来说，核心能力的管理包括核心能力的识别、培育、应用和发展四个相互联系的系统过程。

第一，能力识别。通过对市场和技术发展趋势的把握，确定企业应该发展的核心能力，确定核心能力目标，尤其是关键核心能力目标。

第二，能力培育。通过企业内部和外部运作获得并融合核心能力目标所需要的技术、技能、知识等，来加强企业的核心能力。内部运作主要是对企业内部资源进行优化配置，整合内部能力要素，形成企业核心能力。外部运作主要是收购、兼并有助于加强核心能力的企业；加入战略联盟，吸收合作伙伴的核心能力，通过"双赢"模式达到合作伙伴间的相互信任，共享核心能力。

第三，能力应用。通过核心能力的应用来发挥其作用，并最终在市场上实现其价值。在核心能力的基础上，形成核心产品、最终产品，建立在核心能力基础上的产品和服务都有其特色，能够树立起用户对品牌的忠诚度。

第四，能力发展。企业的核心能力必须得到不断发展，核心能力的发展过程在于对核心能力的维护、监控和更新，从而保护核心能力的组合，防止失去对企业有价值的核心能力。核心能力的管理必须通过企业具体的运营过程来实现。以核心能力为基础的管理过程跨越了最终产品和服务的环节来认知使其具有竞争优势的基本技能和能力，把投资和业务重点放在加强核心能力上，基于核心能力、核心产品来关注整体业绩，强调跨部门、跨企业的交流与合作，着眼于核心能力的长期发展，对企业所需的知识有一个明确的目标，基于整体业绩的激励，重视核心人才的管理，而不是急功近利，只求短期的经济效益。

因此，基于核心能力的企业运营过程强调企业合作，强调非核心业务外包，强调系统能力整合，强调供应链整体的运作和竞争。在产业价值链运营环境中，作为一个企业，要获得利润和竞争优势，必须在产业价值链上具有核心竞争力，企业要在运营过程中，不断寻找、培育、发展核心竞争力，核心竞争力是企业进行业务外包和战略联盟策略的前提和依据。

思 考 题

1. 世界级制造系统应满足哪些属性？
2. 简述企业战略的层次划分。
3. 如何制订企业的运营管理战略？
4. 运营管理战略的竞争重点是什么？
5. 简述运营管理战略实施与战略制订的关系。
6. 论述制订生产运营战略应考虑的要素。

第三章

产品开发与设计

学习目标

1. 了解产品设计理念变革。
2. 理解产品设计的流程和方法。
3. 掌握基于产品平台的产品序列开发。

引导案例

完美幻境遭遇行业趋冷

今年3月，全景相机公司完美幻境被深圳法院查封，公司CEO赵博疑似失联。

据该公司员工爆料，2月27日，完美幻境裁掉了除CEO、市场总监、技术总监与销售总监4人外的全部24名员工。被裁员工的工资也尚未完成结算。而自去年8月起，完美幻境就已经开始大范围裁员。

完美幻境成立于2013年，是国内最早进入VR全景相机行业的企业，拥有自主研发的Eyesir系列VR相机产品。在VR行业兴起的时候，每一次发布会和路演，我们都能听到这样一句话：VR行业即将迎来爆发。

狼来了的故事听多了，便再也不会有人相信。VR并不是一个新兴的行业，早在1995年，任天堂就曾推出过Virtual Boy游戏机，但最终却以失败告终。

按照正常科技产品的普及演进规律，新产品必须先经受开发者与发烧友的考验，才可能得到大众普及。高端VR硬件产品的声画体验依然有改进空间。而受制于如今的硬件重量与电池技术，VR产品的佩戴舒适度与续航能力也亟待增强。

在VR行业未能迎来爆发的当下，还会有更多的PPT驱动型VR企业走在倒闭的路上。

资料来源：http://news.newseed.cn.

第一节　产品设计理念

一、产品设计理念的内涵

产品设计理念是产品设计的核心和灵魂，是产品得以"存在"的基础。对于产品的使用者，产品设计理念是在一定的环境、条件下，产品通过其形态、功能及功能实施对使用者所产生的生理及心理的"体验"。就设计师而言，产品设计理念则是指针对某一特定的设计目标（产品、现实或概念性的生活方式），基于特定的目标人群、地域、市场，以特定的科技、人文、社会为背景所进行的全方位、多层次、多因素、全局性、前瞻性的构思与展望。

传统的产品设计一般包括产品功能需求分析、产品规格定义、设计方案实施、参考产品评价 4 个阶段。主要考虑的因素有市场消费需求、产品质量、成本、制造技术的可行性等，很少考虑节省能源、资源再生利用以及对生态环境的影响。它是为制造而设计，没有将生态因素作为产品开发的一个重要指标，制造出来的产品一般是用完就随意扔掉，无有效的管理、处置、再生利用方法，从而造成严重的资源浪费和环境污染。这种粗放型传统设计对人类的生存构成了极大的威胁。

由于产品设计阶段要全面确定整个产品的策略、外观、结构、功能，从而确定整个生产系统的布局，因而，产品设计的意义重大，具有"牵一发而动全局"的重要意义。如果一个产品的设计缺乏生产观点，那么生产时就将耗费大量费用来调整和更换设备、物料和劳动力。相反，好的产品设计，不仅表现在功能上的优越性，而且便于制造，生产成本低，从而使产品的综合竞争力得以增强。许多在市场竞争中占优势的企业都十分注重产品设计的细节，以便设计出造价低而又具有独特功能的产品。许多发达国家的公司都把设计看作热门的战略工具，认为好的设计是赢得顾客的关键。

二、产品设计理念的变革

客户需求的个性化、市场竞争的全球化，对制造企业的研发能力提出了新的挑战。因此，缩短产品上市周期、提高产品质量和服务质量、降低产品成本成为制造企业生存和发展必须考虑的关键问题；同时，对那些既有研发又有生产的制造企业而言，根据成本积淀理论，产品成本中大约 80%是在产品设计期间决定的，另外，产品的可定制性、可维护性、质量等因素也是在产品设计期间决定的。从某种意义上讲，控制了产品开发的源头就控制了产品本身的性能，因此，必须从产品设计环节入手进行竞争力的培育。产品设计环节能够为企业资源计划（ERP）系统提供产品数据源，没有准确的 BOM 信息，ERP 就成为无源之水；而企业已经应用 Office 软件和 CAX 软件，生成的大量电子文档也需要进行有效的管理，从而保证企业知识产权的安全。

支持产品研发的管理理念主要有 20 世纪 80 年代的并行工程（CE）、90 年代的集成产品开发（IPD）、协同产品开发（CPD），发展到目前的协同商品商务（CPC）和绿色设计。

（一）并行工程

传统产品开发的组织形式是一种线性阶段模式（串行工程工作方式），产品开发过程是顺序过程，包括：概念设计—详细设计—过程设计—加工制造—试验验证—设计修改—工艺设计—正式投产—营销。如图 3.1 所示，这种工作方式在设计的早期不能全面地考虑其下游的可制造性、可装配性和质量可靠性等多种因素，致使制造出来的产品质量不能达到最优，造成产品开发周期长，成本高，难以满足激烈的市场竞争的需要。

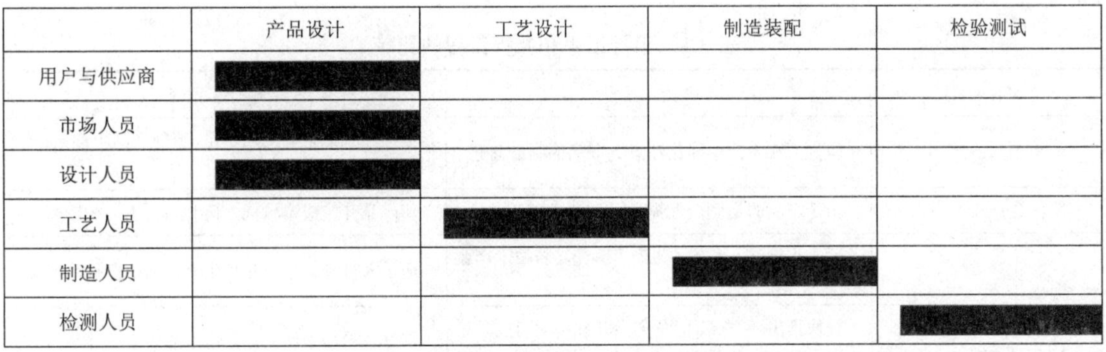

	产品设计	工艺设计	制造装配	检验测试
用户与供应商	▆▆▆			
市场人员	▆▆▆			
设计人员	▆▆▆			
工艺人员		▆▆▆		
制造人员			▆▆▆	
检测人员				▆▆▆

图 3.1　串行工程工作方式

　　20 世纪 80 年代中期以来，制造业发生了根本性的变化，产品供大于求的现象开始出现，顾客对产品质量、成本、品种的要求越来越高，产品的生命周期越来越短。因此，企业为了赢得市场竞争的胜利，就不得不解决加速新产品开发、提高产品质量、降低成本和提供优质服务等一系列问题。在所有这些问题中，迅速开发出新产品，使其尽早进入市场成为赢得竞争胜利的关键，时间成为竞争的核心。针对如何缩短产品开发时间，工业界和管理界开始了广泛的研究，1998 年美国国家防御分析研究所完整地提出了并行工程的概念。并行工程（concurrent engineering，CE）是对产品及其相关过程（包括制造和支持过程）进行并行、一体化设计的一种系统化的工作模式，这种模式要求产品开发人员在一开始就考虑产品从概念设计到产品报废的整个生命周期中的所有因素，包括质量、成本、进度计划和用户需求等，通过组织跨部门、多学科的开发小组在一起并行协同工作，对产品设计、工艺、制造等上下游各方面的因素进行同时考虑和并行交叉设计，解决传统的串行产品开发模式中出现的频繁变更、设计质量不高和设计周期长的问题，其工作方式如图 3.2 所示。

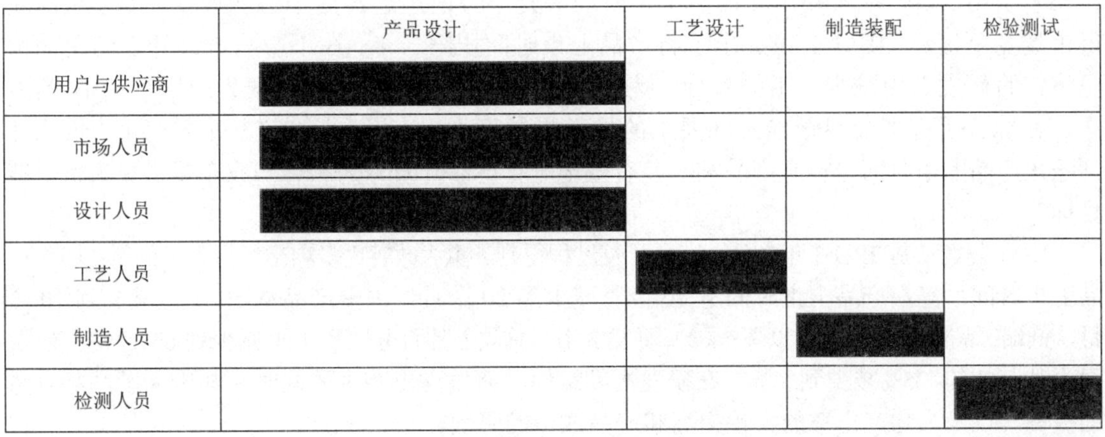

	产品设计	工艺设计	制造装配	检验测试
用户与供应商	▆▆▆			
市场人员	▆▆▆			
设计人员	▆▆▆			
工艺人员		▆▆		
制造人员			▆▆	
检测人员				▆▆

图 3.2　并行工程工作方式

　　由此可见，并行工程是适应知识经济制造业的新的工程管理模式，而不是一种具体的工作方法，它以信息集成为基础，通过组织多学科的产品开发小组，利用各种计算机辅助手段，实现产品开发过程的集成，达到缩短产品开发周期、提高产品质量、降低成本、提高企业竞争能力的目标。串行工程和并行工程比较见表 3.1。

表 3.1　串行工程和并行工程的比较

比较项目	并行工程	串行工程
产品质量	较好，在生产前即已注意到产品的制造问题	设计和制造之间沟通不足，致使产品质量无法达到最优化
生产成本	由于产品的易制造性提高，生产成本低	新产品开发成本较低，但制造成本可能较高
生产柔性	适于小批量、多品种生产，适于高新技术产业的产品	适于大批量、单一品种生产，适于低技术产品
产品创新	较快推出新产品，能从产品开发中学习及时修正的方法及创新意识，新产品投放市场快、竞争力强	不易获得最新技术以及市场需求变化趋势，不利于产品创新

（二）集成产品开发

1. IPD 的由来与 IBM 公司的实践

IPD 是一套产品开发的模式、理念与方法。IPD 的思想来源于产品周期优化法（product and cycle excellence，PACE）。PACE 是美国的咨询机构 PRTM 咨询公司提出的研发管理模式，是经过了 IBM 等领先企业实践，总结出来的一套先进、成熟的研发管理思想、模式和方法。IPD 强调以市场和客户需求作为产品开发的驱动力，在产品设计中构建产品质量、成本、可制造性和可服务性等方面的优势。更为重要的是，IPD 将产品开发作为一项投资进行管理。在产品开发的每一个阶段，都从商业的角度而不是从技术的角度进行评估，以确保产品投资回报的实现或尽可能减少投资失败所造成的损失。

最先将 IPD 付诸实践的是 IBM 公司，1992 年 IBM 公司在激烈的市场竞争下，遭遇到了严重的财政困难，公司销售收入停止增长，利润急剧下降。经过分析，IBM 公司发现它们在研发费用、研发损失费用和产品上市时间等几个方面远远落后于业界最佳。为了重新获得市场竞争优势，IBM 公司提出了将产品上市时间压缩一半，在不影响产品开发结果的情况下，将研发费用减少一半的目标。为了达到这个目标，IBM 公司率先应用了 IPD 的方法，在综合了许多业界最佳实践要素的框架指导下，从流程重整和产品重整两个方面来达到缩短产品上市时间、提高产品利润、有效地进行产品开发、为顾客和股东提供更大价值的目标。

IBM 公司实施 IPD 3 年之后，产品开发过程得到了重大改善，多项指标得到了刷新：（1）产品上市时间：高端产品上市时间从 70 个月减少到 20 个月，中端产品从 50 个月减少到 10 个月，低端产品降低到 6 个月以下；（2）研发费用占总收入的百分比从 12%减少到 6%；（3）研发损失从起初的 25%减少到 6%。在研发周期缩短、研发支出减少的同时，却带来了产品质量的提高，以及人均产出率的大幅提高和产品成本的降低。

2. IPD 框架结构

IPD 框架由市场管理、流程重组与产品重组三大模块构成，可进一步细分为客户需求分析、投资组合分析、衡量指标、跨部门团队、结构化流程、项目和管道管理、异步开发、公共基础模块八个子模块，其逻辑结构如图 3.3 所示。

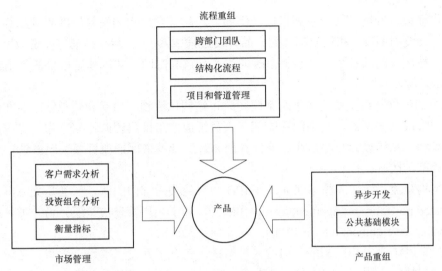

图 3.3　IPD 框架结构图

1）市场管理

市场管理是从客户、投资、市场等外部环境来考察影响产品特性与生命周期的诸多因素，主要包括客户需求分析、投资组合分析和衡量指标。

（1）客户需求分析。

可以说，没有需求就没有产品，缺乏好的、及时的市场需求是项目方向偏离和产品失败的最主要原因。IPD 使用一种称为 "MYMAPPEALS" 的需求分析工具，用于辨析客户需求、确定产品市场定位。

（2）投资组合分析。

IPD 强调对产品开发进行有效的投资组合分析。如何正确评价、决定企业是否开发一个新产品以及正确地决定对各个新产品的资金分配额，就需要测定新产品的投资利润率。只有明确了投资利润率的各种静态和动态的决定因素和计算方法，企业才能对产品战略做出正确的判断和决策，进而确定产品开发的投资。

企业能否有效地掌握投入资金的对策，取得好的产品资金效果，提高资金运营效率，是一个大的战略问题，也是企业业务投资组合计划的任务。尤其是经营多种产品的生产企业，要想正确地决定资金投入对策，还必须研究产品结构，研究企业各种产品的投入、产出、创利与市场占有率、市场成长率的关系，然后才能决定如何对众多产品分配资金。这是企业产品投资组合计划必须解决的问题。企业组成什么样的产品结构？总的要求应是各具特色、经济合理。因此，需要考虑服务方向、竞争对手、市场需求、企业优势、资源条件、收益目标等因素，合理安排产品线、产品包与产品的序列包含关系。

投资组合分析要贯穿整个产品生命周期，在开发过程中设置检查点，通过阶段性评审来决定项目是继续、暂停、终止还是改变方向。通常在各个阶段完成之后，要做一次"继续或停止"决策，以决定下一步是否继续，从而可以最大限度地减少资源浪费，避免后续资源的无谓投入。

（3）衡量指标。

投资分析和评审的依据是事先制订的衡量指标，包括对产品开发过程、不同层次人员或

53

组织的工作绩效进行衡量的一系列指标。例如，产品开发过程的衡量标准有硬指标（如财务指标、产品开发周期等）和软指标（如产品开发过程成熟度）；衡量标准有投资效率、新产品收入比率、被废弃的项目数、产品上市时间、产品盈利时间、共用基础模块的重用情况等。

2）流程重组

IPD 中的流程重组主要关注于跨部门团队、结构化流程、项目和管道管理。在结构化流程的每一个阶段及决策点，由不同功能部门人员组成的跨部门团队协同工作，完成产品开发战略的决策和产品的设计开发，通过项目管理和管道管理来保证项目顺利地得到开发。

（1）跨部门团队。

组织结构是流程运作的基本保证。在 IPD 中有两类跨部门团队，一类是集成产品管理团队（integrated portfolio management team，IPMT），属于高层管理决策层；另一类是产品开发团队（product development team，PDT），属于项目执行层。

IPMT 和 PDT 都是由跨职能部门的人员组成，包含了开发、市场、生产、采购、财务、制造、技术支援等不同部门的人员，其人员层次和工作重点都有所不同。

IPMT 由公司决策层人员组成，其工作是确保公司在市场上有正确的产品定位，保证项目、保证资源、控制投资。IPMT 同时管理多个 PDT，并从市场的角度考察它们是否盈利，适时终止前景不好的项目，保证将公司有限的资源投到高回报的项目上。

PDT 是具体的产品开发团队，其工作是制订具体产品策略和业务计划，按照项目计划执行并保证及时完成，确保小组按计划及时地将产品投放到市场。PDT 是一个典型的虚拟组织，其成员在产品开发期间一起工作，由项目经理组织，可以是项目经理负责的项目单列式组织结构。

（2）结构化流程。

IPD 产品开发流程一般被明确地划分为概念、计划、开发、验证、发布、生命周期六个阶段，并且在流程中有定义清晰的决策评审点。这些评审点上的评审已不是技术评审，而是业务评审，更关注产品的市场定位及盈利情况。决策评审点有一致的衡量标准，只有完成了规定的工作才能够由一个决策点进入下一个决策点。典型的产品开发流程阶段描述如下：① 在概念阶段初期，一旦 IPMT 认为新产品、新服务和新市场的思想有价值，它们将组建并任命 PDT 成员。② PDT 了解未来市场、收集信息、制订业务计划。业务计划主要包括市场分析、产品概述、竞争分析、生产和供应计划、市场计划、客户服务支持计划、项目时间安排和资源计划、风险评估和风险管理、财务概述等方面信息，所有这些信息都要从业务的角度来思考和确定，保证企业最终能够盈利。③ 业务计划完成之后，进行概念决策评审。IPMT 审视这些项目并决定哪些项目可以进入计划阶段。④ 在计划阶段，PDT 综合考虑组织、资源、时间、费用等因素，形成一个总体、详细、具有较高正确性的业务计划。⑤ 完成详细业务计划以后，PDT 提交该计划给 IPMT 评审。如果评审通过，项目进入开发阶段。PDT 负责管理从计划评审点直到将产品推向市场的整个开发过程，PDT 小组成员负责落实相关部门的支持。⑥ 在产品开发全过程中，就每一活动所需要的时间及费用，不同层次人员、部门之间依次做出承诺。

（3）项目和管道管理。

项目管理是使跨部门团队集合起来更好地行动的关键。首先要有一个目标即项目所要达到的效果，一旦将客户的需求转换为对产品的需求时，就可以制订详细计划。该计划中的各部分将具体划分为每个职能部门的工作，即这个计划不只是研发部门的计划，也是公司各个部门共同的计划。一个产品从概念形成到上市期间会涉及许多不同的紧密相连的活动，就好像不同职能部门彼此之间是有关系的。同样在一个项目中他们彼此之间的活动也是有关联的，所有的活动加起来就是整个的产品开发。

接下来安排活动的时间，对每个活动进行预算和资源的调配，在项目实施过程中还需要不断地与计划对照，因为没有任何一个计划是完善的，所以可以在细的层面上对计划进行一定的调整，但是 PDT 做出的承诺不能改变。整个项目的进行过程都需要 PDT 的参与，因此，PDT 在产品开发全流程中始终存在。

管道管理类似于多任务处理系统中的资源调度和管理，是指根据公司的业务策略对开发项目及其所需资源进行优先排序及动态平衡的过程。

3）产品重组

产品重组主要关注异步开发和共用基础模块（common building blocks，CBB），是 IPD 提高开发效率的重要手段。

（1）异步开发。

异步开发模式的基本思想是将产品开发在纵向分为不同的层次，如技术层、子系统层、平台层等。不同层次工作由不同的团队并行异步开发完成，从而减少下层对上层工作的制约，每个层次都直接面向市场。

通常，在产品开发过程中，由于上层技术或系统通常依赖于下层的技术，因此开发层次之间的工作具有相互依赖性，如果一个层次的工作延迟了，将会造成整个时间的延长，这是导致产品开发延误的主要原因。通过减弱各开发层次之间的依赖关系，可以实现所有层次任务的异步开发。

为了实现异步开发，建立可重用的共用基础模块是非常重要的。

（2）共用基础模块。

CBB 指那些可以在不同产品、系统之间共用的零部件、模块、技术及其他相关的设计成果。由于部门之间共享已有成果的程度很低，随着产品种类的不断增长，零部件、支持系统、供应商也在持续增长，这将导致一系列问题。事实上，不同产品、系统之间，存在许多可以共用的零部件、模块和技术，如果产品在开发中尽可能多地采用了这些成熟的共用基础模块和技术，无疑这一产品的质量、进度和成本会得到很好的控制和保证，产品开发中的技术风险也将大为降低。因此，通过产品重整，建立共用构建模块数据库，实现技术、模块、子系统、零部件在不同产品之间的重用和共享，可以缩短产品开发周期、降低产品成本。CBB 策略的实施需要组织结构和衡量标准的保证。

不管是异步开发还是共用基础模块的实现，都需要很高水平的系统划分和接口标准制订，需要企业级的构架师进行规划。

（三）协同产品开发

协同产品开发（collaborative product development，CPD）建立在 IPD 的基础之上，CPD 在 IPD 的基础上增加了人力资源管理体系，将对产品开发的主体——人的管理纳入到管理中，体现了 CPD 通过协同创造价值体现到产品开发过程中来的理念。协同产品开发（CPD）是指通过企业之间协同开发，协同合作来改善产品的设计开发水平，从而满足客户的需求，其中，协同开发关注的是产品的开发过程，协同是协同开发的核心。

1. 协同产品开发理论的内涵

协同创造价值是协同产品开发的本质内涵。在当今社会中，到处都存在协同。就好像一部机器需要高度的协调性才能正常运转一样，一个企业同样也需要这样的协调性才能变得生机勃勃，才能在激烈市场竞争中立于不败之地。当今企业都应该以协同为目的，使协同成为永远追求的目标。

同时，产品的协同开发也为提高企业的开发效率提供了有效的方法。其效益主要体现为：首先，通过功能、组织及过程之间的协同，缩短了产品开发的周期。其次，通过整合各项企业资源，如设计资源、生产资源，显著地降低了企业产品的设计和生产成本。同时，通过科技、知识的共享以及协作，大力提升了新产品的科技含量和创新的程度。最后，通过与顾客和供应商的协同，提高了市场反应的敏捷度和客户满意度。

随着空间的变大，协同的范围也变大了，可以划分为企业内部和企业之间的协同。根据这个划分，协同开发实施的效果也可分为两个方面：从企业内部来说，协同开发可以帮助企业缩短产品开发周期，降低产品开发的成本；而站在企业之间的角度来看，协同开发可以帮助企业有效地利用合作伙伴的创新优势，实现跨企业平台的产品协同开发。

对于实现企业的战略目标，保证企业战略目标的达成，协同开发起到了关键性的作用，是实现企业战略目标的有效手段。今天企业所面临的压力迫使企业采取"竞合"关系，企业间的合作已经为越来越多的企业所接受。现阶段越来越多的企业将产品研发和制造的一部分外包出去，自己仅仅保留最具核心竞争力的部分。在这种模式下，产品开发的全生命周期是由供应链中的一群企业所承担的，企业在产品上的竞争也转变为不同供应链在产品上的竞争。人们常说的供应链管理在交易层面上实现了企业与企业之间的协同，然而离真正的协同还有一步之差。举个例子，供应链管理是将供应链中的不同企业用"胶水"粘在一起，企业与企业之间的界限是很明显的。真正的协同则是将整个供应链看成一个就产品而言的"虚拟企业"，将 CPD 的原理运用到整个供应链，不同的企业在这个"虚拟企业"里是不同的业务单元，企业与企业之间的界限很模糊，这就是协同开发和生产。和通常供应链管理不同的是，协同研发与制造是将不同的企业和企业内的不同部门头对头、脚对脚分别对上之后，再粘在一起，这才是协同的真正内涵。

2. 协同产品开发的核心理念

1）价值链的整体优化

协同产品所追求的不是设计、采购、制造及销售等功能的局部优化，而是从新产品的上市时间、产品的创新程度、新产品开发所需的成本等角度来追求整体的经济效果。

2）以产品的设计创新为目的

在当今社会，协同产品创新是企业制胜的法宝，迅速捕捉市场的需求，实施产品的开发创新，为企业扩大市场占有率、获取高额利润创造了条件。

3）以协同合作为基础

在协同开发过程中，供应链上的各个企业，各个参与者都在发挥着自己的长处，实现强强联合，以最低的成本、最短的开发时间和最佳的产品来满足客户的需求。同时还有一个特别的地方，那就是顾客参与到产品的设计开发之中，企业可以实时地了解客户的需求，从而可以保证设计生产的产品是切实符合客户需求的。

4）以产品的开发设计为中心

产品设计开发是需求、开发、制造、售后服务等的中心，也是产品信息向价值链的各个经济实体传递的源泉。同时，产品信息的可视化、实时化共享也是非常重要的，这样才能保证产品的协同开发方式是有效性。

3. 协同产品开发体系的构成

产品协同产品开发过程中，需要考虑三个方面的问题：项目管理、并行工程 CE/集成产品开发 IPD 和规模定制的产品开发。企业需要从整体的角度来考虑新产品的开发，同时需要清楚地知道产品的开发模式是什么，并对产品开发过程进行管理。因此，这三个问题也就构成了 CPD 的三个基本部分。图 3.4 表示了 CPD 的模型架构。

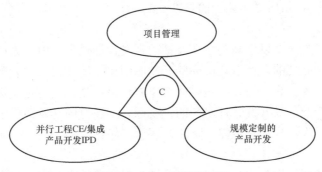

图 3.4　CPD 的模型架构

在构建 CPD 模型时，需要综合考虑这三个基本因素对于 CPD 的影响。对企业而言，如何将这三个因素协调的组合到一起，形成一个整体的产品开发系统是构建 CPD 的关键所在。在操作层面上，这三个基本因素表现为以下要素。

1）跨学科的团队

在传统企业中，部门是按照各自的职能来划分的。但是随着大规模产品定制时代的到来，这样的划分方法已经不再能满足市场的需求了。日新月异的市场带来了无数的机会，如何把握这些机会，在市场竞争中取胜，这就要求企业对于市场的变化做出快速的响应。传统的按所属职能分工的企业相关部门，因为部门与部门之间存在壁垒，因而会造成产品开发过程中的信息传递慢。另外产品开发过程中如果出现了问题时也不是相互协作来一起解决问题，而是采取来回推的方式来推卸责任，严重降低了产品的开发效率。采用多学科跨部门的团队可以有效地解决这个问题。为开发设计某一个产品所成立的项目团队一般包括了设计、研发、测试、采购、市场、销售等各个部门的成员，有时还可以包括物料供应商、客户、第三方合作伙伴。总之，只要是对这项产品的开发设计有影响的人员都需要参加。同时需要任命团队的负责人，有时称作项目经理，来负责产品开发的相关工作。采用了这种跨学科部门的团队来管理产品的开发设计可以极大地提升团队中各个成员之间的沟通与交流，加快了产品开发的进度。

2）决策模式

据权威杂志介绍，现阶段的产品开发中，只有 1/7 的新产品创意可以取得商业上的成功，每 100 个开发项目中，就有 40 个是失败的。所以，新产品的开发是一个极其容易失败的动作。甚至于在协同开发模式下，产品的开发被看作是一个风险极大的风险投资。同时，新产品的开发总是充满了不确定性和各种困难，所以，无限的创意和有限的资源分配平衡对于产品开发的管理是非常重要的。因此，一方面要考虑让有价值的产品创意得到付诸实现的机会，另一方面又要考虑如何能让资源的投入得到回报。既然产品开发类似于风险投资，那么就用风险投资的思路来分析产品开发的管理。这样可以把每一个创意都看成一个有待投资的项目，通过敏锐的观察力不断地分析判断这个待投资项目的前景，同时采取果断的决策，一旦发现在项目的实际操作中出现了致命性的问题或者产品的前景不同于预期就可以随时考虑终止这个项目，重新分配资源，把有限的资源应用到可以产生实际效益的项目上去，通过这种方式提高风险投资的命中率。实现产品开发的风险投资的关键在于决策。在产品开发过程中，正确的决策是要判断项目的前景并且实现资源的重新配置。合适的决策组织以及正确的决策过程是实现 CPD 模式下决策所必不可少的条件。

3）结构化的开发过程

尽管产品的开发是一个以创新为主要特征的开发设计过程，但是为产品的开发过程进行标准化的定义是非常必要的，可以让产品的开发明朗化、清晰化。因为现阶段的产品都很复杂，不再是天才的个人行为，而往往是团队合作的结果。是否具备定义良好的产品开发过程已经成为衡量一个企业产品开发管理水平的重要标志。在协同开发模式下，结构化的开发设计过程一共有四种层次，分别是步骤、阶段、活动、任务。

4）管道管理

将企业内部的各项资源看作是协同开发管道管理中的管道，而各种产品开发项目则是这个管道中流动的水。管道管理的一个共同的目标，就是让更多的水流过管道。它把产品战略作为优化和调整管道管理的依据，保持企业的开发能力和产品战略之间的平衡。如果管道的容量有限，那么就要尽量使最符合战略的项目流过管道。

5）规模化定制的产品设计开发模式和方法

随着规模化定制时代的到来，产品的设计开发也有了个性化的开发模式和开发方法。产品在 CPD 模式下的产品开发方法包括产品的模块化设计、质量功能配置、用户导向性设计、优化设计等。

6）技术管理

大规模定制时代的创新是突破式创新和渐进式创新的结合体。产品开发过程在本质上是渐进式创新的体现，一般不会发生改变行业结构这样大的影响。技术创新（突破式创新）就不一样了，技术的突破极有可能改变行业甚至改变整个社会的产业结构。站在管理的角度，产品创新和技术创新的区别在于后者的不确定性更大也更不容易管理。CPD 模式下的技术管理对技术的开发提供了良好的管理模式和工具，和产品的开发一样，技术的开发同样也有结构化的决策模式和开发过程。

7）跨组织的协同开发

今天的时代特征就是广泛的协同，目前越来越多的企业正在进行业务的重组，将不增值或非核心的业务从核心业务中剔除出去，对核心竞争力的关注成为当今时代的主流。产品开发领域也发生了同样的变化，对于复杂产品如计算机、汽车、飞机来说尤为如此。据统计，像汽车这样的复杂产品，60%～70%的零部件都来自合作伙伴和供应商。在这种情况下，将并行工程的理论运用到整个供应链层面就要求企业在产品开发时采取跨部门和跨企业的合作。跨部门和跨企业的合作开发带来了新的问题，比如风险的分担、质量的保证、新的产品开发组织形式等。在 CPD 模式下需要针对跨部门和跨企业的合作实现特殊管理，其团队组织模式也从在同一地点（Co-Location）工作，发展成为跨企业、跨地域，乃至遍布全球的协同合作，客户与供应商的纷纷加盟，根据总目标和所处地理位置组建基于不同子系统产品的团队，在上级团队的领导下，各团队相互支持，产品全生命周期相关的部门、人员参与到新的产品开发组织中。

8）IT 支撑工具

和以前的产品开发模式相比，CPD 一个很大的差异特征在于它对 IT 技术的依赖，缺乏 IT 支撑工具，CPD 的各个要素很难发挥最优作用甚至根本不可能实现。比如，跨企业、跨部门的协同合作开发，没有相应的 IT 支撑工具就很难实现。CPD 下的支撑系统首先要求能支持整个产品开发的生命周期，从产品的概念阶段到生命周期管理阶段；其次要求和其他企业应用的无缝集成，如 ERP 和 CRM（customer relationship management，顾客关系管理）；另外，CPD 下的支撑工具还需要能支持大规模定制，如零部件管理、产品配置等。近年来所出现的协同产品商务（CPC）技术能很好地满足这些要求。CPC 系统首先在企业内部以及企业与企业之间构建起以广义 BOM（bill of material）为核心的基础连接，并在此基础之上实现和 CAPP（computer aided process planning）、ERP、CAM、CAD、CRM 的集成，对产品生命周期的每一阶段提供必要的支持。

（四）协同产品商务

1. 协同产品商务的内涵

作为一种新兴的产品设计管理理念，协同产品商务是由著名 IT 咨询机构 Aberdeen 集团在 1999 年提出的，并迅速得到业界响应。它以产品开发的价值链为核心，在包括产品研发、设计、采购、生产、售后服务在内的全生命周期中进行系统化数据管理，从而形成真正的以产品为核心的知识管理，并提供跨部门甚至跨企业的协作开发环境，使创新成为一种可配置的资源，对创新的配置是通过知识的协同实现的。实现知识的协同需要从三个维度展开：时间、空间、应用。也就是说，在不同的时间、不同的空间范围内，不同的应用模式需要不同的协同工具。从时间的维度讲，CPC 将产品大批量制造之前的所有过程通过不同的解决方案形成一个整体。在实际应用中，被授权的 CPC 用户可以使用任何一种标准的浏览器软件查看该系统视图中的信息，这一视图对一组分散的异构产品开发资源进行操作。一般这些资源位于多个信息仓库中，并且由相互独立的实施和维护系统来管理。CPC 的重要特点是将企业间松散的数据和应用功能耦合为一种统一的数据模型，而且这种数据模型并不依赖数据通用性来保证个体之间的相互协作，这样就使企业应用软件之间的集成变得很容易实现。从分散的源头汇集的知识能给企业带来巨大的效益。

从空间的角度讲，由于在产品开发的不同阶段需要和不同的对象实现协同，比如在产品定义阶段需要倾听客户的声音，在设计期间需要和合作伙伴的互动，实现这些跨部门、跨企业的协作如果没有 CPC 系统几乎是不可想象的。一个定义良好的 CPC 系统能够支持部门级、企业级、企业之间的合作开发。从应用的角度讲，不同的企业可能会采取不同的制造模式，如按库存生产、按订单生产、按订单设计，不同的制造模式需要不同的解决方案，作为一个归一化的解决方案，CPC 能够为不同的模式提供相应的支撑。

针对如何缩短产品开发时间，工业界和管理界开始了广泛的研究，研究的成果就是"并行工程"。解决了传统的串行产品开发模式中出现的频繁变更、设计质量不高和设计周期长的问题。在并行工程研究的基础之上，管理咨询界通过多年的研究和实践，将项目管理的思想和并行工程相结合，形成集成产品开发体系这一成果。

集成产品开发 IPD 大大扩充了并行工程的范围，它首先将产品开发看成一个战略过程。协同产品开发体系（CPD）本身建立在 IPD 的基础之上，CPD 在 IPD 的基础上增加了人力资源管理体系，将对产品开发的主体——人的管理纳入到管理中来，体现了 CPC 通过协同创造价值体现到产品开发过程中来的理念。实施 CPC 给企业带来的效益是多方面的，直接的效益包括产品开发周期的缩短，产品开发成本和产品制造成本的降低，实现跨地域的协同开发与制造等。正是因为 CPC 能给企业带来多方面的优势，许多跨国制造企业才选择这项技术来增强它们的核心业务过程，提高企业的竞争力。

2. 协同产品商务的发展

协同产品商务是从计算机辅助设计（CAD）软件开始起步发展的，可以将从 CAD 到 CPC 的发展分为四个阶段。

1）工具时代

工具时代的管理思想体现在通过为技术人员提供必要的工具以提高其技能。CAD 技术起步于 20 世纪 50 年代后期，随着在计算机屏幕上绘图变为可行而开始迅速发展。人们希望借助此项技术来摆脱烦琐、费时、绘制精度低的传统手工绘图。此时，CAD 技术的出发点是用传统的三视图方法来表达零件，以图纸为媒介进行技术交流，这就是二维计算机绘图技术。在 CAD 软件发展初期，CAD 的含义仅仅是图板的替代品，后来作为 CAD 技术的一个分支而相对单独、平稳地发展。发展到今天，CAD 已经超越了早期的图板替代品所具有的功能，具有了计算机辅助分析、设计自动化等功能。CAD 系统实际上隐含着这样一个管理思想：通过机器提高工人的技能，因此，它是典型的工具时代的产品。在这个时代，没有明显的管理方法与软件相互支撑。

2）平台时代

平台时代是从工具时代到管理软件时代的过渡阶段。产品数据管理（PDM）是随着 CAD 系统的发展逐渐成为工程技术人员必不可少的工具，企业内部的各种设计文档开始出现爆炸性的增长，在这样的情况下，原先手动的文档管理方式显然已不能满足企业的需求。与此相对应，开始出现文档管理方面的工具 PDM。这些产品的目标是解决大量电子数据的存储和管理问题，从功能的角度讲，主要包括电子绘图仓库、数据版本控制和初步的产品结构管理。PDM 在发展过程中不断完善，后来又在此基础上增加了产品配置管理等功能。从管理思想的角度来说，这个时代的产品已经不再是为技术人员提供单纯的工具，还提供了简单的管理功能，但这种管理尚未达到企业一级，而是在部门层次上进行一定的管理。因此 PDM 系统属于平台时代的产品。这个时代的管理方式体现在产品开发的过程模型上，进行产品开发的技术人员必须遵循一定的步骤进行产品的开发。

3）管理软件时代

管理软件时代的产品将项目管理的思想融进产品开发过程，体现了大规模制造的流水线化特征。软件产品类似于工厂中的流水线，技术人员必须按照流水线的步调工作。在管理软件时代所追求的目标体现了大规模制造特征：降低产品开发成本、提高产品开发效率和产品开发生产率；第二代产品数据管理（PDMⅡ）是随着企业竞争的加剧出现的，缩短产品开发时间、降低生产成本已经成为企业所面临的挑战。面对这样的挑战，出现了虚拟企业这样的概念。第一代 PDM 专注于设计阶段工程信息的管理，产品设计与制造的脱节没有得到很好的解决，在这样的背景之下，出现了第二代产品数据管理的概念。PDM Ⅱ最初由 Gartner group 提出，PDM Ⅱ有三个核心的要素：虚拟产品开发管理（VPDM）、传统的 PDM 和 ERP 系统。从软件功能的角度讲，这个时代的产品具备了工作流管理和产品生命周期这样的模块，并且管理的范围扩展到企业一级。从 PDM Ⅱ所提供的功能上可以看出，这个时代的 PDM 系统隐含着这样的基本管理思想：通过流程自动化手段将技术人员放到产品开发的流水线中去，并通过自动化的流程追求产品开发的低成本和高效率。从 PDM Ⅱ所追求的目标来看，PDM Ⅱ依然是在大规模制造的范式下追求着大规模制造类似的目标。因此，可以认为 VPDM 系统属于管理软件时代的产品。

　　4）协同时代

　　协同时代的产品除了强调企业内部的管理外，还强调企业与供应商以及企业与客户的协同。从管理软件时代过渡到协同时代不仅意味着技术的改进，还意味着一种管理模式的变更和新的制造模式的到来。从 PDM Ⅱ到 CPC 是一个质的飞跃，二者追求的目标有了非常明显的区别。协同产品商务已经明确地将企业的产品知识和过程看成企业的财富或资源，这就隐含着这样的基本看法：我们可以通过对知识资源的合理配置实现企业财富的创造。对知识资源的合理配置能够带来企业的创新，创新才是网络经济时代的核心竞争力。

　　所有 CPC 解决方案的基础都是 PDM 系统，PDM 技术的核心在于能够使所有与产品项目相关的人在整个信息生命周期中自由共享与产品相关的异构数据，PDM 系统实现了企业的信息集成、提高企业产品开发效率的目标。

　　CPC 的理念把传统的企业内部产品数据管理的功能扩大到了贯穿整个产品供应链的信息、过程和管理集成平台的高度，从而实现了所谓在"扩展企业"内，对产品知识资产的协同开发和共享。被授权的 CPC 用户可以在产品从概念设计、制造、销售、服务到报废回收的全部生命周期中，访问并操作"扩展企业"信息系统中任何分布、异构的产品开发资源，将数据和应用功能的松散耦合式集成，不依赖数据通用性来保证个体之间的相互协作的统一数据模型是 CPC 系统的重要特点，它使得企业应用软件之间的集成变得很容易实现。采用互联网技术的 CPC 将供应链利益相关方以及客户紧密地联系在一起，形成一个全球的产品知识网络，任何使产品在其生命周期过程中增值的工具和服务都将基于这一基础结构运行。一般来说，CPC 在互联网上实现的主要功能包括：文档管理、版本管理、流程管理、产品结构管理、技术形态管理、零部件管理、需求管理、研发项目管理等。

3. 协同产品商务的优势

　　实施 CPC 给企业带来的效益是多方面的，直接的效益包括产品开发周期的缩短，产品开发成本和产品制造成本的降低，实现跨地域的协同开发与制造等。正是因为 CPC 能给企业带来多方面的优势，许多跨国制造企业才选择这项技术来增强它们的核心业务过程，提高企业的竞争力。CPC 的优势如下。

　　（1）多个企业和客户可以实时地参与产品的协同设计。这样，就能把知识孤岛有效地连接在一起。例如，一个将在全球销售的新产品，在完成最终设计前，需要地区的主管进行审查，以确保遵守当地的法律和市场规则。过去这类审查往往会减慢产品的开发进程，但是在 CPC 环境下，如果管理得当，可能反而会大大加快产品的开发进程。

（2）客户可以直接与系统交互，参与产品的开发。客户可以一项一项地定义自己的产品规格，这些规格可以别具一格。在此之后，企业把客户的要求转换成文档、草图、来源信息等，用于制造满足特殊用户需要的特殊产品。

（3）地理上分散的、异构的计算机系统可以连接在一起。使用 CPC 中的互联网技术，将延长系统的使用寿命，使得企业不必摒弃旧系统而建立一个新系统，从而保护企业的投资。同时，通过充分利用不同产品专家多年来所积累的知识，来保留企业宝贵的经验，使得企业在连续的基础上工作。在 CPC 的协同工作环境中，整体比个体更加强大，因为个体必须以串行的方式工作。CPC 对于制造业最大的优势在于它允许经验丰富的、知识渊博的、有商业头脑的企业高级管理层关注整个产品生命周期过程，因为 CPC 为企业高级管理层提供了他们所需要的、可以使他们更多地参与产品开发和产品生命周期管理的工具。

 延伸阅读 1

美国戴尔公司选用的 CPC 软件是 Agile，一个称作 e-HUB 的应用门户以及基于互联网的文件服务器构成了访问和共享安全电子文档的主干。产品数据校验器检查产品数据的准确性，是否符合制造条件，并且检查与全球生产点 ERP 系统的物料和产品结构的信息接口；它还提供了与复杂产品的销售配置器之间的接口，后者按照产品配件的工程技术属性，能够自动按照销售订单进行产品配置，从而做到真正按照订单生产。戴尔公司的 CPC 的重点是在 Internet 的基础上，协同全球运营部门以及供应商的文档资料、BOM 创建、产品技术状态管理以及工程变更管理。通过 CPC 系统保证了戴尔公司能够：

· 使工程变更在戴尔公司全球的供应商及制造点间保持一致。

· 保证产品数据的完整性、及时性和准确性。

· 缩短工程变更的时间。

· 提高跨应用的产品数据的自动重用度，减少重复的手工输入。

· 在投入生产前自动检查产品数据的错误，减少产品技术状态管理的负担。

通过自 2000 年初开始约一年半的实施，戴尔公司的 CPC 系统已经拥有约 3 300 名内部用户，120 家供应商，系统管理了约 25 万件料号以及 2 万份文档。通过内部及与供应商的协作，产品工程变更的效率大大提高，产品工件变更管理的人力、物力节约了 30%，平均工程变更管理时间缩短了 50%。

（五）产品绿色设计理念

为确保人类的生活质量和经济的可持续发展，自 20 世纪 80 年代以来，旨在保护环境的绿色行动在世界各国纷纷兴起。"绿色设计""绿色产品""绿色制造"等新概念、新理论、新方法层出不穷。产品绿色设计是指在产品的设计意识、设计定位及设计方法等问题上，将生态意识、环境因素融入到整个设计理念中，即在产品生命周期内（设计、制造、运输、销售、使用或消费、废弃处理），优先考虑产品的环境属性（可拆卸性、可回收性、可维护性、可重复利用性等），以减少对环境的污染。这在某种程度上遵循了生态学的原理，但其局限性也在此。生态圈是一个有机整体，要使生态系统真正不被破坏，就必须使生态系统中的东西维持原有循环，不能人为创造，也不能人为消灭。绿色设计的"4R"（reduce, reuse, recycle, regeneration）原则集中在"物质循环"和"能量流动"方面，在实际操作过程中宏观规划在微观开发中被肢解，在某种程度上背离了保护生态环境的初衷。

第二节 产品设计流程的管理与协调

一、产品设计流程

产品设计流程一直是工业设计界所讨论的问题。从系统的角度看，产品设计是一种由多重相关要素构成的方法系统，同时也是一个由多种方法构成的过程系统。在整个产品生命周期（从产品诞生到消亡）中，产品设计活动仅仅是一个子系统，如果从企业的宏观策略上看，产品设计只能是大系统中的一个关键要素，如图 3.5 所示。这是产品设计的完整过程，展示了从制订产品战略到市场营销的全过程。在实践中，产品设计过程是一个动态变化的过程，受外部条件影响很大。因此，产品设计系统的构成变化多端。如果将产品设计本身看作一个系统，那么一个产品的设计流程通常可分为产品规划、方案设计、深入设计、施工设计和市场开发等。

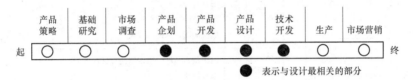

图 3.5 产品设计过程

对产品设计流程的界定，大多以任务的选择为起点，进而进行造型设计、机械设计、模型制作等。图 3.5 从产品设计角度出发，下面介绍石川弘提出的一般情况下的工业设计流程图（如图 3.6 所示），它是从项目管理的角度出发，偏重于项目操作的设计流程。它以设计项目的工作流程为着眼点，涉及设计项目周期内从计划、组织到监督、控制的过程，重点展示产品从计划到投产的详细过程。

在实际设计中，这些过程的某些环节要素会变化和调整，从而构成不同的设计系统。由于项目委托人的要求不同，不同产品种类的不同设计项目也有不同的设计程序，以上所列举的也并不是必须经历的过程。一辆汽车的外观造型设计流程与一个玻璃杯的造型设计流程是不同的，同为日用品，太阳镜与手表的设计流程也是不同的。

对于设计公司，可能客户会一早策划好要开发产品的大致方向和要求，也相应确定了产品投放市场的时间表，并不要求设计公司做设计策略，也可能其设计交付物仅为图纸或模型而不涉及结构设计、试制等。但无论如何变化，基本原理是一定的。

产品的设计流程一般具体表现为设计流程与业务流程两个方面。

1）设计流程

（1）市场调研：包括消费者调研，品牌知名度、忠诚度调研，竞争者调研，产品价格调研，整体表现调研等。

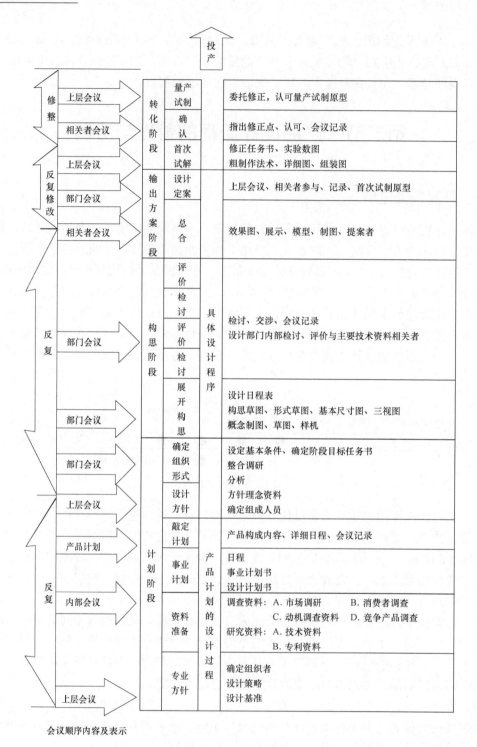

图 3.6　工业设计流程图

（2）产品设计：以文化、艺术、社会、生活为背景，以市场为目标，消费者心理为导向，选择不同的表现方式及具体有效的策略。它包括产品设计思路、产品设计风格以及预算等。

（3）形象表现：从策略出发来确定产品的设计表现方式，提交给客户不同创意风格的方案，为企业寻找产品设计成品的最佳表现方式（材质、大小及印刷工艺等）。

（4）形象推广：经过市场分析研究、产品设计并最终确认表现方式后，进行品牌具体的推广操作，如媒体计划、广告投放等。

（5）效果评估：从市场收集样本客户反映等信息进行分析，评估产品设计效果，进一步了解客户及产品的需要，以便今后制订出更合理的计划。

2）业务流程

（1）前期准备阶段：客户需求分析，了解自己所需要的设计资源，清楚设计细节要求，在尊重设计专家的原则下，清楚设计问题，列出重要的设计限制，达成初步合作意向后，收集整理资料，通过沟通、倾听和体会了解企业包括它的产品特色、市场和行业背景，清晰地了解企业到底要做什么，设计方可以提供怎样的服务；制订整体方案策划，明确客户具体需求，明确项目目标、工作内容、项目实现方式、项目费用、合作双方详细资料等；完成设计初稿。

（2）签订项目合同阶段：初稿认定后与客户再次深度沟通确认工作内容、程序、时间、组织、成果及费用等项目组成要素，双方达成合作意向签订项目正式作业合同。

（3）项目作业：专职项目经理和设计人员完成全部设计，出样稿；客户一校确认文字无误通过后签字出片打样，打样送客户签字；出货验收项目完成。

二、产品设计流程中的质量管理

产品设计过程中的质量管理工作主要应包括以下内容：① 认真进行市场研究，确定产品质量要求；② 注重设计评审，通过早期报警克服设计缺陷；③ 组织好新产品的试制、试验、鉴定工作，以进行可靠的设计验证和设计确认；④ 加强产品设计的经济分析；⑤ 建立科学的开发设计程序；⑥ 保证技术文件的质量；⑦ 严格标准化审查工作；⑧ 组织设计与制造的紧密衔接等。

产品设计流程中的质量管理能使提出的产品设计方案达到预期的目标并在生产阶段达到产品设计所要求的质量。这要求产品设计各阶段各环节严格依照明确的产品设计程序，并在产品设计过程的每一阶段都进行质量评估。

设计评审是保证产品设计质量的一项非常重要的工作。在产品开发设计各阶段工作结束时，应对设计结果进行正式的、系统的和严格的评审，目的是提供预防性评价，及时克服设计缺陷，使产品设计优化完整的产品开发设计过程主要包括六类评审：设计输入评审、技术设计评审、工艺方案评审、设计输出评审、设计更改评审和最终设计评审，此外还有销售准备状态评审等。由于产品不同，设计阶段划分各异，评审次数、内容重点和组织也不相同。但一般说来，设计评审应包括以下项目和内容。

1. 与顾客需要和满意有关的项目

（1）将材料、产品和工艺的技术规范与市场研究报告中明确的用户需要进行对照。

（2）通过样机（样品）试验对设计进行确认。

（3）产品在预期的使用和环境条件下的工作能力。

（4）非预期的使用和误用。

（5）产品的安全性和环境的适应性。

（6）产品是否符合法规要求、国家和国际标准以及组织惯例。

（7）与有竞争性的设计进行比较。

（8）与同类产品国内外先进水平的对比。

2. 与产品规格和服务要求有关的项目

（1）可靠性、耐用性和维修性要求。

（2）允差以及与过程能力的比较。

（3）产品的接收和拒收准则。

（4）产品的装配性、可安装性、操作方便性、包装条件、贮存要求、贮存寿命。

（5）产品的危险性故障及其预防措施。

（6）产品外观要求及其验收标准。

（7）故障模式及影响分析、故障树分析。

（8）产品质量易诊断性和易修复性。

（9）标牌、警告、标志、可追踪性和使用说明书。

（10）标准件的评审和使用。

3. 与工艺规程和服务要求有关的项目

（1）设计的工艺性能，包括特殊工艺加工要求、机械化和自动化问题、组装和总装问题。

（2）设计的检验和试验能力，包括特殊检验和试验要求。

（3）材料、零部件和组件的技术规范，包括供应方的质量控制能力及其有效性。

（4）包装、搬运、贮存及使用期限方面的要求，特别是有关的安全因素。

设计评审属于设计咨询活动，所以应本着集思广益、专群结合的原则，设计评审的参加者不仅是直接参与产品设计的技术人员，也应包括与评审的设计阶段质量有关的所有职能部门的代表，包括设计、工艺、检验、标准化、质量、供销、生产、财会等各方面的人员，以及使用单位的代表。生产人员和财会人员的参加，有助于打破"设计垄断"，帮助清除缺陷，完善设计，弥补不足。

设计评审的结果应形成一份详细的设计评审结论报告予以保存，同时，对评审意见的实施情况应及时反馈，为转入下一阶段的设计提供信息。

三、产品设计流程中的成本管理

一个企业所具有的优势或劣势，最终取决于企业最小的成本和最大的收入。低成本是衡量企业是否具有竞争优势的重要标准之一。加强成本管理，更有效地降低成本，在企业经营战略中已处于极其重要的核心地位，它从根本上决定着企业竞争力的强弱。

成本管理的目标不再由利润最大化这一短期性的直接动因决定，而是定位在更具广度和深度的战略层面上。从广度上看，已从企业内部的成本管理，发展到供应链成本管理；从深度上看，已从传统的成本管理，发展到系统成本管理。成本管理的重点主要放在产品开发阶段，并将其看成企业竞争成败的关键。良好的方法可以使流程成本大幅度下降，其幅度会远远超出传统削减成本的做法。

成本规划工作贯穿产品开发的全过程，需要先确定新产品开发任务的同时规定新产品开发成本，目标成本是按照市场预测的销售价格、企业中长期计划目标利润应用售价减法公式来确定的，目标成本按照产品结构分解落实到产品的各个总成本和零件上。然后在产品开发的每个阶段均对目标成本实际达到的水平进行预测和对比分析，根据分析对比中发现的问题，通过价值分析方法，研究和采用降低成本措施，保证不突破目标成本。

进行产品研发成本的控制应做好以下 5 个方面。

（1）将产品质量控制在适宜水平。这是指在产品研发过程中，研发人员在保证产品的基本功能的同时，要注意控制产品质量不宜过高。过度追求产品质量，会增加产品研发设计方案的复杂程度，使产品材料价格过高、产品研发设计周期变长，这些都会造成研发成本的大幅增加。

（2）运用价值工程原理进行产品分析，降低产品研发成本。运用价值工程原理对产品工艺、设计进行分析，可以优化产品结构、优化产品设计流程，减少无价值的工作，有效降低产品研发成本。

（3）加强设计论证的评审。加强对设计论证的评审，不仅有利于保证产品研发质量，同时还有助于实现预期的研发成本目标。

（4）加强样品的试制和检验。加强对试制样品的检验，有利于发现设计方案中不合理的方面，有利于避免产品发生大批量不合格现象。而边研发边实验，有助于产品研发过程的顺利进行，缩短研发周期，节约研发成本。

（5）加强技术文件的管理。加强技术性文件的管理，有助于企业技术方案的传承。丰富的研发设计资料，有利于对产品设计进行改善，同时可以在研发过程中避免多次犯同样的错误。这也是控制研发成本的一种主要方式。

四、基于产品平台的产品序列开发

（一）基于平台策略的产品开发

面对日益激烈的市场竞争，现代制造企业正在千方百计地减少开发成本和制造成本，与此同时，它们也在通过提供多样化的有竞争力的产品，进入多个不同的细分市场。产品平台战略是实现这一目的的一个方法。有效的产品平台可以派生出一系列产品，实现从基型产品到变型产品、从上一代产品到新产品的技术转移，从而显著缩短产品开发周期、降低成本，同时满足多样化的用户需求。

1. 平台策略的含义

不断开发新产品并根据市场需求对产品进行更新以适应新的市场变化是企业保持创新优势和获得持续发展的关键。平台策略把新产品开发提升到一个新的高度，基于平台策略的新产品开发不再专注于单个产品或单一市场，而是开发基于平台和过程技术的一系列产品。

产品平台的重要特点是能够派生出一系列产品，即产品族，满足用户多样化的需求；产品平台的另一个重要特点就是能够较容易地进行升级，它可以通过改变一个或多个参数，获得新的功能、部件和原材料，从而派生出新的产品族，随时满足市场需求的变化。产品平台不仅要面向现有产品的顾客需求，还要考虑未来的顾客需求，满足潜在的需求是新产品平台的最大优势所在。

平台策略实质上是一种有效的部件重新利用策略，基于平台策略的产品开发实际上就是基于产品平台的变型设计。基于产品平台的变型设计在某种程度上就是通过对产品成本影响较大、使用频率高的零部件进行标准化、模块化，通过对其他零部件的变型，派生出一系列产品族，从而满足多样化的用户需求，它利用了产品族的经济规模，同时又能保证派生产品的独特性正是这些产品族才能快速满足用户多样化的需求，促进企业的长期发展。

2. 基于平台策略的产品开发流程

全球买方市场的形成和产品更新换代速度的日益加快，使得制造业越来越关注产品开发的流程。基于平台策略的产品开发流程与基于单独产品策略的开发具有很大的差别，平台策略较单独产品策略的产品开发具有很多优点，即有效的产品平台可以派生出一系列产品，实现从基型产品到变型产品、从上一代产品到新产品的技术转移，从而显著缩短产品开发周期、降低成本。基于平台策略的产品开发将产品开发过程分为原型产品开发设计、产品平台开发设计、变型设计和配置设计四个阶段，产品平台开发又分为平台规划和平台开发，具体如图 3.7 所示。

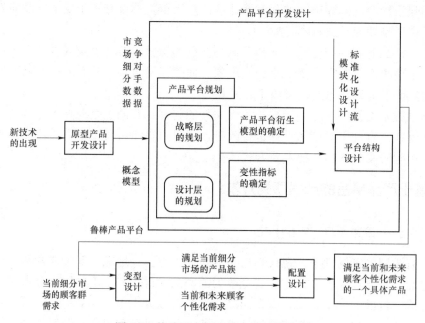

图 3.7　基于平台策略的产品开发流程

1）原型产品开发设计

原型产品开发设计是企业在拥有新型技术的前提下，利用计算机辅助设计（CAD）技术、数控技术、激光技术、材料科学技术、机械电子技术等，以最快的速度将 CAD 模型转换为产品原型或直接制造零件，从而可以对产品新型技术进行快速测试、评价和改进，以完成设计定型，设计结果是概念模型。原型产品开发设计可以快速、准确地将设计思想转变为具有一定功能的原型或者零件，以便对概念模型进行快速评估、修改及功能测试，从而大大缩短产品的研制周期及开发费用，加快新产品推向市场的进程。

2）产品平台规划

产品平台规划是企业的一个持续反复的过程，它与产品平台开发的关系相当于支持与被支持的关系，产品平台规划为产品平台开发提供核心能力支持，同时产品平台规划也为平台更新提供核心支持。这种支持是持续不断的，产品平台规划对基于平台策略的产品开发具有重要的指导意义。产品平台就是在企业产品平台规划的基础上，不断进行更新和升级换代的。

产品平台规划包括战略层的规划和设计层的规划。其中战略层的规划又包括产品线规划、技术路线规划以及在此基础上的平台衍生模型的建立；设计层的规划包括部件敏感度的确定，敏感度是指随着用户需求的改变，一个部件为了满足将来的客户需求而所需重新设计的工作量的大小。战略层的规划和设计层的规划从不同层次为产品平台的开发提供支持，战略级的规划为产品平台开发起战略指导意义，它的输出是产品线发展策略、技术路线以及平台衍生模型，从而指明了产品开发方向以及平台衍生模式。设计层的规划对平台结构的设计进行指导，确定了部件变型指标，对平台的鲁棒性设计起作用。战略层规划和设计层规划是相辅相成，缺一不可的。

3）平台结构设计

平台结构设计是在产品平台规划的基础上进行的，这一步的工作是进行标准化设计和模块化设计，建立产品平台的结构。产品平台结构的组成模块能够派生出满足细分市场的产品族，同时也能为特定客户低成本、快速派生出个性化产品。由于产品平台不仅面向目前的顾客，同时也要面向未来一段时期内顾客的需求，因此，在开发产品平台的时候，就考虑到了顾客将来需求的变化，用基于变型设计的原理来确定产品平台的参数、产品平台的结构，建立覆盖整个产品族功能要求的产品平台，保证产品平台能够快速进行更新，派生出下一代产品族，因此设计结果不再是一个具体的产品事例，而是结构化的、可升级的产品平台。

4）配置设计

根据客户个性化需求，将其定位在相应的客户群内，以便利用该客户群所对应的产品族。在产品族的基础上，利用现有的设计资源，以可替换件配置规则为主要工具，进行满足客户个性化需求的产品快速配置。由图 3.7 可知，基于平台产品策略的产品开发面向的是不同细分市场以及不同时期的派生产品。每当输入改变，即细分市场客户群的需求随着时间发生变化，则在产品平台基础上，经过变型设计，生成一个新的适应当前细分市场客户群需求的产品族，从可升级的派生产品模型的每个可能中挑选一个零部件组合，就确定了该变型产品的配置，创建出基于变型产品的具体结构，即得到一个满足顾客个性化需求的具体产品。

（二）产品平台开发工作的组织

产品平台特性决定了产品平台开发不同于一般单一产品开发。企业建立适应平台开发的组织和对平台开发过程进行有效的组织，是保证按时完成平台开发任务的重要前提条件。

1. 创建面向新市场的"业务单位"

由于新产品平台要比当前产品在性能上有明显的提高或大的飞跃，它主要面向新用户，而不是主要面向现有用户，因而原来企业组织的内部文化和经验很难适应和支持新产品平台的开发。因此，企业有必要设计一个全新的组织机构，即创建产品平台开发的"业务单位"，以摆脱原来组织结构的束缚，保证开发过程中资源的及时投入，协调好各方面的关系，使产品平台开发进展更加顺利。

2. 合理配备产品平台开发人员

开发人员的配备要视开发进度而定。若一开始就配备大量开发人员，不仅不会提高效率，反而有可能延缓产品开发进程。在新项目开发刚开始时，只需配备少数几个技术人员和市场战略专家，就可以设计产品平台整体框架；当基本框架和计划书确定以后，再逐步增派新的人员到具体的工作环节当中。同时，产品平台开发小组人员的知识、技能和经验的结构要合理组合，取长补短。

（1）市场战略专家既懂得技术，又熟悉市场发展的方向和竞争对手。

（2）技术专家擅长综合处理可能产生的技术障碍、成本、开发进度、技术风险等问题。

（3）高层管理人员主要是在市场战略专家和技术专家之间建立一种互信以及决策的权威，以便开发小组不会轻易地否决开发方案，并积极地接受由其他人员所提出的建议。专业知识和经验丰富的市场专家和技术专家，比小组其他成员的视野更广阔，在平台开发中发挥着重要作用，不仅引导和鼓励那些由于缺乏经验而在产品设计上浪费了太多时间的技术人员，而且提醒那些不顾技术障碍、主张快速将产品推向市场的激进型的市场人员。

新产品平台开发期间资源要匹配在产品平台开发过程中，资源的投入并非越多越好，关键是资源的投入要与开发进度匹配。这里，以开发人员工作负荷大小变化为例，说明开发过程中资源匹配规律。技术人员和市场开发人员在产品平台开发的不同阶段，工作负荷必然有很大差异。

（1）开发早期阶段，即定义阶段，市场人员忙于制订初步的市场发展计划；而工程技术人员只需确定产品的市场规格要求，工作较为轻松。

（2）随着产品结构和技术参数设计的进行，技术人员工作量加大，在实体性开发阶段，主要工作任务几乎都落到他们身上；而此时市场开发人员不忙，其任务只是观察用户和竞争对手的变化情况。

（3）最后，在产品平台投入市场阶段，技术人员工作负荷减少，而市场人员要全力以赴投入到平台的市场开发中去。

但机械地按这种规律进行开发，企业很可能由于失去进行衍生产品开发和平台改进最佳机会而让竞争对手入侵。发生这种情形，是因为技术人员必须等到市场人员完成新产品平台市场开发任务后，市场人员才去帮助技术人员定义其他衍生的新产品。为此，市场人员可以在产品平台技术开发阶段寻找新产品容易被攻击的市场，以便为尽快地开发衍生产品填补市场空缺做准备。同时，可指派关键技术人员着手从事相应的新概念产品的技术设计工作。这样，在新产品平台的技术开发阶段和市场投入阶段之间，衔接紧密，不失时机。而当平台产品的市场开发进入后期阶段，技术人员已经着手设计衍生产品和进行平台改进提高方面的工作，使产品平台周围的市场空缺及时填补，使竞争对手无机可乘。

思 考 题

1. 说明并行工程的含义和特点。
2. 试述集成产品开发的思想和特点。
3. 可供企业选择的新产品开发方式有哪些？
4. 协同产品开发和协同产品商务各是什么？
5. 基于平台的产品设计开发的内容有哪些？

第四章

选址与流程优化

学习目标

1. 了解影响选址的因素。
2. 掌握选址的相关方法。
3. 熟悉基于流程的运营控制体系。
4. 理解企业流程再造的相关内容。

引导案例

海尔集团腾飞的秘诀

第二次世界大战以后，全球市场以 20 世纪 90 年代中期为分界线，分为两个阶段，前期属于产品短缺时代，后期则属于产品过剩时代。迄今为止，全球绝大部分跨国公司都是在前期成长壮大，而 20 世纪 90 年代中期后成长起来的跨国企业寥若晨星。海尔恰是这个阶段成长起来的跨国企业。

海尔集团的发展模式引起了哈佛商学院以及日本、美国等国家的跨国公司的浓厚兴趣。它们对海尔集团感兴趣的不是海尔集团发展的速度，而是如何能达到这种速度。

海尔集团之所以能在新的市场格局中"飞"起来的秘诀有四点：彻底的拜用户主义、流程再造、经营化（SBU）的市场链与速度竞争。

海尔集团采用了自己独创的发展方案：系统范畴的流程再造。海尔集团的流程再造从四个方向同时展开：一是集团内不同业务单元公用职能的合并；二是每个业务单元与合并后的集团支持职能单元直线结构全部打破，重组之后全面朝向市场；三是向上游分供方开放流程对接，将分供方作为新的增值业务单元与自己一起设定在为终端用户服务的链条上；四是面向下游，与流通流程黏合。

这种全新的流程再造，不仅实现了企业自身的瘦身，而且还优化了企业内部流程以及与海尔集团对接的整个产业链条的流程。

海尔集团的"市场链"把市场经济中的利益调节机制引入企业内部，把企业内部的上下流程、上下工序和岗位之间的业务关系由原来的单纯行政机制转变成平等的买卖关系、服务关系和契约关系，通过这些关系把外部市场订单转变成一系列内部市场订单，形成以"订单"为中心、上下工序和岗位之间相互咬合、自行调节运行的业务链。海尔集团的流程再造为其带来了巨大成功：交货时间降低了 32%，到货及时率则从 95% 提高到 98%，出口创汇增长103%，利税增长 25.9%，应付账款周转天数降低 54.79%，直接效益为 3.45 亿元。

2007年，为了实现海尔集团全球化品牌战略目标，在全球化、信息化时代建立全球第一竞争力，实现可持续发展，海尔集团对从1999年流程再造后持续了近十年之久的矩阵式结构开始了一场低调但却是史无前例的彻底再造。

从2007年4月底开始，整个海尔集团的物流、供应链、市场营销、产品研发、产品制造甚至资金流部门、人力资源部门，几乎所有的流程都进入一个完全再造状态，人人都开始扮演再造的角色，几乎每个事业部都成立了"再造委员会"，全力推进流程和组织再造。

全体动员之下，一场牵扯到5万人的调整在3个月内迅速到位。海尔此前一直按照产品品类组成的事业部，调整为根据产品线运营模式的差异划分成六大子集团，包括白电运营集团（冰箱、洗衣机、空调）、黑电运营集团（彩电、AV产品等）、数码及个人产品运营中心（电脑、MP3等）、全球运营中心（海外推进本部，即海外市场部）、创新市场中心、金融运营中心。

六大集团中的主要业务群，即白电、黑电、数码及个人产品三个从事产品经营的子集团，本身拥有从研发、供应到生产、销售的完整功能。

此前，海尔集团按职能划分为产、供、销三大体系，这种企业内部市场化的事业部实际上是典型的矩阵式结构，曾受到很大质疑。管理学者秦合舫指出，在海尔集团原来的体系下，尽管每个事业部都有研发、生产、销售、宣传等部门，但由于在前端有集团的统一物质供应平台，后端有工贸公司形式的销售平台，每个事业部更多发挥的是一个制造中心的职能，而不是完整的经营单元。面对越来越趋于整合的终端格局，由于工贸公司的存在，越来越拉远了各个产品事业部和终端用户之间的距离。

此次成立的六大集团，均有自己的产供销资源，而曾手握供与销两大资源的商流集团原有功能被显著削弱。海尔的这次架构调整，实际上是把按产、供、销划分的横向切割模式，改变为按不同产品线划分的纵向切割模式。

资料来源：罗清启.海尔：第二种跨国公司的成长典范 http://www.People.com.cn/GB/jinji/222/2177/2966/3051507.html.（有改动）

第一节　选址策略

企业的选址策略，是企业经营过程中需要面对的主要问题。其策略的正确与否，极大地影响着企业的经营的成败，也直接影响企业员工的忠诚度、地缘客户资源，甚至业务开发和企业形象，企业的选址策略需要权衡各方成本收益。

一、影响选址策略的因素

对于影响选址策略的因素，可根据它们与成本的关系进行分类。与成本有直接有关系的因素，称为成本因素，可以用货币单位来表示各备选位置的实际成本值。与成本无直接关系，但能间接影响产品成本和未来企业发展的因素称为非成本因素。常用的成本因素和非成本因素见表4.1。

表 4.1 常用的成本因素与非成本因素

成本因素	非成本因素
1. 运输成本	1. 社区情况
2. 原料供应	2. 气候和地理环境
3. 动力和能源的供应量和成本	3. 环境保护
4. 水力供应	4. 政治稳定性
5. 劳工成本	5. 文化习俗
6. 建筑成本和土地成本	6. 当地政府政策
7. 税率、保险和利率	7. 扩展机会
8. 财务供应：资本及货款的机会	8. 当地竞争者
9. 各服务和保养费用	9. 公众对工商业的态度
……	……

就不同的行业，不同的企业而言，各种影响因素的权重是不同的。下面针对几种主要的成本因素和非成本因素进行说明。

（一）主要的成本因素

1. 运输成本

对于大多数制造业工厂和从事配送的企业来说，运输成本在总成本中均占有较大的比重。运输距离远近、运输环节多少、运输手段的选择，均对运输成本构成直接影响。因此，通过合理选址，使运输距离最短、减少运输环节中装卸次数，尽量靠近码头、公路、铁路等交通设施，可以使运输成本最低、服务最好。

2. 原料供应

某些企业对原料的量和质均有严格的要求，这类企业长期以来分布在原料地附近，以降低运费，减少时间阻延，得到较低的采购价格。但是企业对原料地的依赖性呈降低趋势，主要原因包括技术进步导致单位产品原料消耗的下降，原料精选导致单位产品原料用量、运费的减少，工业专业化的发展导致加工工业向成品消费地转移，运输条件的改善导致单位产品运费的降低等，尽管如此，采掘业、原料用量大或原料可运性小的加工企业仍以接近原料产地为佳。

3. 动力和能源的供应量和成本

对于火力发电厂、有色金属冶炼、石油化工等行业来说，动力和能源因素的考虑将占据重要地位。

4. 水力供应

不同企业对于生产用水的质量和数量要求是不一样的。中国传统酿酒企业对于水质的要求与矿泉水生产一样，几乎到了苛刻的地步；而钢铁企业、电厂、造纸厂则必须靠近江河水库，一般的城市供水是无法满足其水量要求的。

5. 劳工成本

不同的产品和生产方法，所要求的劳工数量和质量是有区别的：技术密集型企业如仪器仪表生产、集成电路生产等对劳工的质量有较高的要求；而劳动密集型企业如纺织业、服装业等对劳工的数量有较大的需求。许多国家劳动力资源的分布是很不平衡的。这种不平衡既表现在数量方面也表现在质量方面。因此，选址时劳工的供应状况是一个重要的条件。

另一方面，不同地区劳工工资的水平是不一致的，但是工资水平本身并不是重要的参数。这里起决定作用的是劳工成本。低工资水平或许是一种诱惑，但是若低工资水平与低劳动生产率如孪生兄弟一样联系在一起，则有可能抵消低工资水平所带来的收益。同样地，劳工供应的短缺，也会导致工资标准上升到超出地区调查时的标准。

6. 建筑成本和土地成本

不同的选址策略，在土地的征用、赔偿、拆迁、平整上所花费是不同的。一般来说，应尽可能避免占用农业用地，而尽量选取不适于耕作的土地作为企业设施的地址。同样，不同方案的建筑成本往往也不相同，高建筑成本导致未来产品成本中固定成本部分加大，对竞争不利。

（二）主要的非成本因素

1. 社区的情况

服务企业的地点往往接近顾客。对于一家百货商店或是一家冷饮店来说，位于客流量大的繁华商业区也许就是成功的先兆；而一家位于人口密度大的居民区的理发店，就有可能获得稳定的销售额；汽车流量将直接影响到路旁的加油站的业务量大小。对于服务企业来说，周围环境的客流量、购买力水平、人口密度将直接影响选址问题。对制造企业而言，周围的文化娱乐设施、公用设施条件，以及服务网点状况，住房及教育情况将直接影响职工的生活条件，偏僻的荒郊野外难以吸引人员前来工作。企业为弥补生活娱乐设施缺乏所带来职工生活的不便，将不得不在这方面进行额外投资。

2. 气候和地理环境

有些企业受地理环境要求的限制，造船厂应位于海边，以便造好的船只从船坞直接下水；一般制造厂要求土地表面平坦，易于平整施工，如选择稍有坡度的地方，则可利用斜面，便于搬运和建造排水系统；在地震断裂层地带、下沉性地带，地下有稀泥、流沙、矿藏的区域应慎重选址。土壤结构应能承担企业的全部载重。

气温对于产品和作业人员均产生影响，气温过冷或过热都将增加气温调节的费用，潮湿多雨的地区不适合布料、木器、纸张的加工。

3. 环境保护

生产系统的产出包括产品也包括废物。环境保护问题日益受到人类重视，近年的毒气泄漏事件和核电站事故使人类得到血的教训。生产系统直接形成的污染包括空气污染、水污染、噪声污染等。各国纷纷制定了保护当地居民区及生态环境的各种环境保护法规。民间组织也活动频繁。同时，受污染危害的工人也对企业构成极大的压力。因此，在选址过程中应充分考虑到环境保护的因素，应便于进行污染物处理。

4. 当地政府的政策

有些地区采取鼓励在当地投资建厂的政策，在当地划出工业区及各种经济开发区，低价出租厂房、仓库，并在税收、资金等方面提供优惠政策，同时这些地区的基础设施情况往往很好，交通、通信、能源、用水均很便利。专门的工业区如高技术产业开发区，服装纺织工业区，还有利于行业信息的迅速传播，相互刺激发展。

二、评价选址方案的方法

（一）模糊综合评判法

此法综合考虑成本因素（客观因素）和非成本因素（主观因素）对选址的影响。

凡是与成本有关、可用货币表示的因素归为客观因素，其他的归为主观因素，设主观因素重要比重为 $x(0 \leqslant x \leqslant 1)$，则客观因素重要比重为 $1-x$。

1. 计算客观度量值

对每一可行选址方案，计算其客观度量值：

$$C_i = \sum_{j=1}^{m} C_{ij}, M_{oi} = \left[C_i \sum_{i=1}^{n} (1/C_i) \right]^{-1}$$

其中，C_i 为第 i 选址方案的总成本；C_{ij} 为第 i 选址方案的第 j 项成本；M_{oi} 为第 i 选址方案的客观度量值；m 为客观因素的项数；n 为选址方案的数目。即 $\sum_{i=1}^{n} M_{oi} = 1$，若将各可行方案的客观度量值相加，则其总和等于 1。

2. 确定主观评比值

对每一项主观因素，将每一选址方案两两对比，较好的比重值定为 1，较差的比重值定为 0。然后，将某方案的比重除以所有方案所得比重之和，求出某主观因素在某选址方案的主观评比值，即

$$S_{ik} = W_{ik} / \sum_{i=1}^{n} W_{ik}$$

其中，S_{ik} 为第 i 选址方案对比第 k 因素的主观评比值；W_{ik} 为第 i 选址在第 k 因素中的比重；$\sum_{i=1}^{n} W_{ik}$ 为第 k 因素的总比重值。

3. 计算主观度量值

确定各个主观因素的重要性指数，确定方法可用上述的两两比较法，然后把每一因素主观评比值与该因素的重要性指数相乘，再相加，得每一选址的主观度量值：

$$M_{si} = \sum_{k=1}^{t} \alpha_k S_{ik}$$

其中，M_{si} 为第 i 选址的主观度量值；α_k 为第 k 项目观因素的重要性指数；t 为主观因素的项数。

4. 综合计算地址度量值

$$M_i = xM_{si} + (1-x)M_{oi}$$

最后，选择度量值最大的地址为最优方案。

（二）盈亏点平衡分析

盈亏点平衡法是研究生产、经营一种产品达到不盈不亏时的产量或收入的决策问题。这

个不盈不亏的平衡点称为盈亏平衡点。显然，生产量（或销售量）低于这个产量时，则发生亏损；超过这个产量（销量）时，则获得盈利。在选址评价中可将盈亏点平衡法用于确定特定产量规模下，成本最低的仓库选址方案。它建立在产量、成本、预测销售收入的基础之上。

【例1】某公司有三个不同仓库建设方案，由于各厂址有不同的征地费、建设费，工资、原材料等成本费用也各不相同，从而有不同的仓储成本。三个厂址的仓储成本见表4.2，试确定不同仓储规模下的最优选址。

表4.2 三个不同仓库建设方案的仓储成本

	A 方案	B 方案	C 方案
固定费用/元	600 000	1 200 000	1 800 000
可变费用/（元/件）	40	20	10

解：设 CT 表示总成本，CF 表示固定储存费用，CV 表示单件可变储存费用。

根据题意列出三个备选方案的成本函数：

$$CT_A = CF_A + CV_A = 600\ 000 + 40X$$
$$CT_B = CF_B + CV_B = 1\ 200\ 000 + 20X$$
$$CT_C = CF_C + CV_C = 1\ 800\ 000 + 10X$$

先求 A、B 两方案的交点物流量，再求 B、C 两方案的交点物流量，就可以确定不同物流规模下的最佳选址。

（1）设在 M 点 A、B 方案物流成本相同，该点物流量为 QM，则

$$QM = (CF_B - CF_A) / (CV_A - CV_B) = 30\ 000$$

（2）设在 N 点 B、C 两方案物流成本相同，该点物流量为 QN，则

$$QN = (CF_C - CF_B) / (CV_B - CV_C) = 60\ 000$$

（3）如按物流成本最低为标准，当物流量小于或等于 30 000 件时选 A 方案，物流量在 30 000～60 000 件时选 B 方案，物流量大于或等于 60 000 件时选 C 方案。

（三）重心法选址

仓库是物流过程中的一个站点，理论上说，它应该是货品集中和分发过程中费用发生最小的理想地点。用数学方法建立一个分析模型，找出仓库理想所在位置，这就是单一仓库的选址的重心法，该方法又称为静态连续选址模型方法。因为应用时只考虑运输费率和该点的货物运输量，所以这种方法很简单，也很实用。

1. 重心法选址的原理

重心法是将物流系统的资源点与需求点看成是分布在某一平面范围内的物体系统，各资源点与需求点的物流量可分别看成是物体的重量，物体系统的重心将作为仓库地质的最佳位置。该方法利用费用函数求出由仓库至顾客间运输成本最小的地点，因为选址因素只包括运输费率和该点的货物运输量，所以这个方法很简单。

2. 重心法的建模和求解过程

设有一系列点分别代表生产地和需求地，各自有一定量货物需要以一定的运输费率运向位置待定的仓库，或从仓库运出，那么仓库该位于何处呢？以运输总成本最小为目标，该点的运量乘以到该点的运输费率，再乘以到该点的距离之积，即总运输成本最小的点。计算过程如下：

$$\min TC = \sum_i V_i R_i d_i \qquad (4-1)$$

式中：TC 为总运输成本；V_i 为从拟建仓库到 i 点的运输量；R_i 为从拟建仓库到 i 点的运输费率；d_i 为从拟建的仓库到 i 点的距离。

$$d_i = \sqrt{(x - x_i)^2 + (y - y_i)^2} \qquad (4-2)$$

式中：x 和 y 为新建仓库的坐标；x_i 和 y_i 为第 i 个供应商或需求点位置坐标。

根据求平面中物体重心的方法，可以得到公式：

$$x = \frac{\sum(V_i R_i x_i / d_i)}{\sum(V_i R_i / d_i)}, \quad y = \frac{\sum(V_i R_i y_i / d_i)}{\sum(V_i R_i / d_i)} \qquad (4-3)$$

其中 (x, y) 即为该平面的重心坐标，也就是拟建仓库的具体位置。

根据式（4-3），要想求出 (x, y)，需要利用 d_i，而根据式（4-3），d_i 中又含有未知的 (x, y)，所以无法直接求出重心（也就是拟建仓库）的坐标。因此，可考虑简化方案：

在式（4-3）中，忽略距离 d_i，则式（4-3）可以化简为：

$$x = \frac{\sum V_i R_i x_i}{\sum V_i R_i}, \quad y = \frac{\sum V_i R_i y_i}{\sum V_i R_i} \qquad (4-4)$$

通过式（4-4）就可以直接求出重心（也就是拟建仓库）的坐标值了。

【例2】 某物流公司拟建一仓库，该仓库负责四个工厂的物料供应配送，各工厂的具体位置与年物料配送量见表 4.3，请利用重心法确定物流公司的仓库地址位置。设物流公司拟建仓库地址对各工厂的单位运输成本相等。

表 4.3 各工厂具体位置的地理坐标与年物料配送量

工厂及其地理位置坐标	P_1		P_2		P_3		P_4	
	x_1	y_1	x_2	y_2	x_3	y_3	x_4	y_4
	20	70	60	60	20	20	50	20
年配送量	2 000		1 200		1 000		2 500	

解： 因为物流公司拟建仓库地址对各工厂的单位运输成本相等，所以物体重心公式中的 R_i 可以不做考虑。根据式（4-4），可以得到仓库地址的地理坐标为

$$x = \frac{20 \times 2\,000 + 60 \times 1\,200 + 20 \times 1\,000 + 50 \times 2\,500}{2\,000 + 1\,200 + 1\,000 + 2\,500} = 38.4$$

$$y = \frac{70 \times 2\,000 + 60 \times 1\,200 + 20 \times 1\,000 + 20 \times 2\,500}{2\,000 + 1\,200 + 1\,000 + 2\,500} = 42.1$$

因此，该仓库地址选择在坐标为 $(38.4, 42.1)$ 的位置比较适合。

可以看出，这种方法使求解过程大大简化，虽然只能得出真正重心的近似坐标，但对于对位置精度要求不高的选址问题适用性非常好。对于对位置精度要求较高的选址问题，也可以应用该方法，通过非常简单的计算先获得重心的近似位置，然后在此基础上利用其他方法进一步获得重心的准确位置。下面介绍的数值分析法就是对这种简化方案很好的补充和修正。

第二节　企业流程优化

一、流程优化

流程优化是一项策略，通过不断发展、完善、优化业务流程保持企业的竞争优势。在流程的设计和实施过程中，要对流程进行不断的改进，以期取得最佳的效果。对现有工作流程的梳理、完善和改进的过程，称为流程优化。

在传统以职能为中心的管理模式下，流程隐蔽在臃肿的组织结构背后，流程运作复杂、效率低下、顾客抱怨等问题层出不穷。整个组织形成了所谓的"圆桶效应"。为了解决企业面对新的环境、在传统以职能为中心的管理模式下产生的问题，必须对企业流程进行重整，从本质上反思业务流程，彻底重新设计业务流程，以便在当今衡量绩效的关键因素（如质量、成本、速度、服务）上取得突破性的改变。

对流程的优化，不论是对流程整体的优化还是对其中部分的改进，如减少环节、改变时序，都以提高工作质量、提高工作效率、降低成本、降低劳动强度、节约能耗、保证安全生产、减少污染等为目的。

二、流程优化的途径

流程优化的主要途径是设备更新、材料替代、环节简化和时序调整。大部分流程可以通过流程改造的方法完成优化过程。对于某些效率低下的流程，也可以完全推翻原有流程，运用重新设计的方法获得流程的优化。

（一）流程改造

在难以采用设备更新和材料替代优化流程时，往往采取以下措施改造流程。

1）取消所有不必要的工作环节和内容

有必要取消的工作，自然不必再花时间研究如何改进。某个处理过程、某道手续，首先要研究是否可以取消，这是改善工作程序、提高工作效率的最高原则。

2）合并必要的工作

如工作环节不能取消，可进而研究能否合并。为了做好一项工作，自然要有分工和合作。

分工的目的，或是由于专业需要，为了提高工作效率；或是因工作量超过某些人员所能承受的负担。如果不是这样，就需要合并。有时为了提高效率、简化工作甚至不必过多地考虑专业分工，而且特别需要考虑保持满负荷工作。

3）程序的合理重排

取消和合并以后，还要将所有程序按照合理的逻辑重排顺序，或者在改变其他要素顺序后，重新安排工作顺序和步骤。在这一过程中还可进一步发现可以取消和合并的内容，使作业更有条理，工作效率更高。

4）简化所必需的工作环节

对程序的改进，除去可取消和合并之外，余下的还可进行必要的简化，这种简化是对工作内容和处理环节身的简化。

（二）流程优化与改造步骤

流程优化与再造分为企业价值链分析及流程体系规划、流程现状描述、流程问题分析、流程优化与再造、流程配套设计等步骤，如图 4.2 所示。

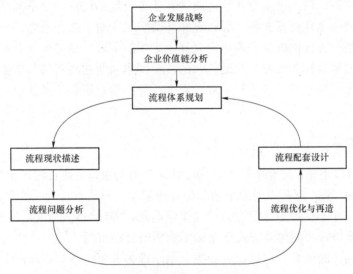

图 4.2　流程优化与改造步骤

1）企业价值链分析及流程体系规划

企业的战略选择决定了企业价值链，在进行流程优化与再造时，首先需要将企业的价值链和核心业务逻辑进行系统分析，从而进行企业流程体系规划。

2）流程现状描述

企业需要利用多种工具和方法（如流程作业现场调查、文档调查、研讨会、流程主人及流程相关方访谈、问卷调查、现有解决方案的跟踪与调查、典型案例调查与分析、测时等）对流程的现状进行客观描述。

3）流程问题分析

流程现状描述清楚后，通过"望闻问切"等多种手段进行流程现状分析，发现问题，找到流程优化方向。

4）流程优化与再造

流程优化（BPI）和流程再造（BPR）是两个完全不同的概念。流程优化是在现有流程的基础上进行局部的调整和优化。流程再造概念最早是由美国管理学家 M.哈默于 1990 年提出，他认为："企业业务流程重组就是对企业的业务流程作根本性的思考和彻底性的再设计，从而使企业在成本、质量、服务和速度等方面获得巨大的改善，并能最大限度地适应以顾客、竞争、变化为特征的现代企业环境。"这种流程再造是对企业脱胎换骨式的改变，目标是使企业获得重生。

5）流程配套设计

流程配套设计和验证是流程顺利实施的基础和保障，所以企业还需要进行流程配套设计，如基于流程进行组织优化、建立基于流程的 KPI、建立基于流程的制度和表单体系、建立基于流程的知识管理体系、基于流程进行信息化建设等。

三、标杆瞄准

标杆瞄准（bench marking）是一种重要的企业流程优化方法，标杆瞄准指企业将自己的产品、服务、成本和经营实践，与那些相应方面表现最优秀、最卓有成效的企业（并不局限于同一行业）相比较，以改进本企业经营业绩和业务表现的这样一个不间断的精益求精的过程。标杆瞄准是将本企业经营的各方面状况和环节与竞争对手或行业内外一流的企业进行对照分析的过程，是一种评价自身企业和研究其他组织的手段，是将外部企业的持久业绩作为自身企业的内部发展目标并将外界的最佳做法移植到本企业的经营环节中去的一种方法。实施标杆瞄准的公司必须不断对竞争对手或一流企业的产品、服务、经营业绩等进行评价来发现优势和不足。

（一）瞄准对象

知己知彼，百战不殆，将竞争对手作为标杆瞄准的对象，主要目的在于重视彼此的差距，将直接竞争对手的产品、服务以及最重要的作业流程与自身进行比较。尽管竞争对手的产品、服务以及作业流程并不见得是行业内的最佳作业典范，但透过竞争性标杆研究所获得的信息却很宝贵，因为竞争对手的作业方式会直接影响你的目标市场。

通过竞争性标杆的研究，可以让企业更有系统地去分析竞争对手与产业环境，获得比起传统的商业情报搜集更加有价值的信息，因此对企业进行策略分析及市场定位有更大的帮助。在美国的企业界中常常将标杆瞄准当成是一种竞争策略工具，任何与营运有关的重要项目只要是可以与竞争对手比较的都会去进行标杆研究。但是企业在竞争性标杆瞄准的时候，通常难以获得竞争对手的合作，因此可能需要通过倒序制造、竞争对手产品购买分析、竞争对手绩效分析等手段来收集各种数据，也可以采用第三方信息源（如消费者调研报告、引进咨询公司等方式）来获取企业自身与竞争对手之间在产品、服务以及作业流程等各方面的相关对比数据。企业在进行竞争性标杆瞄准时，就重点关注竞争对手是如何成为业界最好的，以及成为业界最好需要什么样的知识与技能、有哪些有效的方式、凭借什么样的流程和方法等。

（二）管理分类

1）通用性标杆

在专注直接竞争对手做法的同时，企业还可以将眼光拉离现存的产业，去看看外部其他产业领导者的作业方式,分析他们之所以能获得领导地位的原因,找出他们成功的关键流程,并且尝试把这些最佳作业典范整合到本企业流程内。只专注竞争者作业方式的排外性标杆研究反而会对企业本身追求最佳作业典范带来障碍。事实上,企业中的许多业务流程(如库存管理、供应商管理、客户管理、广告与雇佣等)在不同的行业中都是相似的,因此,运用标杆瞄准法对这些项目实施瞄准,尤其是在不同的行业对同一项目实施标杆瞄准时,对企业的参考价值可能更大。

2)内部标杆

内部标杆瞄准是各种标杆瞄准活动的起点,也是任何企业开始对外部企业进行考察之前所应该完成的工作。大多数的多元化或是跨国性企业都会有数间分公司或是事业单位分布在不同的地点。因此可能会有许多性质相似的企业功能在不同的单位中运作。那这些企业便可以由进行内部作业方式的比较来开始它们的标杆管理活动。当然不能认为由企业内部检视就可以发现最佳作业典范。但这却比较容易作为一个起点,跨出进行改善的第一步。企业进行内部性标杆研究的目的在于发现企业内不同的单位之间涉及产品品质、获利能力或是满足顾客需求能力的不同点。另外,除了比较这些企业经营的关键成功因素外,也可以进一步去分析未来可能需要与外部企业进行比较的作业项目。因此,内部性标杆研究可以帮助企业去定义外部标杆管理的明确范围与主题。

(三)管理步骤

1)成立小组,确定主题

成立标杆研究小组,确定标本研究的主题标杆管理首先需要组建标杆瞄准项目推动小组。小组成员担负发起和管理整个标杆瞄准流程的责任。在许多大型组织当中,该小组通常扩建为一个独立的部门,从而能够更有效地为所有的标杆瞄准活动提供平台支持。标杆瞄准项目推动小组成立后,首先需要确认标杆学习的需求和主题。在决定主题时有一点很重要,即这项学习的主题必须是对企业的经营或获利成果有重大的影响,如业务流程的标杆瞄准、机器设备的标杆瞄准、产品生产与制造的标杆瞄准、产品与服务的标杆瞄准。只有瞄准企业的这些关键成功因素,企业投入资源来从事标杆学习才有意义。而为了厘清所谓的关键成功因素,有必要对现行的作业流程先有充分的了解,并且已有各部分的绩效衡量指针可作为检讨的依据,从而才能在众多的关键成功因素中找出需要补强的弱项,来进行学习。

2)内部数据收集分析

标杆研究一个基本而重要的原则,就是在了解另一个研究对象的作业方式、产品、服务等信息之前,先彻底地了解自身。在这一个阶段中企业必须搜集分析内部作业信息,了解目前的作业方式,并且进行检讨,找出需要改进的部分。这个步骤是企业到外界搜集资料前的准备工作。唯有如此,企业才能正确地评估自己能够改善的程度。如果不曾进行过一次完整的内部分析,也可能会错过一些重要的内部标杆学习的机会,而永远不会发现组织内部的一些颇具价值的信息来源及可以获得的协助。

3)选定研究对象

企业在进行标杆学习对象的选取时,就应该要确定到底是只对现行的作业进行一些基本的改善还是要达到树立典范的程度。因为这涉及想要改善绩效的程度与投入资源的均衡。企业可以通过报纸、网络国家级奖项名录或者咨询公司来找到标杆学习的对象。在选定标杆学习的对象后，企业可以通过电话访谈、问卷调查、书刊杂志、当面访问、数据库查询等资料搜集的方法来收集所需要的资料。必要时可以购买竞争对手的产品，对竞争对手的产品进行倒序制造。在内外部资料信息收集的基础上，将自身作业方式、产品、服务与外部进行比较，找出关键性的差异，以确定需要对什么进行改进和改进的程度和方向。

4）采取变革行动

在找到必须改进的方向和程度后，需要制订变革的最佳方案，并进一步明晰变革的具体实施步骤以及如何对改进效果进行评价。实施计划的重要任务或重要组成部分应包含一份组织变革管理计划，从而一方面尽可能排除组织内部对待变革的种种抵触力量，另一方面，促成组织成员对方案的理解、接纳与支持，以保证变革目标的达成。

5）持续改进

正如所有的变革一样，标杆瞄准也要求对其进行持续的改进，方可获得理想的效果。为了使标杆瞄准过程中所付出的心血与汗水获得更大的回报，应设计一个流程或程序，及时预警标杆项目的绩效可能在什么地方、在什么时候发生逆转。必须对标杆瞄准数据库进行及时更新，标杆项目的绩效改进过程是永无止境的。

第三节 企业流程再造

一、企业流程再造概述

（一）业务流程再造的含义

业务流程是为完成某一特定业务目标而进行的一系列逻辑相关的、有序的活动集合，这些活动分别由不同部门、小组承担，消耗原材料、设备和信息等资源，按既定的程序化方式运行，为顾客创造价值。

按照哈默的说法，业务流程再造是"从头改变，重新设计"。根据"业务流程再造"的要求，企业应对自身的业务流程进行重新分析，彻底删除那些对"为顾客创造价值"不起作用、对企业增值无所贡献的环节。

业务流程再造具有三个基本要素：

（1）它是由彻底的，至少是重大的变革构成；

（2）分析的对象是业务流程，而不是部门或职能区域；

（3）它试图实现的主要的目标是根本性的业务提升。

（二）相关概念

业务流程再造（BPR）自 20 世纪 90 年代初首次正式提出来以后，迅速风靡全球。哈默所主张的对业务流程"根本性再思考和彻底性再设计"也成为企业管理者所乐意采用的一种企业改革手段，而"业绩的戏剧性改善"则是每个变革者的憧憬。然而，这些憧憬有的成了现实，有的却成了梦魇。实践证明，由于 BPR 项目是对企业的整体，甚至包括基础组织结构方面都做出很大改动，因此风险很高，成功率很低。这一现实，使得业务流程重组的实践者和理论家对"再造"一词有了更多的反思。自从业务流程再造思想诞生以来,对于"再造"的理解也存在不同的看法。但流程作为切入点的管理思想已为管理者所普遍接受。企业管理者对"再造"戏剧性后果的反思以及在不同观点的争论声中,产生了能用来矫正或丰富 BPR 的很多新思想,其中比较重要的是 BPI(business process improvement,流程改进)和 BPM(business process management,流程管理)。

1)BPI

詹姆斯·哈林顿认为,"BPI 是一种以预防为导向的企业管理方法,从源头上预防错误产生。""在当今的许多公司里,很多个人的工作都十分出色。他们做着自己的事,热衷于达到或超过自己的目标,但是他们并不了解或关心自己的工作如何影响下一流程中的其他人,他们只是对他们所做的事和他们如何被考核感兴趣。这种情形导致了工厂车间中普遍存在的次优化行为。"而 BPI 的目标就是变次优化为优化,通过逐步优化实现渐进式的再造。

2)BPM

BPM 是在企业内部建立起来的一种理念,是对这个企业的流程进行持续不断地规范管理的过程。如果说 BPR 是对企业流程做一次性的根本性改革和彻底性的再设计,是飞跃性的质变,那么 BPM 则是持续性地对业务流程进行修正。它作为一种管理方法,主要是不断地对企业的业务流程进行全面分析,以明确哪些流程对企业很重要,哪些流程对企业不太重要,然后对这些流程进行设计、描述,最后通过 IT 技术对这些流程实时地进行支持。因此,BPM 是基于不断修改的管理过程。这个管理机制要求在 BPR 的一次性转换以后,仍要继续不断地完善这个功能。可以这么形容:企业的流程管理是一条漫漫长路,其中有上坡、转弯、下坡等不断变化,而 BPR 则是其中的大拐弯。整个的过程不管大小都是 BPM,都是流程管理,而中间一些大的变化则是 BPR。

综上可见,无论是 BPI,还是 BPM,本质上都是对于 BPR 概念内涵和外延的不断修正和理性补充。如果将这些概念加以整合,流程再造的定义将更为丰富和完整。流程再造就是通过对企业内部和外部各级各类流程进行逐步系统梳理、诊断,不断优化,在达到一定临界条件时,完成从量变到质变的过程。流程再造并不仅仅只是针对企业而言,流程再造的目的是要整合与企业相关和可能相关的一切资源,构建流程通畅的价值链,建设资源高效共享的产业结构,尽一切可能最及时、最全面、最准确地满足客户的需求和潜在期望,为利益相关人创造最大利益。

延伸阅读 1

BPM 的概念发源于 IT 业,原意是指通过图形化的流程模型描绘控制信息的交换及交易的发生。对商业伙伴、内部应用、员工作业等活动进行协同与优化,使信息的流动无障碍并自动化。运用于企业管理以后,BPM 是指通过科学管理,确保流程执行的高效和准确,通过持续改善活动的进行方式,优化流程,使企业保持竞争力。

业务流程管理中最主要的概念是工作流(workflow)。各种层面的流程优化都有益于企业,为了让管理能呈现一定的效度,量化流程和明确规则是必需的。在此前提下,借助信息技术来量化工作流,优化流程,确保工作流顺畅就显得分外重要。

支持 BPM 观点的学者认为,企业的发展是依赖于对流程长期持续有效的控制和管理,对于不增值流程的适时改进，不完善的流程积少成多，势必生成痼疾，达到需要再造的时候推倒重来。通过流程的有效管理，可以维持企业常青；而实施流程再造，可能会因为"药力太猛"，往往使企业元气大伤，一蹶不振。

业务流程再造的必要性

事实上，业务流程一直存在，在企业运营活动中流程可谓无处不在。为什么要进行流程再造？现有的运行流程是不是简洁？是不是高效？是不是最佳组合？这些流程问题在 20 世纪 90 年代初哈默提出业务流程重组（BPR）之前并没有引起管理者或学术界的关注。

1993 年，M.哈默与 J.钱皮合著的《再造公司——企业革命的宣言》一书出版，此书出版 8 周被《时代》杂志评为全美畅销书。该书的一个重要内容就是对企业业务流程的现状进行了深刻反思，认为两百多年以来，传统上遵循亚当·斯密的劳动分工思想而形成的企业流程严重阻碍了企业面向顾客、为顾客创造价值，使许多企业不能适应迅速变化的市场环境。因此，必须从"为顾客创造价值"的视角来重新设计流程，以实现企业对外界市场环境的快速反应，提高企业竞争力。

（三）企业流程再造的意义

1）现有业务流程存在诸多弊病

现有的业务流程是劳动分工观念下的产物。按照劳动分工原理，组织将其业务活动分解为若干相互独立的专门化的职务活动。于是，职务人员乃至职务管理人员根据其职务专业知识、职务工作经验，开展其职务活动，行使其职务权力。组织通常要求有从事职务工作经验的人员参加其业务管理活动，而不是根据业务流程的要求培训管理人员。企业的运营管理不是流程驱动，而是因人而异。企业的所谓业务流程，实际上就是各相对独立的职务活动凑合起来的。因此，这个业务流程实质上是职务人员的职务经验和职务权力的产物，并非是根据企业创造顾客价值的要求量身定制的。这样的流程往往会因职务人员的不同而不同，有着较大的随意性。是"人治"的典型，是不规范的。一方面，本来应该是一个完整的业务流程，被职务活动、职务部门分解得支离破碎；另一方面业务流程因随意性太大，无规范性可言，这种流程必然在实现为顾客创造价值目标的路径上存留障碍。其结果是效率低下，无用功太多。

 **延伸阅读 2**

宁波通关流程再造显成效，"中国塑料城"千余家企业受益

日前，余姚市中国塑料城管理委员会、宁波塑料行业协会一行 30 余人来到宁波海关通关中心，代表塑料城 1 000 多家企业，向宁波海关赠送感谢锦旗。是什么服务能够让一个在全中国走在前列的行业感动？

2008 年年底，为帮助企业应对金融危机，宁波海关实施了以流程再造为主线的通关业务改革，变多点报关模式为集中申报模式，将原来分散在 8 个隶属关（处）的海运通关职能整合到通关中心，由通关中心统一办理宁波口岸海关通关业务。通关作业变得专业化、集约化、

精细化，实现了企业办理通关业务"一日清"，通关效率得到大幅提高。目前，宁波口岸出口货物最快的只要 5 分钟即可办结手续，正常出口货物一天内全部办完通关手续；进口货物最快的只要 20 分钟即可领到通行证。

此前，金融危机来袭时，塑料城有的企业一天就损失 2 万元，还不包括额外的管理费用和对下游生产企业带来的经济损失。与此同时，塑料进口价格由于波动幅度太大，海关需要按规定进行相应的审价、验估。这就意味着原来 20 分钟可以拿到的通行证，现在可能需要漫长的等待，一些塑料企业由此产生了不满情绪。

如今，宁波海关实施了通关业务流程再造，塑料城的企业不仅可以享受到宁波海关专门为其设置的重点企业联络专员制，享受"一站式"优质服务，还可以通过海关专门设立的"咨询接待岗"和"执法异议受理窗口"排疑解难，在第一时间了解到海关的最新政策法规。更意外的是，宁波海关通关中心还在通关现场一楼设立了税款缴款银行，使塑料城的企业不用出海关大楼，就可以办理完所有通关、缴费手续。

浙江利时塑料集团关务科科长蒋冬玉算了一笔账："原来我们办理缴税，需要先来报关大厅交单打税单，再到附近的银行网点缴税，最后回来核注、放行，一个来回至少要 40 多分钟。现在，不用出大楼，就可以完成所有通关流程，前后只需 10 分钟，通关时间和成本大大减少了。"

宁波海关统计数据显示，1—5 月宁波市塑料原料进口倍增，进口量和进口价值同比分别增长 1.3 倍和 23.5%。

资料来源：中华人民共和国海关总署网站，http://www.customs.gov.cn.

2）企业面临市场环境迅速变化的全新挑战

全球生产力空前发展，企业面临的形势十分严峻。学术界将企业面临的形势称为"3C"挑战，即顾客（customer）、竞争（competition）、变化（change）。

（1）顾客。市场的主导权已经转到顾客手中，使市场由卖方市场转变为买方市场，顾客选择商品的余地大为扩展。随着生活水平的不断提高，顾客对各种产品和服务也有了更高的要求。因此，怎样使顾客满意，就成为各企业的奋斗目标和一切工作的归宿。通常所说的"满足顾客需求"其实是一个非常模糊的概念，"满足哪类顾客什么方面的需求"才是企业真正的追求。

（2）竞争。技术进步使竞争的方式和手段不断发展，发生了根本性的变化。以往那种仅靠物美价廉的商品就能在竞争中稳操胜券的简单竞争方式，已被多层面的竞争方式所取代，如及时交货、新产品上市时间、质量、成本、售前或售后服务等。市场占有率已成为评判企业是否具有竞争力并获得成功的最集中表现。越来越多的跨国公司，在逐渐走向一体化的全球市场平台上展开各种形式的竞争。而同样有越来越多的巨型企业，不断地上演被淘汰出局的结果。

（3）变化。市场需求日趋多变，科技进步日新月异，产品寿命周期的单位已由"年"趋于"月"。这些变化已成为不可阻挡的潮流，促使企业加快变革步伐。技术进步使企业的生产、服务系统经常变化，这种变化已成为一个持续的不间断的进程。因此在大量生产、大量消费的环境下发展起来的企业经营管理模式已无法适应快速变化的市场。

面对这些挑战，企业只有在更高水平上进行一场根本性的改革与创新，才能在严峻的挑战中增强自身的竞争力。企业要想适应外界环境的迅速变化，要能在激烈的竞争中求生存、求发展，就不仅要采用先进的科学技术，而且要尽快地改变与现代化生产经营不适应的管理方法，能够对外部环境变化做出灵活反应。因此，流程再造势在必行。

延伸阅读3

哈马克公司是美国一家具有近百年历史的企业，主要生产贺卡类产品。1988年，鲍勃斯塔克出任公司公关贺卡部经理，该部门是公司的核心业务所在，负责哈马克和大使两个品牌，以及一家制作蜡笔的子公司。长期以来，哈马克公司的市场和销售渠道具有同质性。然而到20世纪80年代，消费者开始细分成许多群体。同时，公司11 000多家专卖店由于房租上涨，在更短时间内卖出更多产品才能保持盈利，一些大的零售商也要求公司推出更好的产品并拿出更有针对性的营销方案。

1990年4月，公司提出了明确的奋斗目标：把新产品投放市场的时间从2~3年缩短为1年，并拿出令顾客满意的产品和令零售商满意的促销方案，在提高质量的同时，降低成本。产品开发的流程是哈马克公司的改造专案之一。过去，一种新贺卡从形成构思到投放市场需要2~3年，其中2/3的时间花在计划的制订、构思的形成以及贺卡的创作上。应该说，哈马克公司拥有世界上最大数目的创造性人才，它所拥有的700位画家和文字工作者，每年能提出23 000多种新的产品设计。然而，从评估市场需求到新产品出台期间，有大量的会议，多次文字和美术上的修改以及无数次的审批和反复。一项研究报告表明，从创作人员得到产品构思到准备付印刷，中间竟有25次转手！于是，他们在1991年夏天推出一种全新的贺卡开发方式，把不同专业和部门、办公室处于不同楼层和大厦的人们集中起来一起进行开发，以减少排队时间、激发创作灵感。结果，这种方式取得了巨大成功，有一半产品在9月份以前就进入商店销售，提前整整8个月，另一半产品于春天试销。新贺卡开发时间的大大缩短，使人们感受到新流程的威力，随后，公司决定将占公司业务40%的季节性贺卡的开发时间降至一年以下。

资料来源：http://www.qyzl.on/Info/1/5/33/17amkqbqn9pwdql96570.html.

二、企业流程再造的实施机理

（一）实施BPR的战略动因

业务流程重组只有在企业调整战略地位时才真正存在实施需要。因此在业务流程重组之前，明确企业调整经营战略的必要就显得非常重要。需要调整战略的因素如下。

（1）认识到竞争对手将在成本、速度、灵活性、质量及服务等方面产生优势。

（2）增加运营能力所需的战略。

（3）重新评估战略选择的需要：进入新市场或重新定位产品与服务。

（4）核心运营流程基于过时的商业假设或技术建立。

（5）企业的战略目标似乎无法实现。

（6）市场上有了新变化，如市场份额需要扩大，出现新的竞争对手等。

当企业出现以上因素时，业务流程重组的实施就有了战略驱动力。

（二）实施 BPR 的关键成功因素

尽管业务流程重组形成了世界性的浪潮，并且有许多成功的案例，但是仍有超过一半的业务流程重组项目走向失败或是达不到最初设定的目标。这中间最大的三个障碍是：① 缺乏高层管理人员的支持和参与；② 不切实际的实施范围与期望；③ 组织对变革的抗拒。正是因为这些原因，业务流程重组的"关键成功因素"（key success factors，KSF）就变成一个重要的研究领域，以下是业务流程重组的 KSF。

（1）核心管理层的优先关注。

（2）企业的战略引导。

（3）可以度量的重组目标。

（4）可行的实施方法。

（5）业务流程重组是一个过程。

（6）提升业务流程的过程应得到持续的资金支持。

（7）组织为流程而定，而不是流程为组织而定。

（8）将客户与供应商纳入业务流程的重组范围。

（9）重组的一致性优先于完善性。

 延伸阅读 4

福特汽车公司的业务流程重组

20 世纪 80 年代初，福特汽车公司像许多美国大企业一样面临日本竞争对手的挑战，正想方设法削减管理费和各种行政开支。公司北美应付账款部有 500 多名员工。按传统观念，这么大一家汽车公司，业务量庞大，有 500 多个员工处理应付账款是合情合理的。当时曾有人想到，要设法利用电脑等设备，使办公实现一定程度的自动化，提高 20% 的效率就很不错了。

促使福特公司认真考虑"应付账款"工作的是日本马自达汽车公司。马自达公司是福特公司参股的一家公司，尽管规模远小于福特公司，但毕竟有一定的规模了。马自达公司负责应付账款工作的只有 5 名员工。5:500，这个比例让福特公司经理再也无法泰然处之了，应付账款部本身只是负责审核并签发供应商供货账单，符则付，不符则查，查清再付。整个工作大体上是围着"审核"转，自动化也帮不了太大的忙。应付账款本身不是一个流程，但采购却是一个业务流程。思绪集中到流程上，重组的火花就渐渐产生了。重组后的业务流程完全改变了应付账款部的工作和应付账款部本身。现在应付账款部只有 125 人（仅为原来的25%），而且不再负责应付账款的付款授权，这意味着业务流程重组工程为福特公司的应付账款部门节俭了 75% 的人力资源。

（三）企业流程再造的原则

1. 以顾客为中心的目标原则

将顾客满意放在第一位，这是流程再造的基本原则。因此流程再造要求建立以最快的速度响应和不断满足顾客个性化和差异化需求的流程、组织结构和运营机制。比如，沃尔玛建立快速补货体系、福特公司缩短开票流程等。流程再造的目的就是要求企业各部门都围绕着以顾客为中心开展工作，行动一致。这样就大大减少了各部门之间的接口问题，降低了运营费用和管理成本，提高了工作效率，提高了对顾客的反应速度，在同行业中增强了竞争力。

当今的市场竞争不只是单一企业与单一企业的竞争，而是一个企业价值链与另一个企业价值链之间的竞争。因此决策者在进行业务流程重组时不仅要考虑企业内部的业务流程，还应对客户、企业自身与供应商组成的整个供应链中的全部业务流程进行重新设计。也就是说，要将整个供应链渠道纳入"顾客满意"流程体系。

同时，"顾客"既可以是外部的，也可以是内部的。内部顾客是指企业的任何一个雇员。每位员工或者员工群体都构成了对外部顾客供给循环的一部分，它们既为其他流程单元提供自己的产品，也是其他某一流程单元的"顾客"。如果内部顾客没有适宜的服务水平，使他们以最大的效率进行工作，那么外部顾客所接受的服务便会受到不良影响，必然会引起外部顾客的不满甚至丧失外部顾客的忠诚。如果企业对这一问题不给予足够的重视，势必会导致较低的顾客忠诚度和较高的顾客流失率，最终导致企业营利能力降低。因此，"顾客满意"的原则必要延伸到企业内部的业务流程环节之间。

2. 从上到下的整体联动效应

企业流程再造有赖于组织最高管理层的坚定而积极的倡导推动；有赖于一个由各有所长的优秀人才组建而成的再造指导机构和再造小组，对整个再造活动负有自上而下的责任与权力；更有赖于广大员工主动、积极和创造性地参与和合作。

3. 全面关注业务流程的系统优化

企业流程再造理论打破了传统模式下以部门为单位的劳动分工体系，避免了作业流程被分割成各种简单任务的弊病。企业流程再造主张企业业务以"流程"为中心进行，而不以一个专业职能部门为中心进行，实行根据工作任务组成各个职能管理部门并连成相应的业务流程。

企业可以在设计和优化业务流程和组织结构时，利用 IT 技术实现信息的获取和处理以及共享使用机制，将串行流程改造为并行流程，并适时地对销售、生产售后服务等信息进行有效的整合，使整个企业分散分布的资源有机地连接起来，以解决原有企业中固有的分散与集中管理之间相互冲突的问题。

流程再造强调整体全局最优，而不是单个环节或作业任务的最优。它注重整体流程的系统优化。整体最优化的衡量标准是要理顺业务流程，强调流程中每一个环节上的活动尽可能有助于实现整个流程最大化增值，尽可能减少无效的或对整个流程的增值无作用的活动。

📝 **延伸阅读 5**

　　IBM 信贷公司是 IBM 的一个全资子公司，它为 IBM 公司销售的计算机、软件和服务提供融资服务，即为 IBM 的顾客提供贷款服务。IBM 信贷公司早期的经营方式非常呆板。如果 IBM 公司的一位销售人员需要这种服务时，他将通过电话与 IBM 信贷公司的员工进行联系，提出融资要求。IBM 信贷公司本来打算将处理信息申请的五个部门用计算机联系起来，显然，这样可以提高信用文件从一个部门转到下一个部门的速度，但这样信用申请的程序并未改变，因此不能从根本上减少文件的等待时间。运用再造工程方法，借助计算机的信息处理能力可将原来的五个部门合并为一个部门。IBM 信贷公司对流程重新设计所带来的绩效是巨大的，一个平均 7 天以上的过程被减少到 4 个小时。与此同时，管理费用不仅没有提高，而且还有所降低。这一过程的再设计使公司所处理的交易额增加了 100 倍。

资料来源：http://qzdingsheng.blog.163.com/blog/static/132063132200910710441838 2，有改动。

三、企业流程再造的方法

BPR 作为一种重新设计工作方式、设计工作流程的思想，是具有普遍意义的，但在具体做法上，必须根据本企业的实际情况来进行。美国的许多大企业都不同程度地进行了 BPR，其中一些主要方法如下。

（一）合并相关工作或工作组

如果一项工作被分成几个部分，而每一部分再细分，分别由不同的人来完成，那么每一个人都会出现责任心不强、效率低下等现象。而且一旦某一环节出现问题，不但不易于查明原因，更不利于整体的工作进展。在这种情况下，企业可以把相关工作合并或把整项工作都交给一个人来完成，这样，既提高了效率，又使工人有了工作成就感，从而鼓舞了士气。如果合并后的工作仍需几个人共同担当或工作比较复杂，则成立团队，由团队成员共同负责一项从头到尾的工作，还可以建立数据库、信息交换中心，来对工作进行指导。在这种工作流程中，大家一起拥有信息，一起出主意想办法，能够更快更好地做出正确判断。

（二）工作流程的各个步骤按其自然顺序进行

在传统的组织中，工作在细分化了的组织单位间流动，一个步骤未完成，下一步骤开始不了，这种直线化的工作流程使得工作时间大为加长。如果按照工作本身的自然顺序，是可以同时进行或交叉进行的，则尽可能安排同时或交叉进行。这种非直线化工作方式可大大加快工作速度。

（三）根据同一业务在不同工作中的地位设置不同工作方式

传统的做法是，对一项业务按同一种工作方式处理。为了使这种工作方式在不同的工作中都有效，因此就对这项业务设计出在最困难、最复杂的工作状况中所运用的处理方法，再规定把这种工作方法运用到所有适用于这项业务的工作过程中。也可以根据不同的具体工作状况设置出对这一业务的若干处理方式，这样就可以大大提高效率，也使工作简化。

（四）模糊组织界线

在传统的组织中，工作完全按部门划分。为了使各部门工作不发生摩擦，又增加了许多协调工作。因此 BPR 可以使严格划分的组织界线模糊甚至超越组织界线。如宝洁公司根据超级市场信息网传送的销售和库存情况，决定什么时候生产多少产品、送货量多少，并不一味依靠自己的销售部门进行统计，同样，这也就避免了很多协调工作。

在上述方法上，应用业务流程设计的方法对企业业务流程重新设计，即可达到业务流程重组的结果。

思 考 题

1. 影响选址的因素有哪些？
2. 比较几种选址评价方法的使用条件。
3. 试述基于流程导向的运营控制体系的特点。
4. 企业流程优化的步骤是什么？
5. 企业流程再造的方法和原则有哪些？

案例分析

美国保险直销公司是一家通过电视、电话和直接邮寄向消费者出售各种保险（包括人身保险、财产保险、健康保险、意外伤害保险等）的直销商。该公司面向一般公众，采用无差别市场策略。它曾邀请名人为公司产品做电视广告，也曾向上百万人邮寄广告以推销保险。在 20 世纪 80 年代中期以前，这种保险公司向消费者直接寄广告的方法一直收效不错，但到了 20 世纪 80 年代中期，这种营销方式突然失灵了。由于消费者信箱里常常充斥各种邮件，因此，公司富有创意的广告很可能被直接丢进垃圾箱。更糟的是，在顾客至上的年代，公司的无差别营销战略已不合时宜。在由许多观念和爱好不同的消费者组成的市场中，曾被公司称为"友好的大熊"的大规模市场不复存在。与此同时，曾经能够把信息有效地传送给一般消费者的大众媒介也今非昔比，因为除了三大电视网之外，电视观众们已经有了更多的选择。一时间，公司业务增长缓慢，顾客响应率滑坡，相应地，每笔保险单的成本上升，利润随之下降。适者生存，这是保险直销公司对突如其来的打击得出的教训。为了提高公司对顾客的价值，增加顾客的响应率，保险直销公司采用细分市场的策略，在巩固老顾客的同时，把与本公司战略相配的潜在顾客作为目标市场。针对特定顾客的需要，总裁诺姆·菲尔普斯为保险直销公司勾勒了发展远景，公司很快组建了业务流程再造项目小组。该组提出了一个"8"字形经营模式，其中上圈代表市场管理部，下圈代表顾客管理部。顾客管理部将为顾客提供即时的个人化服务；市场管理部将使用全国最大的数据，提供各类顾客及潜在顾客的详细资料。这样既裁减了那些不必要、不增值的部门，又满足了顾客的需要。"8"字形经营模式使保险直销公司的产品得到广大顾客的青睐。可是要设计出"8"字形经营模式并非那么容易。保险直销公司选拔了专业人员负责"8"字形经营模式的设计，同时为了让这种富有现代特点流程的"8"字形经营模式适应企业的现代文化，公司打破了过去那种因为那些自己知道而别人不知道的信息会使他们显得对公司更为重要的文化。为了消除企业文化中的消极、抵制因素，公司与每一位员工进行互动式的沟通，制定了系统化、科学化企业再造流程。在实施企业再造流程过程中。公司的高级领导高度支持和参与，而且公司引进信息技术的支持，及时改变了公司以前的人力资源管理制度，收效甚大。

资料来源：丁华民. 跟大师学：管理. 长春：吉林文史出版社，2006，有改动。

讨论：试述美国保险直销公司的流程再造方法。

第五章

企业计划管理

学习目标

1. 了解企业计划体系及指标。
2. 认识企业生产能力计划和需求的匹配。
3. 熟悉服务业能力规划。
4. 掌握生产计划的制订和标准等。

引导案例

卡尔顿饭店的需求管理

亚利桑那州凤凰城的丽思卡尔顿饭店是一家高档酒店,位于城市中心,该区域大约有200万人口。酒店里有281间豪华客房、2个餐厅,还有美丽的游泳池和宽敞的会议设施。酒店全年都向顾客提供服务,然而需求的变化却非常显著。从11月到来年4月中旬的旅游旺季,客房的需求极高,经常超过可利用的空间。但是,5月中旬到9月,客房的需求大大降低。由于酒店向商务旅行者和商务会议提供服务,所以除了季节性需求变化以外,还存在每周的需求变化。商务旅行者不在酒店度周末,因此,客房需求在周五、周六的晚上明显降低。

为平衡需求的变化,饭店已经采取了一系列战略措施。饭店常年开展团体业务(主要是商务会议)以补充周四到周日较低的客房需求。这种时间安排给许多团体带来好处,他们在酒店度过周末,还可以享受低价机票。在炎热的夏季,酒店鼓励凤凰城的当地居民和附近图森市的居民在周末享受酒店奢华的服务。一个创新的娱乐方案是在周五和周六晚上以极具吸引力的价格吸引顾客在酒店享受服务,提供"顺序进行的晚餐"。"顺序进行的晚餐"开始于酒店的接待,接下来,顾客步行到第一家餐厅增进食欲,然后在第二家餐厅就餐,晚餐以客房中的香槟酒和甜点作为结束。通过鼓励居民入住酒店,酒店可以提高周末的客房利用率,而居民可以有机会享受其不可能在旅游旺季享受的酒店服务。

大多数市区的酒店面临着与丽思卡尔顿饭店相同的每周需求变化,许多酒店已经通过在周末为家庭和儿童提供食宿而找到解决方法。对许多双职工家庭来说,周末外出是一种很好的放松和休假方式,周六晚上的住宿还伴有打折机票,许多家庭可以支付得起周末旅游。市区的酒店为这些家庭提供折扣、儿童导向活动,以及令家庭感觉舒适的环境。例如,在加利福尼亚州亚奥兰治县的科斯塔梅萨酒店,雇员们在周末穿着随意,烤面包机就放在早餐台上,为儿童提供方便。弗吉尼亚的凯悦饭店,周末会把21套高级客房出租给孩子们开晚会。芝加哥希尔顿饭店创造了"假期工作站"活动,包括为儿童提供礼物和游戏,以及许多库存的婴儿床，并在小酒吧里提供啤酒。芝加哥希尔顿饭店所取得的成果是周六晚上经常客满，周五晚上的平均利用率经常高于其他工作日的平均水平。

资料来源：服务运营管理. 李雯，樊红霞. 重庆：重庆大学出版社，2016.

计划是管理的首要职能。没有计划，企业内部一切活动都会陷入混乱。在一个好的计划指导下，水平一般的下属，也会顺利完成工作；在一个差的计划指导下，能力很强的下属，也会把工作弄得一团糟。现代工业生产是社会化大生产，企业内部分工十分精细，协作非常严密，任何一部分生产活动都不能离开其他部门而单独进行。因此，需要统一的计划来指挥企业各部分的活动。企业没有计划，好比一个交响乐队没有乐曲，是无法进行任何生产经营活动的。

第一节　综合计划概述

综合计划是企业为满足顾客的需求，力求以最低的成本，通过调整劳动生产率、劳动力数量、库存水平，以及加班和外包等来提高设备利用率，降低成本、产生竞争优势。

综合计划又称为总进度计划，是指确定企业中期（通常提前 3～18 个月）生产数量和生产时间的一种方法。对制造型企业而言，综合计划将企业的总体战略目标和生产计划联系起来，而对服务业来说，综合计划则将公司的战略目标和用人计划联系起来。

一、企业计划的层次和职能计划之间的关系

（一）企业计划的层次

企业里有各种各样的计划，这些计划是分层次的，一般可以分成战略层计划、战术层计划与作业层计划。

战略层计划涉及企业的发展战略、产品设计、生产能力、企业投资、新生产设备的建造等，以及企业资源的获取，如研发计划、新产品计划、投资计划、选址计划、扩张计划等。战略层计划由企业的高层管理人员负责，是长期计划，时间至少一年以上。

战术层计划是确定在现有资源条件下所从事的生产经营活动应该达到的目标，如产量、品种、产值和利润、综合生产计划、销售计划、产品出产计划、人员招聘计划等。战术层计划是中期计划，时间为 3～18 个月，主要目标是产能和波动的市场需求相匹配。这些计划必须与长期计划保持一致，并满足战略决策的约束。综合计划的制订是中期计划编制完成的标志。

作业层计划是确定日常生产经营活动的安排，如生产作业计划、采购计划、工作分配等。作业层计划属于短期计划，涉及任务分配、订货、排程、调度、加班和临时招聘等内容。

三个层次的计划各有不同的特点，由表 5.1 可以看出，从战略层计划到作业层计划，计划期越来越短，计划的时间单位越来越小，覆盖的空间范围越来越小，计划内容越来越详细，计划中的确定性越来越高。

由以上分析可见，综合计划意味着在一段时期内（或者整个时期内）合理配置资源。在已知需求预测、设备能力、库存水平、员工数量以及其他相关输入条件下，计划者必须考虑企业未来 3～18 个月的产品出产数量。这些计划既适用于制造企业，如惠而浦公司等，又适

用于医院、高校或者出版社等服务型组织。

表 5.1　不同层次计划的特点

	战略层计划	战术层计划	作业层计划
计划期	长（≥1 年）	中（3~18 个月）	短（<3 个月）
计划的时间单位	粗（年）	中（月，季）	细（工作日、班次、小时）
空间范围	企业，公司	工厂	车间，工段
运营计划类型	生产能力规划	综合计划	作业计划
计划内容和工作	研发计划、新产品计划、投资计划、选址/扩张计划	销售计划、生产计划和预算、人员招聘计划、库存管理、外包计划	任务分配、订货、排程、调度、加班、临时招聘
详细程度	高度综合	综合	详细
确定性	低	中	高
特点	涉及资源获取	涉及资源管理	涉及日常活动处理
管理层次	企业高层管理者	中层管理者（部门经理，运营经理）	监督人员，班组长

（二）综合计划与其他计划的关系

战略层计划主要是企业长远发展规划，长远发展规划是一种十分重要的计划，它关系到企业的兴衰。"人无远虑，必有近忧"，可见古人已懂得长远考虑与日常工作的关系。作为企业的高层领导，必须站得高，才能看得远。只看到眼前的领导者，称不上真正的领导者。战略层计划指导全局，其下面最主要的是综合生产计划，再往下是各种职能计划。这些职能计划不是孤立的，它们之间的联系如图 5.1 所示。综合计划是实现企业经营目标最重要的计划，

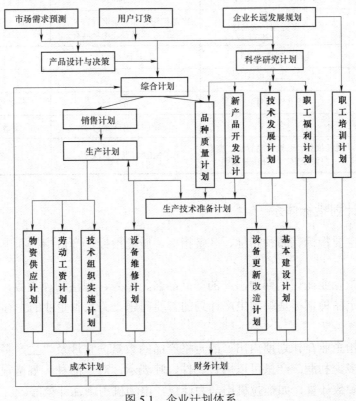

图 5.1　企业计划体系

是编制生产作业计划、指挥企业生产活动的龙头，又是编制物资供应计划、劳动工资计划和技术组织措施计划的重要依据。各种职能计划又是编制成本计划和财务计划的依据。成本计划和财务计划是编制经营计划的重要依据。

二、生产计划的层次与计划指标体系

（一）生产计划的层次

生产计划是一种战术性计划，包括综合生产计划、产品出产计划和生产作业计划。综合生产计划以假定产品为计划对象，产品出产计划以具体产品和工矿配件为计划对象。具体产品和配件都是企业向市场提供的具体物品。生产作业计划是产品出产计划成本的执行计划，是指挥企业内部生产活动的计划。对于大型加工装配式企业而言，生产作业计划一般分成厂级和车间级两级。厂级生产作业计划的对象为原材料、毛坯和零件，从产品结构的角度来看，也可称为零件级生产作业计划。车间级生产作业计划的计划对象为工序，故也可称为工序级生产作业计划。各层次生产计划的特征见表 5.2。

表 5.2　各层次生产计划的特征

	计划层	执行层	操作层
计划的形式及种类	综合生产计划 产品出产计划	零部件（毛坯）投入出产计划、原材料（外购件）需求计划等	双日（或周）生产计划、关键机床加工计划等
计划对象	产品（假定产品、代表产品、具体产品）、工矿件	零件（自制件、外购件、外协件）、毛坯、原材料	工序
编制计划的基础	产品生产周期、成品库存	产品结构、加工制造提前期、零件、原材料、毛坯库存	加工路线、加工时间、在制品库存
计划编制部门	经营计划处（科）	生产处（科）	车间计划科（组）
计划期	一年	一月、一季	双日、周、旬
计划的时间单位	季（细到月）	旬、周、日	工作日、小时、分
计划的空间范围	全厂	车间及有关部门	工段、班组、工作地
采用的优化方法	线性规划、运输问题算法、搜索决策法则、线性决策法则	MRP、批量算法	各种作业排序

（二）生产计划指标体系

生产计划的主要指标有品种指标、产量指标、质量指标、产值指标和出产期指标。

1. 品种指标

品种指标是指企业在计划期内出产的产品品名、型号、规格和种类数，它涉及"生产什么"的决策，确定品种指标是编制生产计划的首要问题，关系到企业的生存和发展。

2. 产量指标

产量指标是指企业在计划期内出产的合格产品的数量，它涉及"生产多少"的决策，关系到企业能获得多少利润。产量可以用台、件、吨表示。对于品种、规格很多的系列产品，也可用主要技术参数计量，如拖拉机用马力计量，电动机用千瓦计量等。

3. 质量指标

质量指标是指企业在计划期内产品质量应达到的水平，常采用统计指标来衡量，如一等品率、合格品率、废品率、返修率等。

4. 产值指标

产值指标是指用货币表示的产量指标，能综合反映企业生产经营的活动成果，以便与不同行业进行比较。根据具体内容与作用不同，产值指标分为商品产值、总产值、净产值三种。

商品产值是企业在计划期内出产的可供销售的产品价值，其内容包括：用本企业自备的原材料生产的成品和半成品的价值；用外单位来料加工的产品的加工价值；工业劳务的价值。只有完成商品产值指标，才能保证流动资金的正常周转。

总产值是企业在计划期内完成的以货币计算的生产活动总成果的数量。总产值包括：商品产值，期末期初在制品库存的差额，订货者来料加工的材料价值。总产值一般按不变价格计算。

净产值是企业在计划期内通过生产活动新创造的价值。由于扣除了部门间重复计算，它能反映计划期内为社会提供的国民收入。净产值指标有生产法和分配法两种算法。按生产法，净产值＝总产值－所有转入产品的物化劳动价值。按分配法，净产值＝工资总额＋福利基金＋税金＋利润＋属于国民收入初次分配的其他支出。

5. 出产期指标

出产期是指为了保证按期交货确定的产品出产期限。正确地决定出产期很重要，因为出产期太短，保证不了按期交货，会给用户带来损失，也给企业的信誉带来损失；出产期太长，不利于争取顾客，还会造成生产能力的浪费。

对于订货型（MTO）企业，确定交货期和产品价格是主要的决策；对于备货型（MTS）企业，确定品种和产量是主要的决策。

三、滚动式计划的编制方法

编制滚动式计划是一种编制计划的新方法。其编制方法是：在已编制出的计划的基础上，每经过一段固定的时期（例如一年或一个季度等，这段固定的时期被称为滚动期）便根据变化了的环境条件和计划的实际执行情况，从确保实现计划目标出发对原计划进行调整。每次调整时，保持原计划期限不变，而将计划期限顺序向前推进一个滚动期。由于长期计划的计划期较长，很难准确地预测到各种影响因素的变化，因而很难确保长期计划的成功实施。而采用滚动式计划方法，就可以根据环境条件变化和实际完成情况，定期地对计划进行修订，使组织始终有一个较为切合实际的长期计划做指导，并使长期计划能够始终与短期计划紧密地衔接在一起。

按编制滚动式计划的方法，整个计划期被分为几个时间段，其中第一个时间段的计划为执行计划，后几个时间段的计划为预计划。执行计划的具体要求按计划实施，预测计划比较粗略。每经过一个时间段，根据执行计划的实施情况以及企业内、外条件的变化，对原来的预计计划做出协调与修改，原预计计划中的第一个时间段的计划变成执行计划。

例如，2005 年编制五年计划，计划期为 2006—2010 年，共五年。若将五年分成五个时间段，则 2006 年的计划为执行计划，其余四年的计划均为预计计划。当 2006 年的计划实施之后，又根据当时的条件编制 2007—2011 年的五年计划，其中 2007 年的计划为执行计划，

2008—2011 年的计划为预计计划，以此类推。修订计划的间隔时间称为滚动期，它通常等于执行计划的计划期。滚动式计划的编制如图 5.2 所示。

图 5.2　滚动式计划的编制

滚动式计划的特点是分段编制、近细远粗，如图 5.3 所示。

滚动式计划方法有以下优点。

（1）使计划的严肃性和应变性都得到保证。因执行计划与编制计划的时间接近，内外条件不会发生很大变化，可以保证基本完成，体现了计划的严肃性，预计计划允许修改，体现了应变性。如果不是采用滚动式计划方法，第一期实施的结果出现偏差，以后各期计划如不做出调整，就会流于形式。

（2）提高了计划的连续性，逐年滚动，自然形成新的五年计划。

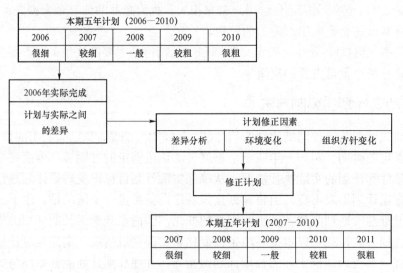

图 5.3　滚动式计划的分段

四、生产能力

生产能力是指企业的设施在一定时期（年、季、月）内，在先进合理的技术组织条件下所能生产一定种类产品的最大数量。对于流程式生产，生产能力是一个准确而清晰的概念。比如某化肥厂年产 30 万吨合成氨，这是设备的能力和实际运行时间决定的。对于加工装配式生产，生产能力则是一个模糊的概念。不同的产品组合，表现出的生产能力是不一样的。大量生产、品种单一的产品组合可用具体产品数量表示生产能力；大批生产、品种数少的产品组合可用代表产品数表示生产能力；多品种、中小批量生产的产品组合则只能以假定产品的产量来表示生产能力。在纯服务运作中，能力直接与劳动力数量相关。

生产能力有设计能力、查定能力和现实能力之分。设计能力是指在设计任务书和有关技术设计文件中所规定的生产能力，是一种潜在能力，一般需要经过一定时间才能达到，也是建厂或扩建后应该达到的最大年产量；查定能力是指老企业重新调查核定的生产能力。当企业有了新的发展，如产品方案、生产工艺和技术组织条件等发生了重大变化时，原定的设计能力已不符合企业的实际情况，此时需要重新调查核定企业的生产能力；现实能力为计划年度实际可达到的生产能力，是编制年度生产计划的依据。国外有的人将生产能力分为固定能力和可调整能力两种，前者是指固定资产所表示的能力，是生产能力的上限；后者是指以劳动力数量和每天工作时间和班次所表示的能力。这种划分不仅适合制造业，而且更适合服务业。

第二节　综合计划策略

编制综合计划需要解决的一个基本问题是如何处理能力与需求的关系。市场需求的起伏和波动是绝对的，而企业能力又是相对稳定的，要解决这个矛盾，既要研究处理非均匀需求的策略，又要研究影响需求的策略。

一、处理非均匀需求的策略

处理非均匀需求有改变库存水平、改变生产速率和改变工人数量三种纯策略，其内容涉及库存管理、生产速率、人员安排、能力计划和其他可控因素。

（一）改变库存水平

改变库存水平就是通过库存来调节生产而维持生产率和工人数量不变。当需求不足时，由于生产率不变，库存量就会上升；当需求过大时，将消耗库存来满足需求，库存就会减少（如图 5.4 所示）。这种策略可以不必按最高生产负荷配备生产能力，节约了固定资产投资，是处理非均匀需求常用的策略。成品库存就像水库，可以蓄水和供水，既防旱又防涝，能保

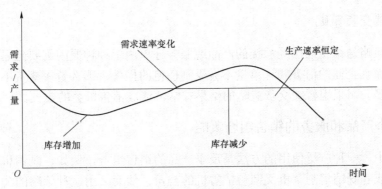

图 5.4　库存随需求变化示意图

证水位正常。但是，通过改变库存水平来适应市场的波动，会产生维持库存费用；同时，库存也破坏了生产的准时性。对纯劳务性生产不能采用这种策略。纯劳务性生产只能通过价格折扣等方式来转移需求，使负荷高峰比较平缓。这种策略会带来储存费用、保险费、搬运费、陈旧损失、投资损失及资金投入等成本的上升，当需求超出预期时，还可能会造成缺货，使交货提前期延长，服务水平下降。

（二）改变生产速率

改变生产速率就是要使生产速率与需求速率相匹配。需要多少就生产多少，这是准时制生产所采用的策略。它可以消除库存，忙时加班加点，闲时把工人调到其他生产单位或做清理工作。但过多的加班会影响产品的质量和效率，尤其需求低迷的闲时，工人的安排难度很大；当任务超出太多时，可以采取转包或变制造为购买的办法。外包或购买能有效地借助外力，扩大生产能力，但成本可能较高，质量难以保证，有企业信息和商业秘密泄露的可能，这种策略引起的问题是生产不均衡，同时需多付加班费和管理费用。

（三）改变工人数量

改变工人数量就是需求量大时多招聘工人，需求量小时裁减工人。这种做法多用在服务业中，尤其是餐饮、零售、超市等。对技术要求高的工作一般不能采用这种策略，因技术工人不是随时可以雇到的。另外，工人队伍不稳定会引起产品质量下降和一系列的管理问题。而且新员工培训以及频繁的招新及裁老会引起员工队伍的不稳定，导致生产效率降低。

以上三种纯策略可以任意组合成多种混合策略。例如，可以将改变工人数量与改变库存水平结合起来。混合策略一般要比纯策略效果好。

二、影响需求的策略

（一）直接影响需求的策略

当需求低迷时，可以通过广告、促销和降价等措施来刺激需求。例如，航空公司和宾馆都在淡季提供价格折扣，通信公司降低在夜间的通话费率，冬季空调价格最便宜，这些都是在刺激需求。然而，即使是采取了降价措施，可能仍然不能使生产能力和需求水平一直保持一致。

（二）暂缓交货策略

暂缓交货策略是指企业已经承接的产品或服务订单由于种种原因需要延迟交货。如果客户愿意等待，而且企业的信誉和订单量不会受到任何的损失，那么暂缓交货不失为一种可行的策略。但很多公司采用暂缓交货策略的结果却常常造成销售机会的丧失。

（三）反季产品和服务的销售组合策略

在制造业中，一种广泛使用的方法是反季产品的销售组合，例如，既销售取暖器又销售空调的公司，或者既销售割草机又销售铲雪机的公司。然而采用这种策略的公司，可能会发现它们销售的产品或服务超出了自己的专业领域，或者不在自己的目标市场之内。

第三节 生产能力规划

一、生产能力的界定

生产能力也称产能，是指一个设施的最大产出率。这里的设施可以是一个工序、一台设备，也可以是整个企业组织。这里的生产能力主要是指一个企业的生产能力。从广义上说，生产能力是指人员能力、设备能力和管理能力的总和。人员能力是指人员的数量、实际工作时间、出勤率、技术水平等诸因素的组合；设备能力是指设备和生产运作面积的数量、水平、开动率和完好率等诸因素的组合；管理能力包括管理人员经验的熟练程度与应用管理理论、方法的水平和工作态度。从狭义上说，生产能力主要是指人员能力和设备能力，在资本集约度较高的制造企业中，尤其是指设备能力。在实际的企业管理中，由于管理能力一般来说只能进行定性分析，而人员能力和设备能力是可以定量测算的。所以生产能力主要是指狭义的生产能力，即指一个企业在一定的运营组织条件下，企业内部各个运营环节综合平衡以后能够产出一定种类产品的最大数量，它是反映企业产出可能性的一种指标。

没有一种度量方法适用于所有类型的组织。不同的组织，根据其具体的情况，需要考虑用不同的度量方法。一般来说，生产能力的度量方法可分为以下三种。

1）最大生产能力

所谓最大生产能力，是指一个设施的最大产出率。一种是技术上"最大"的含义，它是指除设备所需的正常维修和保养时间以外的设备连续运转时的产出能力；另一种是经济上"最大"的含义，它是指一个组织在使用合理的人员和合理的时间安排的条件下，设备的最大产出能力。

2）有效生产能力

有效生产能力，是指在最大生产能力的基础上，考虑到具体的产品组合、一定的生产进度计划方法、设备维修和一定的质量要求等因素，进行相应的扣除而得到的生产能力。有效生产能力是考虑由于产品组合改变的现实性、设备定期维修的需要、午餐或休息时间以及生产规划和平衡等情况出现问题的生产能力，它通常要小于设计生产能力。

3）设计生产能力

设计生产能力，是指企业建造之初，根据设计规划所能达到的生产能力，主要是为以后的生产发展规划等提供参考。各种生产能力间的相互关系如下：

$$有效生产能力 = 利用率 \times 最大生产能力$$
$$实际生产能力 = 效率 \times 有效生产能力$$
$$生产效率 = 实际产出 / 有效生产能力$$
$$生产利用率 = 实际产出 / 设计生产能力$$

二、生产能力的影响因素

生产能力的影响因素有产品因素、人员因素、设施因素、工艺因素和运作因素、其他因素，如图 5.5 所示。

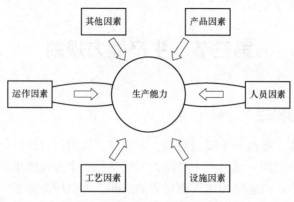

图 5.5　生产能力的影响因素

（一）产品因素

产品设计对生产能力有巨大的影响。产品的差别化越小，生产系统的生产能力就越大。因为，产出越相近，其生产方式就越有可能实现标准化，从而能达到更大的生产能力。

（二）人员因素

一项工作包含的任务，工作人员及履行一项任务需要的培训、技能和经验对潜在和实际产出有重要的影响。另外，相关人员的动机、出勤等与生产能力也有着直接的联系。

（三）设施因素

生产设施的设计（包括厂房大小以及为扩大规模留有的空间）、厂址因素（包括运输成本、与市场的距离、劳动供应、能源和扩张空间）对生产能力有重要的影响。工作区的布局决定着生产作业是否能够平稳执行。

（四）工艺因素

产品工艺设计是决定生产能力的一个明显因素，工艺设计是否合理会影响产品质量。如果产品质量不能达到标准，就会增加产品检验和返工工作，从而导致产量下降。

（五）运作因素

一个组织由于存在不同设备生产能力的矛盾或工作要求的矛盾而产生的排程问题、存货储备的决策、发货的推迟、所采购的原材料部件的合意性以及质量检验与进程控制，都对有效生产能力具有影响。

（六）其他因素

产品标准，特别是产品最低质量标准，能够限制管理人员增加和使用生产能力的选择余地，例如，企业为了达到产品和设备的污染标准，经常会减少有效生产能力。

三、生产能力规划

生产能力规划是提供一种方法来确定由资本密集型资源综合形成的总体生产能力的大小，如设备、工具、设施和总体劳动力规模等，从而为实现企业的长期竞争战略政策提供有力的支持。产能规划所确定的生产能力对企业的市场反应速度、成本结构、库存策略以及企业自身管理和员工制度都将产生重大影响。生产能力规划具有时效性、层次性和不确定性，是建立在预测基础之上的战略计划。

（一）生产能力规划的划分

一般来说，生产能力规划分为以下三种。

1. 长期生产能力规划

长期生产能力规划是指一年以上的规划，要求高层管理者的参与和审批。长期生产能力规划中涉及的生产性资源需要一段较长时间才能获得，也将在一段较长的时间内消耗完毕，如建筑物、设备、物料设施等。长期生产能力规划需要高层管理者的参与和批准。长期生产能力规划是基于对企业的长远利益的考虑而制定的。具有战略性质，对企业的远期利益至关重要。长期生产能力规划具有很大的风险，需要谨慎处置，周密考虑。

2. 中期生产能力规划

中期生产能力规划指接下来的 6～18 个月的月产能规划或季产能规划。在此规划中，生产能力可能会因为人员变动、新工具的使用、少数设备的购买和工作的外包等产生变化。

3. 短期生产能力规划

短期生产能力规划与企业每天或每周的进程密切相关，这种类型的生产能力计划关系到每天或每周的生产调度情况。它涉及如何做出调整以消除计划与实际产出之间的差距。管理者通常会采取加班、劳动力转移等来解决上述问题。

（二）生产能力规划的步骤

不同企业进行生产能力规划的程序各有不同，但是一般来说，企业进行生产能力规划时，都必须遵循以下几个步骤。

1. 估计未来的能力需求

在进行生产能力规划时，首先要进行需求预测。由于能力需求的长期计划不仅与未来的市场需求有关，还与技术变化、竞争关系以及生产率提高等多种因素有关，因此必须综合考虑。还应该注意的是，所预测的时间段越长，预测的误差可能就越大。对市场需求所做的预测必须转变为一种能与能力直接进行比较的度量。在制造型企业中，企业能力经常是以可利用的设备数来表示的，在这种情况下，管理人员必须把市场需求（通常是产品产量）转变为所需的设备数。

2. 计算需求与现有能力之间的差

当预测需求与现有能力之间的差为正数时，很显然就需要扩大产能，这里要注意的是，当一个运营系统包括多个环节或多个工序时，能力的计划和选择就需要格外谨慎。一个典型的例子是：20 世纪 70 年代，西方发达国家的航空工业呈供不应求的局面，因此，许多航空公司认为，所拥有的飞机座位数越多，就可以赢得越多的顾客，因而竭力购入大型客机。但事实证明，拥有小飞机的公司反而获得了更好的经营绩效。原因是满足需求的关键因素在于航班次数的增加，而不是每一航班所拥有的座位数。也就是说，顾客需求总量可用"（座位数×航班次数）/年"来表示，只扩大前者而忽视后者则会遭到失败。在制造企业中，能力扩大同样必须考虑到各工序能力的平衡。当企业的生产环节很多、设备多种多样时，各个环节所拥有的生产能力往往不一致，既有富余环节，又有瓶颈环节。而富余环节和瓶颈环节又随着产品品种和制造工艺的改变而变化。从这个意义上来说，企业的整体生产能力是由瓶颈环节的能力所决定的，这是制订能力计划时必须注意的一个关键问题。否则，就会形成一种恶性循环，即某瓶颈工序能力紧张，继而增加该工序能力，而未增加能力的其他工序又变为瓶颈工序。

3. 制订候选方案

处理能力与需求之差的方法可有多种，最简单的一种是不考虑能力扩大，任由这部分顾客或订单失去。其他方法包括扩大规模和时间的多种方案，包括积极策略、消极策略或中间策略的选择，也包括新设施地点的选择，还包括是否考虑使用加班、外包等临时措施。这些都是制订能力计划方案所要考虑的内容。所考虑的重点不同，就会形成不同的候选方案。一般来说，至少应给出3～5个候选方案。

4. 评价每个方案

评价包括定量评价和定性评价两方面。定量评价主要是从财务的角度，以所要进行的投资为基准，比较各种方案给企业带来的收益以及投资回收情况。定量评价可使用净现值法、盈亏平衡分析法、投资回收率法等不同方法。定性评价主要是考虑不能用财务分析来判断的其他因素，如是否与企业的整体战略相符、与竞争策略的关系、技术变化因素、人员成本等，这些因素的考虑，有些实际上仍可进行定量计算（如人员成本），有些则需要用直观和经验来判断。在进行定性评价时，可对未来进行一系列的假设，例如，给出一组最坏的假设，需求比预测值要小，竞争更激烈，建设费用更高等；也可以给出一组完全相反的假设，即最好的假设，用多组这样的不同假设来考虑投资方案的好坏。

（三）使用决策树评估生产能力方案

1. 决策树的概念

决策树一般都是自上而下来生成的。每个决策或事件（即自然状态）都可能引出两个或多个事件，导致不同的结果，把这种决策分支画成图形很像一棵树的枝干，故称决策树。其中，方格表示决策点，圆圈表示概率事件，决策点的分支线表示决策者可能的选择，概率事件的分支线表示事件发生的概率。

在具体求解中，从右至左，将每一步骤的期望值计算出来，留下收益最大的分支线，并将这个程序一直进行到第一个决策点。

2. 决策树理论的运用

【例1】由于在H电脑公司附近的一个大型电器商场即将完工，这可能会给公司带来更多商机。H电脑公司正在考虑五年内应该如何经营，有三个可能的选择：一是扩大目前的店；二是迁到一个新址；三是不做任何改变。扩张和迁移不需要花太多时间，因此不会有收入损失。若第一年不做改变，而市场高度增长，还是可以再考虑扩张。等待时间若超过一年，会有竞争者进入，扩张则不可行。

假设条件如下：

（1）高成长的概率为 55%。

（2）若迁到新址且高成长，获得的收入为 195 000 元；若迁到新址且低成长，获得的收入为 115 000 元。

（3）扩张且高成长带来的收入为 190 000 元，扩张且低成长带来的收入为 100 000 元。

（4）继续留在原址且高成长，带来的收入为 170 000 元；继续留在原址且低成长，带来的收入为 105 000 元；

（5）原址扩张成本为 87 000 元，迁址成本为 210 000 元。

用决策树求解如下：

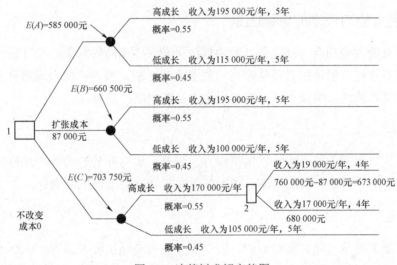

图 5.6　决策树求解产能图

可见，最好的方案是不做改变。

四、生产能力柔性

生产能力柔性是指迅速增加或者减少生产水平的能力，或是将生产迅速地从一种产品或服务转移到另一种产品或服务的能力。这种柔性通过使用其他组织能力而获得的工厂柔性、制作流程柔性、员工柔性以及战略柔性来实现。越来越多的企业在设计供应链时会考虑到柔性问题。与供应商进行合作时，它们可以将供应商的能力纳入整个系统。

（一）柔性工厂

工厂柔性最理想的状态是实现零转换时间的运作。可移动设备、易拆卸墙壁、易获取且易重新安装的设备都能帮助工厂实现产能的快速转换。

（二）柔性流程

柔性流程可通过两方面来实现：一方面是柔性制造系统，另一方面是简单易拆装的机器设备。这两项技术方法都可以让企业快速进行低成本的产品转换，使规模经济成为可能。

（三）柔性工人

柔性工人应掌握多种技能，具有能够轻易地从一个工种转到另一个工种的能力。与专业工作者相比，他们需要接受更广泛的培训，此外，还需要得到管理人员和工作人员的配合与支持，便于他们在工作任务中进行快速转换。

第四节　服务业能力规划

一、服务业能力规划的影响因素

虽然服务业能力规划会与制造业能力规划面对着许多相同的问题，并且它们确定设施规模的方法也大致相同，但是两者还是存在一些重要的区别。服务业能力规划更多地依赖于时间和选址，受需求波动影响较大，产能利用会直接影响服务质量。

（一）时间

与产品不同，服务不能"生产"出来储存。因此，服务业的管理者必须将时间作为供应中的要素进行考虑。例如，航班客满，顾客便无法得到已起飞班机的空位。

（二）选址

企业提供服务时是与顾客面对面的，所以服务能力必须接近消费者。在制造业中，企业可以在一个地方将产品生产出来后通过分销商送到客户手中。然而，服务业的情况正好相反，服务产能必须第一时间将服务提供给顾客（不管是面对面的接触还是通过某种通信媒介，如电话），这样的服务才算是有效的。一个城市里空出的一间酒店房间或一辆出租车，对其他城市的客户是没有用的。服务能力必须靠近客户，在客户需要时随时可用。

（三）需求的不稳定性

服务系统的需求易变性远远高于制造业生产系统，这主要由三个原因造成。首先，正如上面提到的，服务不能储存。这意味着服务系统不能像制造系统那样用库存来平滑需求变化。其次，服务系统必须直接与顾客进行交易，而这些客户的需求往往不尽相同，并且在处理过程中会产生不同水平的服务，交易的数量也会变化。这导致处理每个顾客需求的时间易变更大，从而导致最低产能需求的可变性增大。最后，服务需求变化受顾客行为的影响。

二、服务生产能力规划的调整

根据服务的上述特点，服务生产能力的规划也要进行相应的调整，主要有以下几方面的内容。

首先，对于顾客的多样化需求，有两种方法可以解决，一种方法是在服务企业建立的时候就考虑到顾客可能的需求，并且根据这些需求配置相应的设施、员工来满足多样化的需求。

这样的工作对于刚刚起步的服务企业而言比较困难，无论从财力或经验上都无法满足。另一种方法是让顾客成为服务的直接参与者，顾客自己为自己提供服务，例如，饭店可以提供多种饭菜，顾客随意选择满足自己要求的饭菜，这种形式就是所谓的自助餐。

其次，服务设施往往设置在服务需求大的地点附近，而且可以采用弹性工作时间的方法鼓励员工在高峰时间上班。例如，快餐店、洗衣店就应该设在居民区附近，可以方便居民获得服务，也可以避免服务设施的浪费。

最后，在增加服务网点和提高服务能力之间进行权衡。一般地，如果服务设施附近的集中性需求增加，需要加大这个服务点的服务提供能力，如增加员工；如果服务需求比较分散，则需要寻找新的需求高峰区，并且建立新网点。由于新网点的成本一般比较高，所以企业更愿意提高服务能力。

三、服务能力利用率和服务质量

服务能力的大小与提供服务的质量有着密切的关系，一般地，服务能力利用率在 80% 左右，可以保持最好的服务质量。如果服务能力利用率超过 80%，会造成企业满足服务的能力下降，服务质量也会随之下降。图 5.7 为座席利用率与服务水平的关系（服务利用率与服务质量之间的关系）。座席利用率通常指话务员用于讲电话的时间多少。如果利用率很高，比如 100%，那就是说明话务员当班时间一直在讲电话，一点空闲也没有。反之，利用率很低，那就说明话务员大部分时间在等电话，而不是在讲电话。但是，座席利用率也不是越高越好。如果座席利用率过高，说明每当话务员挂断前一个电话，立即会有下一个电话进来。这就意味着，每时每刻总会有顾客在线上等待，顾客的感受会变差，即等待时间变长，放弃率增高，服务水平下降。

最佳服务能力利用率有一个非常具体的范围。在不确定性和风险较高的情况下保持低服务能力利用率是比较恰当的选择。例如，医院的急诊部门应该保持低服务能力利用率，因为事件发生概率的不确定性较高，此外，这类事件通常都是性命攸关的，风险较高。比较有预见性的服务，如通勤列车服务可以达到接近 100% 的服务能力利用率。有趣的是，还有一种服务是需要较高的服务能力利用率的。所有运动比赛举办方都期待爆满的场景，不仅仅是因为 100% 的边际利润率，还因为人员爆满会产生更热烈的气氛，让观众兴致高涨，也更能激发主场队伍的斗志，从而间接刺激了未来的门票销售。

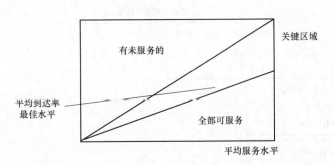

图 5.7　平均到达率和平均利用率与服务水平之间的关系

第五节 作业计划

作业计划是综合计划工作的继续和具体执行计划。它是协调企业日常生产活动的中心环节。它根据年度综合计划规定的产品品种、数量及大致的交货期的要求对每个生产单位（车间、工段、班组等）在每个具体时期（月、旬、班、小时等）内的生产任务做出详细规定，使年度综合计划得到落实。

企业为满足客户的要求，需要不断地制订计划、组织生产、调配人员和一切资源等。有效的作业计划可以促进资源的高效利用，有效发挥生产能力，增加生产柔性和交货期的可靠性，能以更低的成本更好地服务顾客，这本身就是一种竞争优势。

一、作业计划的概念及内容

作业计划是综合计划的具体执行性计划，把企业的全年生产、服务任务具体地分配到各部门以及每个工人，规定他们每月、旬、周、日以至轮班和小时内的具体任务，从而保证按品种、质量、数量、期限和成本完成企业的任务。作业计划是在企业的综合计划确定以后，在出产计划的进一步指导下，为了便于组织执行而编制的。因此，四种计划之间的比较如图 5.8 所示。

由图 5.8 可见，四种计划的时间越来越短，也越来越具有可操作性，作业计划的制订是从产能规划开始的，一般按年或季度编制；进一步编制综合计划，对设备与库存的使用情况、员工的安排以及是否外包等进行计划决策，一般按月编制，总量划分；再进一步编制产品出产计划，一般按周编制，按产品或产品线划分；最后进一步编制作业计划，进行作业排序，对企业的一切资源，如人员、材料和设备等的具体使用进行安排，并指导生产。

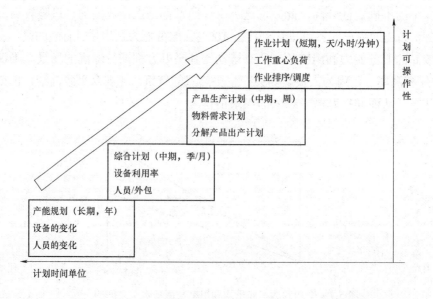

图 5.8 四种计划的比较

与综合计划相比，作业计划具有以下特点。

（1）计划期短。综合计划的计划期常常表现为季、月，而作业计划详细规定月、旬、日和小时的工作任务。

（2）计划内容具体。综合计划是全企业的计划，而作业计划则把任务落实到产品生产企业的各个车间、工段、班组和工人以及服务业的服务平台和个人。

（3）计划单位小。综合计划一般只规定完整产品的进度，而作业计划则详细规定各零部件，甚至工序的进度安排。

二、作业计划标准

作业计划标准又称期量标准，是指为制造对象在生产期限和生产数量方面所规定的标准数据，它是编制生产作业计划的重要依据。先进合理的作业计划标准是编制生产作业计划的重要依据，是保证生产的配套性、连续性和充分利用设备能力的重要条件。制订合理的作业计划标准，对于准确确定产品的投入和产出时间、做好生产过程各环节的衔接、缩短产品生产周期和节约企业在制品占用都有重要的作用。

作业计划标准就是经过科学分析和计算，对加工对象在生产过程中的运动所规定的一组时间和数量标准。作业计划标准是有关生产期限和生产数量的标准，因而企业的生产类型和生产组织形式不同时，采用的作业计划标准也就不同，具体而言：

（1）大量流水线生产的作业计划标准有节拍、流水线工作指示图表和在制品定额等。

（2）成批生产的作业计划标准有批量、生产间隔期、生产周期、生产提前期和在制品定额等。

（3）单件生产的作业计划标准有生产周期、生产提前期等。

作业计划标准随产品品种、生产类型和生产组织形式而有所差别，但制订作业计划标准时都应遵循科学性、合理性和先进性的原则。

（一）产品专业化生产作业计划标准

1. 节拍

节拍是组织大量流水线生产的依据，是大量流水线生产作业计划标准中最基本的作业计划标准，其实质是反映流水线的生产速度。它是根据计划期内的计划产量和计划期内的有效工作时间确定的。在精益生产方式中，节拍是个可变量，它需要根据月计划产量进行调整，这时会涉及生产组织方面的调整和作业标准的改变。

$$R=F_i/Q_i$$

式中：R——流水线节拍；

　　F_i——第 i 工序看管周期（时间）长度；

　　Q_i——第 i 工序看管周期产量。

2. 流水线标准工作指示图表

在产品专业化生产中，每个工作地点都按一定的节拍反复地完成规定的工序。为确保流水线按规定的节拍工作，必须对每个工作地点详细规定它的工作制度，编制作业指示图表，协调整个流水线的生产。正确制订流水作业指示图表对提高生产效率、设备利用率和减少在制品起着重要作用。它还是简化作业计划、提高作业计划质量的有效工具。

流水线作业指示图表是根据流水线的节拍和工序时间定额来制定的，随流水线的工序同期化程度不同而不同。连续流水线的工序同期化程度很高，各个工序的节拍基本等于流水线的节拍，因此工作地的负荷率高。这时就不存在工人利用个别设备不工作的时间去兼顾其他设备的问题。因此，连续流水线的作业指示图表比较简单（见表 5.3），只要规定每条流水线在轮班内的工作中断次数、中断时刻和中断时间即可。

表 5.3　连续流水线作业指示图表

流水线特点	小　时									一班总计		
	1	2	3	4		5	6	7	8	间断次数	间断时间	工作时间
装配简单 产品			■					■		2	20	460
装配复杂 产品			■					■		2	30	460
机加工（使用耐用期长的工具）			■		■ 中间休息			■		■ 4	40	440
机加工（使用耐用期长的工具）	■	■	■				■	■		■ 6	60	420
热处理	■	■					■			■ 6	60	420

工序节拍与流水线的节拍不同步，各道工序的生产效率不协调，生产中就会出现停工待料等现象。这应事先规定能平衡工序间生产率的时间，通常称为间断流水线的看管期，见表 5.4。

表 5.4　间断流水线看管期示意图

流水线产品名称	班次	日产量/件	节拍/分	运输批量/件	节奏/分	看管周期/小时	看管周期产量/件
××零件	2	300	2	1	2	2	60

工序号	工时定额/分	工作地号	工人号	劳动组织	每一个看管期（2小时）标准工作进度	看管期产量
1	4	01	01	多机床看管		30
		02	01			30
2	2	03	02			60
3	3	04	03	兼管06工作地点		40
		05	04			20
4	1	06	04			60
5	2.5	07	05	兼管09工作地点		48
		08	06			12
6	1.5	09	06			60
7	2.8	10	07			60

看管期示意图间断流水线所规定的内容如下。

（1）每个工作地点在看管期内的工作延续时间。当只有一个工作地点工序，它的工作延续时间 T_s 等于流水线看管期产量 PL 与单件工时 t 的乘积，而看管期产量 $PL = T_i/R$。本例中 PL＝120/6＝20（件）。当有多个工作地点（S）且各工作地的工作时间相等时，它的工作延续时间 T_s＝（PL/S）• t，图 10.3 中，工序 1 有 01 和 02 两个工作地点，T_s＝（20/2）×12＝120（分）。当有多个工作地且各个工作地时间不等时，应尽可能使负荷集中在一个工作地点，而将剩余的负荷分配给另外的工作地。

（2）规定各工作地点在看管期内的工作起止时间以及工人任务的分配。对于工作延续时间不足看管期长度的工作地点，要根据有否可能使工人兼做其他工序和充分发挥工人在工时利用上的潜力的原则，安排工人的工作起止时间。

（二）在制品占用量定额

在制品占用定额是指在一定的时间、地点和生产技术组织条件下，为保证生产的连续进行而制订的必要的在制品数量标准。在制品是指从原材料投入到产品入库为止，处于生产过程中尚未完工的所有零件、组件、部件和产品的总称。在制品占用量按存放地点分为流水线（车间）内在制品占用量和流水线（车间）间在制品占用量。在制品占用量示意图如图 5.9 所示。

1. 工艺占用量（Z_1）

工艺占用量是指正在流水线各道工序及每个工作地点加工、装配或检验的在制品数量。

$$Z_1 = \sum_{i=1}^{m} S_i g_i$$

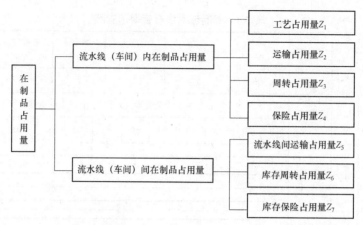

图 5.9　在制品占用量示意图

式中，S_i 为第 i 道工序的工作地点的数量；m 为流水线的工序数目；g_i 为第 i 道工序在各工作地点同时加工的零件数。

2. 运输占用量（Z_2）

运输占用量是指处于运输过程中或放置在运输装置上的在制品占用量。它取决于运输方式、运输批量、运输间隔期、零件体积及存放地的情况等因素。

当采用连续输送装置运送时：

$$Z_2 = （L/S）\times NS$$

式中，L 为运输装置的长度；S 为相邻两个运输装置的距离；NS 为运输批量。

3. 工序间流动占用量（Z_3）

由于平衡前后相邻工序生产力周而复始积存的在制品占用量称为工序间流动占用量。工序间流动占用量可用分析计算法和图表法结合起来加以确定。

1）分析计算法

$$Z_{jk} = T_k\left(\frac{s_i}{t_i} - \frac{s_j}{t_j}\right)$$

式中，Z_{jk} 为两相邻工序生产率之差不变的时段内周转在制品的变化量；T_k 为生产率之差不变的第 k 个时段；i 为前工序；j 为后工序；s_i、s_j 为第 i、j 工序正在工作的工作地点数；t_i、t_j 为第 i、j 工序单位工时。

【**例 2**】利用表 5.4 中的数值，可求：

第一道工序与第二道工序的最大占有量为：Z_{max}（1，2）＝$50\times$（2/8－1/2）＝－12.5（件）

第二道工序与第三道工序的最大占用量为：Z_{max}（2，3）＝$50\times$（1/2－1/4）＝12.5（件）

第三道工序与第四道工序的最大占用量为：Z_{max}（3，4）＝$50\times$（1/4－1/6）＝4.17（件）

2）图解法

由上述计算结果并通过对图 5.9 的分析，可以看出：第一道工序有两个工作地点，在与第二道工序同时工作的 50 分钟内，共生产 12.5 件。第二道工序有一个工作地点，50 分钟内生产 25 件。所以，为了保证第二道工序能不停歇地生产，在同时工作开始前，第一道工序就应给第二道工序准备 12.5 件在制品。如果不这样，03 号工人在第二道工序时不能连续工作，就不可能在后 50 分钟内兼作第四道工序，因而，整个流水线要另外增加一名工人。当第二道工序停止工作但第一道工序仍然继续生产时，在后 50 分钟内为第二道工序准备了 12.5 件的在制品的占用量，如此周而复始，在第一道工序和第二道工序之间，在制品从最大占用量逐渐减少到零，然后再由零逐渐增加到最大占用量，见表 5.5。

表 5.5　工序间在制品占用量变化示意图

流水线名称					工作班次	平均节拍/分	运输批量/件	运输节拍/分	每班看管人数	看管周期/分	
螺钉流水线					2	4	1	4	4	100	
工序号	看管其任务	时间定额/分	工作地点序号	工作地点负荷	工人序号	工人去处	时间（分） 0　50　100			最大占用量	看管期末流动占用量
1	25	8	1 2	100 100	01 02						
2	25	2	3	50	03	6				12.5	12.5
3	25	4	4	100	04					12.5	0
4	25	6	5 6	100 50	05 06					4.17	0

4. 保险占用量（Z_4）

（1）为整个流水线设置的保险占用量，常集中在流水线的末端，用来弥补出现废品和生产故障造成零件供应中断而设置的在制品。

（2）为工作地设置的专用保险占用量，日常集中于关键的工作地点旁边，$Z_4 =$ 消除故障时间/工序单件工时。

综上所述，流水线（车间）内在制品占用量为 $Z_1 + Z_2 + Z_3 + Z_4$。

5. 流水线间运输占用量（Z_5）

库存流动占用量是使车间或流水线之间协调工作而占用的零部件或毛坯的数量。它是由于前后两车间或流水线之间生产效率不同以及工作制度（班次或起止时间）不同而形成的在制品的占用量。

$$Z_5 = Z_n (\mathrm{PL} - \mathrm{PH})$$

式中，Z_n 为生产效率较低的车间或流水线的班产量；PL 为生产效率较低车间或流水线的班次；PH 为生产效率较高的车间或流水线的班次。

6. 库存周转占用量（Z_6）

它与工序间流动占用量相同。

7. 库存保险占用量（Z_7）

它是由于供应车间（或流水线）交付延期或出现大量废品，为保证需用车间正常生产而设置的在制品的占用量。

$$Z_7 = L/R$$

式中，L 为供应车间（或流水线）的恢复间隔期，R 为供应车间（或流水线）的生产节拍。

由以上可知：流水线（车间）间在制品占用量为 $Z_5+Z_6+Z_7$。

在确定在制品的占用量时，应该注意以下几个问题：

（1）对不同车间（或流水线）应明确哪种占用量在生产中起主导作用。例如，毛坯车间的在制品占用量有工艺占用量、流动占用量和保险占用量，其中流动占用量是主要的；机加工车间有工艺占用量、运输占用量、流动占用量和保险占有量，其中工艺占用量是主要的。

（2）占用量定额是按一种零件分别计算的，计算时应考虑生产过程的衔接，结合标准作业计划加以确定，然后按存放地点汇总成分零件的占用量定额表。

（3）占用量定额表由生产科编制，财务科估价和核算占用的流动资金。

（4）占用量定额制定后，必须按车间、班组和仓库细分，并把它交给员工讨论核实，使人人关心，共同管好在制品。

（5）占用量定额一经批准，就成为全厂计划工作中的一种非常重要的作业计划标准，对稳定生产作业计划秩序和协调生产活动有着极重要的作用，应严肃对待，并要注意定额水平的变动情况，定期调整。

（三）成批生产的作业计划标准

成批生产在组织和计划方面的主要特点是企业按一定时间间隔依次成批生产多种产品。因此，成批生产作业计划要解决的主要问题就是妥善安排生产的轮番，保证有节奏地均衡生产。

1. 批量和生产间隔期

批量是同时投入生产并消耗一次准备结束时间所制造的同种零件或产品的数量。生产间隔期是指相邻两批相同产品（零件）投入或产出的时间间隔，生产间隔期是批量的时间表示。

$$批量 = 生产间隔期 \times 平均日产量$$

确定批量和生产间隔期的方法有以下两种。

1）以量定期法

以量定期法是根据提高经济技术效果的要求，确定一个最初的批量，然后相应地计算出生产间隔期。

（1）最小批量法。最小批量法是从设备利用和劳动生产率这两个的最佳选择出发考虑的。

即：$\delta \geqslant \dfrac{t_a}{Q_{min} \times t}$，所以 $Q_{min} \geqslant \dfrac{t_i}{\delta \times t}$

式中：δ ——设备调整时间损失系数；

t_a ——设备调整时间；

Q_{min} ——最小批量；

t ——单件工序时间。

设备调整时间损失系数见表 5.6。

表 5.6 不同生产类型调整时间损失系数表

零件类型	生产类型		
	大批	中批	小批
小件	0.03	0.04	0.05
中件	0.04	0.05	0.08
大件	0.05	0.08	0.12

（2）经济批量法。经济批量法主要考虑设备调整费用和库存保管费两个因素，上述最小批量法，规定批量的下限，即仅考虑设备的充分利用和较高的生产效率，而忽视了因批量过大造成的在制品资金占用及在制品存储保管费用，如图 5.10 所示。

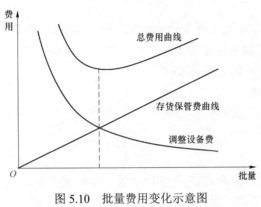

图 5.10 批量费用变化示意图

$$总费用 = \frac{Q}{2} \times C \times i + A \times \frac{N}{Q}$$

微分得：$Q = \sqrt{\dfrac{2NA}{C \times i}}$

式中，$Q/2$ 为库存在制品平均存量；A 为设备一次调整费；C 为单位产品成本；N 为年产量；i 为单位产品库存费用率。

按上述方法计算的批量，都只是最初批量，还需要根据生产中的其他条件和因素加以修正。批量大小应使一批在制品各主要工序的加工不少于装修轮班，或在数量上与日产量成倍比关系，这便于在工间休息空隙做好轮换零件的准备工作和调整工作；应考虑批量大小与工具的使用寿命相适应；批量大小应与夹具工作数相适应；应考虑大件小批量、小件大批量；一般毛坯批量应大于零件加工批量，零件加工批量应大于装配批量，它们最好是成整倍数；批量大小应和零件占用面积和设备容积相适应。

2）以期定量法

以期定量法是先确定生产间隔期，然后使批量与之适应。其与经济批量法不同。经济批量法着重考虑经济因素，而以期定量法则是为了便于生产管理。表 5.7 是生产间隔期与批量的关系。

表 5.7 生产间隔期与批量的关系

生产间隔期	批类	批量	投入批次
1 天	日批	装配日平均产量	每日一次
10 天	旬批	装配旬平均产量	每月三次
半月	半月批	装配半月平均产量	每月两次
1 个月	月批	装配月平均产量	每月一次
1 季度	季批	装配季产量	每季一次
半年	半年批	装配半年产量	每年两次
1 年	年批	装配年产量	每年一次

生产间隔期批量的种类不宜过多，一般以六种以内为宜。超过了可以按照装配需要的顺序、零件结构的工艺特征、外形尺寸和重量大小、工时长短划分为若干组，然后从中选择一个典型零件制定批量和生产间隔期，同一组的零件就可仿此制订批量。

2. 生产周期

生产周期是从原材料投入生产开始到制成品出产时为止的整个生产过程所需的日历时间。成批生产中的生产周期是按零件工序、零件加工过程和产品进行计算的，其中，零件工序生产周期是计算产品生产周期的基础。

1）零件工序生产周期

零件工序生产周期是一批零件在渠道工序上的制造时间。

$$t_g = \frac{Q}{SF_eK_t} + t_j$$

式中，t_g 为一批零件的工序生产周期，F_e 为有效工作时间总额；K_t 为工时定额完成系数；S 为同时完成该工序的工作地数；Q 为零件批量；t_j 为准备结束时间。

2）零件加工过程的生产周期

在成批生产中，零件是成批加工的，因此，零件加工过程的生产周期在很大程度上取决于零件工序间的移动方式。通常先按顺序移动方式计算一批零件的生产周期，然后用一个平行系数加以修正。

（1）顺序移动方式。

$$t_{顺} = \sum_{t=1}^m T_{gi} + (m-1) \times t_d$$

式中，$t_{顺}$ 为一批零件顺序移动方式计算的加工过程生产周期（分或小时）；T_{gi} 为该批零件在第 i 道工序加工的工序同期（分或小时），m 为工序数目；t_d 为零件在工序间转移的平均间隔时间（分或小时）。

（2）平行移动方式。

考虑平行移动（或部分平行移动）后的零件加工过程的生产周期为：

$$t_{平} = K_p \times t_g$$

式中，K_p 为平行系数。

（3）产品生产周期。

在零件加工生产周期确定后，可以按此计算毛坯制造产品装配及其他工艺阶段的生产周期。在此基础上根据装备系统图及工艺阶段的生产同期的平衡衔接关系，编制出生产周期图表，确定产品的生产周期。

3. 生产提前期

生产提前期是产品（毛坯、零件）在各工艺阶段出产（或投入）的日期比成品出产的日期应提前的时间。产品装配出产期是计算提前期的起点，生产周期和生产间隔期是计算提前期的基础。提前期分投入提前期和出产提前期。

1）投入提前期

投入提前期是指各车间投入的日期比成品出产日期应提前的时间。

某车间投入提前期＝该车间出产提前期＋该车间生产周期

2）出产提前期

出产提前期是指各车间出产的日期比成品出产日期应提前的时间。

某车间出产提前期＝后车间投入提前期＋保险期

其计算可按工艺过程及顺序连锁进行（如图 5.11 所示），上述两公式是前后车间批量相等的情况下提前期的计算方法，实际上，计算生产提前期主要是根据生产周期，以此为基础，生产周期加上保险期。如前后车间批量不等该怎么计算呢？这时不仅要考虑生产周期和保险期，而且还要考虑生产间隔期。如前后车间批量不等，上述计算则应予以调整。首先投入提前期的计算不变，因为车间之间的批量不等不会影响到投入提前期的计算。投入提前期是本车间的出产提前期加上本车间的生产周期，都是车间内部的，而一般来说，车间之间的批量可以不等，而车间内部投入和出产批量相等。所以如果车间之间的批量不等，不会影响到车间的投入提前期的计算。因为出产提前期要以后一车间的投入提前期为基础，加上一个保险期。后一车间的批量与本车间的批量不等。计算时，还要加上一个车间的生产间隔期和后车间的生产间隔期之差。即前后车间的生产间隔期之差。由于前后车间的批量不等，所以前后车间的生产间隔期也不等。生产间隔期和批量成正比例。

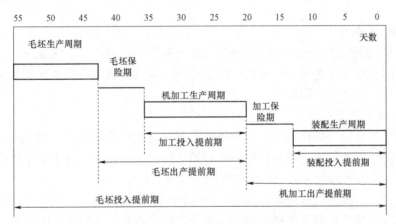

图 5.11　生产过程出产期、提前期示意图

三、作业计划的编制

作业计划的编制就是把生产计划中所规定的有关任务，按照月、旬、周、日轮班以至小时，具体地、合理地分配到车间、工段、小组以至工作地点和员工个人，从而保证整个企业生产计划规定的生产任务能够按品种、质量、产量和期限完成。

编制生产作业计划，除了明确一些总的问题（如要求分工、资料、程序等）外，主要是编制分车间的作业计划，着重解决各车间之间的生产在时间上的衔接问题，以及编制车间内部的作业计划，即着重解决工段之间的生产在时间上和数量上的衔接问题。

（一）编制作业计划的要求及分工

编制作业计划的要求有以下五个方面。

（1）要使生产计划规定的该时期的生产任务在品种、质量、产量和期限方面得到全面落实。

（2）要使各车间、工段、班组和工作地点之间的具体生产任务相互配合、紧密衔接。

（3）要使生产单位的生产任务与生产能力相适应，并能充分利用企业现有生产能力。

（4）要使各项生产前的准备工作有切实保证。

（5）要有利于缩短生产周期、节约流动资金、降低生产成本，建立正常的生产和工作秩序，实现均衡生产。

计划编制的分工主要反映在两个方面：一是计划内容的分工；二是计划单位的选择。计划内容是指生产的品种、数量、投入、出产时间和生产进度；计划单位的选择是指下达计划采用台份单位、成套部件单位、零件组单位和零件单位的选择问题。

（二）厂级作业计划的编制

厂级作业计划由厂级生产管理部门编制。它根据企业年度（季）生产计划，编制各车间的月（旬、周）的生产作业计划，包括出产品种、数量（投入量、产储量）、日期（投入期、产出期）和进度（投入进度、产出进度）。为各车间分配生产任务时必须与生产能力相平衡，并且使各车间的任务在时间上和空间上相互衔接，保证按时、按量、配套地完成生产任务。

1. 计划单位的选择

计划单位是编制生产作业计划时规定生产任务所用的计算单位。它反映了生产作业计划的详细程度，即各级分工关系。在流水生产企业中，编制厂级生产作业计划时采用的计划单位有产品、部件、零件组和零件。

1）产品为计划单位

产品计划单位是以产品作为编制生产作业计划时分配生产任务的计算单位。采用这种单位规定车间生产任务的特点是不分装配产品需用零件的先后次序，也不论零件生产周期的长短，只统一规定投入产品数、出产产品数和相应日期，不具体规定每个车间生产的零件品种、数量和进度。采用这种计划单位可以简化厂级生产作业计划的编制，便于车间根据自己的实际情况灵活调度。缺点是整个生产的配套性差，生产周期长，在制品占用量大。

2）部件为计划单位

部件计划单位是以部件作为分配生产任务的计算单位。采用部件计划单位编制生产作业计划时，根据装配工艺的先后次序和主要部件中主要零件的生产周期，按部件规定投入和产出的品种、数量及时间。采用这种计划单位的优点是生产的配套性较好，车间也具有一定的灵活性，但缺点是编制计划的工作量加大。

3）零件组为计划单位

零件组计划单位是以生产中具有共同特征的一组零件作为分配生产任务的计算单位。同一组零件中的各零件的加工工艺相似，投入装配的时间相近，生产周期基本相同。如果装配周期比较长，而且各零件的生产周期相差悬殊，这时采用零件组计划单位可以减少零件在各生产阶段中及各生产阶段间的搁置时间，从而减少在制品及流动资金占用。采用这种计划单位的优点是生产配套性更好，在制品占用更少，但缺点是计划工作量大，不容易划分好零件组，车间灵活性较差。

4）零件为计划单位

零件计划单位是以零件作为各车间生产任务的计划单位。采用这种计划单位编制生产作业计划时，先根据生产计划规定的生产任务层层分解，计算出每种零件的投入量、产出量、投入期和产出期要求。然后以零件为单位，为每个生产单位分配生产任务，具体规定每种零件的投入、产出量和投入、产出期。大量流水生产企业中采用这种计划单位比较普遍。它的优点是生产的配套性很好，在制品及流动资金占用最少，生产周期最短。同时，当发生零件的实际生产与计划有出入时，易于发现问题并调整处理。但缺点是编制计划的工作量很大。由于目前计算机在企业中的广泛应用，尤其是运用制造资源计划（MRPⅡ）后计划编制工作量大大减少。因此，如果有条件应尽量采用这种计划单位，它的优点很突出而缺点不明显。另外，编制车间内部的生产作业计划时，一般都采用这种计划单位。计划单位优劣比较见表 5.8。

表 5.8　计划单位优劣比较

计划单位	生产配套性	占用性	计划工作量	车间灵活性
产品	差	最大	小	强
部件	较好	较大	较大	较强
零件组	好	较少	大	较强
零件	最好	少	最大	差

上面分别介绍了四种计划单位和各自的优缺点，简而言之，一种产品的不同零件可以采用不同的计划单位，如关键零件、主要零件采用零件计划单位，而一般零件则采用产品计划单位。企业应根据自己的生产特点、生产类型、管理水平和产品特点等选择合适的计划单位。

2. 确定各车间生产任务的方法

编制厂级生产作业计划的主要任务是：根据企业的生产计划，为每个车间正确地规定每一种制品（部件、零件）的出产量和出产期。安排车间生产任务的方法随车间的生产类型和生产组织形式而不同，主要有在制品定额法、累计编号法、生产周期法。

1）在制品定额法

在制品定额法也叫连锁计算法。它根据在制品定额来确定车间的生产任务，保证各车间生产的衔接。大量流水生产企业中各车间生产的产品品种较少，生产任务稳定，各车间投入和产出数量及时间之间有密切的配合关系。大量流水生产企业生产作业计划的编制重点在于解决各车间在生产数量上的协调配合。这是因为同一时间各车间都在完成同一产品的不同工序，这就决定了"期"不是最主要的问题，而"量"是最重要的。在制品定额法正好适合这种特点。这种方法还可以很好地控制住在制品数量。

大批大量生产条件下，车间分工及相互联系稳定，车间之间在生产上的联系主要表现在提供一种或少数几种半成品的数量上。只要前车间的半成品能保证后车间加工的需要和车间之间库存以及库存半成品变动的需要，就可以使生产协调和均衡地进行。

因此，大批大量生产条件下要着重解决各车间在生产数量上的衔接。在制品定额法就是根据大量大批生产的这一特点。用在制品定额作为调节生产任务数量的标准，以保证车间之间的衔接。也就是运用预先制订的在制品定额，按照工艺反顺序计算方法，调整车间的投入和出产数量，顺次确定各车间的生产任务，见表 5.9。

表 5.9 在制品定额计算表

			产品名称	130 汽车	
			产品产量	10 000 台	
			零件编号	A1－001	A1－012
			零件名称	齿轮	轴
			每辆件数	1	4
装配车间		1	出产量	10 000	40 000
		2	废品及损耗	—	—
		3	在制品定额	1 000	5 000
		4	期初预计在制品结存量	600	3 500
		5	投入量（1＋2＋3－4）	10 400	41 500
零件库		6	半成品外销量	—	2 000
		7	库存半成品定额	900	6 000
		8	期初预计结存量	1 000	7 100
加工车间		9	出产量（5＋6＋7－8）	10 300	42 400
		10	废品及损耗	100	1 400
		11	在制品定额	1 900	4 500
		12	期初预计在制品结存量	600	3 400
		13	投入量（9＋10＋11－12）	11 700	44 900
毛坯库		14	半成品外销量	500	6 100
		15	库存半成品定额	2 000	10 000
		16	期初预计结存量	3 000	10 000
毛坯车间		17	出产量（13＋14＋15－16）	11 200	51 000
		18	废品及损耗	900	—
		19	在制品定额	400	2 500
		20	期初预计在制品结存量	300	1 500
		21	投入量（17＋18＋19－20）	12 200	32 000

本车间出产量＝后续车间投入量＋本车间半成品外售量＋（车间之间半成品占用定额－期初预计半成品库存量）

本车间投入量＝本车间出产量＋本车间计划允许废品数＋（本车间期末在制品定额－本车间期初在制品预计数）

这就是将预先制订的提前期转化为提前量，确定各车间计划期应达到的投入和出产的累计数，减去计划期前已投入和出产的累计数，求得车间计划期应完成的投入和出产数。

提前期的原理就是首先解决车间之间在生产期限上（也就是时间上）的联系，然后再把这种时间上的联系转化为数量上的联系。

2）累计编号法

累计编号过程中可以发现两点：第一，前一个车间的累计编号一定大于后一车间的累计编号；第二，各车间累计编号有大有小，各车间累计编号相差数就是提前量。

$$提前量 = 提前期 \times 平均日产量$$

$$本车间出产累计号数 = 最后车间出产累计号 + 本车间的出产提前期 \times$$
$$最后车间平均日产量$$

$$本车间投入累计号数 = 最后车间出产累计号 + 本车间的投入提前期 \times$$
$$最后车间平均日产量$$

下面举例说明累计编号法的应用。

【例3】4月份编制5月份的作业计划，就是要计算5月底各车间应达到的累计号数。为此，需要几类数据。（1）计划期末（5月底）成品出产的累计号应达到多少。这是一个基数，假定是195号。假定1—3月的实际产量为100台，即累计编号是100台；另外，可以预计4月份产量为35台，根据生产计划要求，5月份要完成50台，这样，5月底成品出产累计号数就应达到185号。（2）市场日产量。假定5月份工作日按25天计算，平均日产量为50/25=2（台/天）。

解：

$$装配车间出产累计数 = 185 + 0 \times 2 = 185$$
$$装配车间投入累计数 = 185 + 10 \times 2 = 205$$
$$机加工车间出产累计号 = 185 + 15 \times 2 = 215$$
$$机加工车间投入累计号 = 185 + 35 \times 2 = 255$$
$$毛坯车间出产累计号 = 185 + 40 \times 2 = 265$$
$$毛坯车间投入累计号 = 185 + 55 \times 2 = 295$$

有了投入和出产累计号数，就可以确定本车间在计划期的出产量或投入量。

$$计划期车间出产（或投入）量 = 计划期末出产（或投入）的累计号数$$

装配车间计划期末应达到的出产累计号数是185号，计划期初已出产的累计号数可以通过统计得知，假定是125号，两个数字相减是60，这就是装配车间在计划期内（5月份）的出产量，这是用绝对数表示的产量任务。同样道理，用装配车间计划期末应达到的投入累计数205减去通过统计得知的计划期初已达到的投入累计号数（假定为145）就是装配车间在计划期5月份的投入量，计算结果是60。其余车间依次类推。

这种方法的优点是：（1）各个车间可以平衡地编制作业计划；（2）不需要预计当月任务的完成情况；（3）生产任务可以自动修改；（4）可以用来检查零部件生产的成套性。

3）生产周期法

这种方法适用单件小批生产。单件小批生产企业一般是按订货来组织生产，因而生产的数量和时间都不稳定，不能用累计编号法，更不能用在制品定额法。单件小批生产企业编制作业计划要解决的主要问题是各车间在生产时间上的联系，以保证按订货要求如期交货，这一点与大量流水线生产及成批生产是不一样的。从这个特点出发，单件小批（大量大批是解决数量上的联系）类型采用的方法是生产周期法，即用计算生产周期的方法来解决车间之间在生产时间上的联系。

生产周期法的具体步骤如下所示。

（1）为每一批订货编制一份产品生产周期进度表。这个图表是单件小批生产编制生产作业计划的依据，实际上也是一种作业计划标准。

（2）为每一批订货编制订货生产说明书。有了产品生产周期进度表以后，各车间在出产在生产时间上的联系已经可以确定，但是具体的投入和出产日期还没有说明，这就要进行推算。

（3）把有关资料汇总成各车间的生产作业计划。因为在订货生产说明书中，各车间的生产任务都有。现在要给车间下达任务时，便可以从各订货生产说明书中摘录各车间的任务，按车间分别汇总在一起，这就是车间任务。例如，有 100 批订货，把每一批订货中的铸工车间在 2 月份的任务都摘下来，汇总在一起，这就是铸工车间 2 月份的作业任务。

综上，大量生产用在制品定额法，成批生产用提前期法（也叫累计编号法），单件小批生产用生产周期法。之所以采用不同方法，是因为生产类型不同，作业计划所要解决的具体问题也就不同。有的是解决数量上的联系，有的是解决时间上的联系；有的生产比较稳定，有的不太稳定。另外，生产条件不同，所以要采取不同方法。

（三）车间内部作业计划的编制

车间内部生产作业计划的编制主要包括车间生产作业计划日常安排、工段（班、组）生产作业计划的编制、工段（班、组）内部生产作业计划的编制等。具体的编制工作由车间及工段计划人员完成。

在大量流水线生产条件下，一条流水线可以完成零件的全部工序或大部分主要工序。工段的生产对象也就是车间的生产对象，这是企业给车间下达的计划所规定的产品品种、数量和进度，这也就是工段的产品品种、数量和进度。若厂级生产作业计划采用的计划单位是零件，则对其略加修改就可作为车间内部的生产作业计划，不必再做计算；若采用的计划单位是产品或部件，则首先需要分解，然后再按零件为单位将任务分配到各流水线（工段）。

单件小批生产品种多，工艺和生产组织条件不稳定，不能编制零件分工序进度计划。根据单件小批生产特点，对于单个或一次投入一次产出的产品，先对其中主要零件和主要工种安排计划，用以指导生产过程各工序之间的衔接。其余零件可根据产品生产周期表中所规定的各工序阶段提前期类别或按厂部计划规定的具体时期，以日或周为单位，按各零件的生产周期规定投入和出产时间。

第六节　服务业作业计划

服务是一种无形的产品，服务作业也与制造性作业有一定的区别，有自己的一些特殊性质。因此，对服务作业的控制方法也与制造业有一定的区别。

一、服务作业的特征

服务业与顾客的关系十分紧密。服务业的生产系统叫作服务交付系统。服务是通过服务台进行的，在各个服务台工作的员工就像是制造业第一线的工人，他们所提供的成套服务就是服务作业，也是经过他们向顾客提供的产品。由于服务业需要接触顾客且服务无法通过库存调节，给服务作业带来很大的影响。

（一）顾客参与影响服务运作实现标准化和服务效率

顾客直接与服务员工接触，会对服务人员提出各种各样的要求和发出各种各样的指示，使得服务人员不能按预定的程序工作，从而影响服务的效率。顾客参与的程度越深，对效率的影响越大。同时，顾客的口味各异也使得服务时间难以预计，导致所需服务人员的数量难以确定。

（二）顾客的舒适、方便会造成服务能力的浪费

顾客为了不孤独和与他人分享信息和兴趣，希望与服务人员交谈。为了满足顾客的这种需求，则难以控制时间。使顾客感到舒适和有趣的代价损失了服务人员的时间。

（三）难以获得客观的质量评价

对服务质量的感觉是主观的，服务是无形的，难以获得客观的质量评价。服务质量与顾客的感觉有关。某些顾客如果感到自己不受关注或者某些要求不能得到及时的回答，就会感到不满，尽管他们所得到的服务与其他顾客一样多，也会认为服务质量差。因此，与顾客接触的服务人员必须敏感，善于与顾客交往。

二、服务作业控制

（一）减少顾客参与的影响

由于顾客参与对服务运作的效率造成不利的影响，因此，要设法减少这种影响。有多种方法可以使服务运作在提高效率的同时也能提高顾客的满意度。

（1）通过服务标准化减少服务品种。顾客需求的多样性会造成服务品种无限多，服务品种增加会降低效率，服务标准化可以用有限的服务满足不同的需求。饭店里的菜单或快餐店食品都是标准化的例子。

（2）通过自动化减少同顾客的接触。有的服务业通过操作自动化限制同顾客的接触，如银行的自动柜员机和商店的自动售货机等。这种方法不仅降低了劳动力成本，而且限制了顾客的参与。

（3）将部分操作与顾客分离。提高效率的一种方法是将顾客不需要接触的那部分操作与顾客分离。如在酒店，服务员在顾客不在时才清扫房间。这样做不仅避免打扰顾客，而且可以减少顾客的干扰，提高清扫的效率。另一种方法是设置前台和后台，前台直接与顾客打交道，后台专门从事生产运作，不与顾客直接接触。例如，饭店的前台服务员接待顾客，为顾客提供点菜服务；后台厨师专门炒菜，不与顾客直接打交道。这样做的好处是既可改善服务质量，又可提高效率。此外，前台服务设施可以建在交通方便、市面繁华的地点。这样可以吸引更多的顾客，是顾客导向。相反，后台设施可以集中建在地价便宜的较为偏僻的地方，以效率为导向。

（4）设置一定库存量。服务是不能库存的，但很多服务还是可以通过库存来调节生产活

动。例如，批发和零售服务都可以通过库存来调节。

（二）处理非均匀需求的策略

各种转移需求的办法只能缓解需求的不均匀性，不能完全消除不均匀性。因此，需要采取各种处理非均匀需求的策略。

（1）改善人员班次安排。很多服务是每周 7 天、每天 24 小时进行的。其中有些时间是负荷高峰，有些时间是负荷低谷。完全按高峰负荷安排人员，会造成人力资源的浪费；完全按低谷负荷安排人员，又造成供不应求，丧失顾客。因此，要对每周和每天的负荷进行预测，在不同的班次或时间段安排数量不同的服务人员。这样既保证服务水平，又减少了人员数量。

（2）利用半时工作人员。在不能采用库存调节的情况下，可以雇用半时工作人员，从而减少全时工作的固定人员数量。对一天内需求变化大的服务业或者是季节性波动大的服务业，都可以雇用半时工作人员。在服务业采用半时工作人员来适应服务负荷的变化，如同制造业采用库存调节生产一样。

（3）让顾客自己选择服务水平。设置不同的服务水平供顾客选择，既可满足顾客的不同需求，又可使不同水平的服务得到不同的收入。如邮寄信件，可采用普通平信或特快专递。顾客希望缩短邮寄时间，就得多花邮费。

（4）利用外单位的设施和设备。为了减少设施和设备的投资，可以借用其他单位的设施和设备，或者采用半时方式使用其他单位的设施和设备，如机场可以将运输货物的任务交给运输公司去做。

（5）雇用多技能员工。相对于单技能员工，多技能员工具有更大的柔韧性。当负荷不均匀时，多技能员工可以到任何高负荷的地方工作，从而较容易地做到负荷能力平衡。

（6）顾客自我服务。如果能做到顾客自我服务。则需求一旦出现，能力也就有了，就不会出现能力与需求的不平衡。顾客自己加油和洗车、超级市场购物、自助餐等，都是顾客自我服务的例子。

（7）采用生产线方法。一些准制造式的服务业采用生产线方法来满足顾客需求。在前台，顾客仍可按菜单点他们所需的食品。在后台，则采用流水线生产方式加工不同的食品。然后按订货型生产方式，将不同的食品组合供顾客消费。这种方式生产效率非常高，从而做到成本低、高效率和及时服务。

思考题

1. 什么是计划管理？企业计划的层次如何划分？各种职能计划之间有什么联系？
2. 叙述生产计划的层次及内容。生产计划的主要指标及含义是什么？
3. 何谓滚动式计划方法？它有什么优点？
4. 综合计划的策略有哪些？
5. 处理非均匀需求的策略有哪些？
6. 试述作业计划的标准体系。
7. 生产能力规划的方法有哪些？

第六章

企业独立需求管理

学习目标

1. 理解库存的重要性及其类型。
2. 掌握几种库存控制模型。
3. 熟悉订货点和安全库存的确定。

引导案例

阿尔法数字公司的苦恼

阿尔法数字公司的高阶主管每年都要对上一年度的工作进行总结回顾,同时讨论下一年度工作中的主要问题。像往年一样,公司回顾活动安排在远离公司大楼、位于宾夕法尼亚州东部一个风景区内的宾馆中举行。第一天的会议进展得很顺利,临近傍晚,也就是晚餐之后,库存控制和上一年度的缺货统计开始进入议题。采购副主管提出可以通过在年初安排所有的项目需求物料的采购,以解决库存短缺的问题。生产副主管马上驳斥这个建议,出人意料的是,他竟敲着办公桌大声说道:"库存是万恶之源!"随后转身对高阶主管说,"高管先生,如果我们采取这个建议,就需要额外增加 2.5 万平方英尺的仓库来储存这些采购物料,您有吗?"高阶主管摇了摇头。"那么您,财务副主管,就需要额外增加 50 万美元来采购这些物料,您有吗?"财务副主管也同样摇了摇头。"还有您市场副主管,能否给出下一年度需求的准确预测?"市场副主管说:"当然不可以,那是不可能的。"然后又转身向设计副主管说:"您能否在下一年度对产品设计不做任何改变而保持原来的设计,可以吗?"设计副主管说:"那是不太现实的。"所有的人都抬头看着站在桌边的生产副主管说:"我们理解您的意思了。库存是万恶之源!"

资料来源:戴维斯,阿奎拉诺,蔡斯. 运营管理基础. 汪蓉,等译.4 版. 北京:机械工业出版社,2004:427.

第一节 库 存 概 述

库存水平的高低对企业生产经营将产生重要影响。必要的库存数量是防止供应中断、交货误期,保证生产连续和稳定的重要条件,它有利于提高供货弹性、适应需求变动、减少产销矛盾。但库存同时也需要占用资金、支出库存费用,过量库存会掩盖生产中的各种问题。

例如，设备故障造成停机，工作质量低造成废品或返修，横向扯皮造成工期延误，计划不周造成生产脱节等，都可以动用各种库存，使矛盾钝化，问题被掩盖。表面上看，生产仍在平稳进行，实际上整个运营系统可能已是千疮百孔。所以，日本提出"向零库存进军"的口号。压缩库存是各企业普遍需要重视的问题。一个将库存水平降到最低点的运营系统，无疑是一个高效率的系统，但它同时又是一个非常"脆弱"的系统。系统中任何一个环节出了问题，都可能造成系统整个的停顿。因此，在一定的生产技术和经营管理水平下，还需要有库存，更需要加强库存控制，使库存数量始终保持在合理的水平上。

一、库存的定义及分类

从较为广泛的意义上说，一切暂时闲置但可用于未来的资源都是库存，与资源本身是否存放于库中或是否处于运动状态都没有关系。这是一种广义的库存。从狭义来看，库存仅指用于保证顺利生产或满足客户需求的物料储备。

在实际工作中，可按不同的标志对库存进行分类，以便针对各类库存的特点进行有效的管理。

（一）按库存在生产转换过程中所处的阶段分类

按在生产转换过程中所处的阶段状态，库存可分为原材料库存、在制品库存和成品库存。

（1）原材料库存。原材料库存的目的是维持生产活动的顺利进行。企业的各项生产活动是在原材料进货之后进行的，因此，原材料库存管理的目的就是在保持生产正常顺利地进行，不因待料而停工的基础上，减少订货费和保管费等费用。同时，原材料的购买也是企业和外部相联系的重要窗口之一。

（2）在制品库存。在制品库存产生于生产过程之中，如何管理好在制品库存，将对企业的生产影响很大。在在制品库存管理中，最主要的是解决好在制品存放地及存放量的问题。

（3）成品库存。成品库存的目的是提高服务水平，有利于组织按经济原则进行生产。成品库存不仅对企业的仓库管理很重要，而在流通过程中也具有特殊意义。与在制品不同，在成品的流通过程中，从一个库存地点到另一个库存地点，一般距离都比较远，需要耗用相当的时间。因此，时间的随机影响以及运输中的库存量都不能忽视。

（二）按库存所处的运动形态分类

按所处的运动形态，库存可分为动态库存和静态库存。

（1）动态库存，也称在途库存，是指企业内外处于运输中的库存物。

（2）静态库存，也称组织库存，是指静止存放于企业仓库内的库存物。

（三）按对库存物需求的重复次数分类

按对库存物需求的重复次数，库存可分为单周期库存和多周期库存。

（1）单周期库存，是指与单周期需求相对应的库存。单周期需求是指仅仅发生在较短的一段时间内或库存时间不可能太长的需求。

（2）多周期库存，是指与单周期需求相对应的库存。多周期需求指在较长的时间里对某种物品连续的、重复的需求。多周期库存需要不断地加以补充，而且，比单周期库存更为普遍。

（四）按库存物的需求特性分类

按库存物的需求特性，库存可分为独立需求库存和相关需求库存。

（1）独立需求库存，是指对库存物的需求独立，即对一项物资的需求与对其他项物资的需求无联系。独立需求最明显的特征是需求趋向于连续或由于随机影响而波动，需求量不确定但可以通过预测粗略地计算。

（2）相关需求库存，也称非独立需求，它依附于独立需求。它可以根据对最终产品的独立需求精确地计算出来。相关需求可以是垂直方向的，也可以是水平方向的。产品与其零部件之间垂直相关，与其附件和包装物之间则水平相关。

二、库存控制的意义

库存控制是指对库存量的控制。通过库存控制，使库存量经常保持在一个经济合理的水平上，以便在保证生产和用户需要的前提下，降低库存成本，提高企业的经济效益。

企业为了制造产品，通常要建立一定数量的仓库，有存放原材料的材料库、存放零部件（半成品）的零件库、存放在制品的在制品库、存放工具的工具库、存放维修机器设备所用的备品和配件库，以及存放产品的成品库等。这些仓库存放着所需物资，以备在生产中使用，并能及时满足用户对半成品和成品的需要。但库存量应保持一个经济合理的水平，因为库存量过多或过少都会造成经济损失。

库存量过多将产生下列问题：① 由于过多的库存量，会增加库存保管费和保管场所，从而提高产品成本。② 库存量过多会占用较多的资金，使所占用的资金冻结，增加利息支出；另外从货币的时间价值分析，若货币贬值，原材料价格上涨，给企业造成的经济损失会更大。③ 过量库存会降低材料或产品的质量，使材料或产品陈旧、损坏甚至变质。对于机电产品的零部件来说，一旦零部件的结构改变，将造成全部库存的零部件报废，损失会更大。

反之，库存量过少，又会产生下列问题：① 因缺货不能满足用户要求，失去信誉和销售的机会，从而降低企业的效益；② 由于原材料不足，不能保证生产的正常运行，甚至停工待料，被迫停产，这样将给企业造成更大的经济损失；③ 由于频繁订货以补充短缺材料，将使订货和采购费用增加；④ 由于在制品和半成品数量低于生产的正常需要，不能保证生产的均衡性和成套性，使生产计划难以完成。

不管是上述哪一种情况，都将产生不良后果。由于科学技术的进步，大大提高了企业的生产能力，而市场对产品的需求越来越趋于个性化、多品种化，这就使企业所需物资的种类、数量越来越多，库存问题便更加突出和趋于复杂化。20世纪初，工业发达国家开始用分析技术来研究库存问题，并首先在工业制造企业中应用。到第二次世界大战后，一些学者开始致力于库存的风险性和不确定性方面的研究。当前，库存理论与实践还存在一定程度的脱节，今后应努力加以解决。

三、安全库存

当市场需求和补货提前期为常数时，设置订货点可满足补货提前期内的市场需求，但这是一种理想的库存系统。在现实中，市场需求和补货提前期大多是随机的，因此企业需要在市场需求和补货提前期都不确定的条件下做出决策。为保证市场占有率，企业必须提高补货点以保证一定的客户服务水平，并在此前提下，尽可能地降低库存成本。于是，人们提出了安全库存的概念。

对于随机库存，如果单位时间的市场需求服从正态分布，而补货点设置为补货提前期内市场需求的均值，则实际市场需求大于该均值和小于该均值的可能性占一半，也就是补货期运行结束后有 50%的可能性缺货。这是商家不愿意接受的。为此，商家在补货提前期内市场需求均值的基础上追加一定的库存量，以提高服务水平，这追加的部分就是安全库存。

安全库存（safety stock）是在给定时期内，为提高服务水平而在预测需求量的基础上追加的库存，也就是商家在补货提前期市场需求均值的基础上追加的库存。所以，仅当补货提前期内的市场需求超过预计的平均水平时，安全库存才发挥作用。

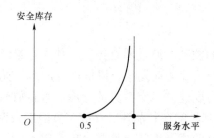

图 6.1　安全库存和服务水平关系示意图

安全库存是为应付不确定性因素（如大量突发性订货、补货提前期突然延长等）而准备的缓冲库存。显然，较高的安全库存可以抵消需求不确定带来的影响，但同时增加了供应链中的库存持有成本。因此，企业必须在库存效益和库存缺货惩罚成本之间进行权衡，在此基础上设定合理的库存水平。

如前所述，影响安全库存的因素主要有市场需求和补货提前期。一般地，预期存货需求量变化越大，企业应保持的安全库存量也越大；同样，补货提前期的不确定性越大，则存货的中断风险也就越高，安全库存量也应越大。实际上，顾客服务水平也是影响安全库存的一个重要因素。服务水平越高，相应的安全库存量就越大。

一般地，服务水平和安全库存之间遵循报偿递增原则，即服务水平越接近 100%，安全库存的投资越会急剧增长（如图 6.1 所示）。具体地说，将服务水平从 85%提高到 90%可能不需要很大的代价，但把服务水平从 90%提高到 95%就要付出比较高的代价。所以，要保证随时都满足需求不仅是极其困难的，而且要付出很大的代价。基于此，对于一个随机库存系统，不缺货的策略是不经济的。相应地，一个合理的管理策略是在保证一定服务水平的前提下允许缺货现象存在。大多数企业也因此都设有某个可以接受的"合理"的缺货量。

下面在市场需求量和补货提前期分别服从正态分布的前提下，计算商家在一定服务水平下应持有的安全库存。

安全库存的确定是根据顾客需求量固定还是变化、补货提前期固定还是变化等情况，利用正态分布的标准差、期望及服务水平联合求得的。

（一）补货提前期固定，市场需求量是随机变量

对这种情形，如果将安全库存设置为预计最大需求量与平均需求量的差，则库存成本会变得很大。为此，给出如下计算方法。

设补货提前期内单位时间的市场需求量 d 服从均值为 μ_d，标准方差为 σ_d 的正态分布。不妨设补货提前期内含有 L 个时间段，而各个时间段的市场需求量相互独立。则由独立随机变量和方差的线性性质可知补货提前期内的市场需求量 D 服从数学期望为 $L\mu_d$，标准差为 $\sigma_d\sqrt{L}$ 的正态分布。设 SS 为满足设定服务水平 α 的最小安全库存，也就是补货提前期内的需求均值 $L\mu_d$ 连同安全库存 SS 恰好保证补货提前期内的服务水平 α，即

$$\alpha = P(D, L\mu_d + \text{SS})$$

由于市场需求量服从正态分布，则上述公式化为

$$\alpha = \int_{-\infty}^{\text{SS}+L\mu_d} \frac{1}{\sqrt{2\pi L}\sigma_d} e^{-\frac{(x-L\mu_d)^2}{2\sigma_d^2 L}} \, dx$$

引入线性变换 $y = \dfrac{x - L\mu_d}{\sigma_d\sqrt{L}}$，则得到如下标准正态分布的积分形式

$$\alpha = \int_{-\infty}^{\frac{\text{SS}}{\sigma_d\sqrt{L}}} \frac{1}{\sqrt{2\pi}} e^{-\frac{y^2}{2}} \, dy$$

进而有 $\alpha = 0.5 + \displaystyle\int_{0}^{\frac{\text{SS}}{\sigma_d\sqrt{L}}} \frac{1}{\sqrt{2\pi}} e^{-\frac{y^2}{2}} \, dy$

对于任意的 α，通过正态分布表可得到相应的积分上限 $\dfrac{\text{SS}}{\sigma_d\sqrt{L}}$ 对应的值，记为 z，它称为对应服务水平的安全系数。从而安全库存量 $\text{SS} = z\sigma_d\sqrt{L}$ 不同服务水平下的安全系数见表 6.1。

表 6.1　服务水平与安全系数对应表

服务水平	安全系数 z	服务水平	安全系数 z
100.00	3.09	96.00	1.75
99.99	3.08	95.00	1.65
99.87	3.00	90.00	1.28
99.20	2.40	86.00	1.04
99.00	2.33	85.00	1.04
98.00	2.05	84.00	1.00
97.70	2.00	80.00	0.84
97.00	1.88	75.00	0.68

【例1】 某饭店的啤酒平均日需求量为 10 加仑，并且啤酒需求情况服从标准方差是 2 加仑/天的正态分布。如果补货提前期是固定的常数 6 天，试确定满足 95% 的顾客满意度的安全库存。

解：由题意知，补货提前期内每天的市场需求的标准差为 $\sigma_d = 2$ 加仑。对应于服务水平 95%，安全系数 $z = 1.65$。从而

$$\text{SS} = z\sigma_d\sqrt{6} = 1.65 \times 2 \times \sqrt{6} = 8.08（加仑）$$

即在满足 95% 的顾客满意度的情况下，安全库存是 8.08 加仑。

（二）市场需求量固定，补货提前期是随机变量

设 μ_L 为补货提前期的期望值，σ_L 为补货提前期的标准方差，d 为补货提前期内单位时间的市场需求。则对应于服务水平 α 的安全库存 SS 应满足

$$\alpha = P(L, \mu_L + \text{SS}/d) = \int_{-\infty}^{\mu_L + \text{SS}/d} \frac{1}{\sqrt{2\pi}\sigma_L} e^{-\frac{(x-\mu_L)^2}{2\sigma_L^2}} dx$$

将积分变量做线性变换 $y = \dfrac{x - \mu_L}{\sigma_L}$ 可得到如下标准形式：$\alpha = \int_{-\infty}^{\frac{\text{SS}}{d\sigma_L}} \dfrac{1}{\sqrt{2\pi}} e^{-\frac{y^2}{2}} dy$

类似地，$\alpha = 0.5 + \int_{-\infty}^{\frac{\text{SS}}{d\sigma_L}} \dfrac{1}{\sqrt{2\pi}} e^{-\frac{y^2}{2}} dy$

从而安全库存的计算公式为

$$\text{SS} = zd\sigma_L$$

【例 2】 在例 1 中，啤酒的日需求量为常数 10 加仑，补货提前期随机变化，且服从均值为 6 天、标准方差为 1.5 的正态分布。试确定 95% 的顾客满意度下的安全库存。

解： 由题意知，$\sigma_L = 1.5$ 天，$d = 10$ 加仑/天。对应于服务水平 95% 的安全系数为 $z = 1.65$，从而

$$\text{SS} = zd\sigma_L = 1.65 \times 10 \times 1.5 = 24.75 \text{（加仑）}$$

即在满足 95% 的顾客满意度的情况下，安全库存量是 24.75 加仑。

（三）市场需求量和补货提前期均为随机变量

设单位时间的市场需求量和补货提前期是相互独立的随机变量，μ_L 为补货提前期均值，σ_L 为补货提前期的标准差，μ_D 为补货提前期内单位时间的需求均值，σ_D 为补货提前期内单位时间市场需求的标准差。补货提前期内单位时间的市场需求为 d，补货提前期为 L，则基于服务水平 α 的安全库存为

$$\text{SS} = z\sqrt{\sigma_d^2 \mu_L + \mu_d^2 \sigma_L^2}$$

【例 3】 在例 2 中，假定日需求量和提前期是相互独立的，而且它们的变化均服从正态分布，日需求量满足均值为 10 加仑、标准方差为 2 加仑的正态分布，提前期满足均值为 6 天、标准方差为 1.5 天的正态分布。试确定 95% 的顾客满意度下的安全库存。

解： 由题意知，$\sigma_D = 2$ 加仑，$\sigma_L = 1.5$ 天，$\mu_d = 10$ 加仑/天，$\mu_L = 6$ 天，对应于服务水平 95% 的安全系数 $z = 1.65$。

从而 $\text{SS} = z\sqrt{\sigma_D^2 \mu_L + \mu_d^2 \sigma_L^2} = 1.65 \times \sqrt{2^2 \times 6 + 10^2 \times 1.5^2} = 26.04 \text{（加仑）}$

即在满足 95% 的顾客满意度的情况下，安全库存量是 26.04 加仑。

（四）边际分析法

安全库存的计算方法是从服务水平的角度进行计算。下面用边际分析法从库存成本的角度计算最优安全库存。

边际分析法（marginal analysis）是经济学的基本研究方法之一。经济学中，某项投入的增加一般会带来效益的增加，但投入的增加也带来了投入成本的增加并因此产生费用。在很多时候，这种变化关系是非线性的。为求最佳的投入资本，把追加的投入费用和因追加而带来的效益进行比较，当追加投入的资金所得到的利益大于追加投入产生的费用时，选择追加投资，否则选择放弃投资，这就是边际分析法。边际分析法的数学原理十分简单，操作过程也很简单。

【例4】设某企业向批发商按10的倍数订购货物，每增加10个单位的安全库存，边际储存费用增加1 200元，每次缺货的惩罚费用为324.5元。

表6.2为每增加10个单位的安全库存，可防止的缺货次数及费用。

表 6.2　缺货次数和缺货惩罚费用

安全量总值	安全库存总储存费用	安全库存边际储存费用	可防止的缺货次数	产生的缺货惩罚费用
10	1 200	1 200	20	6 490
20	2 400	1 200	16	5 192
30	3 600	1 200	12	3 894
40	4 800	1 200	8	2 596
50	6 000	1 200	6	1 947
60	7 200	1 200	4	1 298
70	8 400	1 200	3	973.5

设安全库存为10个单位，则它可防止全年的20次缺货。而20次缺货产生的惩罚费用为 $324.5 \times 20 = 6\,490$ 元。显然20次缺货产生的缺货惩罚费用超过新增加的10个单位安全库存的储存费用1 200元，所以选择增加10个单位的安全库存。

然后考虑在10个单位安全库存的基础上再增加10个单位的安全库存，也就是将安全库存设为20个单位。这样企业安全库存储存会接着增加1 200元，这新增加的10个单位的安全库存可防止全年 16 次缺货，产生的缺货费用为 $324.5 \times 16 = 5\,192$ 元。该费用大于新增加的10个单位的安全库存费用1 200元。这对企业来说是划算的。企业无疑会选择再增加10个单位的安全库存。不过这并不是最优安全库存。由表6.2可以看出最优的安全库存为60个单位。

该安全库存尽管使得每年有4次的缺货。若在此基础上再增加10个单位的安全库存，企业的安全库存费用会再增加1 200元，而它仅能防止3次缺货，而3次缺货产生的缺货惩罚成本为973.5元，小于10个单位安全库存的储存费用。

第二节　库存控制模型

一、多周期库存控制模型

下面考虑如下假设时的经济订单批量模型：

（1）库存运行时间为 T；

（2）市场需求恒定，单位时间的需求为 λ；

（3）无补货提前期，不允许缺货。

对上述库存模型，考虑如何订货才能使总的库存运作成本最低。

假定在时间 T 内进行 n 次补货，每次补货所维持的时间为 T_i，这意味着第 i 次的补货量为 $Q_i = \lambda T_i$。研究的目的是确定总的补货次数 n 和每次的补货量 Q_i 或补货周期 T_i，使总的库存成本最低，如图 6.2 所示。

假定在时间 T 内的补货次数为 n，其中 n 待定，每次的运行周期为 T_i。则时间 T 内的总库存运作成本为

$$C(T_i, \ Q_i) = nK + \frac{1}{2}\sum_{i=1}^{n} Q_i T_i h = nK + \frac{1}{2}\lambda h \sum_{i=1}^{n} T_i^2$$

而单位时间的库存运作成本为

$$\bar{C}(T_1, \cdots, \ T_n) = \frac{nK}{T} + \frac{\lambda h}{2T}\sum_{i=1}^{n} T_i^2$$

该库存模型的数学优化模型是

$$\min \ \bar{C}(T_1, \cdots, \ T_n) = \frac{nK}{T} + \frac{\lambda h}{2T}\sum_{i=1}^{n} T_i^2$$

$$\text{s.t.} \ \ T_1 + T_2 + \cdots + T_n = T, \qquad T_i > 0$$

下面通过模型分析给出问题的最优解。

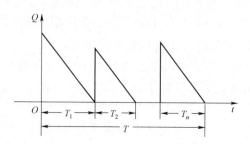

图 6.2　有限期经济订单批量模型

对于上述模型的目标函数，利用 Cauchy-Scharwz 不等式 $x^{\cdot}y \leqslant \|x\|_2 \|y\|_2$，

对于 $x = (T_1, T_2, \cdots, T_n), y = (1,1,\cdots,1)^{\cdot}$，$T^2 = \left(\sum_{i=1}^{n} T_i\right)^2 \leqslant n\sum_{i=1}^{n} T_i^2$ 成立且等号成立的充分必要条件是 $T_1 = T_2 = \cdots = T_n$，

从而得到结论：如果在时间 T 内进行 n 次补货，那么每次补货的数量是相等的。将 $T_i = T/n$ 代入 $\bar{C}(T_1, T_2, \cdots, T_n)$，得到 $\bar{C}(T_1, T_2, \cdots, T_n) = \frac{nK}{T} + \frac{\lambda h T}{2n}$，对该函数，容易计算其最小值解为 $n^* = T\sqrt{\dfrac{\lambda h}{2K}}$。

由于该函数关于 n^* 为凸函数而且 n 须为整数，取最优补货次数 n 处于 $\lceil n^* \rceil$，$\lfloor n^* \rfloor$ 之间，

使得 $\bar{C}(T_1,T_2,\cdots,T_n)$ 的取值最小。

一般地，一个库存系统含有很多参数，如市场需求、补货单价、补货提前期等。如果这些参数在库存系统运行过程中都是确定的，那么该库存系统称为确定性库存系统。

如果库存系统中含有不确定参数，则称该系统为不确定库存系统。在不确定性库存系统中，如果参数的取值服从某种概率分布，则称该系统为随机库存系统。

二、单周期库存控制模型

单周期库存控制模型主要用于对易腐烂物品或有效期短的产品的订购。它分为两类，一是报童问题，指经常发生的生命周期短、易过期、需求不确定的商品，如水果、蔬菜等；二是圣诞树问题，指偶尔发生的某种物品的需求，如圣诞卡、生日卡等。这些物品过期后其残余价值很小。习惯上，人们称这种单周期库存决策模型为报童模型。

单周期库存控制模型要求：当存货销完时，不发生订货行为，而对系统运行结束后残留的物品采用低价回收的方式处理。单周期库存控制模型可以运行多期，但下一期的市场需求和前一期的缺货和货物剩余没有关系。也就是说，当期订购货物只能在当期销售，当期没有销售完的物品不能顺延至下一期销售。同时，上一期出现的缺货现象对下一期的市场需求没有影响。

根据上面的分析，库存控制的关键是对市场需求进行预测，并据此确定订货量。由于报童模型的库存系统运行期间市场需求是不确定的，这就形成了两难的局面：货订得多，在实际需求量较大时可以获得更多的利润，但在实际需求量很小时会由于卖不出去而造成损失；但如果订货少，会出现供不应求的局面而失去盈利的机会。

对于报童模型，由于市场需求是随机的，所以市场需求恰好等于订单量的情况是很难做到的。如果市场需求服从某种概率分布，如正态分布，一个可能的想法是取订单量为市场需求的均值。对这种订货方式，系统运行结束后会有一半的可能性缺货。这时，人们自然会想到安全库存，但安全库存是基于一定的服务水平。而对于报童模型，考虑服务水平没有意义。下面从库存系统运行成本或库存效益角度讨论。

该系统在运行过程中只补一次货，所以补货启动费用是固定的。该库存系统无持货成本，而且系统运行结束后缺货不补，剩货回收。设补货单价为 c，销售单价为 p，未销售完货物的回收价为 w，它们之间满足 $p>c>w$。

（一）市场需求为离散型随机变量

设市场需求 D 是一离散型随机变量，其概率分布为 $P(D=n)=p_L$。下面计算订货量 Q 对应的运行成本。

该库存系统运行结束后产生的补货费用为 cQ，对市场需求量 D，可得收益为 $p\min\{Q,D\}$，剩余物品的量为 $\max\{0,Q-D\}$，回收效益为 $w\max\{0,Q-D\}$。由于每天只订一次货，而且补货启动费用与补货量没关系，故省略补货启动费用。

如果从考虑成本的角度出发，将库存系统的收益看作负成本，库存系统运行结束后的总成本为 $C(Q)=cQ-p\min\{Q,D\}-w\max\{0,Q-D\}$。

由于市场需求是随机变量，所以上述效益函数也是随机变量。其期望值为

$$E(C(Q)) = cQ - pE(\min\{Q, D\}) - wE(\max\{0, Q - D\})$$

$$= cQ - p\sum_{n=0}^{\infty} \min\{Q, n\} p_n - w\sum_{n=0}^{\infty} \max\{0, Q - n\} p_n$$

$$= cQ - p\sum_{n=0}^{Q} np_n - p\sum_{n=Q+1}^{\infty} Qp_n - w\sum_{n=0}^{Q}(Q-n)p_n$$

$$= cQ - p\sum_{n=0}^{Q} np_n - pQ(1 - \sum_{n=0}^{Q} p_n) - w\sum_{n=0}^{Q}(Q-n)p_n$$

$$= (c-p)Q - p\sum_{n=0}^{Q} np_n + pQ\sum_{n=0}^{Q} p_n - w\sum_{n=0}^{Q}(Q-n)p_n$$

$$= (c-p)Q + p\sum_{n=0}^{Q}(Q-n)p_n - w\sum_{n=0}^{Q}(Q-n)p_n$$

$$= (c-p)Q + (p-w)\sum_{n=0}^{Q}(Q-n)p_n$$

根据上述式子确定最佳订货量 Q。由于销售价高于补货价，即 $p > c$，所以第一项 $(c-p)Q$ 关于 Q 的线性函数是单调递减的；其次，销售价高于回收价，即 $p > w$。所以后一项 $(p-w)\sum_{n=0}^{Q}(Q-n)p_n$ 关于 Q 单调递增。这样，成本函数是关于订单量 Q 的两个单调函数的复合。对此，用边际分析法分析该函数的单调性，也就是分析订单一个小的变化引起的库存成本和收益的变化。

$$\Delta E(C(Q)) = E(C(Q+1)) - E(C(Q)) = (c-p) + (p-w)\sum_{n=0}^{Q} p_n$$

根据 $p > c > w$，上述差关于 Q 单调递增。一般地，在 Q 较小时，上述差为负值，而在 Q 逐渐增大时，上述差会由负变正并逐渐增大。这说明 $E(C(Q))$ 关于 $Q > 0$ 先单调递减然后单调递增。这样，$E(C(Q))$ 含有最小值点 Q^* 而且该点恰好是单调变化的拐点。下面求使得 $\Delta C(Q) \geq 0$ 的最小点 Q^*。即求最小的 Q 使得 $(c-p) + (p-w)\sum_{n=0}^{Q} p_n \geq 0$，

整理得 $\sum_{n=0}^{Q} p_n \geq \dfrac{p-c}{p-w}$。

利用概率分布可求得满足上式的 Q^*。

上式可以写成 $\sum_{n=0}^{Q} p_n \geq \dfrac{p-c}{(p-c)+(c-w)}$

显然，$(p-c)$ 是边际利润，$(c-w)$ 是边际损失。所以在最优订单下，所能满足的市场需求的概率为：边际利润/（边际利润＋边际损失）。

对于报童模型，上述式子得到的 Q^* 与补货单价 c，销售单价 p 及回收单价 w 都有关系。特别地，如果 $p - c > w$，也就是说这种生意一本万利，应取 Q 很大的值，而盈利很小时，Q 的取值应相对保守。特别地，若 $\dfrac{p-c}{p-w} = 0.5$，则 $\sum_{n=0}^{Q} p_n = 0.5$，也就是卖产品的盈利和卖不掉的亏损值相等的时候，就取市场需求量的期望值为订单量。

【例5】设在一次性订货的单周期需求库存管理中，某货物的需求量为 17～26 件，具体概率分布如下：

需求量	17	18	19	20	21	22	23	24	25	26
概 率	0.12	0.18	0.23	0.13	0.10	0.08	0.05	0.04	0.04	0.03

已知货物成本为每件 5 元，售价为每件 10 元，处理价为每件 2 元，问：应补货多少能使总利润的期望值最大？

解：此题属于单时期需求，是离散随机变量的库存模型。由 $c = 5$，$p = 10$，$w = 2$ 知

$$\frac{p-c}{p-w} = \frac{10-5}{10-2} = 0.625 。$$

利用 $P(17) = 0.12$，$P(18) = 0.18$，$P(19) = 0.23$，$P(20) = 0.13$ 知

$$P(17) + P(18) + P(19) = 0.53 < 0.625 ,$$
$$P(17) + P(18) + P(19) + P(20) = 0.66 > 0.625 。$$

故最佳订货批量 $Q^* = 20$ 件。

（二）市场需求是连续型随机变量

设市场需求是一个随机变量 D，其概率密度函数为 $f(x)$。则对订单批量 Q，系统运行结束后的总成本为 $C(Q) = cQ - p\min\{Q,D\} - w\max\{0,Q-D\}$，期望值为

$$E(C(Q)) = cQ - pE(\min\{Q,D\}) - wE(\max\{0,Q-D\})$$

$$= cQ - p\int_0^\infty \min\{Q,x\}f(x)\mathrm{d}x - w\int_0^\infty \max\{0,Q-x\}f(x)\mathrm{d}x$$

$$= cQ - p\int_0^Q xf(x)\mathrm{d}x - p\int_Q^\infty Qf(x)\mathrm{d}x - w\int_0^Q (Q-x)f(x)\mathrm{d}x$$

$$= cQ - p\int_0^Q xf(x)\mathrm{d}x - pQ\left(1-\int_0^Q f(x)\mathrm{d}x\right) - w\int_0^Q (Q-x)f(x)\mathrm{d}x$$

$$= (c-p)Q - p\int_0^Q xf(x)\mathrm{d}x + pQ\int_0^Q f(x)\mathrm{d}x - w\int_0^Q (Q-x)f(x)\mathrm{d}x$$

$$= (c-p)Q + p\int_0^Q (Q-x)f(x)\mathrm{d}x - w\int_0^Q (Q-x)f(x)\mathrm{d}x$$

$$= (c-p)Q + (p-w)\int_0^Q (Q-x)f(x)\mathrm{d}x$$

为考察上述函数的性质，计算其二阶导数：

$$E'(C(Q)) = (c-p) + (p-w)\int_0^Q f(x)\mathrm{d}x$$

$$E''(C(Q)) = (p-w)f(Q) \geqslant 0$$

所以 $E(C(Q))$ 关于 Q 为凸函数。为求 $E(C(Q))$ 的最小值点，计算其稳定点得 $(c-p) + (p-w)\int_0^Q f(x)\mathrm{d}x = 0$，所以，最小值点 Q^* 满足 $\int_0^{Q^*} f(x)\mathrm{d}x = \dfrac{p-c}{p-w}$。

如果 Q^* 满足均值为 μ，方差为 σ^2 的正态分布，那么 $f(x) = \dfrac{1}{\sqrt{2\pi}\sigma}\mathrm{e}^{-\frac{(x-\mu)^2}{2\sigma^2}}$，即

$$\int_0^Q \frac{1}{\sqrt{2\pi}\sigma} e^{-\frac{(x-\mu)^2}{2\sigma^2}} dx = \frac{p-c}{p-w}$$

对 $z = \dfrac{x-\mu}{\sigma}$ 做线性变化得到 $x = \sigma z + \mu$ 从而上式化为

$$\int_{-\mu/\sigma}^{\frac{Q-\mu}{\sigma}} \frac{1}{\sqrt{2\pi}} e^{-\frac{x^2}{2}} dx = \frac{p-c}{p-w}$$

为计算方便，粗略地，取满足 $\displaystyle\int_{-\infty}^{\frac{Q-\mu}{\sigma}} \frac{1}{\sqrt{2\pi}} e^{-\frac{x^2}{2}} dx = \frac{p-c}{p-w}$ 的 Q^* 为经济订单批量。

第三节　随机库存控制系统

在不确定库存系统中，常见的不确定参数主要有客户需求和补货提前期。对带补货提前期的库存系统，如果市场需求是随机的，那么无论采取什么管理策略，都可能出现缺货现象。为减少缺货所带来的损失，人们自然希望通过提高订货点来提高服务水平。下面对于不同的订货点，计算其对应的服务水平。

先考虑离散型随机变量的情形。设补货提前期为常数 L，补货提前期内的市场需求 D_L 为一离散型随机变量，即补货提前期内的市场需求服从 $P(D_L = n) = p_n$ 的概率分布。设补货点为 r，即补货提前期的初始库存量为 r。那么，在补货提前期内不缺货的概率，也就是第一类服务水平为

$$\alpha = P(D_L, r) = \sum_{n=0}^{r} p_n$$

对于第二类服务水平，补货提前期内被满足的需求量为 $\min\{r, D_L\}$，它是一个随机变量，其期望值为

$$\begin{aligned}
N(r) &= E(\min\{r, D_L\}) \\
&= \sum_{n=0}^{\infty} \min\{r, n\} P(D_L = n) \\
&= \sum_{n=0}^{r} n p_n + \sum_{n=r+1}^{\infty} r p_n \\
&= \sum_{n=0}^{r} n p_n + r(1 - \sum_{n=0}^{r} p_n) \\
&= r + \sum_{n=0}^{r} (n-r) p_n
\end{aligned}$$

显然，D_L 的数学期望值为

$$E(D_L) = \sum_{n=0}^{\infty} n p_n$$

所以，第二类服务水平为

$$\beta = \frac{N(r)}{E(D_L)}$$

【例6】 在补货的开始时刻，库存量为 $r = 70$。补货提前期内的市场需求的概率分布为

D_L	20	30	40	50	60	70	80	90	100
p_n	0.05	0.07	0.09	0.10	0.15	0.20	0.16	0.11	0.07

对上述库存系统，计算其服务水平。

解： 第一类服务水平为

$$\alpha = P_{20} + P_{30} + \cdots + P_{70} = 0.66$$

补货提前期内市场需求的期望值为

$$E(D_L) = 20 \times P_{20} + 30 \times P_{30} + \cdots + 100 \times P_{100} = 64.4$$

补货提前期内被即时满足的市场需求的期望值为

$$N(70) = 70 - 50 \times P_{20} - 40 \times P_{30} - \cdots - 0 \times P_{70} = 58.5$$

所以，第二类服务水平为

$$\beta = \frac{58.5}{64.4} = 90.8\%$$

若补货提前期内的市场需求 D_L 为一连续型随机变量，即补货提前期内的市场需求服从概率密度函数为 $f(x)$ 的概率分布。则对于补货点 r，第一类服务水平为

$$\alpha = P(D_L \leqslant r) = \int_0^r f(x)\mathrm{d}x$$

对于第二类服务水平，被满足的市场需求量为 $\min\{r, D_L\}$，其数学期望值为

$$
\begin{aligned}
N(r) &= E(\min\{r, D_L\}) \\
&= \int_0^\infty \min\{r, x\} f(x)\mathrm{d}x \\
&= \int_0^r x f(x)\mathrm{d}x + \int_r^\infty r f(x)\mathrm{d}x \\
&= \int_0^r x f(x)\mathrm{d}x + r\left(1 - \int_0^r f(x)\mathrm{d}x\right) \\
&= r - \int_0^r (r - x) f(x)\mathrm{d}x
\end{aligned}
$$

补货提前期内市场需求的期望值为

$$E(D_L) = \int_0^\infty x f(x)\mathrm{d}x$$

所以，第二类服务水平为

$$\beta = \frac{N(r)}{E(D_L)}$$

作为特殊情况，如果市场需求 D_L 服从数学期望为 μ，方差为 σ^2 的正态分布，则概率密度函数为

$$\varsigma = \frac{D_L - \mu}{\sigma} \quad f(x) = \frac{1}{\sqrt{2\pi}\sigma} e^{-\frac{(x-\mu)^2}{2\sigma^2}}$$

借助线性变换 $z = \dfrac{x - \mu}{\sigma}$ 得到新随机变量 $\varsigma = \dfrac{D_L - \mu}{\sigma}$ 的概率密度函数（标准正态分布）为

$$g(z) = \frac{1}{\sqrt{2\pi}} e^{-\frac{z^2}{2}}$$

据此，第一类服务水平为

$$\alpha = F\left(\frac{r - \mu}{\sigma}\right) = \int_{-\infty}^{\frac{r-\mu}{\sigma}} \frac{1}{\sqrt{2\pi}} e^{-\frac{x^2}{2}} dx$$

对于第二类服务水平，补货提前期内被满足需求量的期望值为

$$
\begin{aligned}
N(r) &= \int_0^\infty \min\{r, x\} f(x) dx \\
&= \int_0^r x f(x) dx + \int_r^\infty r f(x) dx \\
&= \int_0^r x f(x) dx + \int_r^\infty x f(x) dx - \int_r^\infty x f(x) dx + \int_r^\infty r f(x) dx \\
&= \int_0^\infty x f(x) dx - \int_r^\infty (x - r) f(x) dx \\
&= \int_0^\infty \frac{x}{\sqrt{2\pi}\sigma} e^{-\frac{(x-u)^2}{2\sigma^2}} dx - \int_r^\infty \frac{x - r}{\sqrt{2\pi}\sigma} e^{-\frac{(x-u)^2}{2\sigma^2}} dx
\end{aligned}
$$

将上述函数做线性变换 $z = \dfrac{x - u}{\sigma}$，得到

$$
\begin{aligned}
N(r) &= \int_{-\mu/\sigma}^\infty \frac{z\sigma + \mu}{\sqrt{2\pi}} e^{-\frac{z^2}{2}} dz - \int_{(r-\mu)/\sigma}^\infty \frac{z\sigma + \mu - r}{\sqrt{2\pi}} e^{-\frac{z^2}{2}} dz \\
&= \int_{-\mu/\sigma}^\infty (z\sigma + \mu) g(z) dz - \int_{(r-\mu)/\sigma}^\infty (z\sigma + \mu - r) g(z) dz \\
&= \sigma\left(\int_{-\mu/\sigma}^\infty (z + \mu/\sigma) g(z) dz - \int_{(r-\mu)/\sigma}^\infty \left(z + \frac{\mu - r}{\sigma}\right) g(z) dz\right) \\
&= \sigma\left(\int_{-\mu/\sigma}^\infty (z - (-\mu/\sigma)) g(z) dz - \int_{(r-\mu)/\sigma}^\infty \left(z - \frac{r - \mu}{\sigma}\right) g(z) dz\right)
\end{aligned}
$$

$\int_z^\infty (x - z) g(x) dx$ 的具体值可通过查询标准正态函数分布期望值表获得。再利用 $E(D_L) = \int_0^\infty x f(x) dx = \sigma \int_{-\mu/\sigma}^\infty (z - (-\mu/\sigma)) g(z) dz$ 对于具体的 σ, μ 和 r，可得到 $N(r), E(D_L)$ 的值，从而计算出第二类服务水平。

思 考 题

1. 在实际运用中，为什么同一家企业会出现各种类型库存？

2. 库存管理的意义有哪些方面？

3. 如何解决库存居高与提高经济效益之间的矛盾？

4. 库存管理系统在提高效率，降低成本方面有着重要作用，请联系实际，以你熟悉的企业为例，讨论其所采用的库存管理方式，并指出其中的利弊，试着以所学知识为基础找出你认为最优的库存模式。

计 算 题

1. 设某公司产品订购的补货提前期固定，而每月的需求呈正态分布，提前期内的平均值为 200 台，标准差为 15 台，求在服务水平为 95% 时的订货点。

2. 已知某产品的市场需求为每天 130 个单位，该产品的订货提前期服从正态分布 $N(5, 2^2)$，求服务水平为 98% 时的安全库存。

3. 例 5 中，若因缺货造成的损失为每件 25 元，最佳经济批量是多少？

4. 某航空公司在 A 市到 B 市的航线上用波音 737 客机执行飞行任务。已知该航班有效载客为 138 人。按照民用航空有关条例，旅客因有事或误机，机票可免费改签一次，此外也有在飞机起飞前退票的。为避免由此发生的空座损失，该航空公司决定每个航班超量售票（即每班售出 138+S）。但由此会发生持票登机旅客多于座位数情况，这种情况下，航空公司规定，对超员旅客愿意改乘本公司后续航班的，机票免费（即退回原机机票）；若换乘其他航空公司航班的，按照票价 150% 退款。据统计前一类顾客占超员中的 80%，后一类占 20%。又据该公司长期统计每个航班旅客退票和改签发生的人数概率如下：

n	0	1	2	3	4	5	6	7	8
$p(n)$	0.18	0.25	0.25	0.16	0.06	0.04	0.03	0.02	0.01

试确定该航空公司从 A 市到 B 市的航班每班应多售出机票张数为多少时预期的获利最大。

第七章

企业关联需求管理

> ## 学习目标

1. 了解信息技术在企业关联需求中的应用。
2. 掌握 MRP 的基本原理。
3. 理解 MRP、MRP Ⅱ、ERP 的演变。
4. 认识 ERP 的基本思想。

> ### 引导案例

生活中的 ERP 思想

一天中午，丈夫在外给家里打电话："夫人，晚上我想带几个同事回家吃饭可以吗？"（订货意向）

妻子："当然可以，几个人，几点来，想吃什么菜？"

丈夫："6 个人，我们 7 点左右回来，准备酒、烤鸭、番茄炒鸡蛋、凉菜、蛋花汤……，你看可以吗？"（商务沟通）

妻子："没问题，我会准备好的。"（订单确认）

妻子记录下菜单（MPS 计划）和具体要准备的原料：鸭子、酒、番茄、鸡蛋、料油……（BOM 物料清单），发现需要 1 只鸭子，5 瓶酒，4 个番茄……（BOM 展开），炒蛋需要 6 个鸡蛋，蛋花汤需要 4 个鸡蛋（共用物料）。

打开冰箱一看（库房），只剩下 2 个鸡蛋（缺料）。

来到自由市场，妻子："请问鸡蛋怎么卖？"（采购询价）

小贩："1 个 1 元，半打 5 元，1 打 9.5 元。"

妻子："我只需要 8 个，但这次买 1 打。"（经济批量采购）

妻子："这有一个坏的，换一个。"（验收、退料、换料）

回到家中，准备洗菜、切菜、炒菜……（工艺路线），厨房中有燃气灶、微波炉、电饭煲……（工作中心）。

妻子发现拔鸭毛最费时间（瓶颈工序，关键工艺路线），用微波炉自己做烤鸭可能来不及（产能不足），于是决定在餐厅里买现成的烤鸭（产品委外）。

下午 4 点，电话铃又响："妈妈，晚上几个同学想来家里吃饭，你帮忙准备一下。"（紧急订单）

"好的，儿子，你们想吃什么，爸爸晚上也有客人，你愿意和他们一起吃吗？"

"菜你看着办吧，但一定要有番茄炒鸡蛋。我们不和大人一起吃，6：30左右回来。"（不能并单处理）

"好的，肯定让你们满意。"（订单确认）

鸡蛋又不够了，打电话叫小贩送来。（紧急采购）

6:30，一切准备就绪，可烤鸭还没送来，急忙打电话询问："我是李太太，怎么订的烤鸭还没送来。"（委外单跟催）

"不好意思，送货的人已经走了，可能是堵车吧，马上就会到的。"

门铃响了，"李太太，这是您要的烤鸭。请在单上签一个字。"（验收、入库、转应付账款）

6:45，女儿的电话："妈妈，我想现在带几个朋友回家吃饭可以吗？"（又是紧急订购意向，要求现货）

"不行呀，女儿，今天妈妈已经需要准备两桌饭了，时间实在来不及了，真的非常抱歉，下次早点说，一定给你们准备好。"（这是 ERP 的使用局限，要有稳定的外部环境，要有一个起码的提前期）

送走了所有客人，疲惫的妻子坐在沙发上对丈夫说："亲爱的，现在咱们家请客的频率非常高，应该要买些厨房用品了（设备采购），最好能再雇个保姆。"（连人力资源系统也有接口了）

丈夫："家里你做主，需要什么你就去办吧。"（通过审核）

妻子："还有，最近家里花销太大，用你的私房钱来补贴一下，好吗？"（应收货款的催要）

这个流程就是简单的客户下订单—确定单据—核实有无有货。如果有货，直接进行销售；如果无货，采用的流程为：采购—验货—入库—生产成品—物料出库—成品加工—入库—销售。

前面章节介绍的订货点库存管理方法主要适用于独立需求模式，即一种库存物品的需求不依赖于其他库存物品的需求。而当一个库存项目的需求与其他库存项目的需求相关时，人们称其为关联需求。关联需求最常见于制造业中的物品需求。对于关联需求，各种物料的需求不但在数量上有一定关联，而且企业对不同物料也有时间要求，即在产品加工过程中，对某一物料的需求会突然从零提高到很大，然后又从很大突降至零。所以订货点库存管理方法不适于物料的管理。为此，在 20 世纪 60 年代，美国 IBM 公司的 A.Orlicky 提出物料需求计划（material resource planning，MRP），而后在美国生产与库存管理协会的倡导下得到了发展和完善。MRP 是一种以物料为中心的组织生产模式，是生产管理领域的一次重大飞跃，体现了按需定产的宗旨，实现了经济化和集成化。物料需求计划后来扩展到营销、财务和人事管理等方面，逐渐形成了制造资源计划（MRP Ⅱ）。20 世纪 90 年代发展起来的 ERP 进一步发展了 MRP Ⅱ 的理论和方法。

第一节　物料需求计划

一、MRP 概述

MRP 根据市场需求预测和顾客订单制订生产计划，然后把产品生产计划逆向转换成组合零件与原材料需求，再利用生产提前期等有关信息决定何时订货和订多少。这样，对最终产品的需求转变成了对底层组件的需求，然后根据物料清单和库存记录建立物料订购的时间表，并表明生产过程中每一步所需的物料数量，使订货、制作与装配过程都以确定的时间进行安排，以及时生产出最终产品，并使存货保持在合理的低水平上。所以 MRP 是一种存货控制方法，也是一种时间进度安排方法。具体来说，MRP 主要解决以下问题：

（1）要生产什么？生产多少？

（2）要用到什么？

（3）已经有了什么？有多少？

（4）还缺什么？缺多少？

（5）何时安排生产或订购？

MRP 的核心内容是编制零件的生产计划和采购计划。首先，其主要依据是产品的主生产计划，即产品的数量；其次，MRP 还需要知道产品的零件结构，即物料清单，才能把主生产计划展开成零部件生产计划；最后，还要利用库存信息计算出零件的采购数量。因此，主生产计划、物料清单和库存信息构成了 MRP 的三大要素。

第一，主生产计划（master production schedule，MPS）表明产品的需求量与时间，是 MRP 的核心。主生产计划来自对市场的需求预测或客户订单。

第二，物料清单（bill of material，BOM）是一张列表，包含了为产品生产所需要的加工流程及原材料、配套件、毛坯、在制品等主要构件。

根据主生产计划通过简单的乘法运算可确定不同构件或物料的需求量。为确定不同物料需求的先后次序，MRP 将所需要的物料制作成一张有层次结构的文件列表，并通过产品加工的不同层次说明产品结构。列表中，每一层次都代表产品形成过程中一个完整的阶段，同时显示每完成上一层次单位部件所需该层次各细项的数量。实际上，该列表也可看作把产品装配过程所需构件和流程视觉化的倒立的产品结构树。最终产品在树根，沿树向下，依次显示制作每单位上层细项所需构件（零部件、材料等）的细目和数量。

图 7.1 分层次说明了构成产品的各部件之间的相互关系。一般来说，产品在 0 层次开始设计，然后是最接近产品的第 1 层次的零件或半成品，以后以此类推。在产品结构树中，上一层称为下属构成零件的母体，而零件旁边的数字表明了生产一个母体所需的零件的数量。

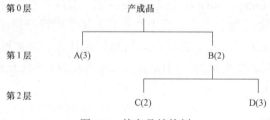

图 7.1 某产品结构树

第三，物料库存信息表明持有多少存货，以确定不同物料在某个时间的净需求。

MRP 根据主生产计划、物料清单和物料库存信息把产品特定数量的生产计划逆向换算成组合零件或原材料需求，再结合生产提前期和补货提前期决定何时订货（生产），订（生产）多少货。MRP 对上述信息加工之后输出物料需求的时间表、采购物料订单的发送时间表、内部制造的物料生产时间表。上述信息通常被整理成主报告。除此之外，MRP 还附带输出用来评价系统运行状况，帮助管理者衡量实际偏离计划程度的控制报告，包含采购约定以及其他用于评价未来物料需求的信息计划报告，以及能唤起人们对诸如最新订单与到货延迟、过多的残次品率、报告失误等重大差异的例外报告等。其操作过程如图 7.2 所示。

　　MRP 在形成、制订过程中，考虑了产品结构信息和库存信息。但在实际生产过程中，采购计划可能受供货能力、生产能力或运输能力的限制而无法保证物流的及时供应，从而导致 MRP 指定的生产计划与采购计划不可行（MRP 的缺陷）。

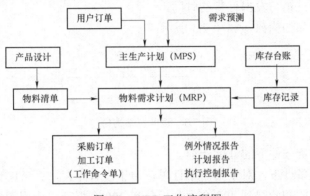

图 7.2　MRP 工作流程图

二、MRP 程序的编制

　　首先给出 MRP 编制用到的有关术语。

　　毛需求量：不考虑持有量，某原材料在某时间的总需求。

　　计划持有量：各期开始期望的存货持有量，即在途订货量与期末存货之和，也称可用库存量。

　　净需求量：各期实际需求量，也就是毛需求量与计划持有量的差。

　　配套批量订货：需要多少就订购多少，即订货批量等于净需求的订单。

　　批量订单：订单量必须为某订购数量倍数的订单。

　　计划发出订货：发出订货的时间与订货批量。

　　计划收到订货：接收货物的时间和数量。

　　基于上述概念，给出 MRP 的程序框架：

　　第一步，通过主生产计划计算出第 1 层次所需物品的毛需求量。

$$毛需求量＝需要制造的产品数量×用于制造单件产品所需物料数量$$

　　第二步，得到第 1 层次物品的净需求量，然后安排生产。

$$净需求量＝毛需求量－当前存货数量－已订货数量$$

　　第三步，如果还有更多层次的物料，则使用物料清单把上一层次的装配单或订货单转换成当前层次的毛需求量，若没有更多层次转第五步。

　　第四步，按次序对每种物料计算净需求量，也就是订货数量。根据补货提前期或生产时间推算出这些订单的发布时间或动工生产时间，转第三步。

　　第五步，考虑所有相关信息（如最低订货数量、价格折扣、最低存货水平、订货至交货周期的不确定性等）及必要的调整之后，确定订单和生产时间表。

【例1】某生产木制百叶窗的厂家收到两份百叶窗订单：一份要 100 个，另一份要 150 个。在当前时间进度安排中，100 个的订单应于第四周起初发送，150 个的订单则于第八周起初发送。每个百叶窗包括 4 个木制板条和 2 个框架。木制板条是工厂自制的，制作过程共耗时 1 周。框架需要订购，补货提前期为 2 周。组装百叶窗需要 1 周。第 1 周初始时木制部分的库存量是 70 个。

分别考虑在：（1）配套批量订货，（2）批量订单（批量订单为 320 个框架和 70 个木制板条）条件下，订单的规模与发出订货的时间。

解：（1）制作产品结构树，如图 7.3 所示。

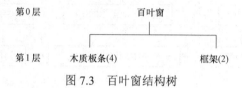

图 7.3　百叶窗结构树

（2）配套批量订货条件下的订单计划。

在配套批量订货条件下，对于第一个订单，由于没有库存，并考虑到百叶窗加工耗时 1 周，所以要在第 3 周的初始得到 400 个木制板条和 200 个框架。运用同样的逻辑，需要在第 7 周开始得到第 2 个订单所需要的 600 个木制板条和 300 个框架。具体见表 7.1。

表 7.1　配套批量订货条件下的订单计划表

1	周	1	2	3	4	5	6	7	8
2	第 0 层次百叶窗（组装时间 1 周）								
3	毛需求量				100				150
4	期初存货								0
5	净需求量				100				150
6	开始组装			100				150	
7	第 1 层次木质板条（每个百叶窗需要 4 个，制作时间 1 周）								
8	毛需求量			400				600	
9	期初存货	70	70	70					
10	净需求量			330				600	
11	开始加工		330				600		
12	第 1 层次框架（每个百叶窗需要 2 个，订货提前期 2 周）								
13	毛需求量			200				300	
14	期初存货								
15	净需求量			200				300	
16	发布订单	200			300				

前面给出的是零件的毛需求量，考虑到 70 个木质板条的库存，得到第一个订单所需要的木质部分的净需求量为 400－70＝330（个）。考虑到补货提前期和零件加工时间，工厂必须在

第 2 周开始加工 330 个木质板条，在第 1 周开始时订购 200 个框架。对第二个订单，第 7 周 150 个百叶窗的生产计划产生的木制板条总需求是 600 个。由于木制板条没有计划持有量，净需求也是 600 个，计划收到订货是 600 个。此外 1 周的生产提前期意味着 600 个木制板条的制作安排在第 6 周开始。

（3）批量订单条件下的订单计划。

在批量订单条件下，订货数量必须是批量规模的倍数。因而会产生计划数量超过净需求的可能性，超过部分将作为下一期的存货。

由于框架的订货批量是 320 个，木制板条的订货批量是 70 个，而第 3 周框架的净需求是 200 个，因此超过量为 320－200＝120（个），成为下一周期的存货量。类似地，第 7 周框架净需求 180 个比订货批量 320 个少了 140 个，超过量变为下一个周期的存货量。木制板条计算同理，具体见表 7.2。

表 7.2 批量订单条件下的订单计划表

1	周	1	2		4	5	6	7	8
2	第 0 层次百叶窗（组装时间 1 周）								
3	毛需求量				100				150
4	期初存货								
5	净需求量				100				150
6	开始组装		100				150		
7	第 1 层次木质板条（每个百叶窗需要 4 个，制作时间 1 周，订货单位为 70 个）								
8	毛需求量		400				600		
9	期初存货	70	70	70	20	20	20	20	50
10	净需求量		330				580		
11	开始加工	350				630			
12	第 1 层次框架（每个百叶窗需要 2 个，订货提前期 2 周，订货单位为 320 个）								
13	毛需求量		200				300		
14	期初存货			120	120	120	120	140	
15	净需求量		200				180		
16	发布订单	320				320			

【例2】某公司接到了一份订单要求在第 8 周开始交付 100 辆手推车，在第 10 周开始交付 200 辆手推车。已知该公司制造的手推车包括 1 个车身和 4 个轮子，而车身包括 1 个车身组件和 2 个扶手组件。组装手推车费时 1 周，组装车身费时 1 周，订货至交货周期分别为：轮子 3 周、车身组件 3 周、扶手组件 1 周。目前存货：20 辆完工的手推车、110 个车身、200 个轮子。车身组件和扶手必须分别以 200 个、400 个批量单位来采购。请为手推车的生产设计一个时间表。

解：（1）先制作产品结构树，见图 7.4。

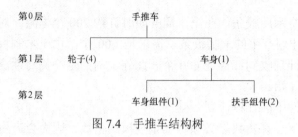

图 7.4　手推车结构树

（2）制作订单计划表。

MRP 可以保证在产品存货水平低，并能根据给定总进度计划估计生产能力需求。其使用条件是需要用计算机及必备软件来计算和维护总进度计划、物料清单和存货记录等完整的文件数据（见表 7.3）。

表 7.3　手推车订单计划表

1	周	4	5	6	7	8	9	10
2	第 0 层次手推车（组装时间 1 周）							
3	毛需求量					100		200
4	期初存货	20	20	20	20	20		
5	计划接收量					80		200
6	净需求量					80		200
7	开始组装				80		200	
8	第 1 层次车身（每车 1 个，组装时间 1 周）							
9	毛需求量				80		200	
10	期初存货	110	110	110	110	30	30	
11	计划接收量						170	
12	净需求量						170	
13	发布订单					170		
14	第 1 层次轮子（每车 4 个，补货提前期 3 周）							
15	毛需求量				320			
16	期初存货	200	200	200	200			
17	计划接收量				120		800	
18	净需求量				120		800	
19	发布订单	120		800				
20	第 2 层次车身组件（每车 1 个，订货提前期 3 周，订单批量为 200 个）							
21	毛需求量				170			
22	期初存货						30	30
23	计划接收量				200			
24	净需求量				170			
25	发布订单		200					

26	第 2 层次扶手组件（每车 2 个，订货提前期 1 周，订单批量为 400 套）				
27	毛需求量			340	
28	期初存货				60	60
29	计划接收量			400	
30	净需求量			340	
31	发布订单		400		

三、闭环 MRP

早期的 MRP 系统称为时段 MRP 系统，因为它在各时间段决定最终产品的需求量，以此作为主生产计划，并根据产品的构成信息和物料的库存信息，对最终产品做 MRP 运算，直至发出加工指令和采购订单。MRP 的成功运行需要两个假设：在计划中各零部件的提前期是可靠的，并在需要的时候，有足够的生产能力，即无能力约束。而在现实生活中，MRP 的执行要受到很多条件的限制，比如一个供应商的供货能力可能有限，并因此希望得到稳定的需求。原生产计划也可能导致某个生产流程的超负荷运转等。解决这个问题的最好办法是在计划阶段就对可能出现的生产瓶颈做出预测，从而在制订生产计划时对生产计划和生产能力做出相应的调整。这需要人们在生产能力计划和物料需求两个环节引入反馈机制，一旦检测出建议的计划与某些限制条件发生冲突，就对产能需求计划或主生产计划做出调整，使得新计划能够配合现有的产能。这种通过信息反馈来避免产能方面的潜在问题的系统被称为闭环物料需求计划，它的流程如图 7.5 所示。

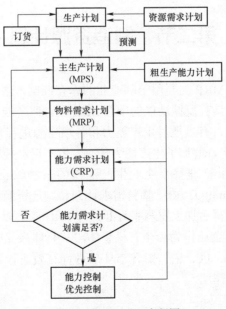

图 7.5 闭环 MRP 流程图

MRP 系统的正常运行需要有一个切实可行的主生产计划。它除了要反映市场需求与合同订单外，还必须满足企业的生产能力约束条件。因此，除了要编制资源需求计划外，企业还需要制订能力需求计划，即预测完成生产任务所需要的劳力和设备资源数，并将各个工作中心的能力进行平衡。在这种意义上，MRP 系统把能力需求计划、执行计划、控制计划的功能也包含进来形成一个环形回路。

时段 MRP 提供了物料供应的计划，这个计划随后被转化成所需的生产能力。如果现有的产能不能满足该需求，系统就通过调整生产能力，重新安排计划使需求能够配合现有的产能。如果生产计划和生产能力不能形成可以接受的方案，那就对主生产计划做出调整。与闭环 MRP 密切相关的是能力需求计划（capacity requirement planning，CRP）。它是对物料需求计划所需能力进行核算的一种计划管理方法。具体地说，CRP 的制订过程就是一个平衡企业各工作中心所要承担的资源负荷和实际具有的可用能力的过程，即根据各个工作中心的物料需求计划和各物料的工艺路线，对各生产工序和各工作中心所需的各种资源进行精确计算，得出人力、设备等资源负荷情况，然后根据工作中心各个时段的可用能力对各工作中心的能力与负荷进行平衡，以便实现企业的生产计划。它是帮助企业在分析物料需求计划后产生出一个切实可行的能力执行计划的功能模块。

能力需求计划主要解决以下几个问题：各个物料经过哪些工作中心加工？各工作中心的可用能力和负荷是多少？工作中心各个时段的可用能力和负荷是多少？能力需求计划又分为粗能力计划和细能力计划。具体地说，粗能力计划是指在闭环 MRP 设定完毕主生产计划后，通过对关键工作中心生产能力和计划生产量的对比，判断主生产计划是否可行。细能力计划是指通过 MRP 运算得出对各种物料的需求量后，计算各时段分配给工作中心的工作量，判断是否超出该工作中心的最大工作能力，并做出调整，如将某些零件的生产分解成自主生产和外购两部分。

第二节 制造资源计划

20 世纪 60 年代建立的 MRP 主要用于制造业的库存控制。到了 20 世纪 70 年代，为了及时调整需求和计划，出现了具有反馈功能的闭环 MRP，它把产能需求计划考虑进去，建立计划—执行—反馈的管理逻辑，有效地对生产能力和各项资源进行规划和控制。20 世纪 80 年代末，人们在 MRP 的基础上，增加了生产能力计划、生产活动控制、采购和物料管理计划以及财务管理等功能，形成了管理整个企业生产运作的一种综合性系统——制造资源计划（manufacturing resource planning）。由于物料需求计划和制造资源计划的英文缩写都为 MRP，故在制造资源计划的英文缩写后加上罗马字母 Ⅱ，即 MRP Ⅱ，以示区别。

MRP Ⅱ 的基本思想是把企业作为一个有机整体，从整体最优的角度出发，通过科学的方法对企业各种制造资源和产、供、销、财各个环节进行有效的计划、组织和控制，使它们得以协调发展，并充分地发挥作用。

MRP Ⅱ 的内容如下。

（1）基础数据管理。MRP Ⅱ 系统中包含有关产品的结构、零件明细、材料消耗、工艺路线、工时定额等生产技术数据。

（2）库存管理。MRPⅡ对生产过程中涉及的材料、毛坯、半成品等进行库存管理。

（3）经营计划管理。销售合同及产品销售预测是制订生产计划的主要依据，而主生产计划又是制订物料需求计划的依据。销售合同管理、成品库管理、产品的发货等是MRPⅡ中经营规划管理子程序的主要内容。

（4）主生产计划。主生产计划规定了最终产品的出产时间和数量。

（5）物料需求计划。物料需求计划是MRPⅡ系统的核心。

（6）车间作业计划和控制。生产进度计划和物料需求计划的下达和执行是通过车间作业计划控制子系统完成的。它主要根据物料需求计划制订车间内部作业计划，生成最终装配计划、加工订单和派工单，同时根据生产现场信息编制完工报告。

（7）物料采购供应。合同签订之后，马上汇总出物料的需求量，而在产品投产后，及时掌握其标准件与原材料的需求量与库存情况，以进行供应商管理。

（8）成本核算与财务管理。MRPⅡ的实施要求各部门通过操作平台共享基础数据。事实上，在生产报告的基础上很容易做出一些财务报告。例如，只要将生产计划中的产品单位转化为货币单位，就构成了经营计划。将实际销售、生产、库存与计划数相比较就会得出控制报告。当生产计划发生变更时，马上就可以在经营计划中表现出来，可以使经营者迅速了解这种变更在财务上造成的影响，有助于做出正确的决策。

因此，制造资源计划的主要目标就是，把基本职能与诸如人事、工程、采购等其他职能在计划过程中聚集一起。其中MRP是MRPⅡ的核心。整个过程始于各个来源的需求（如公司订单、预测，安全存货需求等）综合，使得进度计划的确定不仅依赖于生产，还依赖于营销与财务。另外，由于每一职能区域都涉及计划的明确叙述，使各职能部门更好地了解计划，也更有理由实现它。

显然，在这个过程中，制造资源、财务资源、营销资源都会被不同程度的利用。根据对各种资源的有用性评价对计划进行修正，然后确定主生产进度计划，这时物料需求计划就可以运行并生成物料与进度需求了。

第三节　企业资源计划

一、ERP 的提出

20 世纪 90 年代以来，人类社会从工业经济时代开始步入知识经济时代，企业所处的时代背景与竞争环境发生了很大变化，随着信息技术尤其是计算机网络技术的迅猛发展，统一的世界市场正在形成。随着信息技术的飞速发展，竞争空间和范围不断扩大，企业间的市场竞争空前激烈。竞争策略从以往着眼于低价位、高品质、多式样，转变成快速度。原有的竞争因素重要性不变，却成为维持竞争力的先决条件，速度成为企业竞争的关键因素。当前世界范围内的竞争越来越激烈，各国的企业都在不断寻求新方法，改善现有方法，提高企业在国际市场中的竞争地位。20 世纪 80 年代的 MRPⅡ主要是面向企业内部资源计划管理，它在支持企业快速响应市场方面仍存在一些不足，因此怎样有效利用和管理整体资源的管理思想——企业资源计划（enterprise resource planning，ERP）诞生了。ERP 由 MRP、MRPⅡ发展而来。ERP 的概念最早由美国著名的咨询公司加特纳公司提出。ERP 的内涵主要是"打破企业的四壁，把信息集成的范围扩大到企业的上下游，管理整个供需链，实现供需链制造。"MRPⅡ系统仅仅是对企业的内部资源进行有效的管理和整合，而在 ERP 系统设计中考虑到仅靠自己企业的资源不可能有效地参与市场竞争，还必须把经营过程中的有关各方如供应商、制造工厂、分销网络、客户等都纳入一个紧密的供应链中，才能有效地安排企业的产、供、销活动，满足企业利用一切市场资源快速高效地进行生产经营的需求，以期进一步提高效率和在市场上获得竞争优势；同时也兼顾了企业为了适应市场需求变化，不仅要组织大批量生产，还要组织多品种、小批量生产的情况。在这两种情况并存时，需要用不同的方法来制订计划。ERP 系统的发展过程如图 7.6 所示。

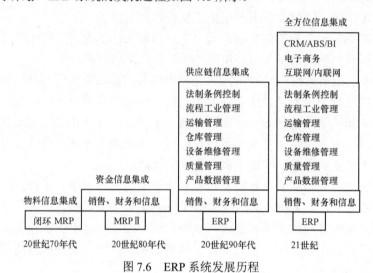

图 7.6　ERP 系统发展历程

注：CRM（customer relationship management，客户关系管理）、ABS（asset-backed securities，资产证券化）、
　　BI（business intelligence，商务智能）

二、ERP 与 MRPⅡ 的区别

ERP 与 MRPⅡ 的区别主要表现在资源管理范围、生产方式管理、管理功能、事务处理控制、在跨国或跨地区经营事务处理和在计算机信息处理技术方面。MRPⅡ系统图如图 7.7 所示。

1. 在资源管理范围方面的差别

MRPⅡ系统主要侧重对企业内部人、财、物等资源的管理，ERP 系统则在 MRPⅡ系统的基础上把客户需求和企业内部的制造活动以及供应商的制造资源整合在一起，形成一个完整的企业供应链，并对供应链上的所有环节进行有效管理，这些环节包括订单、采购、库存、计划、生产制造、质量控制、运输、分销、服务与维护、财务管理、人事管理、实验室管理、项目管理和配方管理等。

2. 在生产方式管理方面的差别

MRPⅡ系统把企业归类为几种典型的生产方式来进行管理，如重复制造、批量生产、按订单生产、按订单装配、按库存生产等，针对每一种类型都有一套管理标准。而在 20 世纪 80 年代末至 90 年代初，企业为了紧跟市场的变化，主要采用了多品种、小批量以及看板式生产方式，单一的生产方式向混合型生产方式发展，ERP 系统能很好地支持和管理混合型制造环境，满足了企业的多样化经营需求。

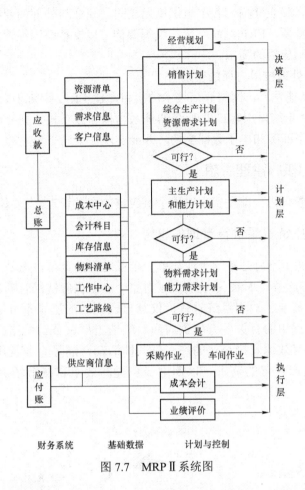

图 7.7　MRPⅡ系统图

3. 在管理功能方面的差别

ERP 除了具有 MRPⅡ系统的制造、分销和财务管理功能外，还增加了支持整个供应链上物料流通体系中供、产、需各个环节之间的运输管理和仓库管理的功能，支持生产保障体系的质量管理、实验室管理、设备维修和备品备件管理的功能，支持对业务处理流程的管理功能。

4. 在事务处理控制方面的差别

MRPⅡ系统是通过计划的及时滚动来控制整个生产过程，它的实时性较差，一般只能实现事中控制。而 ERP 系统支持在线分析处理、售后服务及质量反馈，强调企业的事前控制能力，它可以将设计、制造、销售和运输等通过集成来并行地进行各种相关的作业，为企业提供了对质量、适应变化、客户满意和效绩等关键问题的实时分析能力。此外，在 MRPⅡ系统中，财务系统只是一个信息的归结者，它的功能是将供、产、销中的数量信息转变为价值信息，是物流的价值体现。而 ERP 系统则将财务计划功能和价值控制功能集成到整个供应链上，如在生产计划系统中，除了保留原有的主生产计划、物料需求计划和生产能力计划外还扩展了销售执行计划和利润计划。

5. 在跨国或跨地区经营事务处理方面的差别

现代企业的发展，使企业内部各个组织单元之间、企业与外部的业务单元之间的协调变得越来越多和越来越重要，ERP 系统完善的组织架构可以支持跨国经营的多国家或地区、多工厂、多语种和多币制应用的需求。

6. 在计算机信息处理技术方面的差别

随着 IT 技术的飞速发展，网络通信技术的应用，使 ERP 系统得以实现对整个供应链信息进行集成管理。ERP 系统采用客户机/服务器体系结构和分布式数据处理技术，支持互联网、内联网、外联网、电子商务和电子数据交换，并能实现在不同平台上的互操作。

三、ERP 系统的核心管理思想

ERP 系统的核心管理思想就是实现对整个供应链的有效管理，主要体现在以下三个方面。

（一）对整个供应链资源进行管理的思想

现代企业之间的竞争不再是单一企业与单一企业之间的竞争，而是一个企业供应链与另一个企业供应链之间的竞争。ERP 系统实现了对整个企业供应链的管理，适应了企业在知识经济时代市场竞争的需要。知识经济时代，仅靠自己企业的资源不可能有效地参与市场竞争，还必须把经营过程中的有关各方如供应商、制造工厂、分销网络、客户等纳入一个紧密的供应链中，才能有效地安排企业的产、供、销活动，满足企业利用全社会一切市场资源快速高效地进行生产经营的需求，以期进一步提高效率和在市场上获得竞争优势，如图 7.8 所示。

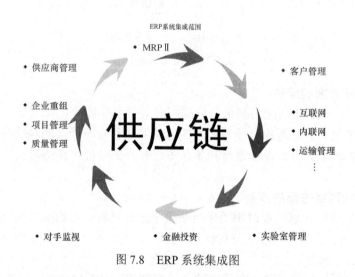

图 7.8　ERP 系统集成图

（二）精益生产、敏捷制造和并行工程的思想

ERP 系统支持对混合型生产方式的管理，其管理思想表现在三个方面。

第一是精益生产的思想。它是一种企业经营战略体系，即企业按大批量生产方式组织生产时，把客户、销售代理商、供应商和协作单位纳入生产体系，企业同其销售代理、客户和供应商的关系，已不再是简单的业务往来关系，而是利益共享的合作伙伴关系，这种合作伙伴关系组成了一个企业的供应链，这就是精益生产的核心思想。

第二是敏捷制造的思想。当市场发生变化，企业遇有特定的市场和产品需求时，企业的基本合作伙伴不一定能满足新产品开发生产的要求，这时企业会组织一个由特定的供应商和销售渠道组成的短期或一次性供应链，形成一个"虚拟企业"，把供应商和协作单位都看成是企业的一个组成部分。

第三是运用并行工程组织生产，用最短的时间将新产品打入市场，时刻保持产品的高质量、多样化和灵活性。

（三）事先计划与事中控制的思想

ERP 系统中的计划体系主要包括主生产计划、物料需求计划、生产能力计划、采购计划、销售执行计划、利润计划、财务预算和人力资源计划等，而且这些计划功能与价值控制功能已完全集成到整个供应链系统中。另外，ERP 系统通过定义事务处理相关的会计核算科目与核算方式，在事务处理发生的同时自动生成会计核算分录，保证了资金流与物流的同步记录和数据的一致性。同时，根据财务资金现状，可以追溯资金的来龙去脉，并进一步追溯所发生的相关业务活动，改变了资金信息滞后于物料信息的状况，便于实现事中控制和实时做出决策。此外，计划、事务处理、控制与决策功能都在整个供应链的业务处理流程中实现。这就要求在每个流程业务处理过程中，最大限度地发挥每个员工的工作潜能与责任心。流程与流程之间则强调人与人之间的合作精神，以便在有机组织中充分发挥每个员工的主观能动性与潜能，实现企业管理从"高耸式"组织结构，向"扁平式"组织机构的转变，提高企业对市场动态变化的响应速度。

四、ERP 系统的实施

要通过管理软件的应用使 ERP 系统真正地带来实效，实施是一个极其重要的环节。ERP 的实施是一项极为复杂的系统工程，有效地实施可以借助 ERP 实施阶段运行图（如图 7.9 所示）来完成。

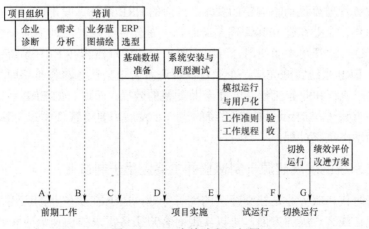

图 7.9　ERP 实施阶段运行图

可见，实施 ERP 系统可以划分成前期工作、项目实施、试运行和切换运行四个阶段。

前期工作阶段是最容易被忽视的阶段。前期工作阶段的失误与缺陷，在以后的阶段中有时很难矫正和弥补。前期工作阶段主要抓住以下几项工作：第一，对中层以上管理干部进行基本原理的培训。应用 ERP 的决策是在充分理解 ERP 的原理和运行机制的基础上做出的。第二，成立项目组织，任命得力人选。第三，进行系统需求可行性分析，主要是提出"业务流程需求分析报告"和"投资效益分析报告"，作为选择软件和投资费用的依据。第四，明确项目在提高企业市场竞争力方面的目标，并同时制订衡量达到目标的计算方法。第五，选择适用的软件，选择得力的实施支持单位。

项目实施阶段要特别注意实施 ERP 系统的时间要求。ERP 系统从开始实施到获得成功需要多长时间？这要取决于企业的规模、产品或工艺的复杂程度、企业用以实施 ERP 系统的资源、实施队伍的工作态度和技术能力、高层领导的参与程度和 ERP 系统选择的环境等。虽然实践中会有很大的区别，但是一般实施 ERP 系统的时间框架是 18～24 个月。这里需要注意两点：第一，不能操之过急；第二，不能把时间拖得过久。

试运行阶段的关键因素是人、数据和技术。ERP 系统不能以手工方式加以实现，必然要采用计算机系统进行操作。既然是计算机系统实施，就必须有数据处理问题，而数据管理的质量又与操作人员的素质有很大的关系。因此高层管理人员的参与程度，中层管理人员的积极性，基层管理人员的态度和全体员工的努力程度都将成为影响 ERP 实施系统的重要因素。

切换运行阶段。有些企业实施 ERP 系统未能获得成功，或者没有充分发挥 ERP 系统的作用。究其原因，就是企业没有把 ERP 系统当作是一个人员支持的系统看待，而是当成一个计算机的系统进行管理，这是企业在实施 ERP 系统时应该首先在观念上改变的环节。

五、ERP 系统的不足

ERP 系统的不足之处主要表现在以下几个方面。

（一）ERP 系统未满足业务流程动态调整的要求

ERP 系统未从根本上考虑知识经济时代的技术持续创新、市场竞争环境的迅速变化对企业生产流程与业务管理流程动态调整的要求。目前的 ERP 系统一般是以一种预先固定好的模式结构提供给用户，企业在建立其管理系统时，一是软件无法灵活地适应个性化的企业管理流程要求，要经过二次开发才能使用，否则就要求企业管理流程按 ERP 系统中的固有模式去运作；二是一旦 ERP 系统实施完毕，企业在需要进行管理与业务流程重整时，很难真正达到在组织结构、生产流程和业务流程三方面全面重整的效果，即现有的 ERP 系统结构与功能制约了企业的动态重整过程。因此，ERP 系统的进一步发展需要将管理模式与软件系统相分离，以期实现企业的动态重整过程。

（二）ERP 系统的发展起源于制造业并主要应用于制造业

在知识经济时代，服务业是社会经济的主导行业，ERP 在服务业的应用，特别是在跟踪客户服务和实现在线客户服务方面，难以实现对客户服务需求的快速响应和高满意度。

（三）ERP 系统在建立知识管理体系与管理手段方面相当薄弱

在工业经济时代，企业价值主要是有形资本（包括实物与资金）与无形资本的价值，在工业经济时代后期，企业认识到人力资源及其资本价值。而在知识经济时代，智力资本已开始成为企业价值的重要组成部分，为了提升企业智力资本价值，企业认识到知识管理（包括知识的获取、加工处理、共享使用等）的重要性，ERP 系统在企业内部或企业供应链上如何建立知识管理体系与管理手段方面还相当薄弱。

（四）ERP 系统对业务处理过程的控制与管理还有待完善

ERP 系统虽然提供了对企业业务流程的管理，但 ERP 系统中的企业的实际业务流程与 ERP 系统功能组成的业务流程并没有紧密融合在一起，从而没有形成对业务处理过程的有效控制与管理。

在世界范围内，ERP/MRP Ⅱ 的供应商主要有思爱普、甲骨文和仁科几家大公司，其中尤以思爱普公司的 SAPR/3 风头为盛。

思考与练习

1. 将订货点法用于处理相关需求库存有何问题？为什么？
2. ERP 系统在我国实施成效不大，原因何在？
3. 雪山冰激凌厂推出新款奶油雪糕，此种类型的雪糕由两根冰糕棍、牛奶和橙味香精做成，并且每个雪糕在包装时需要包装纸一张，出厂时，需用纸盒再次包装，且每盒装 12 个包装过的雪糕，试画出一盒奶油雪糕的产品结构树。
4. 长丰汽车修理厂在维修过程中用到 A 型轮胎，据调查，后 10 周各周总需求量、预计到货量以及现有库存数见表 7.4。已知订货提前期（LT）为 4 周，试确定净需求量和计划发出订货量。

表 7.4 A 型轮胎相关数据　　　　　　　　单位：个

A 型轮胎，LT＝4 周	周　次									
	1	2	3	4	5	6	7	8	9	10
总需求量	100	250	300	150	250	150	300	250	150	100
预计到货量		600		350						
现有库存数（100）	0	350	50	250	0	−150	−450	−700	−850	−900
净需求量										
计划发出订货量										

5. 产品 A 的结构树如图 7.10 所示，产品 B、C、D、E 的现有库存和预计到货量见表 7.5。要在第 8 周生产产品 A 200 件，第 9 周生产 A 300 件，第 10 周生产 A 100 件，试确定产品 C、D 的库存状况。

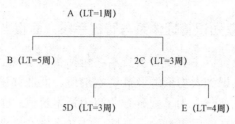

图 7.10　产品 A 的结构树

表 7.5　产品 B、C、D、E 相关数据　　　　　　　　单位：件

品名	B	C	D	E
现有库存	500	500	200	1 000
预计到货	500 第 4 周		1 000 第 2 周	

第八章

供应链管理

学习目标

1. 了解供应链管理的相关概念及发展。
2. 熟悉供应链管理的影响因素。
3. 掌握供应链管理的方法。

> **引导案例**

空中客车公司是世界上最大的商务客机制造商之一，它担负着生产全球过半以上的大型客机（超过 100 个座位）的重任。随着其供应商在地理位置上越来越分散，空中客车公司发现它越来越难以跟踪各个部件、组件和其他资产从供应商仓库运送到其 18 个制造基地过程中的情况。

为提高总体可视性，该公司创建了一个智能的感应解决方案，用于检测入站货物何时离开预设的道路。部件从供应商的仓库运抵组装线的过程中，它们会途经一个智能集装箱，这种集装箱专用于盛放保存有重要信息的 RFID（射频识别技术）标签。在每个重要的接合点，读卡机都会审查这些标签。如果货物到达错误的位置或没有包含正确的部件，系统会在该问题影响正常生产之前向操作人员发送警报，促使其尽早解决问题。

空中客车公司的解决方案是制造业中规模最大的供应链解决方案，它极大地缩小了部件交货错误的影响范围，降低了纠正这些错误的相关成本。通过精确了解部件在供应链中的位置，空中客车公司将集装箱的数量降低了 8%，也因此省去了一笔数额不小的运输费用，而且还提高了部件流动的总体效率。借助其先进的供应链，空中客车公司可以很好地应对已知的和意料之外的成本和竞争挑战。

资料来源：http://www.sohu.com/a/151028705_572698.

第一节 供应链管理概述

近年来，企业不断地将管理的侧重点集中到了供应链管理问题上。为了能够对动态多变的顾客需求做出更快速的反应，企业需要把资源集中在核心竞争力上。为了拥有核心竞争力，企业外包自身的非核心业务，在所产出的产品以及所提供的服务中所外购的比例比以往更多。现在很多情况下，原材料的采购成本要占到销售成本的 60%，甚至更高。因此，现在的企业更加依赖于其供应商，需要与供应商建立起长期的合作关系。此外，随着物流成本，即运输与配送成本不断地增长，现在的企业有能力将其供应链延伸到全球任何角落。

为了适应日趋复杂的市场环境，企业正面临着不断要降低库存的压力，这也进一步加剧了企业对其供应商的依赖程度。为了能够降低库存，企业引入了诸如供应商管理库存（vendor managed inventory，VMI）等库存管理方式，这些都将在本章中进行详细的讨论。

随着信息技术的发展，借助于先进的信息技术工具，使得企业对实施供应链管理更加得心应手，包括电子数据交换以及企业对企业电子商务平台等。同时，供应链管理对于企业的重要作用日趋加强，也使得传统的采购观念受到了巨大的冲击。原来采购部门与供应商之间只是一种单纯的交易关系，而在供应链管理环境下，这种传统意义上的交易关系正转向亲密的合作关系。很多企业正把与供应商建立无缝的合作关系提升到了支撑企业取得长期成功的战略地位上。

一、供应链管理的定义

构成企业供应链的主要成员如图8.1所示，即围绕企业将其供应商、分销商、最终客户连接成网链结构。其中，从供应商采购到向企业供货的物流网链，称为内向物流。而企业将采购的产品或服务等通过增值转换，将最终的有形产品和无形服务发送到分销商乃至最终客户手中的物流网链，称为外向物流。

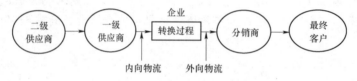

图8.1　企业供应链的主要成员

广义而言，供应链可以定义为"为有效地满足最终客户的生产需要，而将各个环节的成员连接成一个整体的网链"。这里，供应链从原材料开始，直至最终产品发送到最终客户或消费者手中。举例来说，若最终产品是一套红木家具，那么供应链将从最下游的最终客户往前追溯，包括：（1）为最终客户提供红木家具的零售商，（2）运输公司，（3）红木家具制造商，（4）红木家具生产工具的提供商，（5）木材公司。再如，若最终产品是超市中的鲜鱼片，那么供应链包括：（1）超市，（2）运输公司，（3）鲜鱼片加工商，（4）鲜鱼供应商即渔夫。

不同企业的供应链结构差别很大，甚至对于同一个行业的不同企业而言，也是如此。此外，对供应链控制的深度和广度而言，不同企业差别也很大。例如，亨利·福特为了支持设在密歇根州底特律的River Rouge大型汽车制造厂，曾经对铁矿、森林、煤矿，甚至对运输原材料的货船都投过巨资，亨利·福特的目标是控制整个供应链（后来意识到这是不可能的）。就供应链而言，控制得越广越宽，纵向一体化程度就越高；换言之，与单纯制造与装配汽车的企业相比，福特汽车公司的运营是高度纵向一体化的。

综上所述，企业与供应商之间的合作能力已成为供应链管理的一个重要部分，从而使供应商能够为企业提供高质量且价格上也很有竞争力的原材料和零部件。企业与供应商关系的紧密程度在很多方面因供应链类型而异。采用供应链管理来取代以往的企业内部的物料管理或采购管理，这也反映了企业高层管理者对供应商在企业长期成功中所起到的战略作用的认可。

二、供应链管理的发展过程

供应链管理是在 20 世纪末提出的一种新的管理理论。传统的管理理论认为若企业的基本职能之一运营职能，即企业的技术核，可以从动态多变的、不确定的外部环境中最大限度地分离或缓冲出来，那么企业运营效率就可以大大提高。

为了将企业的技术核从供应商和客户中分离出来，企业建立了大量的原材料与产成品库存，如图 8.2（a）所示。通过库存缓冲，一方面大大提高了企业运营效率，但同时也使企业的技术核对市场变化的反应速度降低了。企业不能够快速响应顾客需求和偏好等的主要原因在于，企业在为顾客提供新产品之前，必须先消耗完所有的原材料和产成品库存。

在这种运营环境下，企业很容易与供应商产生对抗关系。企业每一个采购项目都面向多个供应商招标，让这些供应商之间相互压价，这样企业就可以获得最低的采购价。由此可见，价格是供应商中标而获取合同的主要标准。因此，中标的供应商非常清楚这种合作关系只是短期的，对下一次招标的成功并没有多大的作用，故只会相应地根据客户合同要求投入一定的资金与时间，而不会考虑长期的投资。正由于供应商与企业之间这种短期的合作关系，导致双方没有动力去共享信息。在这种情况下，制造型企业的采购活动通常是由运营主管负责的，目标就是以最低的价格采购原材料和零部件。

21 世纪的今天，为了对顾客需求做出快速的反应，企业需要与供应商紧密合作，大大降低库存，甚至消除以往建立的缓冲库存，如图 8.2（b）所示。

准时制生产（JIT）是由日本丰田汽车公司首创的，它主张通过不断减少原材料和在制品库存来暴露管理的问题，找出这些问题的根源，并采取相应措施解决这些问题，从而不断消除浪费。

继 JIT 之后，供应链管理发展到将企业所有的运输与分销功能外包给一个物流公司的阶段，如图 8.2（c）所示，这就产生了无缝物流的概念（以前，企业需要面向多个运输公司谈判，并以价格为主要选择标准）。

举例来说，位于美国威斯康星州绿湾的施奈德物流公司于 1997 年被美国通用汽车公司加拿大分部指定为物流承包公司。1996 年秋天，施奈德物流公司与全世界最大的轻型和中型工程机械制造商和经销商凯斯公司建立了长期合作关系。根据合作协议，施奈德物流公司承包了凯斯公司以前与全球约 2 000 家物流公司合作的内向物流业务，以及将 40 000 套设备运往全球约 150 个国家的外向物流业务。

现在，供应链管理发展到将供应商融入企业阶段，即供应商的员工到企业现场进行工作，如图 8.2（d）所示。

三、供应链管理的影响因素

（一）供应商数目的减少

很多企业在其供应链计划中都大大减少了供应商的数目。当今的管理者认为，与其拥有很多供应源，还不如与固定的几个供应商建立长期的可信赖的合作关系。近几年来，很多国际知名企业的供应商的数目都在大大地减少，但值得关注的是这些企业所提供的产品种类却更加多样化。

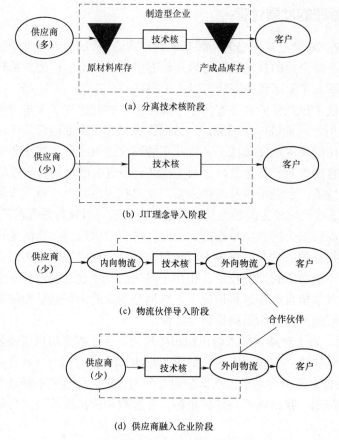

(a) 分离技术核阶段

(b) JIT理念导入阶段

(c) 物流伙伴导入阶段

(d) 供应商融入企业阶段

图8.2　供应链管理的发展过程

（二）竞争的加剧

全球化经济的出现使提供同质产品的竞争者空前增加了。正如前面所说，全球的每个角落都在经历着国际化竞争，而且在可预见的将来，国际化竞争会愈来愈剧烈。因此，供应链管理将继续朝着两个方向发展：后向发展——在别国向后发展至供应商；前向发展——在本国向前发展至顾客。

（三）产品生命周期的缩短

在激烈的国际化竞争环境中，企业为了获取市场份额和竞争优势，必须不断推出新产品，从而引起产品生命周期缩短。为了适应动态多变的市场需求而快速地推出新产品，企业需要能够快速地转换新产品需求的柔性运营方式，而柔性也能够通过赋予供应商更多的责任而获得。

（四）供应商管理库存的增加

为了降低采购交易成本和监视成本，现在许多企业对于一些低值易耗品，如螺母、螺钉、螺杆及其他加固件等，开始采用供应商管理库存（vendor managed inventory，VMI）。这种管理方法有时被称为"面包商法"。"面包商法"这一术语来源于商业面包房，这些面包房的面包商或销售商需要确定发送到每个面包零售点的面包数量，并且负责把面包放到零售点的货架上。如果有面包没有卖出，零售点可以退回全部没有卖出的面包。

在供应商管理库存中，企业首先需要确定每种物品的最高库存水平以及最低库存水平，然后，再授权予供应商，确定如何及时补充这些物品的库存。此外，供应商还可以直接到企业的生产现场，直接确定需要及时补充的库存数量，这样企业就可以取消仓库了。而且在供应商管理库存方法下，供应商是不依赖于企业的订单而直接进行库存管理的，故纸面上的工作也大大减少了。同样，有关收货验货的工作以及有关将物品从仓库发送到生产现场的工作及相关工作人员都大大减少了。

（五）寄售库存的增加

近几年来，企业的资产管理越来越受到重视，资产管理的绩效是用资产回报率来衡量的，许多企业管理者们的薪酬多少都与资产回报率直接相关。在资产负债表中，库存被视为资产类，即库存越少，则资产回报率越高。因此，为了减少库存，同时又不影响企业的生产运营以及及时交货给客户，企业开始普遍采用一种新型库存管理方式——寄售库存。寄售库存是企业物理意义上的库存，但实际上仍由供应商拥有库存，所以寄售库存在企业的资产负债表中并不作为资产出现。直到企业将这些寄售库存真正用于最终产品的生产时，其所有权才转移到企业。但此时，最终产品几乎马上就要运抵顾客手中了，因此，通过寄售库存方式，企业可以把维护库存的财务负担转嫁给上游的供应商。寄售库存方式也被应用于服务业中，一些像超市等零售商直到把制造商的产品卖到了最终顾客手中后才付给制造商货款。

（六）技术的发展

技术对供应链一直有着巨大的影响。电子数据交换为制造商的数据库和供应商的数据库之间提供了直接的连接。

与此同时，通过先进技术的使用，在很多情况下，也为供应商提高了竞争者进入的壁垒。顾客通常通过电子数据交换只与几个供应商联系。潜在的新供应商必须提供在价格上或质量上有更大优势的产品，这样顾客才有动力去构建一个新的电子数据交换系统。因此，像联邦快递的客户就不太愿意更换供应商，因为客户们不愿在得不到更多的收益的情况下花精力去学习一种新的电子数据系统。

除了电子数据交换之外，还有其他一些发展迅速的系统，诸如快速反应（quick response，QR）和有效消费者反应（efficient consumer response，ECR）。快速反应与有效消费者反应都是通过建立一个及时的供应或配送渠道来实现与消费者的及时沟通与联系，是一种无纸化的顾客与供应商之间的沟通与联系系统。几年前，人们一般通过使用 Unix 系统或是类似 Unix 的开放式系统来加强与顾客之间的沟通与联系，而电子数据交换、快速反应和有效消费者反应则使管理更加先进。

（七）风险共享与降低风险

开发新产品的成本越来越高，而产品的生命周期正在不断地缩短，因此，新产品的风险也越来越大。为了降低财务资金风险，许多企业要求与供应商一起分担风险。

四、成功构建供应链的条件

在成功实施供应链管理的过程中，有以下几个要素是不可或缺的，而且这些要素是相辅相成的。

（一）信任

信任是供应商和客户之间建立成功合作关系的基本要素之一。没有信任，其他因素都将失去意义。信任使得供应商也参与企业的新产品的研发，并做出他们的贡献。

（二）长期合作关系

供应商在企业中的战略角色的确立意味着双方需要从战略层面上建立长期的合作关系，而这种长期的合作关系通常称之为常青合同，暗示着只要供应商表现良好，那么双方的合作关系就会长久维持。

（三）信息共享

成功的供应链管理需要供应商与客户之间信息共享，这些需要共享的信息包括从新产品的设计规格到能力计划与调度等各方面的信息，甚至需要共享客户的整个数据库信息。

（四）成员实力

如果企业与供应商建立了长期的合作关系，那么双方就开始了长期的同舟共济的关系。因此，企业也需要考虑供应商的利益以追求"双赢"，这样才能增强供应链的竞争力。

供应商的选择也是供应链管理中的一项重要内容。除了财务优势以外，供应商在产品的生产和交货方面也需要具有竞争优势。这样，企业就可以把供应商的这些优势结合到自身产品中，从而提高产品在市场中的竞争优势。

第二节　供应链管理的方法

一、供应商管理库存

（一）供应商管理库存系统

长期以来，流通中的库存是各自为政的。流通环节中的每一个部门都是各自管理自己的库存，零售商有自己的库存，批发商有自己的库存，供应商有自己的库存，各个供应链环节都有自己的库存控制策略。由于各自的库存控制策略不同，因此不可避免地会发生生产需求的扭曲现象，即所谓的需求放大现象，无法使供应商快速地响应用户的需求。在供应链管理环境下，供应链的各个环节的活动都应该是同步进行的，而传统的库存控制方法无法满足这一要求。供应商管理库存系统就能够突破传统的条块分割的库存管理模式，以系统的、集成的管理思想进行库存管理，使供应链系统能够获得同步化的运作。VMI 是一种很好的供应链库存管理策略。关于 VMI 的定义，国外有学者认为："VMI 是一种在用户和供应商之间的合作性策略，以对双方来说都是最低的成本优化产品的可获性，在一个相互同意的目标框架下由供应商管理库存，这样的目标框架被经常性监督和修正，以产生一种连续改进的环境。"

关于 VMI 也有其他的不同定义，但归纳起来，该策略的关键措施主要体现在以下几个原则中。

（1）合作精神（合作性原则）。在实施该策略中，相互信任与信息透明是很重要的，供应商和用户（零售商）都要有较好的合作精神，才能够相互保持较好的合作。

（2）使双方成本最小（互惠原则）。VMI 不是关于成本如何分配或谁来支付的问题，而是关于减少成本的问题，通过该策略使双方的成本都减少。

（3）框架协议（目标一致性原则）。双方都明白各自的责任，观念上达成一致的目标。如库存放在哪里，什么时候支付，是否要管理费，要花费多少等问题都要回答，并且体现在框架协议中。

（4）连续改进原则。使供需双方能共享利益和消除浪费。

VMI 的主要思想是供应商在用户的允许下设立库存，确定库存水平和补给策略，拥有库存控制权。精心设计与开发的 VMI 系统，不仅可以降低供应链的库存水平、降低成本，而且还可以使用户获得高水平的服务，改进资金流，与供应商共享需求变化的透明性并获取用户更多的信任。

（二）供应商管理库存的必要性

VMI 能平衡存货成本和消费者服务水平之间的关系，使两方面都得到改进。

1. 成本缩减

需求的易变性是大部分供应链面临的主要问题，它既影响了顾客的服务水平也减少了产品收入。许多供应商被 VMI 吸引是因为它缓和了需求的不确定性。来自消费组织的少有的大订单迫使生产商必须维持过量的成品存货量，这是一种成本很高的方法。VMI 可以削弱产量的峰值和谷值，允许小规模的生产能力和存货水平。用户被吸引是因为 VMI 解决了有冲突的执行标准带来的两难状况。例如，月末的存货水平，对于作为零售商的用户是很重要的。但顾客服务水平也是必要的，而这些标准是冲突的。零售商在月初储备货物以保证高水平的顾客服务，然后使存货水平在月末下降以达到他们的库存目标（而不管它对服务水平的影响）。在季末涉及财政报告时，这种不利的影响将更加明显。在 VMI 中，补货频率通常由每月提高到每周（甚至每天），这会使双方都受益。供应商在工厂可以看到更流畅的需求信号。由于能对生产及运输资源更好地利用，这就降低了成本，也降低了对大容量的作为缓冲的存货的需求。供应商可以做出与需求相协调的补货决定，而且提高了"需求倾向趋势"意识。消费组织从合理的低水平库存流转中受益。即使用户将所有权（物主身份）让渡给供应商，改善了的运输和仓储效率也会产生许多好处。此外，月末或季末的服务水平也会得到提高。

在零售供应链中，不同的用户间的订货很少能相互协调，要在不同的配送中心为一个用户的订单进行变动很困难。订单经常同时来，这就使及时实现所有的递送请求变得更加困难。在 VMI 中，不同用户之间的需求集成将协调起来，满足供应商对平稳生产的需求，而不必牺牲购买者的服务和存储目标。

另外，VMI 将使运输成本减少。如果处理得好，这种方法将会增加低成本的满载运输的比例而削减高成本的未满载货的比例。这可以通过供应商去协调补给过程来实现，而不是收到订单时再自动回应。还有一个值得注意的方案是更有效的路线规划：例如，一辆专用的货车可以在途中停车多次，为某几位邻近的顾客补货。

2. 服务改善

从零售商的角度来看，服务好坏常常由产品的可得性来衡量。零售商为维持更高的服务水平和信誉，希望供应商是可信任的、可靠的。VMI 在多用户补货订单、递送间的协调方面大大改善了服务水平。由于有能力平衡所有合作伙伴的需求，供应商可以改善系统的工作状况而不必增加零售商的违约风险。另外，在有些情况下，利用 VMI 扩大有效解决现有问题的范围，在客户间实行存货的重新平衡以进一步改善服务是最经济的方法。如果没有 VMI，供应商很难有效地安排顾客需求的先后顺序，因为供应商和顾客都看不到整体的存货的配置（分布）。另外，VMI 还可以使产品更新更加方便，使更少的旧货在系统中流通，新产品的上架速度更快。由于信息共享，VMI 的供应商会预先规划如何补货和递送，以期保证实现递送计划，从而提高了服务水平。

3. VMI 的实施方法

实施 VMI 策略，要改变订单的处理方式，建立基于标准的托付订单处理模式。首先，供应商和批发商一起确定供应商的订单业务处理过程所需要的信息和库存控制参数，然后建立一种订单的处理标准模式，如 EDI 标准报文，最后把订货、交货和票据处理各个业务功能集成在供应商一边。库存状态透明性（对供应商）是实施 VMI 的关键。供应商能够随时跟踪和检查到销售商的库存状态，从而快速地响应市场的需求变化，对企业的生产（供应）状态做出相应的调整。为此需要建立一种能够使供应商和用户（分销商、批发商）的库存信息系统透明连接的方法。供应商管理库存的策略可以分为以下几个步骤实施。

第一，建立顾客情报信息系统。供应商要有效地管理销售库存，必须能够获得顾客的有关信息。通过建立顾客的信息库，供应商能够掌握需求变化的有关情况，把由批发商（分销商）进行的需求预测与分析功能集成到供应商的系统中来。

第二，建立销售网络管理系统。供应商要很好地管理库存，必须建立起完善的销售网络管理系统，保证自己的产品需求信息和物流畅通。为此，必须保证自己产品条码的可读性和唯一性，解决产品分类、编码的标准化问题，解决商品存储运输过程中的识别问题。

第三，建立供应商与分销商（批发商）的合作框架协议。供应商和销售商（批发商）一起通过协商，确定订单处理的业务流程以及库存控制的有关参数，如再订货点、最低库存水平等；以及库存信息的传递方式，如 EDI 等。

第四，组织机构的变革。这一点也很重要，因为 VMI 策略改变了供应商的组织模式。以前，由会计经理处理与用户有关的事情，引入 VMI 策略后，在订货部门产生了一个新的职能负责控制用户的库存、库存补给和服务水平。一般来说，在以下的情况下适合实施 VMI 策略：零售商或批发商没有 IT 系统或基础设施来有效管理库存；制造商实力雄厚并且比零售商市场信息量大；有较高的直接存储交货水平，因而制造商能够有效规划运输。供应商以何种形式管理存货呢，根据 Carlyn 和 Mary 的研究，管理库存的方式主要有四种。

第一，供应商提供包括所有产品的软件进行库存决策，用户使用软件执行库存决策，用户拥有库存所有权，管理库存。

第二，供应商在用户的所在地，代表用户执行存货决策，管理存货，但是存货的所有权归用户。

第三，供应商在用户的所在地，代表用户执行存货决策，管理存货，拥有存货所有权。

第四，供应商不在用户的所在地，但是定期派人代表用户执行存货决策，管理存货，供应商拥有存货的所有权。

4. 有效实施 VMI 的步骤

通过 VMI，供应商可以决定产品的标准，决定订货点和补充存货、交货的流程，建立多种库存优化模型并进行人员培训。有效实施 VMI 可分为以下步骤。

1）进行基于活动的成本分析

供应链管理要求企业注重过程管理，基于活动的成本核算由此应运而生。基于活动的成本分析不但要求核算财务成本，还要求考虑企业的竞争性成本和获利性成本。以制造业为例，ABC 假设制造业是一个完整的过程，该过程从各种材料、零部件供应到达工厂的仓库开始，一直持续到完工产品交到用户。在此过程中，服务成本贯穿始终，包括售后安装，客户付款后发生的各种服务成本。在供应链中，首先进行基于活动的成本分析，再来决定是否采用 VMI，以及采用的程度。在 VMI 中应用基于活动的成本分析，要求分析范围从供应链的起点开始一直到供应链的最终消费者。除了传统的会计成本外，需要着重考虑的有关存货成本如下。

（1）时间成本。时间是需要考虑的一个重要因素。从处理订单、收货、计算、有关文件处理到运输都需要考虑时间成本，这里，存货周转天数是一个重要的衡量指标。

（2）资金成本或机会成本。存货的机会成本指资金投放于存货而丧失的其他收入。例如，投资于有价证券会有利息、股息收入，用于企业内部周转会有一个相当于企业投资利润率的收益。这一成本的大小与企业的资金成本率或有价证券率有关。近几年来，我国的企业资金成本占总成本的 3%～20%。显然，这是企业进行投资时必须考虑的一项重要成本。

（3）过期成本。每年企业都可能有一些存货还未使用便过期而不得不丢弃，或者需要重新改进存货以得到利用。一般来说，存货的储量越多，存放的时间越长，存货因为工艺改进、用户偏好的变化和技术进步等原因丢弃得越多。在电子行业、计算机领域，因为技术的改变而存货过期的时间越来越短。

（4）短缺成本。存货会因为挥发、缩水、偷盗、管理不善等原因发生短缺成本。一般来说，存货的储量越多，存放的时间越长，存货的短缺成本越大。

（5）质量成本。存货有一定的时效性，许多存货没有等到使用便失效了。在食品、化工、医药等行业这一问题相当突出。

（6）价格成本。存货的价格并不总是随时间的推移而上涨，许多存货因为设计、制造工艺的变化而降价。郑州百文股份有限公司（ST 郑百文）1998 年年初大量囤积某品牌的彩电而未料到 1998 年年底彩电大幅度降价，导致公司存货成本过高进而影响销售，资金周转不力而由 1997 年的每股收益 0.46 元变为 1998 年每股收益（−2.54）元的巨额亏损。

（7）税收成本。在我国，企业购进存货需要支付增值税的进项税额，该税额占存货价值的 17%，直到该存货销售或用出才能够将增值税的进项税额抵扣其销项税额，存货发生短缺还需要将增值税的进项税额转出，即不予抵扣。一般来说，存货的储量越多，存放的时间越长，存货的该项成本越大。另外，部分产品还需要缴纳消费税。对于企业来说，这些都是不可忽略的成本。

（8）保险成本。我们不仅需要考虑存货本身的保险费用，还需要考虑为运输、储存及为有关存货管理人员支付的保险费用。

（9）仓储成本。有些贵重存货的仓储费用占到存货价值的 25%～30%，它包括房屋租金、收货费用、进出仓库运费等。

（10）人力成本。所有的存货都需要人力管理，从订货、督察、记录、搬运、计算到存储等，在西方国家，人力成本占到企业成本的第一或第二位。

（11）系统运行成本。企业为控制存货会支出软件、纸张等行政管理费用。

（12）固定资产投资成本。以制造业为例，存货从条码识别到入库需要一系列的物流设备，如自动化立体仓库、堆垛机向导、输送系统、分拣码垛系统、读取数据的条码识别系统、电机控制系统、计算机软件系统、中央控制室、自动引导车、激光引导等。

（13）运输成本。它包括存货进出工厂，送达供应商，送达到不同的车间或分销中心等所需的运输成本。

（14）保管条件成本。这主要指对于不同存货，需要不同的保管条件，例如，温度控制、湿度控制、光度控制等消耗的成本。供应商管理存货时，应该仔细考虑上述成本，用户和供应商双方必须在评估、调整历史数据的基础上，对比 VMI 实施后的有关存货成本，例如，实施 VMI 过程中减少的订单成本、发票成本、货物验收成本等行政费用，时间节约成本等，这些成本往往需要供应商与用户组建一个多功能小组来完成。

2）组建多功能小组

为了更好地实施供应商管理存货，用户和供应商需要抽出多个部门的人员而组建多功能小组。这个多功能小组不仅承担着分析存货成本的任务，还需要确定加入 VMI 的供应商标准。邀请诸如从事工程技术、采购、生产的供应商人员加入小组将会尽早了解潜在的问题。鼓励供应商改革不仅有利于减少不必要的经营费用，减少开发/生产时间和成本，而且有利于改进产品。多功能小组可以帮助供应商提高协调能力并减少某些内部浪费。通过共同工作的关系，供应商和用户可以建立共同体制，减少浪费。在紧急情况下，当一个关键的产品供应出现问题时，用户可以派多功能小组去帮助供应商解决这个关键问题并且为了获得长期提高而对供应商提供长期的支持。为了提高现有的供应链性能，提高整个存货管理的质量，多功能小组还需要寻找新的供应商。多功能小组的建立与控制过程见表 8.1。

表 8.1　多功能小组的建立与控制过程

阶段一：组织准备评估	
评估关键问题	1. 我们行使了管理的功能吗？2. 组建单功能还是多功能小组？3. 我们需要多少人？
评估组建条件	1. 面对复杂或高层次决策；2. 原任务影响企业的竞争性；3. 单个功能不能完成任务；4. 决策需要不同团体的信息；5. 小组内部协作会产生更好的结果
阶段二：建立小组和角色分工	
形成小组决定的关键领域	1. 小组规模；2. 主要功能；3. 选择成员；4. 供应商参与；5. 小组内部培训；6. 本地雇员；7. 业余/全职时间任务；8. 补偿系统；9. 组织报告；10. 结构；11. 任命小组领导；12. 分配个人任务；13. 建立联络中心
阶段三：设立小组性能目标并进行评价反馈	
设立小组性能目标	1. 明确最高管理目标；2. 建立分组目标；3. 小组建立专门的性能目标；4. 建立性能评价指标和评价体系

进行评价反馈	1. 为量化小组性能目标保持小组的可计量性；2. 作为雇员正常性能评估的一部分；3. 提供个人和小组的性能反馈
阶段四：保持小组性能和稳定性并提高成员效率	
保持小组性能和稳定性	1. 使用性能评价和回报性；2. 轮换人员和领导责任；3. 小组目标转换；4. 提高性能目标激励；5. 采用适当的行为
提高成员效率	1. 签订任务书；2. 提供关键资源；3. 发展小组成员；4. 特定的目标；5. 供应商参与；6. 高层支持；7. 评估/奖励小组性能；8. 承认决策权威
提高性能的战略支持条件	1. 统一执行小组规则；2. 合适的信息；3. 有效的执行计划

5. 实施 VMI 的难点

利用多功能小组分析基于活动的存货成本，并且有效地运行多功能小组是成功运行供应商管理存货的关键。在实施 VMI 过程中，需要多功能小组参与拟订框架协议，拟订框架协议时对下面几个问题需要着重把握。

（1）供应链中企业的仓储人员可能认为 VMI 对他们在企业中的地位是一种威胁，必须做好他们的工作以保证有效地实施 VMI。

（2）拟订一份粗略的存货品种和补充计划，讨论存货包含哪些品种，开始应该管理多少产品，何时增加新产品。

（3）供应商使用什么样的工具交货，在哪里建立仓库，其面积能否保证产品的进出和不断增长的产品需求。

（4）谁将代表供应商管理存货，其管理能力、声誉、业务范围和过去的经验、财务状况、人力资源等需要达到什么标准。

（5）供应商将如何满足所有参与者的送货时间，送货地点，存货怎样送达工厂，怎样保证存货安全？

（6）单位库存量、规格、存货进出流程，如何从 VMI 中剔除不合格产品或改变单位送货规格，单位库存产品的所有权归谁。

（7）适合评价 VMI 的评估体系。

（8）参与 VMI 的供应商的资格标准，潜在的符合条件的供应商列表，供应商培训和退出计划。

（9）退货条款的拟订，包括退货的提前期，退货的运费支付等。

（10）例外条款的拟订，包括什么样的意外事件需要报告，报告的渠道，时间间隔等。

（11）付款条款的拟订，包括付款方式，有关文件准备等。

（12）罚款条约的拟订，如供应商装错了货物或装了空箱，他将承担哪些额外的费用，如果用户提供了不充分或令人误解的信息导致供应商出错，有关损失费用如何分摊，如果用户取消了产品而因为信息渠道或其他原因供应商已经送货，谁将对这批存货负责等。

VMI 的实施需要全体参与者的努力，用户和供应商之间的框架协议不可能包括所有可能发生的情况，需要根据 VMI 完成的情况定期调整和更新计划。供应商和用户之间畅通的交流和反馈渠道是非常重要的。一旦 VMI 成功地运用在供应链中，企业将会把 VMI 的管理经验扩展到其他活动领域，VMI 带来的成本节约将是无限的。

二、联合库存管理

在供应链协同的环境中，当协作参与者扩展到以库存为缓冲点的上下游相邻节点企业时，就形成了买方和卖方同时管理库存的运作方式——联合库存管理。联合库存管理是一种基于协调中心的库存管理办法，是解决供应链系统中由于各节点企业的相互独立库存运作模式导致的需求放大现象，提高供应链同步化程度的一种有效的库存控制方法。

（一）基本思想

VMI 是一种供应链集成化运作的决策代理模式，它把用户的库存决策权代理给供应商，由供应商代理分销商或批发商行使库存决策的权力。联合库存 JMI（jointly managed inventory）管理则是一种风险分组的库存管理模式。

联合库存管理的思想可以从分销中心的联合库存功能谈起。地区分销中心体现了一种简单的联合库存管理的思想。传统的分销模式是分销商根据市场需求直接向工厂订货，比如汽车分销（或批发商），根据用户对车型、款式、颜色、价格等的不同需求，向汽车制造厂订货，需要经过较长时间货物才能到达，因为顾客不想等待这么久的时间，因此各个分销商不得不进行库存备货，这样大量的库存使分销商难以承受，以至于破产。据估计，在美国，通用汽车公司销售 500 万辆轿车和卡车，平均价格是 18 500 美元，分销商维持 60 天的库存，库存费是车价值的 22%，一年总的库存费用达到 3.4 亿美元。而采用地区分销中心，就大大减缓了库存浪费的问题。

图 8.3 为企业传统分销模式，每个销售商直接向工厂订货，每个销售商都有自己的库存，而图 8.4 为分销中心模式，各个销售商只需要少量的库存，大量的库存由地区分销中心储备，也就是各个销售商把其库存的一部分交给地区分销中心负责，从而减轻了各个销售商的库存压力。分销中心就起到了联合库存管理的功能。分销中心既是一个商品的联合库存中心，同时也是需求信息交流与传递的枢纽。

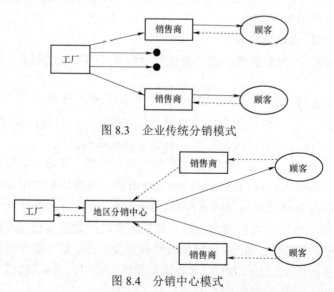

图 8.3　企业传统分销模式

图 8.4　分销中心模式

从分销中心的功能得到启发，人们对现有的供应链库存管理模式进行新的拓展和重构，提出联合库存管理新模式——基于协调中心的联合库存管理系统。近年来，在供应链企业之间的合作关系中，更加强调双方的互利合作关系，联合库存管理就体现了战略供应商联盟的新型企业合作关系。

在传统的库存管理中，把库存分为独立需求和相关需求两种库存模式来进行管理。相关需求库存问题采用物料需求计划处理，独立需求问题采用订货点办法处理。一般来说，产成品库存管理为独立需求库存问题，而在制品和零部件以及原材料的库存控制问题为相关需求库存问题。图 8.5 为传统供应链活动过程模型，在整个供应链过程中，从供应商、制造商到分销商，各个供应链节点企业都有自己的库存，供应商作为独立的企业，其库存（即其产品库存）为独立需求库存，制造商的材料、半成品库存为相关需求库存，而产品库存为独立的需求库存，分销商为了应付顾客需求的不确定性也需要库存，其库存也为独立需求库存。

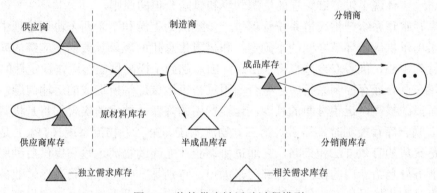

图 8.5　传统供应链活动过程模型

联合库存管理是解决供应链系统中由于各节点企业的相互独立库存运作模式导致的需求放大现象，是提高供应链同步化程度的一种有效方法。联合库存管理和供应商管理库存不同，它强调双方同时参与，共同制订库存计划，使供应链过程中的每个库存管理者（供应商、制造商、分销商）都考虑相互之间的协调，使供应链相邻的两个节点之间的库存管理者对需求的预期保持一致，从而消除了需求变异放大现象。任何相邻节点需求的确定都是供需双方协调的结果，库存管理不再是各自为政的独立运作过程，而是变成供需连接的纽带和协调中心。

在联合库存管理模式下，双方通过某种形式的协商框架，来决定需求的预测和补充存货的水平，协议一般要体现以下内容：库存的最高水平和最低水平，货物的补充周期，明确要生产产品的安全、环境保护问题，数据的提供、预测、补给和库存负责问题，库存的准确目标，结算方式以及相关支付手段，任何一方未能履行其职责的相应补救措施。该方法要求供应商和采购商相互开放、资源共享，与传统的库存管理方式相比，其优势主要表现在：保持较低的存货水平、减少缺货的风险、增加相应的支付方式。图 8.6 为基于协调中心联合库存管理的供应链系统模型。

基于协调中心的库存管理和传统的库存管理模式相比，有以下几个方面的优点。

（1）为实现供应链的同步运作提供了条件和保证。

（2）减少了供应链中的需求扭曲现象，降低了库存的不确定性，提高了供应链的稳定性。

（3）库存作为供需双方的信息交流和协调的纽带，可以暴露供应链管理中的缺陷，为改进供应链管理水平提供依据。

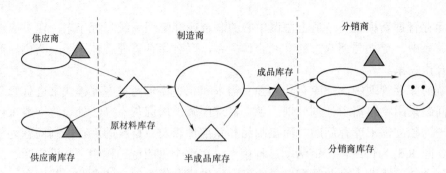

图 8.6　基于协调中心联合库存管理的供应链系统模型

（4）为实现零库存管理、准时采购以及精细供应链管理创造了条件。

（5）进一步体现了供应链管理的资源共享和风险分担的原则。

联合库存管理系统把供应链系统管理进一步集成为上游和下游两个协调管理中心，从而部分消除了由于供应链环节之间的不确定性和需求信息扭曲现象导致的供应链的库存波动。通过协调管理中心，供需双方共享需求信息，因而起到了提高供应链运作稳定性的作用。

但是，在联合库存控制系统中，整合的困难在于地域广阔所造成的运输问题。在短时间内，运输手段的提高，运输时间的减少，运输费用的降低，技术的实现都将是极其缓慢的，因此在建立联合库存控制时，需引入第三方物流系统。第三方物流系统（TPL）是一种实现物流供应链集成的有效方法和策略，它通过协调企业之间的物流运输和提供后勤服务，把企业的物流业务外包给专门的物流管理部门来承担，特别是一些特殊的物流运输业务。在某些情况下，多品种小批量生产的供应链必须是小批量采购、小批量运输，这就提高了货物的供应频率，而运输频率的增加就要增加运输费用，这时由第三方物流系统提供一种集成运输模式，可使供应链的小批量库存补给变得更为经济。

（二）联合库存管理的实施策略

1. 建立供需协调管理机制

为了发挥联合库存管理的作用，供需双方应从合作的精神出发，建立供需协调管理的机制，通过相互的协调作用，明确各自的目标和责任，建立合作沟通的渠道，为供应链的联合库存管理提供有效的机制。没有一个协调的管理机制，就不可能进行有效的联合库存管理。建立供需协调管理机制，要从以下几个方面着手。

1）建立共同合作目标

要建立联合库存管理模式，首先供需双方本着互惠互利的原则，建立共同的合作目标。为此，要理解供需双方在市场目标中的共同之处和冲突点，通过协商形成共同的目标，如用户满意，利润的共同增长和风险的减少等。

2）建立联合库存的协调控制方法

联合库存管理中心协调供需的双方利益，起协调控制器的作用。因此需要明确库存优化的方法。这些内容包括库存如何在多个需求商之间调节与分配，库存的最大量和最小量、安全库存的确定、需求的预测等。

3）建立一种信息沟通的渠道或系统

信息共享是供应链管理的特色之一。为了提高整个供应链需求信息的一致性和稳定性，减少由于多重预测导致的需求信息扭曲，应增加供应链各方对需求信息获得的及时性和透明性。为此应建立一种信息沟通的渠道或系统，以保证需求信息的畅通和准确性。要将条码技术、扫描技术、POS 系统和 EDI 集成起来，并且要充分利用互联网的优势，在供需双方之间建立一个畅通的信息沟通桥梁和联系纽带。

4）建立利益的分配、激励机制

要有效运行基于协调中心的库存管理，必须建立一种公平的利益分配制度，并对参与方（供应商、制造商、分销商或批发商）进行有效的激励，防止机会主义行为，增加协作性和协调性，如图 8.7 所示。

2. 发挥两种资源计划系统的作用

为了发挥联合库存管理的作用，在供应链库存管理中应充分利用目前比较成熟的两种资源管理系统：制造资源计划系统和物资资源配送计划系统。原材料库存协调管理中心应使用制造资源计划系统，而在产品联合库存协调管理中心则应使用物资资源配送计划系统。这样在供应链系统中把两种资源计划系统很好地结合起来。

3. 建立快速响应系统

快速响应系统是在 20 世纪 80 年代末由美国服装行业发展起来的一种供应链管理策略，目的在于减少供应链中从原材料到用户的过程时间和库存，最大限度地提高供应链的运作效率。

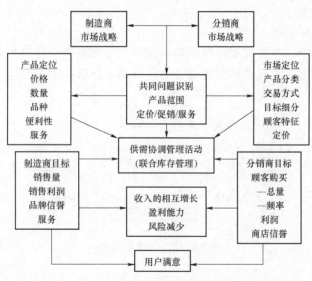

图 8.7　供应链利益协调机制图

快速响应系统在美国等国家的供应链管理中被认为是一种有效的管理策略，经历了三个发展阶段。第一阶段为商品条码化，通过对商品的标准化识别处理加快订单的传输速度；第二阶段是内部业务处理的自动化，采用自动补库与数据交换系统提高业务自动化水平；第三阶段是采用更有效的企业间的合作，消除供应链组织之间的障碍，提高供应链的整体效率，如通过供需双方合作，确定库存水平和销售策略等。

在欧美等国家，快速响应系统应用已到达第三阶段，通过联合计划、预测与补货等策略进行有效的用户需求反应。美国的 Kurt Salmon 协会调查分析认为，实施快速响应系统后供应链效率大有提高：缺货大大减少，通过供应商与零售商的联合协作保证 24 小时供货；库存周转速度提高 1~2 倍；通过敏捷制造技术企业的产品中有 20%~30%是根据用户的需求而制造的。

快速响应系统需要供需双方的密切合作，因此协调库存管理中心的建立为快速响应系统发挥更大的作用创造了有利的条件。

4. 发挥第三方物流企业的作用

第三方物流企业（third party logistics）是供应链集成的一种技术手段。第三方物流企业也叫作物流服务提供商，它为用户提供各种服务，如产品运输、订单选择、库存管理等。第三方物流系统的产生一种是由一些大的公共仓储公司通过提供更多的附加服务演变而来的，另一种是由一些制造企业的运输和分销部门演变而来。

把库存管理的部分功能代理给第三方物流系统管理，可以使企业更加集中精力处理自己的核心业务，第三方物流系统起到了供应商和用户之间的桥梁的作用（如图 8.8 所示）。第三方物流系统可以为企业获得诸多好处：

（1）减少成本；

（2）使企业集中于核心业务；

（3）获得更多的市场信息；

（4）获得一流的物流咨询；

（5）改进服务质量；

（6）快速进入国际市场。

面向协调中心的第三方物流系统使供应与需求双方都取消了各自独立的库存，增加了供应链的敏捷性和协调性，并且能够大大改善供应链的用户服务水平和运作效率。

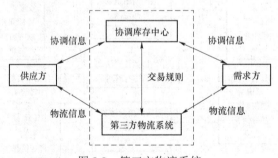

图 8.8　第三方物流系统

（三）基于供应链管理的联合库存动态运作模式

在供应链管理环境下，供应链上的各节点企业之间联合库存是一种复杂的动态循环过程。不管是处于供应链上分销商与生产商的产成品联合库存，还是供应商与生产商的原材料库存水平都是一个动态变化的量，它们会随着时间的推移而发生盘点数量的变化，库存水平随着需求过程而减少，随补充过程而增大。

生产商与分销商的联合产品库存，来自顾客的不断需求，持续销售是引起产品库存逐渐减少的动力，不断的生产又使产品库存量逐步增加，企业的目的是在此动态过程即销售与生产过程中使产品库存保持一个平衡的最优状态。在此最优库存状态下，一方面企业的交货水平使得顾客满意度可以达到一个设定值（如95%），另一方面产品库存又不是很大，不会占用过多资金，有利于降低产品成本及资金的机会成本，但实际上，市场需求会表现出不确定性，诸如市场需求突然增加或突然减少的特点。市场需求的这种不确定性增加了保持库存水平在一个比较优的状态的难度。由于原材料需求为非独立性需求，市场需求的不确定性会通过产成品传导给原材料，从而影响原材料联合库存水平。比如，当产成品需求增加时，若要继续保持95%的顾客满意度，势必提高公司的生产能力，及时安排生产。处于供应链上的核心生产商根据市场需求量，指导生产计划的制订及生产能力的调整。生产计划安排好以后，就可以根据生产计划来计算原材料需求并订购原材料，从而会增加原材料联合库存的库存水平。供应链管理环境下，联合库存动态运作模式如图8.9所示。

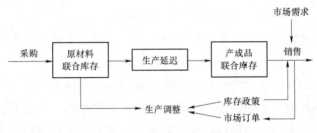

图8.9　联合库存动态运作模式

从图 8.9 的联合库存动态运作模式中可以看出，市场需求对产成品库存及原材料库存起着主导作用。因此，研究市场需求的变化对库存的影响就显得非常重要。

处于供应链上的生产商以来自下游分销商的市场需求信息作为产成品需求的依据，并据此安排生产计划或供应计划。这样，市场需求的增加必然引起产成品库存的变化，并且直接影响核心企业的生产调整计划，从而影响原材料库存。这是一个在动态的系统中综合解决产成品库存及原材料库存管理的问题，而不是把各个库存问题分开来单独考虑，从而达到使供应链整体库存大大优化的目标。

（四）联合库存管理中信息共享的有效性

前面从概念、思想和实施流程方面介绍了联合库存管理如何通过本身有效的机制协商来降低库存，提高供应链库存管理效率。下面将从信息的角度考虑，通过建立简单二级联合库存管理数学模型论证，减少供应商和分销商持有的不必要库存，实现了联合库存管理的思想和目的。

联合库存管理能够降低库存水平实际就是供应商和分销商通过信息共享和协商而减少的由于需求预测差异而导致的库存量，本书建立一种只有供应商和分销商的简单二级供应链模型，通过信息是否共享两种形式的对比，来分析联合库存管理模式是如何通过有效的信息共享和协商来达到降低库存水平，有效减弱该模型中的"牛鞭效应"，分析多周期库存问题，假设只有一个供应商（制造商）和一个分销商（零售商），分销商（零售商）直接面对消费者的需求，但不知道顾客需求的实际分布，而供应商（制造商）面对的是分销商（零售商）的订单，并根据订单进行需求预测。

1. 非信息共享情形下供应链的库存策略

在非信息共享情形下，供应链各成员之间的需求预测和库存策略是各自进行的，因此也谈不上联合库存管理。其中分销商（零售商）面对的是顾客的实际需求，而供应商（制造商）仅面对分销商（零售商）的订单，为了保证同样的服务水平，就很难让他们的需求一致。为了方便问题的描述，先进行如下假设：

（1）t 表示库存检查周期，D_i 表示第 i 个检查周期时段内的顾客需求，其中 $i = 1, 2, \cdots$

（2）t_i 个检查周期内分销商（零售商）的订购量为 Q_i

（3）t_i 个检查周期内分销商（零售商）的预测需求量为 R_i

（4）t_i 个检查周期内供应商（制造商）的订购量为 O_i

（5）t_i 个检查周期内供应商（制造商）的预测需求量为 M_i

（6）分销商（零售商）采用一阶指数平滑预测顾客需求，即

$$R_i = \alpha D_i + (1-\alpha)R_{i-1} \tag{8-1}$$

（7）供应商（制造商）采用一阶指数平滑预测分销商（零售商）需求，即

$$M_i = \beta O_i + (1-\beta)M_{i-1} \tag{8-2}$$

（8）$\alpha, \beta(0 < \alpha < 1, 0 < \beta < 1)$ 分别为零售商和供应商的平滑系数。

平滑系数的大小体现了不同时期数据在预测中所起的作用，平滑系数越大，对近期数据的依赖性越大，模型的灵敏度越高，但预测的波动性越大；平滑系数越小，对近期数据的依赖性越小，消除了随机性带来的波动，可以反映长期的大致发展趋势。零售商（分销商）面对的是顾客的实际需求，因此，对近期顾客的需求数据信息比较敏感，而制造商（供应商）面对的是零售商（分销商）的订单信息，其有理由相信零售商（分销商）的订单需求信息不一定实际反映顾客的需求信息，因此制造商（供应商）对零售商（分销商）的订单信息反映比较迟钝。所以，可以做出零售商（分销商）的平滑指数 α 不小于制造商（供应商）平滑指数 β。在信息不共享的情况下，假定零售商（分销商）和制造商（供应商）采用 (t, S) 库存控制策略，即每隔 t 时间来检查库存，根据剩余库存量和最高库存量 S 来确定订购量，使库存量恢复到最高库存。零售商（分销商）的最高库存量为：

$$SR_i = R_i + Z_R \cdot \sigma_R \tag{8-3}$$

这里，$Z_R \cdot \sigma_R$ 为零售商（分销商）的安全库存量，σ_R 为零售商（分销商）需求的标准方差，可以通过以往的数据来确定，Z_R 为零售商（分销商）的安全系数，它依赖于零售商（分销商）的服务水平高低。根据其库存策略，零售商（分销商）在 t_i 时期的订购批量为

$$O_i = SR_i - (SR_{i-1} - D_{i-1}) = R_i - R_{i-1} + D_{i-1} \tag{8-4}$$

制造商（供应商）的最高库存为

$$SM_i = M_i + Z_M \cdot \sigma_M \tag{8-5}$$

这里，$Z_M \cdot \sigma_M$ 为制造商（供应商）的安全库存量，σ_M 为制造商（供应商）需求的标准方差，可以通过以往的数据来确定，Z_M 为制造商（供应商）的安全系数，它依赖于制造商（供应商）的服务水平高低。根据其库存策略，制造商（供应商）在 t_i 时期的订购批量为

$$O_i = SM_i - (SM_{i-1} - O_{i-1}) = M_i - M_{i-1} + O_{i-1} \tag{8-6}$$

这里假设顾客的需求 D_i 是时间序列变量，服从一阶自回归，即

$$D_i = d + \rho D_{i-1} + \mu_i \qquad (8-7)$$

其中，d 为常数，ρ 为相关系数（$\rho < 1$），μ_i 为随即误差，服从均值为 0，方差为 μ 的独立同分布随机变量，且 $\mathrm{cov}(\mu_i, D_{i-k}) = 0, k = 1, 2, 3, \cdots, i$。

在非信息交换情况下，零售商面对的是顾客的实际需求，而制造商面对的是零售商的订单，根据以上模型的假设条件，可以得出以下两个引理。

引理 1 制造商（供应商）订购批量的波动＞零售商（分销商）订购批量的波动＞顾客实际需求的波动。

证明： 由零售商（分销商）的需求预测 $R_i = \alpha D_i + (1 + \alpha) R_{i-1}$，利用等比数列与等差数列数学的知识，可得到

$$R_i = a D_i + (1-\alpha) R_{i-1} = \sum_{k=0}^{i-1} \alpha (1-\alpha)^k D_{i-1-k} \qquad (8-8)$$

将式（8-8）代入式（8-6）可以得到

$$O_i = (1+\alpha) D_{i-1} - \alpha R_{i-1} \qquad (8-9)$$

由 D_i 的性质及方差、协方差的公式，可以得到

$$V(O_i) = V\big[(1+\alpha) D_{i-1} - \alpha R_{i-1}\big] = V(D_i)\left[1 + \frac{1-\rho}{1-\rho(1-\alpha)} \times \frac{4\alpha}{2-\alpha}\right] \qquad (8-10)$$

同理，由制造商（供应商）的需求预测 $M_i = \beta O_i + (1-\beta) M_{i-1}$，利用等比数列与等差数列的知识，可得到

$$M_i = \beta O_i + (1-\beta) M_{i-1} = \sum_{k=0}^{i-1} \beta (1-\beta)^k O_{i-1-k} \qquad (8-11)$$

联合式（8-9）、式（8-10）和式（8-11）可以得到

$$\begin{aligned} Q_i &= \big[(1+\beta) O_{i-1} + \beta\big] M_{i-1} \\ &= (1+\beta)\big[(1+\alpha) D_{i-1} - \alpha R_{i-2}\big] - \beta \sum_{k=0}^{i-2} \beta (1-\beta)^k O_{i-2-k} \ (i \geqslant 2) \end{aligned} \qquad (8-12)$$

由 D_i 的性质及计算方差、协方差的公式，可以得到

$$V(Q_i) = (1+\beta) V(D_i)\left(1 + \frac{1-\rho}{1-\rho(1-\alpha)} \times \frac{2}{2-\alpha}\right) + \beta(1-\beta)\big[1 - (1-\beta)^{i-2} V(Q_i)\big] (i \geqslant 2)$$
$$\qquad (8-13)$$

当 $i = 1$ 时，$V(Q_i) = 0$ 不具有一般意义。

比较式（8-8）和式（8-11），可以看出

$$V(Q_i) > V(O_i) > V(D_i) \qquad (8-14)$$

即在信息没有进行交换的情况下，制造商（供应商）订购批量的波动＞零售商（分销商）订购批量的波动＞顾客实际需求的波动。

引理 2 制造商（供应商）需求预测误差的波动＞零售商（分销商）需求预测误差的波动。

证明： 零售商（分销商）的需求预测误差的方差为 $V(R_i - D_i)$，结合式（8-13）和 D_i 的

性质以及计算方差、协方差的公式，可以得到

$$\mathrm{V}(R_i - D_i) = \frac{\sigma^2}{1-\rho} \times \frac{1-\rho}{1-\rho(1-\alpha)} \times \frac{2}{2-\alpha}$$

$$\mathrm{V}(D_i) \frac{1-\rho}{1-\rho(1-\alpha)} \times \frac{2}{2-\alpha}$$

(8-15)

零售商（分销商）的需求预测误差的方差为 $\mathrm{V}(M_i - O_i)$，联合式（8-1）、式（8-2）、式（8-3）、D_i 的性质以及计算方差、协方差的公式，可以得到

$$\mathrm{V}(M_i - O_i) = \mathrm{V}\left[\sum_{k=0}^{i-1} \beta(1-\beta)^k O_{i-1-k}\right]$$

$$= \mathrm{V}(D_i)(1+\beta^2)\frac{1-\rho}{1-\rho(1-\alpha)} \times \frac{2}{2-\alpha} + \mathrm{V}(D_i)\beta^2$$

(8-16)

$$\left[1+(1-\beta)^{2(i-1)}\right]\left[1+\frac{1-\rho}{1-(1-\alpha)} \times \frac{4\alpha}{2-\alpha}\right]$$

比较式（8-13）和式（8-14），可以得出

$$\mathrm{V}(M_i - O_i) - \mathrm{V}(R_i - D_i) = [\mathrm{V}(D_i)]A > 0$$

(8-17)

式中，A 为关于 α, β, γ 的代数表达式。

由式（8-17）可以得出制造商（供应商）需求预测误差的波动＞零售商（分销商）需求预测误差的波动。

2. 信息共享情形下供应链的库存策略

如果供应商（制造商）和分销商（零售商）进行信息交换，供应链实施联合库存管理策略，则对于供应商（制造商）和分销商（零售商）来说，仍然实施 (t, s) 的库存检查措施，但由于供应链上的成员能够进行信息的交换和协商，能有效地降低供应链整体的库存水平，减弱需求信息的扭曲现象。

实施信息共享，在预测需求方法不变的情况下，制造商（供应商）受到的影响最大。因为信息交换和共享，制造商（供应商）将采取与零售商相同的预测方法，即有 $M_i - R_i$；制造商要达到与零售商相同的服务水平，应该选择和零售商相同的指数预测平滑系数，即 $\alpha = \beta$。通过信息共享，可以得出引理 3。

引理 3 实施信息共享交换后，供应商能有效地降低需求预测的波动和降低库存水平。

证明：在没有信息共享的情况下，供应商的需求预测是 $M_i = \beta O_i + (1-\beta)M_i - 1$；而实施信息共享以后，供应商的需求预测是 $M_i = R_i$，此情形下的需求预测误差就是在没有信息共享情况下分销商的需求预测误差，而在引理 2 里面已经证明了大于零售商（分销商）需求预测误差的波动，即信息共享后制造商（供应商）需求预测误差的波动小于没有信息共享时制造商（供应商）需求预测误差的波动，而需求预测误差波动减少的同时，也就在一定程度上降低了供应商（制造商）的安全库存水平，从而有效降低了其整体库存水平。

3. 实例证明

建立分销中心是实施联合库存管理的关键步骤。分销中心建立后，各个经销商只需要少量的库存，大量的库存由地区分销中心储备。也就是说各个经销商把其库存的一部分交给地区分销中心负责，从而减轻了各经销商的库存压力，分销中心就起到了联合库存管理的作用。

分销中心面对一个更大的市场范围，对此地区需求的预测误差会减少，安全库存量也会下降。下面用一个例子来对比联合库存管理实施前后的效果。

AME 公司是华北地区一家不锈钢总分销商，目前主要向北京和天津两个市场的二级经销商供货，假定北京和天津市场只有一家二级经销商，每个经销商拥有自己的仓库，各自负责库存策略的制订与实施。最终工业用户向经销商直接订货，分销商向经销商供货的提前期为7 天，分销商有能力来满足两个市场的任何仓库的订单，目前的服务水平为 97%。分销模式如图 8.10 所示。

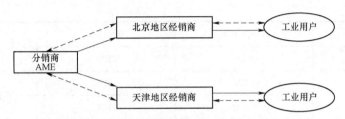

注：图中虚线双箭头代表信息流方向，实线单箭头代表实物流方向。

图 8.10 AME 公司传统分销模式图

实施联合库存管理之后，分销商可以选择在北京、天津两地区之间建立华北地区分销中心，并与两地的经销商联合制订库存计划。分销中心向北京、天津联合供货，分销模式如图 8.11 所示。

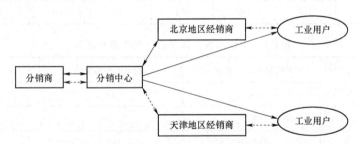

注：图中虚线双箭头代表信息流方向，实线单箭头代表实物流方向。

图 8.11 实施联合库存管理分销模式图

由表 8.2～表 8.7 中的数据可以看出实施联合库存管理的益处主要有如下几点。

（1）对比表 8.3、表 8.6，可以看出，实施联合库存管理后库存的变差系数大大降低，这说明库存管理者可以对需求进行更准确的预测。

（2）对比表 8.4、表 8.7，可以看出，分销中心的安全库存和订货点也大大低于北京、天津仓库的总和，这就降低了系统的安全库存和平均库存水平，降低了库存成本。

表 8.2 北京、天津不锈钢经销商 8 周的销售数据　　　　　　单位：×10³ t

周	1	2	3	4	5	6	7	8
北京	55	78	60	39	80	45	50	80
天津	58	30	70	65	40	55	32	80

资料来源：中华商务网，WWW.CHIANCCM.COM。

表 8.3　北京、天津 8 周内不锈钢平均需求、标准差、变差系数列表

地区	平均需求/（×10³ t）	需求的标准差	变差系数
北京	60.8	15.4	0.25
天津	53.75	17.05	0.32

注：计算方法见附注。

表 8.4　北京、天津 8 周内不锈钢安全库存、订货点、提前期需求合表

单位：×10³ t

地区	提前期需求	安全存库	订货点
北京	60.8	28.95	89.75
天津	53.75	32.05	85.8
合计	114.55	61.00	175.55

注：计算方法见附注。

表 8.5　北京、天津不锈钢 8 周内销售数据合表

单位：×10³ t

周	1	2	3	4	5	6	7	8
北京	55	78	60	39	80	45	50	80
天津	58	30	70	65	40	55	32	80
合计	113	108	130	104	120	100	82	160

表 8.6　平均需求、标准差、变差系数合表

地区	平均需求（×10³ t）	需求的标准差	变差系数
北京	60.8	15.4	0.25
天津	53.75	17.05	0.32
分销中心	114.625	21.7	0.19

表 8.7　提前期需求、安全库存、订货点合表

单位：×10³ t

地区	提前期需求	安全库存	订货点
北京	60.8	28.95	89.75
天津	53.75	32.05	85.8
分销中心	114.625	40.80	155.4

（3）分销中心不仅是货物的集散地，还是信息枢纽中心，分销商可以直接掌握两地最终顾客的需求情况，以便更好地互相协调，提高了供应链反应的速度和柔性，可以在安全库存和订货点不变的情况下，缩短提前期。

（4）进一步体现了供应链管理的资源共享和风险分组的原则。

近年来，在供应链企业之间的合作关系中，更加强调双方的互利合作关系，联合库存管理就体现了战略联盟的新型企业合作关系。

附注：

$$平均需求 = \frac{1}{8}\sum_{i=1}^{n}X_i \qquad 需求的标准差 = \sqrt{\frac{1}{n}\sum_{i=1}^{n}(X_i - \bar{X})^2}$$

$$变差系数 = 标准差/平均需求 \qquad 订货点\ S = L \times AVG + STD \times \sqrt{L}$$

下面以北京的数据为基础，得出相关计算结果：

$$平均需求 = \frac{1}{8}(55 + 78 + 60 + 39 + 80 + 45 + 50 + 80) \approx 60.8$$

$$需求的标准差 = \sqrt{\frac{1}{8}\sum_{i=1}^{8}(X_i - 60.8)^2} \approx 15.4$$

$$变差系数 = 15.4/60.8 \approx 0.25$$

$$AVG = 平均日需求 = 60.8/7 \approx 8.9$$

$$STD = 日需求的标准差 = 15.4/\sqrt{7}$$

$$订货点\ S = 7 \times 60.8/7 + 1.88 \times 15.4 = 89.75$$

$$安全库存 = Z \times STD \times \sqrt{L} = 1.88 \times 15.4 = 28.95$$

联合库存是实现供应链节点企业信息共享，降低供应链成本的有效手段。传统的产品流通模式中，企业为了各自的利益对信息资源进行自我封闭，形成企业独立信息体系，企业之间缺乏沟通，为了应付不测，企业不得不建立库存，企业高库存现象实际上就是信息堵塞与封闭的结果，由于供应链中各个节点企业都有自己的库存及其相应的库存控制策略，库存决策各自为政，不可避免产生需求的扭曲现象，即所谓的需求放大现象，造成库存浪费，无法达到供应链的最低成本。通过联合库存模式，供应链上企业间共同管理库存、共享信息，从而能够进行有效的沟通和交流。供应链上游企业可以减少为满足需求波动而设立的库存，下游企业也可以预先得到交货的相关信息，而采取相应的措施，也无须过多设立库存，使供应链库存成本降低。

思 考 题

1. 基于协调中心的库存管理和传统的库存管理模式相比有哪些优点？
2. JMI 和 VMI 之间有什么关系？

案例

家乐福公司：从 VMI 中受益无穷

VMI 是 OR 系统的一种重要物流运作模式，也是 QR 走向高级阶段的重要标志。VMI 的核心思想在于零售商放弃商品库存控制权，而由供应商掌握供应链上的商品库存动向，即由供应商依据零售商提供的每日商品销售资料和库存情况来集中管理库存，替零售商下订单或连续补货，从而实现对顾客需求变化的快速响应。VMI 不仅可以大幅改进 QR 系统的运作效率，即加快整个供应链面对市场的回应时间，较早地得知市场准确的销售信息；而且可以最大化地降低整个供应链的物流运作成本，即降低供应商与零售商因市场变化带来的不必要库存，达到挖潜增效，开源节流的目的。

正是看到了 VMI 的上述特殊功效，家乐福公司在引进 QR 系统后，一直努力寻找合适的战略伙伴以实施 VMI 计划。经过慎重挑选，家乐福公司最后选择了其供应商雀巢公司。就家乐福公司与雀巢公司的既有关系而言，双方只是单纯的买卖关系，唯一特殊的是，家乐福公司对雀巢来说是一个重要的零售商客户。在双方的业务往来中，家乐福公司具有十足的决定权，决定购买哪些产品与数量。

两家公司经协商，决定由雀巢建立整个 VMI 计划的机制，总目标是提高商品的供应效率，降低家乐福公司的库存天数，缩短订货前置时间，以及降低双方物流作业的成本率等。

由于双方各自有独立的内部 ERP 系统，彼此并不相容，因此家乐福公司决定与雀巢以 EDI 连线方式来实施 VMI 计划。在 VMI 系统的经费投入上，家乐福公司主要负责 EDI 系统建设的花费，没有其他额外的投入；雀巢公司除了 EDI 建设外，还引进了一套 VMI 系统。经过近半年的 VMI 实际运作后，雀巢对家乐福公司配送中心产品的到货率由原来的 80% 左右提升至 95%（超越了目标值），家乐福公司配送中心对零售店铺产品到货率也由 70% 提升至 90% 左右，并仍在继续改善中；库存天数由原来的 25 天左右下降至 15 天以下，在订单修改方面也由 60%～70% 下降至现在的 10% 以下，每日商品销售额则上升了 20% 左右。总体而言，VMI 使家乐福公司受益无穷，极大地提升了其市场反应能力和市场竞争能力。

相对家乐福公司的受益而言，雀巢公司也受益匪浅。最大的收获便是在与家乐福公司的关系改善方面。过去雀巢与家乐福公司只是单向买卖关系，所以家乐福公司要什么就给他什么，甚至是尽可能地推销产品，彼此都忽略了真正的市场需求，导致好卖的商品经常缺货，而不畅销的商品却有很多存货。这次合作使双方愿意共同解决问题，从而有利于从根本上改进供应链的整体运作效率，并使雀巢容易掌握家乐福公司的销售资料和库存动态，以更好地进行市场需求预测和采取有效的库存补货计划。（摘自：中国物流网）

讨论：VMI 给家乐福公司带来哪些益处？

第九章

项 目 管 理

学习目标

1. 了解项目管理的相关过程。
2. 掌握制订项目计划的方法及时间参数的计算。
3. 学会项目的优化与调整。

引导案例

卓越集团的项目管理

卓越集团以房地产开发为主营业务，土地储备超过 1200 万平方米，公司坚持以深圳为重点的全国发展战略，采用跨区域的集团化管控模式，是中国领先的综合地产运营商之一。近年来，随着卓越集团扩张步伐日益加快，项目管理的困难与问题也逐渐凸显，主要表现为：对项目的总体控制计划，各部门之间缺乏统一共识，一旦计划调整后就容易出现多个版本的现象，致使项目工作推进不同步，各部门形成单打独斗的局面；部门工作任务交接时对上游部门工作成果的接受程度普遍较差，项目成果没有统一标准，确认耗时过长，影响项目运作整体效率；集团层面无法实时监管多区域楼盘建设的进展情况，集团和项目上的工作审批不能高效完成，造成很多不必要的时间和人力资源浪费；项目上的知识成果散布在各专业部门人员手中，没有集中管理制度，容易随着人员流动而流失，项目经验不能得到有效沉淀及复制。

鉴于此，2007 年 7 月，卓越集团项目运营系统正式启动。卓越集团的项目运营管理体系主要包括项目进度计划管理、阶段性成果管理、形象进度管理和知识管理四个方面。

在项目运营管理中，卓越集团管控关键节点，各项目负责人根据集团关键节点的要求，细化项目的全生命周期进度计划及各专项计划，各专业职能责任人定期汇报项目进展执行情况，集团及区域公司计划运营专员定期检查项目进展情况，各项目负责人每月召开项目月度运营会议，观察项目的进度，通过会议明确完工情况，暴露存在的问题。根据计划执行情况决定是否对计划进行调整并发起审批。由此形成了一个循环管理圈，各级管理层的打通大大提高了管理的透明度以及协作效率。

1. 建立阶段性成果管理体系，实现人治到"法治"的转变

在项目进度管理中，阶段性成果主要指阶段性的"成绩"，如规划、报告、文档和方案等。卓越集团通过机制和系统的结合，建立起一套对阶段性成果的管理体系。

卓越集团通过过程执行中所沉淀下来的方案、规划、报告和图纸对后期的执行评估进行非常客观的指导和评判。卓越集团通过对阶段性成果进行分门别类的存储，并利用系统制订授权体系，对阶段性成果实行"法治"化管理，一是便于内部共享、授权使用，二是有利于在今后的项目中继续利用，从而提高企业整体项目管理工作的效率与加速企业知识的积累。

2. 实时管控全国项目进度，有效规避资金链失控风险

2007 年，卓越引入明源项目进度管理系统，实现对项目范围和进度的有效管理。其中，项目范围包括项目的基本信息、特征信息、项目产品构成、户型构成、最新的产品库存等相关信息；项目进度从多个角度全面反映时间进度、工程量进度、工作进度和形象进度，避免从单一角度看待项目进度带来的管理偏差，实时、全面、直观地反映项目的总体进度状况。

该系统从集团、公司和个人三个维度的计划编制与执行情况来实现对各个工作进度的管控。通过计划的制订、执行实施、分析反馈、调整，全面实现对项目时间进度、工程进度和形象进度的精细化过程控制。

3. 建立知识管理制度，为集团快速扩张提供支持

卓越集团在利用知识库进行管理的过程中，针对集团项目运营管理团队的特点，融合企业高速发展和扩张过程中需要学习的知识，为每个岗位制订了清晰的技能要求和知识指引。经过一段时间的积淀，卓越集团在项目运营管理系统上建立起了项目管理知识库、工作指引库和计划模板库，为新员工、新项目和新公司的快速成长提供了强大的知识积累。

面对房地产行业微利时代的到来，地产企业已经开始找寻新的出路，碧桂园集团、龙湖地产等大型房地产公司都在探索这个问题，并找到了适合企业发展的新模式。卓越集团项目运营管理系统的上线标志着卓越集团在信息化建设方面又迈上新的台阶，实现了对项目事前计划、事中控制和事后分析的全方位管控，使集团实现项目运营管理的信息化和标准化，同时，大大提升同时段多项目的管理质量和项目运营的管理水平。卓越集团项目运营管理系统的成功应用不仅借鉴了同行企业先进的管理经验和实施过程中的领先理念，并结合卓越集团的实际情况，逐步推动项目运营系统的深化应用，最终实现了项目运营的价值最大化。

在生产类型的划分中，项目属于单件生产，但又不同于一般的单件生产，这类生产的管理有它的特殊性，如新产品开发、软件系统开发、大型设备大修、大型技术改造以及特殊的大型单件产品生产等。它要求在规定的时间和预算费用内完成一项大型工程或创新性强、风险大的研究项目，为此需要组织由多种专业人员组成的专门队伍。因此，它属于另一种特殊的生产类型，所采用的管理方法也具有特殊性，通常称之为项目管理。项目管理研究的重点是项目的目标管理、项目的计划管理和项目管理应遵循的基本原则与方法。

第一节　项目管理概述

由于基于时间竞争的战略价值和持续改进的质量要求，产品生命周期不断缩短，项目复杂性和管理难度不断增加。

一、项目及项目管理

项目是一种一次性的工作，是一个用于达到某一明确目标的组织单元，应当在规定的时间内完成,有明确的可利用资源和明确的性能指标约定;由具备不同学科知识的人员成功地完成一次开发性的产品或劳务。因此,美国《管理百科全书》中将项目定义为那些在指定的时间内、特定的范围内、限定的预算内和规定的质量指标内所要完成的一次性任务或工作。

(一)项目的特点

大型项目(如长江三峡工程、阿波罗登月计划等)和小型项目(如房地产开发项目等)都是在项目管理思想的基础上进行的。这些都是一次性的活动或工作,都受期限和费用的约束,并有一定的技术、经济性能指标要求。由此可见,各种不同的项目中,项目内容是千差万别的,但项目本身有其共同的特点,可以概括如下。

(1)项目是为了追求一种新产物而组织的,具有单一性、任务可辨认性。

(2)项目是由多个部分组成的,跨越多个(社会)组织,因此具有(社会)协同性。

(3)项目的完成需要多个职能部门的人员的同时协调与配合,项目结束后原则上这些人员仍回原职能组织。

(4)项目可利用现有资源,并有明确的预算。

(5)一般来说,项目的可利用资源一经约定,不再接受其他支援。

(6)项目有严格的时间期限,并公之于众。

(7)项目产物的保全或扩展通常由项目参加者以外的人员来进行。

(二)项目管理

项目管理是项目的管理者在有限的资源约束下,运用系统的观点、方法和理论,对项目涉及的全部工作进行有效的管理。即从项目的投资决策开始到项目结束的全过程进行计划、组织、指挥、协调、控制和评价,以实现项目的目标。

项目管理的应用从 20 世纪 80 年代时仅限于建筑、国防、航天等领域迅速发展到现在的计算机、电子通信、金融业甚至政府机关等众多领域。

二、项目管理的内容

(一)项目管理的目标

在项目管理中,通常有三个不同的目标,即项目成本、进度和绩效。

项目成本是直接成本与间接成本的总和。项目经理的工作就是通过合理组织项目的施工,控制各项费用支出,使之不要超出该项目的预算。

一般在项目开始时就确定了项目的完工日期和中间几个主要阶段进展的日程。项目经理把成本控制在预算之内的同时,也必须控制项目的进度计划,但预算和成本常常发生冲突。例如,如果项目进展落后于预先计划的进度,那么就需要加班加点来赶进度,这就需要在预算中有足够的资金来支付加班的成本。因此,在进度和成本之间必须进行权衡,做出决策。

绩效就是项目生产的产品或服务的成果的特性。如果项目是研究和开发一个新型的产品,其成果就是新产品的经济效果和技术性能指标。如果项目是某部影视片,其成果就是该部影视片的质量和票房收入。成果也需要在成本和进度安排上进行权衡。例如,某部影视片达不到预期的成果,那么就需要对灯光、布景甚至剧本内容做出重大修改。这样就会引起成本和进度的变化，由于在项目开始前几乎不可能精确地预见项目的绩效、进度和必需的成本，所以，在项目进行过程中需要做大量的权衡工作。

（二）项目管理的阶段与内容

项目管理是企业把需要几个月或几年完成的项目从常规的生产系统中独立出来特别进行管理，本质是计划和控制一次性的工作，在规定期限内由专门的项目小组来完成工作，达到预定目标。一旦达到目标，项目小组就会解体。因此，项目在其具有可预知的寿命周期中，通常有一个较明确的阶段顺序，即项目开始之前的计划期、项目开始的进度安排期和项目进行的控制期。每个阶段都具有不同类型的任务或关键的决策点，表 9.1 为项目阶段的划分及任务。但是，无论如何划分，对每个阶段开始和完成的条件与时间要有明确的规定，以便于审查其完成程度。

表 9.1　项目阶段的划分及任务

计划期	进度安排期	控制期
目标设定 项目定义 项目分解结构图建立 团队组织确定 资源配置	制订项目进度计划 活动排序 分派人员 编制日程表和资源计划	项目的实施（建设、生产、运营、试验、交货） 监控资源、成本和质量 修正或改变计划 调整资源 项目终止

三、项目管理组织

项目管理组织是指为了完成某个特定的项目任务而由不同部门、不同专业的人员所组成的一个特别的临时性的工作组织。它不受现存的职能组织构造的束缚，但也不能代替各种职能组织的职能活动。

（一）项目管理组织的设置过程

（1）设置项目管理的专门机构，对项目进行专门管理。项目的规模庞大，工作复杂，时间紧迫；项目的不确定因素多，有很多新技术、新情况和新问题需要不断研究解决；项目实施中涉及部门和单位较多，需要相互配合和协同攻关。因而，应单独设置专门机构，配备一定的专职人员，对项目进行专门管理。

（2）设置项目专职管理人员，对项目进行专职管理。有些项目的规模较小，工作不太复杂，时间也不太紧迫，不确定因素不多，涉及的单位和部门也不多，但前景不确定，仍需要加强组织协调。对于这样的项目，可只委派专职人员进行协调管理，协助企业的有关领导人员对各有关部门和单位分管的任务进行联系、督促和检查，必要时也可为专职人员配备助手。

（3）设置项目主管，对项目进行临时授权管理。有些项目的规模、复杂程度、涉及面和协调量介于上述两种情况之间，对于这样的项目，设置专门机构必要性不太大，设置项目专职人员又担心人员少，力量单薄难以胜任。对于这样的项目，可以把第一种情况的设置专门机构由指定主管部门来代替，可以把第二种情况的设置专职协调人员由项目主管人员来代替，并临时授予相应权力，主管部门或主管人员在充分发挥原有职能作用或岗位职责的同时，全权负责项目的计划、组织与控制。

（4）设置合适项目管理组织形式。项目管理组织有多种形式，如职能型组织、矩阵型组织和混合型组织等。每种组织形式都有各自的优势和劣势，企业应根据每种组织形式的特点，结合项目具体内容选择一种合适的组织形式。

（二）矩阵型组织形式

所谓矩阵，是借用数学中的矩阵概念把多个单元按横行纵列组合成矩形。矩阵结构就是由纵横两套管理系统组成的矩形组织结构。一套是纵向部门职能系统，另一套是横向项目系统。将横向项目系统在运行中与纵向部门职能系统两者交叉重叠起来，就组成一个矩阵。

在矩阵型组织中的每一个成员要接受两个方面的领导，一方面在日常工作中接受本部门主管人的垂直领导，另一方面在执行项目任务时接受项目主管部门主管人的领导，一旦该项目完成，就不再接受项目主管部门主管人的领导。矩阵型组织形式使一个职工在一定的时间内同时从属两个或两个以上的部门，因此它具有双重性和多重性。同时，它又把原来垂直领导系统中的不同专业人员为完成某一项目任务而集中起来，一方面增强了力量，另一方面也有利于调动其积极性，确保项目任务的完成。矩阵型组织形式的优点是：加强了各职能部门的横向业务联系，便于相互协调，具有较强的适应性；便于集中各种专门人员的知识和技能，迅速完成某一项目任务，提高了管理的有效性；在保持了企业职能系统相对稳定的前提下，增强了管理组织的灵活性。

如果项目的开展需要多个职能部门的协助并涉及复杂的技术问题，但又不要求技术专家全日制参与的话，矩阵型组织是比较令人满意的选择，尤其是在若干项目需要共享技术专家的情况下作用更明显。

矩阵型组织是一种项目职能混合结构，是一个横向按工程项目划分的部门与纵向按职能划分的部门结合起来的关系网。当很多项目对有限资源的竞争引起对职能部门资源的广泛需求时，矩阵型组织就是一个有效的组织形式。传统的职能组织在这种情况下无法适应的主要原因在于，职能组织无力对包含大量职能之间相互影响的工作任务提供集中、持续和综合的关注与协调。因为在职能组织中，组织结构的基本设计是职能专业化和按职能分工的，不可能期望一个职能部门的主管人会不顾他在自己的职能部门中的利益和责任，或者完全打消职能中心主义的念头，使自己能够把项目作为一个整体，对职能之外的项目各方面也加以专心致志的关注。

在矩阵型组织中，项目经理在项目活动的内容和时间方面对职能部门行使权力，而各职能部门负责人决定如何支持。每个项目经理直接向最高管理层负责，并由最高管理层授权。而职能部门则从另一方面来控制，对各种资源进行合理的分配和有效的控制与调度。职能部门负责人既要对他们的直接上司负责，也要对项目经理负责。

矩阵型组织的复杂性对项目经理是一个挑战。项目经理必须了解项目的技术逻辑方面的复杂性，必须能够综合各种不同专业观点来考虑问题。但只有这些技术知识和专业知识还是不够的，成功的管理还取决于预测和控制人的行为能力。因此，项目负责人还必须通过人的因素来熟练地运用技术因素和管理因素，以达到其项目目标。也就是说，项目负责人必须使他的组织成员成为一支真正的队伍，一个工作配合默契、具有积极性和责任心的高效率群体。

第二节　项目管理与控制过程

在项目管理与控制过程中，最重要的是质量、工期与成本三要素。质量是项目成功的必须保证，质量管理包含质量计划、质量保证与质量控制。工期管理是保证项目能够按期完成所需的过程，在项目计划指导下，各参与部门编制自己的分解计划，才能保证工程的顺利进行。成本管理是保证项目在批准的预算范围内完成，包括资源计划的编制、成本估算、成本预算与成本控制等。由上一节可知，项目的管理与控制过程分为计划期、进度安排期和控制期三个阶段，下面对每一个阶段进行描述。

一、项目计划

项目计划是项目组织根据项目目标的规定，对项目实施工作进行的各项活动做出周密的安排，它是项目实施的基础，是用来协调各种资源的总计划，是用以指导项目团队组织、实施、执行和控制的文件，能够让项目成员明确目标，最终使项目由理想变成现实。

（一）项目计划的目的

项目计划围绕项目目标系统地确定项目的任务。安排任务进度，便于高层管理部门与项目经理、职能经理、项目组成员及项目委托人、承包商之间的交流沟通，项目计划是沟通的最有效工具。因此，从某种程度上说，项目计划是为方便项目的协商、交流及控制而设计的，并不能为参与者提供技术指导。项目计划的目的具体表现为：确定并描述为完成项目目标所需的各项任务范围；确定负责各项任务的全部人员；制定各项任务的时间进度表；阐明每项任务所必需的人力、物力、财力和确定每项任务的预算。

（二）项目计划的内容

整体的项目计划是一个用来协调所有其他计划以指导项目执行和控制的文件。项目计划需要各方面的知识，项目经理必须要懂得整体管理的艺术，应该与项目组成员及其他利益相关者一道制订项目计划。根据特定的项目"量体裁衣"，制订合适的项目计划是十分重要的，该详则详，该简则简。虽然项目计划具有特殊性，但大多数项目计划都存在共性。一般来说，集成计划、专项计划、变更计划构成了整个项目计划的全部内容。

1. 项目集成计划

项目集成计划综合协调了各项目要素的计划，是整个项目集成管理的依据和指导文件。它是运用集成和综合平衡的方法所制订的，用于指导项目实施和管理控制的集成性、综合性、全局性的计划文件。通常，项目集成计划的编制需要通过多次的优化和修订才能完成。项目集成计划的内容包括信息收集和计划编制两个方面，其中信息收集是集成计划的前期准备工作，主要是收集各种相关的信息和数据，从而为项目集成计划的编制提供依据。

2. 项目专项计划

项目专项计划是对项目各方面具体工作的一种计划安排，是根据项目各种不同的目标而制订的各种专项工作或专项工作的计划，它包括一系列指导项目各专业任务实施控制与协调的项目计划文件，例如，项目范围计划、项目进度计划、项目费用计划、项目质量计划、项目风险应对计划、项目沟通计划、项目采购计划及项目人员组织计划等。

3. 项目变更计划

由于项目的一次性特点，在项目的实施过程中，计划与实际不符的情况是经常发生的。项目变更计划包括整体变更计划和单一变更计划。在项目实施中，项目的范围、进度、成本和质量等都可能发生变更，这可能是由于开始时预测得不够准确和在实施过程中控制不力、缺乏必要的信息等原因造成的。范围、进度、成本及质量等项目要素所引起的变更是单一变更。然而，项目是一个系统，任何一个项目要素的变更都会对其他项目要素产生影响，所以需要对各方面的项目变更进行总体的控制。有效处理项目变更可使项目取得成功，否则可能会导致项目失败。

总之，良好的计划是项目成功的基石，因此，项目经理在制订计划时一定要广泛查阅资料，制订出切实可行的计划。由于环境是不断变化的，所以项目经理还要保证项目有一定的动态性。

（三）项目计划的工具

在项目计划编制的过程中用到的工具和方法有很多，如工作分解结构图、责任分配矩阵、行动计划表等，在此主要介绍工作分解结构图。

工作分解结构图（WBS）是将项目按内在结构或实施过程的顺序进行逐层分解而形成的结构示意图。它是项目管理中最有价值的工具，是制订项目进度计划、项目成本计划等计划的基础。它将需要完成的项目按照其内在工作性质或内在结构划分为相对独立、内容单一和易于管理的工作单元，从而有助于找出完成项目工作范围内的所有任务。把整个项目联系起来，把项目目标细化为许多可行的、更易操作的并且是相对短期的任务。项目的目标制订以后，就必须确定为达到目标所需要完成的具体任务，即定义项目的工作范围。这就要求必须制订一份该项目所有活动的清单。但是对于比较大的或比较复杂的项目而言，活动清单难免会遗漏一些必要的活动，而工作分解结构将是一个比较好的解决方法。

工作分解既可按项目的内在结构，又可按项目的实施顺序，将项目分为若干子部分（或子任务），而每个部分又继续进一步分解为若干更细小的部分，最后项目分解为一系列的活动及其各种资源的配置和成本核算等。项目分解工作难度很大，但对于项目管理和控制的成功至关重要。工作分解结构图的不同层次一般为项目、项目中的任务、主要任务中的子任务、需要进行的活动等，项目管理软件开发的工作分解结构图基本层次如图 9.1 所示。

二、项目进度安排

进度计划是表达项目中各项工作的开展顺序、开始和完成时间及相互衔接关系的计划。通过进度计划的编制，使项目实施形成一个有机整体。进度计划是进度控制和管理的依据。

按进度计划所包含的内容不同，可分为总体进度计划、分项进度计划、年度进度计划等。这些不同的进度计划构成了项目的进度计划系统。

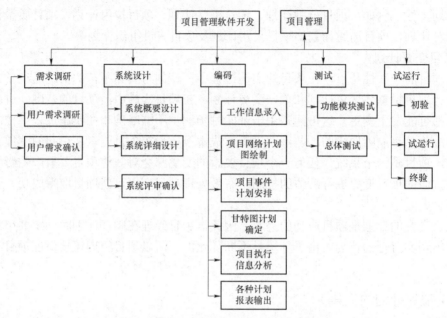

图 9.1　项目管理软件开发的工作分解结构图

（一）项目进度计划的基本内容

项目越复杂，专业分工越细，就越需要全面的综合管理，越需要一个总体的协调的工作进度计划，否则就不可能对整个项目系统的建设进度进行控制。项目进度计划应包括以下内容。

1. 项目综合进度计划

项目综合进度计划是一个综合性的进度控制的重要计划。首先将项目所有的工作单元按前后顺序排列，并明确其相互制约关系，然后计算出每一单元所需要的工时数，进而计算出各单元工程所需的工期，再计算出整个项目所需的总工期，直至达到计划目标确定的合理工期为止。若达不到合同工期要求，则应采取有效措施，如改进施工方法、运货途径、增加工作班次等，但同时要注意控制费用。

2. 项目设计进度计划

项目设计进度计划是按设计项目对各设计单位进行编号，由相关专业设计组对各设计单元设计图纸的工作量和所需的辅助工作量进行估算。然后根据施工进度要求提供图纸的日期、各专业设计组对各个设计单元的设计图纸的工作量、其他辅助工作量的估算及设计工作顺序，安排各设计专业的进度计划，保证及时提供图纸，不使施工单位停工待图。

3. 项目采购工作进度计划

项目采购工作进度计划是根据项目产品工艺流程图和电气仪表图，编制出项目所需的设备清单并编号，并按照工程项目总进度计划中对各项设备到达现场的时间要求，确定出各项设备到达施工现场的具体日期。

4. 项目施工进度计划

项目施工进度计划是根据工程预算中各工作单元所需消耗的工时数以及计划投入的劳动力和工作班数，估算出各工作单元所需的施工工期，然后按照施工工序的要求，制订出整个项目的施工进度计划。在整个项目的施工进度计划中，一些关键的日期，如某分包项目的完工日期、某车间的竣工日期、动力车间供电日期等，应在项目进度计划中标出，且整个项目的竣工日期应符合合同规定的项目要求。

5. 项目设备验收和投产进度计划

项目设备验收和投产进度计划是对项目系统的主要设备和各项设施进行验收与投产进度安排的计划，该计划可使建设单位、总包单位、分包单位及有关方面做到心中有数，据此安排好各自的工作，以便及时对子项目及整个项目进行验收和试生产。

（二）项目进度计划的制订方法

项目进度计划是项目经理重要而有效的工作之一。它帮助控制时间和节约时间，可以图标表示将要进行的工作。基本的进度计划要说明哪些工作必须完成和完成每一阶段所需要的时间，最好也能表示出每个活动需要多少人，然后把这些都输入计算机，计算机可以编制出一份进度计划。

项目进度计划制订是项目管理所有前面过程的结果。在项目进度计划最终决定下来之前，进度计划管理过程会出现几次反复。制订进度计划的最终目标是建立一个现实的进度计划并由各种时间参数来反映，这为监控项目时间进展提供了一个良好的基础。制订项目进度计划的技术和工具很多，在现实生活中比较常用的有关键日期法、甘特图法、关键路线法、计划评审技术、图示评审技术和风险评审技术等。甘特图是显示项目信息比较常用的工具，关键日期法和关键路线法是制订和控制项目进度计划的一种很重要的工具。计划评审技术和风险评审技术都是评价项目进度风险的一种手段。

三、项目控制

尽管已有明确的项目目标和周密的项目计划，但是在项目实施的过程中，往往会有种种原因使项目不能按照原计划轨道进行，出现这样或那样的偏差，所以必须对项目计划的实施进行严密的监控，以尽可能地保证项目基准计划实施，最大限度地减少计划变更，使项目达到预期的目标。

项目控制是指项目在实施的过程中，对项目的进展进行监测和测量，对比原计划（或既定目标）找出偏差、分析成因、研究纠偏对策，实施纠偏措施的全过程。所以，项目控制过程是一种特定的、有选择性的、能动的动态过程。一般来说，实现项目控制有三个过程，即寻找偏差、原因与趋势分析和采取纠偏行动。控制的中心是当前实施现状，重点是查找和鉴定实施对计划的偏离，并采取措施确保计划的实现。控制就是为了保证系统按预期目标运行，对系统的运行状况和输出进行连续的跟踪观测，并将观测结果与预期目标加以比较，如有偏差，及时分析偏差原因并加以纠正的过程。

（一）项目控制分类

项目控制包括以下内容：同计划相比，已完成的工作状况如何；实际完成的工作任务的复杂程度和比例如何；已完成的任务和质量如何；实际的成本开支如何；项目的当事人、关系人对项目执行的态度如何；项目组成员之间的配合、协作如何。

1. 按控制方式分类

项目的控制方式包括前馈控制（事前控制）、过程控制（现场控制）和反馈控制（事后控制）。

（1）前馈控制。前馈控制也称事前控制，是指在项目正式开始前利用最新的信息进行预测，对可能产生的偏差采取防范措施，使偏差消除在发生之前。前馈控制的优点表现在：首先，能够防患于未然，避免偏差造成的实际损失。其次，由于在工作开始前对某项计划活动所依赖的条件进行控制而不针对具体人员，不会造成正面冲突，易于被员工接受并实施。前馈控制可以避免预期偏差，是人们最渴望使用的控制手段。但它也有缺点：管理人员必须掌握及时和准确的信息，而由于未来的不确定性和信息成本制约，现实中要做到这一点是十分困难的。

（2）过程控制。过程控制也称现场控制，是对正在进行的活动给予指导和监督，以保证活动按规定的政策程序和方法进行。例如，沃尔玛通过采用全球互联网的管理信息系统能够把每个月的销售额数据立刻传送到数据中心，从而立即取得有关库存、销售量、总利润以及其他各种数据资料，以便随时控制采购活动。

过程控制一般都在现场进行，主要适用于基层管理人员。它的优点在于：立竿见影，经济有效，并且能够提高工作人员的工作能力和自我控制能力。但同时也有一些缺点，如现场控制等临时决定的或个人主观确定的标准有可能产生多样性，无法统一测量和评价。此外现场控制也对控制者个人素质要求较高，例如，工厂的质量检验人员由有经验的员工担任，效果会更好一些。

（3）反馈控制。所谓反馈，就是把系统的输出信息返回传送到输入端，与输入信息时所期望达到的目标进行比较，发现两者的偏差，找出偏差产生的原因，采取纠正措施来实行控制的过程。反馈控制是一种传统的控制过程，是在工作结束或行为发生后进行的控制活动，所以又称事后控制。例如，事故出现后对当事人进行责任追究，对销售不好的产品做出减产或促销决定都是这种控制。

2. 按控制内容分类

项目控制的目的是确保项目的实施能满足项目的目标要求。由于项目可交付成果的目标描述一般都包括交付期、成本和质量这三项指标，因此，项目控制的基本内容就包括进度控制、费用控制和质量控制这三项内容，即三大控制。

（1）进度控制。项目进行过程中，必须不断监控项目的进程以确保每项工作都能按进度计划进行。同时，必须不断掌握计划的实施状况，并将实际情况与计划进行对比分析，必要时应采取有效的对策，使项目按预定的进度目标进行，避免工期的拖延。这一过程称为进度控制。按照不同管理层次对进度控制的要求可分为总进度控制、主进度控制和详细进度控制。

（2）费用控制。费用控制就是要保证各项工作都在各自预算范围内进行。费用控制的基础是事先就对项目进行的费用预算。费用控制的基本方法是规定各部门定期上报其费用报告，再由控制部门对其进行费用审核，以保证各种支出的合法性，然后再将已经发生的费用与预算相比较，分析其是否超支，并采取相应的措施加以弥补。费用管理不能脱离技术管理和进度管理独立存在，相反，要在成本、技术、进度三者之间进行综合平衡。及时、准确的成本、进度和技术跟踪报告是项目经费管理和费用控制的依据。

（3）质量控制。质量控制的目标是确保项目质量能满足有关方面所提出的质量要求。质量控制的范围涉及项目质量形成全过程的各个环节。在项目控制过程中，这三项控制指标通常是相互矛盾和冲突的。加快进度往往会导致成本上升和质量下降，降低成本也会影响进度和质量，过于强调质量也会影响工期和成本。因此，在项目的进度、成本和质量的控制过程中，还要注意三者的协调。

（二）项目控制的主要方法

项目控制的主要方法分为传统控制和计算机辅助控制两种。传统控制方法是以各种文件、报表和图表等为主要工具，以定期或不定期地召开各类有关人员参加的会议为主要方法，对于投入昂贵、内容复杂、约束条件苛刻的现代大中型项目，还需要开发设计一种以计算机为基础的信息管理和控制系统。这里主要介绍传统控制方法。

1. 项目控制文件

在项目的工作范围、规模、工作任务以及进度等明确以后，就应准备项目控制所需的其他文件。

（1）合同。合同中签订的是在项目实施过程中各项工作应遵守的标准，它规定了双方的责、权、利，是项目实施管理、跟踪、控制的首要依据，具有法律效力。

（2）工作范围及职责划分细则。前者确定了项目实施中每一项任务的具体业务内容变动的基准，后者指明了项目实施过程中各个部门或个人所应负责的工作，包括工艺、过程设计、采购供应以及成本控制等。

（3）项目程序细则。主要涉及项目组、用户以及主要供货商之间关于设计、采购、施工、作业前准备、质量保证以及信息沟通等方面协调活动的程序。

（4）技术范围条件及计划文件。前者列出项目的设备清单、制订项目设计依据，如标准、规范、编码、手续和步骤等；后者是项目实施工作进行前预先拟订的具体工作内容和步骤。

2. 项目控制会议

项目控制会议的主要内容是检查、评估上一阶段的工作，分析问题，寻找对策，并介绍下一阶段的主要任务和目标。由于项目会议特别多，管理者应对会议进行管理和控制，否则，项目工作人员很容易陷入会海之中。为开好会议，组织者一要做好会前组织和准备工作，如明确会议目的和内容、科学制订会议议程以及要求与会者做好会前准备工作等；二要做好会上管理和控制，如做好会议记录、确定会议核心人员等，使会议开得既有效果又有效率。

四、项目监理与控制

广泛应用的项目管理与控制技术主要有关键路线法与计划评审技术两种。关键路线法（critical path method，CPM）于20世纪50年代最早应用于美国的杜邦公司。1956年，杜邦公司为了有效协调不同业务部门的工作，该公司的科技人员与雷明顿兰德公司合作，创造了一种图解理论的方法，这种方法不但用图解表示各项工序所需的时间，同时也表示了它们之间的程序关系。用这种方法制订计划可以考虑到一切影响计划执行的因素，从而易于修改计划，并能运用计算机快速运算。与此同时，美国海军在研究北极星导弹潜艇时用计划评审技术（program evaluation and review technique，PERT）。这一技术把该工程的 200 多家承包厂商和十万家分包厂共 1 100 家企业有效地组织起来，使整个工程完工期大大缩短，节约了两年时间。1962 年后，美国政府决定对一切新开发工程全面实行 PERT。PERT 的基本思路与方法与 CPM 类似，都以网络图为主要工具，区别在于 PERT 增加了对随机因素的考虑。

关键路线法与计划评审技术又都属于网络计划技术，是现代科学管理的一种有效方法，它通过网络图的形式来反映和表达生产线工程项目活动之间的关系，并且在计算和实施过程中不断进行组织、控制和协调生产进度或成本费用，使整个生产或工程项目达到预期的目标。或者这样说，网络计划技术是运用网络图形式来表达一项计划中各个工序（任务、活动等）的先后顺序和相互关系，首先通过计算找出关键运作和关键路线，其次不断改善网络计划，选择最优方案并付诸实践，最后在计划执行中进行有效的控制与监督，保证人、财、物的合理使用。

（一）CPM 和 PERT 的应用步骤

1. 定义项目

定义项目是指决定进行管理和控制的项目，并提出有关的具体要求，如在时间、成本和质量方面。然后依据企业的资源基础收集信息，以便为项目寻求最合适的方案。

2. 准备工作分解结构

一个项目是由许多活动组成的，在绘制网络图前就要将项目分解成具体的活动再进行活动分析，明确活动的先后次序。即在该活动开始前，哪些活动必须先期完成，哪些活动可以平行地进行，哪些活动必须后期完成，或者在该活动进行的过程中，哪些活动可以与之平行交叉地进行。在分解项目后便可计算和确定活动时间或估计成本。

3. 绘制网络图

根据活动时间明细表，绘制网络图。网络图的绘制方法有顺推法和逆推法。顺推法从始点时间开始，根据每项作业的直接紧后作业，依次绘出各项作业的箭线，直至终点事件为止。逆推法从终点事件开始，根据每项作业的紧前作业逆箭头方向逐一绘出各项作业的箭线，直至始点事件为止。同一项任务，用上述两种方法画出的网络图是相同的。一般习惯于按反工艺顺序安排计划的企业，如机器制造企业采用逆推较方便，而建筑安装等企业则大多采用顺推法。按照各项作业之间的关系绘制网络图后，再进行结点的编号。

4. 确定关键路线

根据网络图和各项活动的作业时间，计算出全部网络时间和时差，并确定关键路线。实际工作中，影响项目时间的因素很多，一般采用计算机软件进行计算，像 Oracle 公司的 Primavera P6、邦永科技的 PM2 等项目管理软件。

5. 优化网络计划方案

利用关键路线初步确定了完成整个项目所需要的时间后，还需根据合同或计划规定的时间、各种资源、成本和质量等计划指标的要求，进一步权衡和优化，制订最优方案，绘制正式网络图和项目的各种计划文件。

6. 贯彻执行网络计划

应用制订的最优网络计划方案，组织计划实施，帮助项目计划、调度、监督和控制，不断将网络计划及执行情况输入计算机软件，进行自动运算和调整并输出结果，以动态地指导项目的实施。

（二）网络图的绘制

网络图是一种表示一项工程或一个计划中各项活动或各道工序的衔接关系和所需时间的图解模型。网络图由网络模型和时间数值组成。网络模型反映整个项目活动的分解与合成。分解是对整个项目进行划分；合成是解决各项活动的协作和配合。时间数值反映了整个项目过程中各种资源的运动状态，包括各项活动的作业时间、开工和完工时间、活动之间的衔接时间、机动时间及时间范围等，从时间上显示出保证工期的关键所在及其缩短、优化的途径。

1. 网络图的构成要素

1）活动

活动是指一项工作或一道工序，又称工种工序作业。活动又分实活动和虚活动两种。实活动占用时间和消耗资源，用"——▶"表示。虚活动不占用时间和资源，而仅仅表示逻辑关系。用"----▶"表示。箭线长短与工序时间长短无关。

2）事项（事件）

事件是指一项事件活动的瞬时开始和瞬时结束，又叫结点（节点），其表示方法用圈码数字表示，有双重含义，表示前一事项结束后一事件开始，有瞬时性、连续性和直观性。在网络中，左边第一个结点叫作始点，最右端的结点叫作终点。

3）路线

从始点到终点间一系列首尾相接的箭线叫路线，又叫通道，网络图由许多路线构成，其中最长的路线叫作关键路线，其上的工序叫作关键工序，关键路线一般用双实线或加粗线表示。

2. 网络图绘制的基本规则

网络图绘制的基本规则如下。

（1）不允许出现循环回路，如图9.2（a）所示。

（2）箭头结点的标号必须大于箭尾结点的编号，两结点间只能有一条箭线，如图9.2（b）所示。

（3）网络图只有一个起始点，一个终结点，如图9.2（c）所示。

（4）箭线交叉必须用暗桥，如图9.2（d）所示。

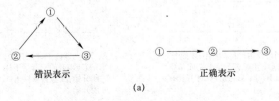

(a)

图9.2 网络图表示方法

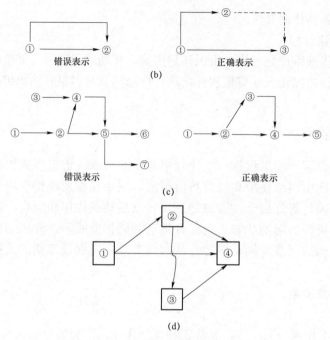

图 9.2　网络图表示方法（续）

3. 网络图活动之间的逻辑关系

根据网络图中有关活动之间的相互关系，可以将活动划分为紧前活动、紧后活动、平行活动和交叉活动。紧前活动是指紧接在该活动之前的活动，紧前活动不结束，则该活动不能开始；紧后活动是指紧接在该活动之后的活动，该活动不结束，紧后活动不能开始；平行活动是指能与该活动同时开始的活动；交叉活动是指能与该活动相互交替进行，如图 9.3 所示。

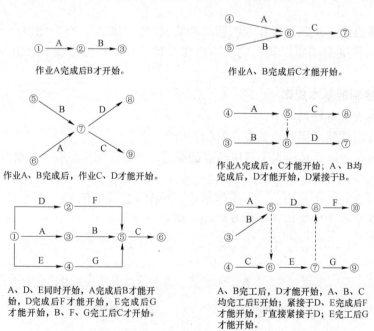

图 9.3　网络图表示方法

【例1】　根据表 9.2 所示的条件，运用网络图的原则和逻辑表示方法绘制网络图。

表 9.2　作业活动表

顺序	作业名称	作业时间/天	作业代号	紧前作业
1	图纸设计	3	A	—
2	工艺设计	4	B	A
3	模型制造	2	C	A
4	浇注模具	2	D	B
5	工装制造	5	E	B
6	毛坯制造	2	F	C、D
7	机械加工	4	G	E、F
8	装配协作	3	H	G
9	采购外协	2	I	A

根据上表资料，绘制如图 9.4 所示。

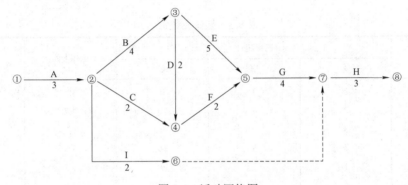

图 9.4　活动网络图

（三）网络时间参数计算

在分析研究网络图时，除了从空间反映整个计划任务及其组成部分的相互关系以外，还必须分析确定各项活动的时间，这样才能动态模拟生产过程，并作为编制计划的基础。网络时间的计算，包括以下四项内容：（1）确定各项活动的作业时间；（2）计算各结点的时间参数；（3）计算工序的时间参数；（4）计算时差，并确定关键路线。

1. 各项活动作业时间的计算

1）单时法

单时法也称单一时间估计法。这种方法对活动的作业时间只确定一个时间值，估计时应以完成各项活动可能性最大的作业时间为准。采用单时法的网络图为肯定型网络图，它适用于不可知因素较少、有同类工程或类似产品的工时资料可供借鉴情况下的项目。

2）三点估计法

在没有肯定可靠的工时定额时，只能用估计时间来确定，一般用三点估计法，即先估计出最乐观时间、最保守时间和最可能时间，然后求其平均值。其公式如下：

$$T_E = \frac{a + 4m + b}{6}$$

式中，T_E 为估计时间；a 为最乐观时间；b 为最保守时间；m 为最可能时间。

3）估计活动工期分布

上述时间的标准偏差为：$\sigma = (b-a)/6$

计划任务规定日期或目标时间：$\lambda = (T_K - T_S)/\sum \sigma$

式中，T_K 为计划规定完工日期或目标时间；T_S 为计划任务最早可能完成的时间，及关键线路上各项活动平均作业时间总和；λ 为概率系数；$\sum \sigma$ 为关键线路上各项活动标志差之和。

【例2】表 9.3 为某作业数值，要求能如期完成的概率达 90%，问工程周期定为几天？若将工期定为 25 天，问能按期完工的可能性有多大？

解：如图 9.5 所示，关键线路为①→②→③→④→⑦　$T_S = 23.7$（天）

$$\sum \sigma = \sqrt{\sum \frac{(b-a)^2}{6^2}} = \sqrt{\frac{(64+25+16+49)}{36}} = 2.068$$

查正态分布表概率为 90% 时，概率系数 $\lambda = 1.3$。

（1）生产周期 $T_K = T_S + \sum \sigma$，$\lambda = 23.7 + 2.068 \times 1.3 = 26.4$（天）

表 9.3　某作业数值

作业名称	三点统计			平均作业时间	方差
	A	M	B		
A	2	3	9	3.8	
B	2	4	10	4.7	
C	3	5	9	5.3	64/36
D	5	8	10	7.8	
E	1	5	9	5.2	25/36
F	5	7	9	7.0	
G	4	5	7	5.2	16/36
H	1	4	8	4.2	
I	2	5	6	4.7	49/36
合计					4.278

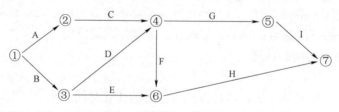

图 9.5　作业活动网络图

（2）假设工期为 25 天，即 $T_K = 25$ 天，则

$$\lambda = \frac{T_K + T_S}{\sum \sigma} = \frac{25 + 23.7}{2.068} = 0.36$$

查正态分布表概率 $\lambda = 0.36$ 时，完工概率为 73%。

2. 结点时间的计算

1）结点的最早开始时间

结点的最早开始时间是指从该结点开始的各项作业最早可能开始进行的时间，在此之前各项活动不具备开工条件。结点的最早开始时间用 ET 表示。网络始点事项的最早开始时间为零，终点事项因无后续作业，它的最早开始时间也是它的结束时间。网络中间事项的最早开始时间计算可归纳为前进法、用加法和选大法。

2）结点的最迟结束时间

结点的最迟结束时间是指以该结点为结束的各项活动最迟必须完成的时间，用 LT 表示。网络终点事项的最迟结束时间等于它的最早开始时间。其他事项的最迟结束时间的计算可归纳为后退法、用减法和选小法。

结点最早开始时间和最迟结束时间可用图上作业法计算。就是根据网络时间计算的基本原理，在网络上直接进行计算，把时间标明在图上，一般结点最早开始时间标在"方框"中，结点最迟结束时间标在"△"中，如图9-6所示。

3. 工序时间的计算

1）工序的最早开始时间与最早结束时间

工序最早开始时间（ES）是工序最早可能开始的时间，它就是代表该工序箭线的箭尾结点的最早开始时间，即 $ES_{(i,j)} = ET_{(i)}$。工序的最早结束时间（EF）指工序最早可能完成的时间，它等于工序最早开始时间与该工序的作业时间之和，即

$$EF_{(i,j)} = ET_{(i)} + T_{(i,j)} = ES_{(i,j)} + T_{(i,j)}$$

2）工序的最迟开始时间和最迟结束时间

工序的最迟开始时间（LS）是指工序最迟必须开始且不会影响总工期的时间，它是工序最迟必须结束时间与该工序的作业时间之差。工序的最迟结束时间（LF）等于代表该工序的箭线箭头结点的最迟结束的时间，因此，在已知结点最迟结束时间的条件下，可以确定各项工序的最迟结束时间，然后确定工序的最迟开始时间。

$$LF_{(i,j)} = LT_{(j)}$$
$$LS_{(i,j)} = LF_{(i,j)} - T_{(i,j)} = LT_{(j)} - T_{(i,j)}$$

各项结点时间和工序时间计算见例9.3。

【例3】 某厂生产的产品共有七道工序，其工序流程及每道工序所需要的时间见表9.4，试计算各工序时间参数。

表9.4 工序时间参数表

工序名称	A	B	C	D	E	F	G
紧前工序	—	A	A	B	B	C、D	E、F
时间（天）	1	8	5	3	7	3	1

解：（1）先作图，用图解法计算结点时间，如图9.6所示。

（2）计算结点时间。

$ET_4 = \{ET_3 + t_d = 9 + 3 = 12, \ ET_2 + t_C = 1 + 5 = 6\}$，取其中最大值，$ET_4 = 12$，以此类推，得出其他结点最早开始时间，如图9.6方框数值所示。

结点最迟结束时间：$LT_i = ET_j - t_{(i,j)}$，$LT_6 = ET_6 = 17$，$LT_5 = ET_6 - t_G = 17 - 1 = 16$，$LT_3 = ET_5 - t_E = 16 - 7 = 9$，$LT_4 = \{ET_3 + t_D = 9 - 3 = 6, \ ET_5 - t_F = 16 - 3 = 13\}$，取其中最小值，$LT_4 = 6$，以此类

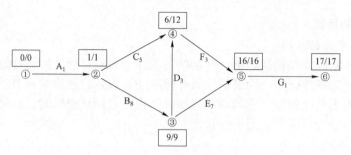

图 9.6　活动网络图

推，得出其他结点最迟结束时间，如图 9.6 三角框数值所示。

（3）工序的最早开工时间：$ES_{(i,j)} = ET_{(i)}$，$ES_{(1,2)} = ET_{(1)} = 0$，$ES_{(2,3)} = ET_{(2)} = 1$，以此类推，得出其他结点最早开始时间，见表 9.5。

工序的最早完工时间：$EF_{(i,j)} = ES_{(i,j)} + T_{(i,j)}$，$EF_{(1,2)} = ES_{(1)} + T_{(1,2)} = 0 + 1$，$EF_{(2,3)} = 1 + 8 = 9$，以此类推，得出其他工序最早开工时间，见表 9.5。

工序的最迟完工时间：$LS_{(i,j)} = LT_{(j)}$，$LF_{(5,6)} = LT_{(6)} = 17$，$LF_{(4,5)} = LT_{(5)} = 16$，以此类推，得出其他工序最迟开工时间，见表 9.5 所示。

工序的最迟完工时间：$LS_{(i,j)} = LT_{(j)} - T_{(i,j)}$，$LF_{(5,6)} = LT_{(6)} - T_{(5,6)} = 17 - 1 = 16$，$LS_{(4,5)} = LT_{(5)} - T_{(4,5)} = 16 - 3 = 13$，以此类推，得出其他工序最迟开工时间，见表 9.5。

表 9.5　工序时间参数表

工序	作业时间/天	开始时间/天		结束时间/天		时差/天
		ES	LS	EF	LF	
①→②	1	0	0	1	1	0
②→③	8	1	1	9	9	0
②→④	5	1	8	6	13	7
③→④	3	9	10	12	13	1
③→⑤	7	9	9	16	16	0
④→⑤	3	12	13	15	16	1
⑤→⑥	1	16	16	17	17	0

4. 时差及关键路线的确定

1）时差

时差又叫机动时间或富裕时间，是每道工序的最迟开工（完工）时间与最早开工（完工）时间之差。关键路线上工序的时差为零。时差用 $S_{(i,j)}$ 表示，计算公式如下：

$$S_{(i,j)} = LS_{(i,j)} - ES_{(i,j)} = LF_{(i,j)} - EF_{(i,j)}$$

2）关键路线的确定

关键路线是在网络图中完成各个工序需时间最长的路线，又称主要矛盾线。确定关键路线的方法有以下几种：

（1）最长路线法。计算出工期最长的路线，即为关键路线。

（2）时差法。由时差为零的活动所组成的路线为关键路线。

（3）破圈法。从一个结点到另一个结点之间，如果存在两条不同的线路，形成一个封闭的环，称为圈。形成圈的两条线路作业时间不等，该圈则称可破圈。可将其中较短的一条线路删除，圈就被打破了，保留下来的是较长的一条线路，也就是两结点间的关键线路。以此类推，剩下最后一条线路即为关键路线。

【例 4】用破圈法找出下图中的关键路线。

解：先破由结点②、③、④、⑤、⑥、⑧构成的圈，得图 9.7。

再破由结点④、⑤、⑦、⑧构成的圈，得图 9.8，则剩下的①—②—④—⑤—⑧为关键路线。

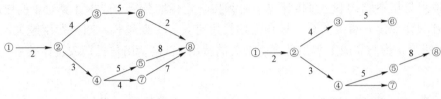

图 9.7　活动网络图　　　　　　图 9.8　破圈法求关键路线图

在项目关键路线上，活动完成时间的变化对项目完成时间的影响是主要的，因此，如果能够缩短关键工序（作业）的时间，就可以缩短项目时间。而缩短非关键路线上的各个工序（作业）所需要的时间，却不能使项目结束时间提前。所以，对各关键工序，要优先安排资源，挖掘潜力，采取相应措施，尽量压缩需要的时间。而对非关键路线上的各个工序，只要在不影响工程完工时间的条件下，抽出适当的人力、物力等资源，用在关键工序（工作）上，以达到缩短工程工期、合理利用资源的目的。在执行过程中，可以明确工作重点，对各个关键工序加以有效控制和调度。

第三节　网络计划的优化

运用网络计划技术的目的是求得一个时间短、资源消耗少、费用低的计划方案。网络计划优化主要是根据预定目标，在满足既定条件的要求下，按照衡量指标寻求最优方案。其方法主要是利用时差，不断改善网络的最初方案，缩短周期，有效利用各种资源。网络计划的优化有时间优化、成本优化和资源优化等。

一、时间优化

时间优化是在人力、原材料、设备和资金等资源基本有保证的条件下，寻求最短的工程项目总工期。其具体方法途径是：① 采取措施，压缩关键作业的作业时间。如采取改进工艺方案、合理划分工序的组成、改进工艺装备等措施压缩作业时间。② 采取组织措施，在工艺流程允许的条件下，对关键路线上的各作业组织平行或交叉作业；合理调配人员，尽量缩短各关键路线上的作业时间。③ 充分利用时差。如在非关键作业上抽调人、财、物，以用于关键路线上的作业，实现缩短关键路线的作业时间。

二、成本优化

成本优化就是根据计划规定的期限确定最低成本，或根据最低成本的要求寻求最佳工期。运用网络计划技术制订工程计划，不仅要考虑工期和资源情况，还必须考虑成本，讲求经济效益。

（一）时间与费用的关系

某一计划任务或工程项目的总费用是由该任务的直接费用和间接费用两部分组成，其关系如图9.9所示。

间接费用是指不能或不宜直接计算，必须按一定标准分摊于成本计算对象的费用。这部分费用与各项作业没有直接关系，只和工期长短有关。工期越长，间接费用越大，如图 9.9 所示。直接费用是指与完成工程项目直接有关的费用。直接费用与工期成正比关系，如图 9.10 所示。

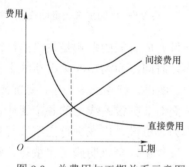

图 9.9　总费用与工期关系示意图

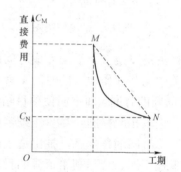

图 9.10　直接费用与工期关系示意图

与极限工期所对应的是极限费用。计算直接费用率的公式为：

$$K = (C_m - C_n) / (T_n - T_m)$$

式中，K 为成本斜率；C_m 为极限费用；C_n 为正常费用；n 为正常工期；m 为极限工期。直接费用率表示每缩短单位时间所需增加的直接费用。

（二）成本优化的方法

进行成本优化的步骤是：第一，作网络图；第二，寻找网络计划的关键线路，并计算计划完成的时间；第三，计算正常时间的总费用；第四，计算网络计划各项作业的成本斜率；第五，选关键线路上成本斜率最低作业作为赶工对象进行赶工，以达到缩短计划完成时间；第六，寻找新的关键线路，并计算赶工后计划完成时间；第七，计算赶工后时间总成本费用；第八，重复第五、第七步，计算各种改进方案的时间成本费用；第九，选定最佳费用成本时间。

时间费用优化应按以下规则进行。

第一，压缩工期时，应选关键路线上直接费用最小的作业，以达到增加最少直接费用来缩短工期。

第二，在确定压缩某项作业期限时，既要满足作业极限时间所允许的赶工限制，又要考虑网络图中长路线工期同关键路线工期的差额限制，并应取两者中较小者。

第三，为使网络图不断优化，出现数条关键路线时，继续压缩工期就必须在这数条关键路线上同时进行，否则，仅压缩其中一条关键路线的时间，不会达到缩短工程总工期的目的。

【例 5】某项工程共有六项作业，其网络图 9.11 所示，时间及费用见表 9.6。若间接费用为每周 500 元，试进行成本优化。

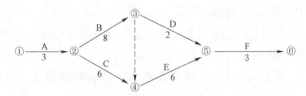

图 9.11　作业活动网络图

表 9.6　时间及费用表

作业代号	作业时间/周		作业费用/千元		直接费用率
	ES	LS	EF	LF	/（千元/每周）
A	3	1	2	3.2	0.6
B	8	4	5	6.2	0.3
C	6	3	4	4.6	0.2
D	2	1	3	3.1	0.1
E	6	4	4	4.8	0.4
F	3	2	2	2.8	0.8

解：将已知条件填入表 9.7，然后逐步优化。计算结果表明，最低工程费用为 29 400 元，对应的最佳工期为 14 周；最短工期为 11 周，其对应的工程总费用为 29 900 元。

表 9.7　成本优化步骤表

	A	B	C	D	E	F	原工期	优化				
	0.6	0.3	0.2	0.1	0.4	0.8		（一）	（二）	（三）	（四）	（五）
A—B—C—D	3	8		2		3	16	14	14	12	10	9
A—B—E—F	3	8			6	3	20#	18#	16#	14#	12#	11#
A—C—E—F	3		6		6	3	18	18#	16#	14#	12#	11#

		A	B	C	D	E	F	
赶工限制时间		2	4	3	1	2	1	$C_0 = 2+5+4+3+4+2+0.5 \times 20 = 30$（千元）
优化	（一）	2	2	3	1	2	1	$C_1 = 30 - 2 \times (0.5-0.3) = 29.6$（千元）
	（二）	2	2	3	1	0	1	$C_2 = 29.6 - 2 \times (0.5-0.4) = 29.4$（千元）
	（三）	2	0	1	1	0	1	$C_3 = 29.4 - 2 \times (0.5-0.3-0.2) = 29.4$（千元）
	（四）	0	0	1	1	0	1	$C_4 = 29.4 - 2 \times (0.5-0.6) = 29.6$（千元）
	（五）	0	0	1	1	0	0	$C_2 = 29.6 - (0.5-0.8) = 29.9$（千元）

三、资源优化

资源优化是指在一定的工期条件下，通过平衡资源求得工期与资源的最佳结合。资源优化是一项工作量大的作业，往往难以将工程进度和资源利用都做出合理的安排，常常是需要进行几次综合平衡后，才能得到最后的优化结果。资源优化主要靠试算。对于比较简单的问题，可以按以下步骤进行：根据日程进度绘制线条图；绘制资源需要动态曲线；依据有限资源条件和优化目标，在坐标图上利用非关键工序的时差，依次调整超过资源约束条件的工作时期内各项作业的开工时间，直到满足平衡条件为止。

资源优化是有限资源的调配优化问题，就是在资源一定的条件下，使完成计划工期最短。优化的步骤和方法的要点如下。

（1）根据规定的工期和工作量，计算出作业所需要的资源数量，并按计划规定的时间单位做出日程上的进度安排。

（2）在不超过有限资源和保证总工期的条件下，合理调配资源，将资源优先分配给关键线路上的作业和时差较小的作业，并尽量使资源能均衡地、连续地投入，避免骤增骤减。

（3）必要时适当调整总工期，以保证资源的合理使用。

【例6】某工程所含有作业及其需要的时间、资源数量如图9.12所示。若目前该计划仅有10人，如何安排方案？

解： 在最早开始的进度安排中，人力资源需要高峰在A、E、F三项作业同时进行的第三和第四天，需要24人。这时，A和E都不得有时差（分别是7天和2天），因此，他们在允许范围内向后延迟开工，并不影响工程的完工期。而F作业是在关键路线上，不能调整。因为A作业的时差大，故先调整它，让它向后推迟7天开工，即从第8天开工到第11天结束，这样有助于填补劳动力资源需要量的低落状况，经第一次调整后，其人力资源利用状况如图9.13所示。

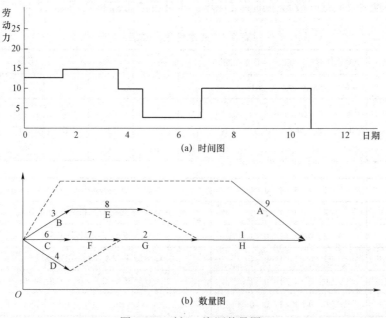

图9.12　时间、资源数量图

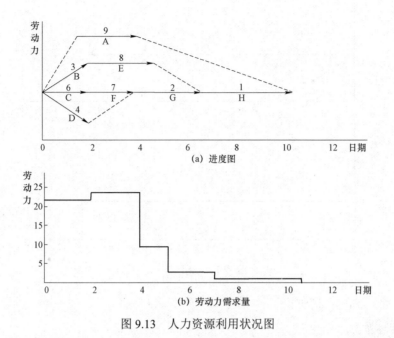

图 9.13 人力资源利用状况图

　　继续调整，第三天和第四天仍是高峰，E 作业有时差，向后延迟至最迟开工时间，如图 9.14 所示。这时，劳动力资源高峰发生在第一天和第二天，同时进行工作的有 B、C、D。C 作业是关键路线上作业，B 和 D 均有两天时差，延迟 B 两天，如图 9.15 所示，由该图可以看出，在原工程的总工期范围内，并没有增加任何费用，却取得了劳动力资源安排的较优方案，实现了仅需 10 人即可的理想状况。

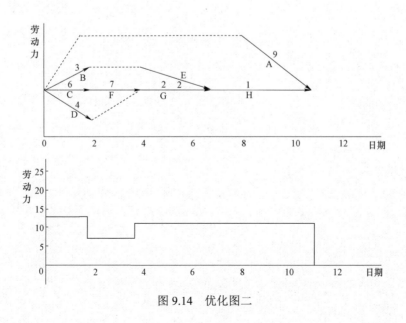

图 9.14 优化图二

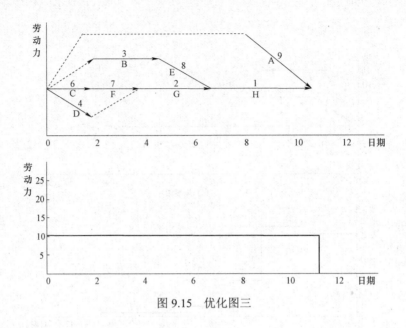

图 9.15　优化图三

思考题

1. 什么是网络计划技术？
2. 网络图的组成及其应遵循的原则是什么？
3. 计算网络时间包括哪些内容？
4. 网络图与甘特图有何异同？

第十章

企业准时生产

学习目标

学习目标

1. 理解零库存的优势及相关影响因素。
2. 掌握企业实现零库存的方法。
3. 了解 JIT 的产生及发展历程。
4. 掌握 JIT 的方法及思想体系。

引导案例

海信和戴尔的零库存管理

海信的零库存管理是建立在整个企业数字化管理的基础上的。它每年都要事先做好下一年的年度计划，如年度的销售额、产量、市场占有率、销售网点，等等。而且海信早在 1995 年就开始兴建有专人负责的销售网络，现在它的产品在市场上总共有 20 个型号，每个型号仓库里有多少台，分公司仓库里有多少台，以及分公司下辖的网点有多少台机器，都有准确的统计数据，而且通过海信投巨资兴建的遍布全国的完善的网络，每一天销售多少台机器都能一清二楚，这样使调配资源有充分的依据。

戴尔的营运方式是直销，即顾客通过电话、邮件以及互联网直接向公司订购计算机，而不经过分销商或代理商的中间渠道，这在商业界号称"零库存高周转"。一般地，戴尔的产品都是收到消费者的订单后，在 36 小时内完成生产装配，从收到订单到送货不超过 3 天。

在直销模式下，公司接到订货单后，将电脑部件组装成整机，而不是像很多企业那样，根据对市场预测制订生产计划，批量制成成品。真正按顾客需求定制生产，这需要在极短的时间内完成，速度和精度就是考验戴尔的两大难题。

戴尔的做法是，利用信息技术全面管理生产过程。通过互联网，戴尔公司和其上游配件制造商能迅速对客户订单做出反应。当订单传至戴尔的控制中心，控制中心把订单分解为子任务，并通过网络分派给各配件制造商。这些配件制造商按戴尔的电子订单进行生产，并按戴尔控制中心的时间表来供货。戴尔所需要做的只是在成品车间完成组装和系统测试，剩下的就是客户服务中心的事情了。具体过程如下：通过各种途径获得的订单被汇总后，供应链系统软件会自动分析出所需原材料，同时比较公司现有库存和供应商库存，创建一个供应商材料清单。而戴尔的供应商仅需要 90 分钟的时间用来准备所需要的原材料并将它们运送到戴尔的工厂，戴尔再花 30 分钟时间卸载货物，并严格按照制造订单的要求将原材料放到组装线上。由于戴尔仅需要准备手头订单所需要的原材料，因此工厂的库存时间仅有 7 个小时，而这 7 个小时的库存却也能在某种程度上看作是周转过程中的产品。而戴尔来到中国后却彻底放弃了享誉全球的零库存直销模式。

零库存的前提是按需定制的"工厂—订户"模式，订一台产一台，产一台卖一台。而戴尔在中国的广告，不是强调按需定制，而是主打几款产品，只不过销售热线比其他厂商多了几个而已。戴尔在中国为什么不采用零库存管理和中国的物流链有关。中国物流的效率难以支持戴尔在美国提出的将产品三天内从工厂送到用户手中，而且，一般的中国用户恐怕也不想为了享受一次上门服务，多承受几百块的成本。另外，选择这样的销售模式还与中国人的购买习惯有关。中国的消费者购买商品喜欢去卖场货比三家，因为卖场里可以多一些选择机会，购买前还能看到真品。对于电脑这类的大件商品，非要试用几下，才能买得踏实。国情决定购买习惯，购买习惯决定销售方法，戴尔在中国采用分销和直销结合的形式，能卖出产品就行。毕竟产品的质量、品牌、服务还是一流的，这足以使其成为有力的市场竞争者。分销，是戴尔适应市场的行为。而合理的库存战略，则是支持和推动企业发展的强力后援。

第一节　零库存管理

零库存管理（zero inventory）产生于 20 世纪 60 年代，当时汽车生产主要以福特汽车公司的"总动员生产"方式为主。伴随能源危机，再加上日本国内资源贫乏，当时的丰田汽车实行准时制生产，在管理手段上采用了看板管理，并实行牵引式生产（pull manufacturing），保证在生产过程中基本没有积压的原材料和半成品，从而实现了零库存。这不但大大降低了生产过程中的库存及资金的积压，而且提高了相关生产活动的管理效率。需要说明的是，丰田汽车公司只是在生产领域实现了零库存，在原材料供应和产品销售领域并没有实现零库存。准时制生产是丰田汽车公司在逐步扩大其生产规模、建立规模生产体制的过程中诞生和发展起来的。

随着零库存管理理论在丰田汽车公司的成功实施，越来越多的日本企业加入了零库存管理的行列。经过几十年的发展，零库存管理在日本已经拥有了供、产、销的集团化作业团队，形成了以零库存管理为核心的供应链体系。美国企业从 20 世纪 80 年代开始逐步了解并认识了零库存管理理论。现在，零库存管理已从最初的一种减少库存水平的方法，发展成为内涵丰富，包括特定知识、技术、方法的管理科学。

此后，零库存管理不仅应用在生产过程中，而且延伸到原材料供应、物流配送、产成品销售等环节。特别是计算机技术、网络信息技术在零售商业和物流业中的应用，使"信息替代库存""动态替代静态"等与零库存管理异曲同工的概念被提出，而且正在被企业实践着。零库存管理的核心思想总结起来有两点：避免浪费和消灭库存。

零库存是一个特殊的库存概念，它是指物料（如原材料、半成品和产成品等）在采购、生产、销售、配送等一系列物流环节中，不以仓库储存的形式存在，而是处于周转中的一种状态。

从物流运动合理化的角度来看，零库存概念包含两层含义：其一，库存对象的数量趋于零或等于零（近乎无库存物资）；其二，库存设施、设备的数量及库存劳动耗费趋于零或等于零（不存在库存活动）。而后一种意义上的零库存，实际上是社会库存机构合理调整和库存集中化的表现。就其经济意义而言，远大于通常意义上的仓库物资数量的合理减少。但是，零库存并不等于不需要储备和没有储备。对某个具体企业而言，零库存是在有充分社会储备前提下的一种特殊储存形式，其管理核心在于有效地利用库存材料，尽快地生产更好的产品，并有一个反应迅速的营销系统把它们交到消费者手中，将生产、销售周期尽可能地压缩到最短，竭尽全力避免无效库存。因此，作为一个生产企业，并不能真正实现所谓的零库存，只能是库存沉淀为零；或者说，一切库存都按照计划流动，而"零库存"只是一个"零库存"的思想和"零库存"的管理制度。从供应链全局看，不可能实现零库存。

零库存的实质是通过不断降低库存以暴露问题，不断地改进、提高管理水平和效率，从而增加企业的经济效益。单纯的零库存不是目的，暴露问题—解决问题—提高管理才是零库存的意义所在。零库存管理是在传统库存管理思想上的一次变革，是实现库存合理化的必然趋势。

一、零库存的优势

（一）可以减少因库存而占用的较多资金

生产型企业有订单时，企业就需要采购大量的原材料和外购件。这些原材料和外购件在总成本中占有很大的比重，同时也占用很大部分的企业资金。巨大的流动资金无疑将给企业带来沉重的负担。而运用零库存管理可以使原材料和外购件的平均库存降低 40%～85%，从而降低企业的物流费用，增加企业的效率。在我国正确采用零库存管理策略后，大多数企业能将库存水平降到原来的 1/3 左右。

（二）加快资金的周转速度

一个企业的盈利情况在很大程度上依赖于其流动资金的周转情况。资金周转越快，企业盈利越多。采用零库存管理策略后，企业的原材料和外购件的库存量大大减少，这样使企业流动资金的周转率得到大幅度提高。

（三）有效规避产品积压的风险

市场对产品的需求往往是变幻莫测的，同一种产品的需求量在某个时期某个地点也是不确定的。通过零库存管理策略来调节库存，既可降低库存积压的风险，规避市场的变化及产品的更新换代而产生的降价的风险，又盘活企业的流动资金。

（四）降低库存管理的成本

如果企业能够在不同环节实现零库存，可以免去仓库存货的系列问题，如仓库建设、管理，存货维护、保管、装卸、搬运，等等，同时也避免了存货的老化、损失、变质等问题。

（五）提高管理效率

过多的库存往往能掩盖企业生产过程中存在的大量问题，如质量管理问题和生产效率问题。零库存管理通过降低库存，可以暴露管理中存在的问题，然后通过解决这些问题使生产系统得到进一步改善。零库存管理体现出精益生产、追求尽善尽美的管理理念。

二、国际上流行的零库存运作方式

（一）委托保管方式

受用户的委托，由受托方代存保管所有权归属于用户的物资，而使用户不再保有库存，从而实现零库存，受托方收取一定的代管费用。这种零库存动作方式的优点为：受托方一般都为专业的储运公司，可以利用其专业优势实现较高管理水平和较低费用的库存管理。用户不再设仓库，减去了仓库及库存管理的大量事务，集中力量进行生产经营。但是，这种零库存运作方式主要是靠库存转移实现的，并不能降低库存总量的储存风险。

（二）协作分包方式

协作分包方式像美国的"SUB－ON"方式和日本的"下请"方式，它通过若干企业的柔性生产、准时供应，使主企业的供应库存为零；同时主企业的销售库存统筹集中在一起，使若干分包劳务及销售企业的销售库存为零。主企业主要负责装配和开拓市场的指导，分包企业各自分包劳务、分包零部件制造、分包供应和分包销售。

（三）轮动方式

轮动方式，也称同步方式。它是在对系统进行周密设计的前提下，使各环节的速率完全协调，从而根本取消相邻两工位之间等工待料的一种零库存运作方式。这种方式是在传送带式生产的基础上，进行更大规模延伸形成的一种使生产与材料供应同步进行，通过传送系统供应实现零库存的形式。

（四）准时供应方式

在生产工位之间或在供应企业与生产企业之间完全做到轮动，这不仅是一件难度很大的系统工程，而且需要很大的投资，同时，有一些产业也不适合采用轮动方式。因而，很多企业广泛采用比轮动方式更灵活、更易实现的准时供应方式。准时供应方式不仅采用类似传送带的轮动系统，而且依靠有效的衔接和计划达到工位之间、供应企业与生产企业之间的协调，从而实现零库存。如果说轮动方式主要靠"硬件"，那么准时供应方式则在很大程度上依靠"软件"。

（五）看板方式

它是准时供应方式中的一种简单有效的形式，又称传票卡制度或卡片制度。它最早在丰田汽车公司使用。看板方式以"彻底消除无效劳动和浪费"为指导思想，以市场需求作为整个企业经营的初始拉动点，以市场需求的品种、数量、时间和地点来准时地组织各环节生产，前工序仅生产后工序所要取走的品种和数量，不进行多余的生产，不设置多余的库存，使企业形成一个逆向的、环环相扣的物流链。其核心思想是"只在需要的时候，生产所需要的产品"。它要求企业各工序之间、企业之间、生产企业与供应企业之间采用固定格式的卡片为凭证，由下一环节根据自己的节奏，逆生产流程方向，向上一环节准时供应，通过加强协调，使制造计划、采购计划、供应计划能同步进行，缩短用户响应时间，从而协调关系，做到准时同步，提高企业的适应能力。

（六）"水龙头"方式

它是一种像拧开自来水的水龙头就可以取水而无需自己保有库存的零库存形式。这是日本索尼公司首先采用的。这种方式经过一定时间的演进，已发展成即时供应制度，用户可以随时提出购入要求，采取需要多少就购入多少的方式，供货者以自己的库存和有效供应系统承担即时供应的责任，从而使用户实现零库存。适于这种方式的物资主要是工具及标准件。

（七）无库存储备

国家战略储备的物资，往往是重要物资，在关键时刻可以发挥巨大作用，所以几乎所有国家都要有各种名义的战略储备。由于战略储备的重要，一般这种储备都保存在条件良好的仓库中，以延长其保存年限。因而，实现零库存几乎是不可想象的事。无库存储备是仍然保持储备，但不采取库存形式，以此达到零库存。有些国家将不易损失的铝这种战备物资作为隔音墙、路障等储备起来，以备万一，在仓库中不再保有库存就是一例。

（八）配送方式

这是一种综合运用上述若干方式，采取配送制度保证供应，从而实现零库存的一种管理方式。该方式将企业划分为若干个小部分，依据每个部分的特征，分别实施不同的管理方法，再从宏观的角度考虑统一的调配，整体的管理，最终使企业不论是在内部还是在全局都达到高效而流畅的供—产—销一体化模式。

很多企业都宣布要实行零库存，但是没有哪个企业能真正实现零库存。因为只要你要向市场供货就不能实行零库存。零库存只是一个努力的目标，它的精髓是尽量地减少库存，要真正实现零库存是不可能的。

零库存是通过在生产和流通领域按照即时生产组织物品供应来实现的，但它并不限定于某种特殊形式，因此许多现代生产库存管理制度都会降低库存总体水平，有时也实现了某些环节、某些部门的零库存。

三、实施零库存应考虑的因素

零库存的实质就是在相对稳定的时间和相对稳定的地点，向相对稳定的对象提供相对稳定的产品，所以说零库存的成功实施是建立在稳定和理想的客观基础上的。生产型企业要实施零库存管理就应该从自身特点出发，制订一个全面的、科学的、合乎自身生产需求的储备物资品种方案。在确定零库存储备物资品种时，应该考虑以下因素。

（一）市场

生产型企业所面对的市场包括物资资料采购市场和产品销售市场，这两个市场的影响因素是不一样的。对于销售市场，产品是它所面对的终端，它时刻都在变化，在不同的地区对不同产品的需求也是不同的，在不同时间也是变化的。要想做好零库存，首先要对市场做好充分的调研，使库存量的预测与市场实际所需相一致。采购市场是生产成品所需原材料所面对的市场，接到订单后，采购部门要及时地制订合理的采购方案，一方面追求采购总成本的最低，另一方面满足市场的需求。

（二）物资消耗

物资消耗特点是选择如何实施零库存的重要依据。例如，一些消耗规律性比较强的通用物资，可通过加强计划管理，与供应商建立合作伙伴关系，采取随用随购的方式，不设库存，实施零库存。

（三）时间

物资的消耗在不同的时间、不同的季节是不一样的。可以利用物资消耗的时间性和季节性来实现物资的零库存。

（四）管理

零库存实施环节中的管理包括对采购环节、生产环节、物流配送环节及销售环节的管理。因此要想实现零库存，必须从以下环节加强管理。

第一，采购环节。实施零库存，采购部门应尽量采用准时制采购策略，缩短采购时间。根据实际所需及时采购，将物资及时投入生产。真正做到按需采购，适时到厂，货到后经过集配中心，直接发到用料部门。在保证质量和交货期的情况下，尽量就近采购和小批量采购。

第二，生产环节。将生产环节中在制品和半成品量降到最低，减少在制和半成品的库存占用资金，这些目标的实现要求生产设备需要有较大的柔性，加强对生产设备的更新，同时需要科学地制订生产计划和加强车间作业管理。另外随着科学技术的发展，已经有较为成熟的生产作业软件管理系统，这套系统的投入更有利于降低在制品和半成品的库存，减少占用资金，从而实现生产环节的零库存。

第三，物流配送环节。强化在物流和运输中的一体化协同运作，减少中间仓储和搬运等环节，这要求在各协作厂商之间建立信息交换平台，完善物流和配送网络及其配套设施的建设。

第四，销售环节。在按订单式生产的销售模式中，应减少客户等待交货的时间；在直销模式中则应建立强大的订单处理和客户服务系统。同时加强对销售终端的数据采集和分析，以求数据尽量接近实际，从而减少产品的库存。

一个企业是否能采用零库存，要根据综合平衡的原则，即企业必须根据自身所处的行业环境、商业环境、管理水平综合加以判断和决策，如物流的社会化程度、企业信息化水平等。

对于是否采用零库存，关键是要找到一个平衡点，在这一点上，增加单位库存量所增加的库存费用等于因为增加这个库存所减少的生产、交换和消费成本，这就是经济学上所讲的边际成本等于边际收益，这个平衡也是一个最优化点。

四、实施零库存的途径

（一）充分利用第三方物流服务

采用委托第三方物流服务的方式实现零库存具有如下好处。第一，受托方（第三方）可以充分发挥其专业化高水平的优势，开展规模经营活动，从而能够做到以较低费用的库存管理提供较高水平的后勤活动。第二，可以大量减少委托方的后勤工作。因此，委托方能够集中精力从事生产经营活动。

（二）推行配套生产和分包销售的经营制度

实践证明，采用配套生产和分包销售方式去从事生产经营活动，可以在一定程度内实现零库存。其原因如下。

第一，在配套生产方式下，企业之间的经济关系更加密切，从而在一些企业之间（如在生产零配件的企业和组装产品的主企业之间）能够自然地构筑起稳定的供货（或购货）渠道，可以免除生产企业在后勤保障工作上存在的后顾之忧，进而可促使其减少物资库存总量，甚至取消产品库存，实现零库存。

第二，在分包销售的体制下，实行统一组织产品销售、集中设库储存产品的制度，并通过配额供货的形式将产品分包给经销商，因此，在各个分包（销售）点上是没有库存的，也就是说，在分包销售制度下，分包者的"销售品库存"是等于零的。

对于发达国家的制造行业，许多生产商的零库存在很大程度上都是通过推行配套生产和分包销售而实现的。在有些国家，生产汽车和家用电器等机电产品的企业都是集团性的组织，在结构上由少数几家规模很大的主导企业和若干家小型协作企业组成。其中，主导企业主要负责完成产品装配和市场开发等任务，协作企业则负责自己的生产活动，并且能在指定的时间内送货到位。由于供货有保障，因此，主导企业都不再另设一级库存，从而使其库存呈现零的状态。

（三）实施库存集中管理

在保生产、保供应的思想指导下，相当部分企业采用多级分散采购、分散管理库存的体制。这种分散管理体制使企业层层设库、层层设账，造成车间有小库、分厂设中库、总厂建大库的"小而全、大而全"的库存管理体系。这种体制虽然能满足二级单位使用方便和应付紧急需要，但却造成企业的人力、物力、财力的大量浪费，更为严重的是增加了企业总库存，占用了大量的企业流动资金。

库存集中管理就是由企业的一个部门对企业库存物流物资统一协调、统一指挥、统一调度和总量控制，达到既保证企业的物资供应，又能使库存最小化和降低库存成本。库存集中管理体制不仅有利于企业节约仓库设施，减少库存管理费用，进行库存物资统一调度，而且可以实现库存资源信息共享，提高企业应变能力。

（四）采用供应链管理模式

采用供应链管理模式实现零库存，就是从生产到消费的过程中，供应链企业之间通过信息交流与共享来增加库存决策信息的适时性、准确性、透明性，并减少不确定因素对库存的影响，达到供应链各成员单位的无缝衔接，确保库存量最大限度地降低。

采用供应链管理模式实现零库存，需要从以下几个环节入手。

（1）整合供应链业务流程，为订单而采购，减少库存。这就要求企业以顾客的需求为生产经营的起点，企业的采购、存货储备、生产和销售都由顾客的订单来支配，并围绕订单而运作。库存管理是以客户订单为依据，根据需求信息向前反馈；企业则根据订单将销售计划、生产计划和采购计划编制成整体计划。

（2）充分利用供应商库存和联合管理库存来降低库存水平。采用供应商管理库存加强了供应商的责任，使供应商根据需求状况和变化趋势，确定库存水平和补给策略，以对市场需求实现快速响应，而需求方不设库存或减少库存，可以减少资金占用。联合管理库存是供需双方同时参与，共同制订库存计划，使供应链各成员单位之间对需求的预期保持一致性，从而消除需求变异放大现象，提高供应链同步化程度和整体运作水平，从而降低库存规模。

（3）强化库存定额管理。供应链上的供应商和需求方，根据需求物资的重要程度、使用频率、价值、采购难易程度、制造周期、可替代程度等对物料进行分类，并对不同类别的物料进行综合分析，确定库存定额和订货周期，并严格按照库存定额编制采购订单，避免无计划采购。

（4）加强信息化基础建设。通过计算机和信息网络的信息，及时掌握并反馈库存信息，实现供应链内外信息系统集成和信息共享，从而有效地控制库存。

尽管有诸多参数和技术系统的辅助，信息系统中也有装备精良的预测模型，但仍然不能全部排除市场的不确定性。到目前为止，没有哪家企业能够做到100%的准确预测，如果滞销，则作为库存积压，如果脱销，则不能满足市场。企业自诞生之日起，就难以摆脱库存的困扰，如何降低库存成本、提高库存周转效率，一直是企业管理者关心却不容易实现的难题。也正因为如此，零库存的诱惑才如此之大。而同时应加以注意的是，由于产品是依托于整条供应链的运转才得以生产、加工和销售的，产品的价值或价格是由整条供应链的成本决定的，而不仅是某个环节。

同时，要真正实现零库存，需要以下几个必要条件：一是整条供应链的上下游协同配合，仅靠某个企业是绝对不可能的；二是供应链上下游企业的信息化水平相当，并且足够高，因为零库存是与 JIT 精益生产相伴而生的，这样才能顺其自然地实现供应链伙伴间的零库存；三是要有强大的物流系统作支撑。所以，零库存不是某个企业一厢情愿的事情，它不仅依托于整个供应链上下游企业的信息化程度，还需要有合适的产业环境、社会环境，乃至国情。盲目追求形式上的"零库存"，只会使强势环节欺压弱势环节，最终破坏整个供应链的平衡。从现实需求和长远发展看，实现整条供应链的信息化联动，才是通向零库存的必由之路。

（五）推行零库存应该注意的问题

现在有很多企业为了做零库存，采取了一些很不正当的手段。比如在原材料方面为了保持零库存，要求供货商把货都放在生产企业那里，以便随时用，但不能算他的库存，是供应商放在他那里的。他用了才算他的东西，没用就是供应商的东西。这实际上不是零库存。他只是把库存转移给了供应商了。从整个供应链来说，从供货到用货、销售，库存并没有降低。另外这样做供应商也有很大的意见。一旦企业出现什么经营问题的时候，就会出现一种风险，供货商跟你的关系就会出现问题。

所以零库存虽然有很多优势，但并不是代表零库存就完美无缺了。企业在推行零库存时，应尽量做到细致周密，需要考虑各种影响因素和要求。具体地，生产型企业开展零库存时应该注意以下问题。

1. 企业必须转变观念

企业必须转变观念与供应链各方建立相互信任、相互合作、相互协调的战略伙伴关系，以得到供应商的支持和配合来减少原材料的库存占用。生产型企业在采购环节中，一是要积极寻找和发展战略合作伙伴，二是在合作伙伴之间建立分工协作、相互信任的关系。合作的目标定位于得到供应商的支持和配合削减库存，同时避免缺货现象的发生，做到适时、适量、适质、适地、适价地提供所需物品。

Dell 公司之所以能实现零库存，就是因为有一个组织严密的供应商网络。Dell 公司 95% 的采购来自这个供应网络，其中 75% 来自 30 家最大的供应商，另外 20% 来自规模略小的 20 家供应商。Dell 公司几乎每天都要与这 50 家主要供应商分别交互一次或多次。

2. 注意各个环节中的物资需求计划及成本核算

首先，科学、准确的需求计划是做好零库存工作的前提。各个环节的需求预测做得好，就可以降低库存水平，进而降低库存持有成本；如果预测结果大大偏离实际需求，那就会给企业带来损失。

其次，要加强对采购物资的全成本核算。在生产型企业中并不是对所有的物资都实现零库存控制，所以在选择零库存物资品种的时候，进行全成本核算。例如，有的物资产地较远，运输费用大，就不轻易实行零库存储备。若盲目地实行零库存储备，则不但不能降低供应成本，还可能因运输影响生产的正常进行，并因为运费的增加而导致总成本的增加。

最后，对零库存应进行量化考核。零库存作为物资管理的一种重要形式，相应地建立一定的量化考核标准是非常必要的。例如，可以通过对每条生产线每天的产量进行量化，计算出每天需要向生产部门提供的原材料、零部件，或是外购在制品的数量，这样可以大大降低采购环节的物资储备数量。

3. 推广高新技术在物流设备中的应用

要想实现零库存，仅靠"软件"是不行的，还必须有与之匹配的"硬件"才行。目前国内大部分生产型企业的物流设施设备现状已经阻碍了零库存的实现，提高物流设备高技术含量，加快物流设施设备的更新已是刻不容缓。

4. 构建完善的电子商务支撑系统

由于现代通信技术和网络技术的发展和应用，把物资采购的各环节联系起来，构成了完整的电子商务系统。电子商务系统是企业运营与客户、供应商、合作伙伴的电子连接网络，为买方和卖方提供快速寻找机会，快速匹配业务和快速交易的网上交易平台。通过这一平台供需双方能够快速建立联系，从而实现自动采购、自动订单履行和自动信息交换。也就是说，电子商务环境下的库存管理通过网络把企业的供应商、客户和企业本身有效地联成一个整体，打破个人和厂商固有的边界，以最快的速度将最广阔的库存信息集中起来供企业使用，而且所有工作都在网上进行，既可以有效加速物资和资金的流动，又能实现零库存。

5. 加强工作人员的素质培训

在企业中，工作人员的素质是影响零库存控制策略实施的关键因素，所以必须要注意提高企业内工作人员的素质，全方位、及时地向员工灌输零库存理念。

未来的物流业发展将依托先进的管理思想和理念，使物流工作流程程序化、连续化，使物流能迅速地对市场变化做出反应，并及时做出相应调整，物流服务呈现"及时"趋向，零库存经营倾向非常明显。零库存是每个企业为降低成本所追求的，而且对于库存物资种类较多，数量较大的生产企业更为有效。

第二节 准时制生产方式

在制造业中，由于传统的订货点库存管理方法会造成库存的浪费，为此，人们推行准时化、同步化，使生产过程中的各工序和环节在生产供应的数量和时间上做到紧密结合，实现"按需要的量和生产所需的产品"，从而消除生产过程中不协调和停滞的现象，降低闲置的库存。这种追求完美的构思是丰田汽车公司开发的管理方法——看板管理方式，即准时制生产方式 JIT（just–in–time，JIT）。

一、准时制生产方式的起源

20 世纪 70 年代发生了一场石油危机，它告诉人们：以高投入为特征的大量生产方式危及了世界经济的健康发展。由于生产要素价格的上涨，使高投入不再能相应地促进生产率的提高。从表面上看，20 世纪 60 年代石油涨价，能源成本上升，石油价格在一夜之间上涨了 4 倍，20 世纪 80 年代之后，国际金融市场利率上升。所有这些，都使以总量增长速度为主要目标，以增加投入为主要发展手段的旧的大量生产方式难以继续下去。这对企业行为产生了深远影响。企业经营的首要目标是增加利润。为此，必须设法减少生产成本，但生产要素价格上升给企业实现经营目标带来了困难。在这种情况下，20 世纪后半期，兼备单件生产和大量生产方式两者的优点又能克服两者缺点的一种高质量、低成本并富有柔性的新的生产方式在第二次世界大战后崛起的日本应运而生，准时制生产方式。准时制生产方式起源于丰田汽车公司。丰田汽车公司是 19 世纪末在制造织机的基础上发展起来的。20 世纪 30 年代后期，在政府的驱动下进入汽车工业，专门为军队生产载货汽车。当丰田汽车公司决定要全面生产轿车和商用载货汽车时，曾经面临非常大的困难。

第一，国内市场很小，需要的汽车种类很复杂。同时，要打进国际市场也非常困难。因为国际上有许多规模大的汽车厂商渴望在日本开拓市场，并防止日本扩大市场。而且当时的日本也不具备打进国际市场的技术和条件。

第二，日本人的就业观念与西方不同。他们不愿被当作可变成本来对待或被任意更换。尤其是当时美国为了安抚日本人求得社会稳定而颁布了新劳工法，企业裁员受到严格限制。

第三，经过战争的摧残，日本经济缺乏资金和外汇，不可能大量购买西方的新技术。当时，日本共有 12 家近乎胚胎期的轿车公司。日本政府曾企图把它们合并成两家或三家大公司，按分工分别生产型号不同的轿车，以能同美国三大汽车公司相抗衡，但遭到了丰田、日产和其他汽车公司的拒绝。为了寻找日本汽车工业发展的道路，1950 年春天，丰田汽车公司新一代领导人曾经对世界上最大且效率最高的汽车制造厂——福特汽车公司的鲁奇工厂进行了为期 3 个月"朝圣"般的考察。回国后，与当时主管生产的大野耐一工程师一起商量很快得出结论：大量生产方式不适应于日本，应该结合日本国情走出一条自己的新路。

以丰田汽车公司的大野耐一等人为代表的准时制生产方式的创始者们，从一开始就意识到：第一，美国汽车工业的生产方式虽然已很先进但仍有很大的改善余地；第二，需要考虑采取一种更能灵活适应市场需求、尽快提高产品竞争力的生产方式。以福特制为代表的大量生产方式的最大特点在于以单一品种的规模生产来降低成本，这与当时美国的经济相吻合。

在当时的时代背景下，只要生产得出来就可以销售出去，生产越多，成本就越低，也就越能销售出去。但到 20 世纪后半期，不仅美国，不仅汽车市场，整个商品市场进入了一个市场需求多样化的新时代。而且对质量的要求也越来越高，随之给制造业提出的新课题是如何有效地组织多品种、小批量生产。准时制生产方式正是适应这种"适时适量"的时代要求而产生的一种生产方式。

准时制生产方式产生的另一背景是，在 20 世纪 50 年代初，有人曾估计当时日本的生产率只有美国的九分之一。就此，丰田汽车公司的经营管理者们认为，这不是因为日本人只用了九分之一的力气，而是无效地使用了力气。因此，为了提高生产率，不是应该再多用力气，而是应该通过排除各种浪费来提高生产率。这一思想就成了准时制生产方式的出发点，准时制生产方式中的诸多具体手段都是围绕"通过彻底排除浪费来降低成本"而展开的。

准时制生产方式已被世界公认为是日本企业在激烈的国际竞争中获得成功的法宝之一。西方各国工业界十几年来对此倍感兴趣，都在学习和研究通过准时制生产方式走向成功的机制和途径。

二、准时制生产方式的目标

传统的产品定价公式为：销售价格＝实际成本＋边际利润，企业在成本不变的情况下，为保住利润就会提高销售价格。但日本人认为，产品价格应该是由消费者而不是生产厂家确定，因此，他们采用的公式为：销售价格－成本＝边际利润。这不是一种数学公式的简单变形，在不增加产品销售价格的情况下，企业为保住利润，就必须降低生产成本，对成本进行目标管理。准时制生产方式的目标可以分为以下几个方面。

1. 消除浪费

为了降低成本，企业就必须减少各种浪费。日本人创建准时制生产方式是从研究传统的生产方式开始的，意图在于消除不增值生产活动和无效活动，增加产品生产周期中对产品的必要加工即增值时间的比重。产品的生产周期包括从材料进入生产过程直到产品完工等待向客户发运的全部时间，它由四种基本活动时间组成，可以用公式表达：产品生产周期＝加工时间＋搬运时间＋等待时间＋检验时间。采用传统的生产系统，增加了各个环节的等待、搬运、检验时间，而且在各个生产环节还产生了大量的原材料、在制品、半成品和产成品的存货，从而导致了库存投资、储存、保管、运送、损耗等大量浪费。准时制生产方式提出的最基本目标是使用最小数量的资源，以最有效的方法制造或提供所需要的产品或服务。准时制生产方式的倡导者认为，除了为增加产品价值所绝对需要的最小数量的原材料、部件、场地和工时等之外的任何事物都是浪费，例如，观看设备运行、等待零部件、点数部件、超量生产、长距离搬运物品、库存、查找工具、机器故障、返工等，它们都是不增值的活动。这里的浪费不仅指出现了残次报废而造成的浪费，它是一个广义的概念。因此，消除这些浪费可以从根本上提高生产效率。所以准时制生产方式的基本出发点就是全面消除浪费。准时制生产方式将前述的产品生产周期公式改写为：产品生产周期时间＝增值时间＋非增值时间。增值时间为生产过程中对产品直接加工的操作时间，非增值时间为储存、等待、搬运和检验等时间。准时制生产方式的目的正是在于消除这些非增值活动的浪费，使产品生产周期中的实际加工即增值时间的比例增大，两种不同生产方式的比较见表 10.1。

表 10.1 两种不同生产方式的比较

产品制造过程经历时间	5%增值	**传统方式** 注重对增值活动的管理，通过 ■方法的研究 ■工作研究 ■自动化
	95%浪费	**JIT 方式** 注重对95%的不增值活动的管理，通过 ■全面质量控制 ■全面消除浪费 ■狠抓问题解决 ■连续不断改进

2. 消灭库存

传统管理认为，要进行生产，就必须保持一定水平的原材料和在制品的库存；要提高顾客服务水平，就必须保持一定的产成品库存。库存可以调节生产，使生产保持平衡；库存也可以把不同的生产阶段隔开，使它们相对独立地进行生产活动。但是，库存占用资金需要场地，影响企业的经济效益，更主要的是库存掩盖了很多管理上存在的问题。生产中的各种问题就好比湖水中的石头，库存水平就是湖水水面，高水面使划船者难以发现下面的暗石，容易发生重大事故，如图 10.1 所示。只有当湖水水面降低时，湖中的石头才能暴露出来，从而避免问题。因此，日本人说，库存是万恶之源。例如，如果减少工序之间的在制品，就可以在出现大量残次之前及时找到可能的质量问题所在，还可以减少运转周期等。库存往往是生产系统设计不合理、工序之间不协调、工作方法不正确，设备有故障等一系列问题的表现。

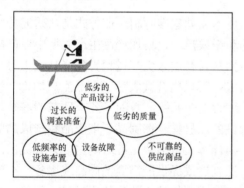 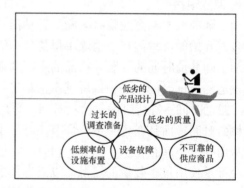

图 10.1 库存掩盖了生产中的问题

问题只有暴露出来才可能解决，解决了问题，才能提高管理水平。因此，准时制生产方式的基本目标之一是努力消灭或减少库存，从而暴露问题，消除问题，减少浪费，降低成本。从某种意义上讲，准时制生产方式又是无库存生产，因为从整个生产系统来看，无库存就可以使工序之间的生产不间断地进行，实际上就实现了准时生产。

3. 准时制生产方式的目标

准时制生产方式是一种生产管理的新思维，它要求有关生产系统的设计和运作的各个方面进行不断的改进，以寻求系统的最优状态。这种最优状态是一种理想境界，可表示为下列理想目标：零残次、最短调整准备时间、零库存、最短生产提前期、最低搬运量、最低的故障率、最小生产批量。

因此，可以说，准时制生产方式是一种综合的管理思想，是一个整体的管理系统，它使用的技术是为了保证物料加工是在需要它们之前很短的时间内进行，以保持低水平的库存。准时制生产方式的训令：消除所有浪费，其目标和方法体系如图 10.2 所示。

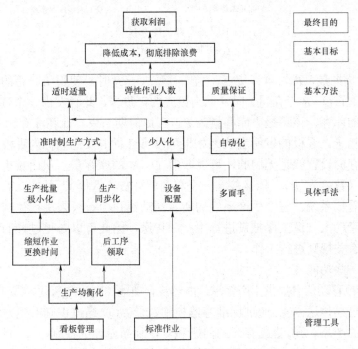

图 10.2　准时制生产方式的目标方法体系

三、实现适时适量生产的管理工具——看板

1. 看板系统的功能

Kanban 在日文中是卡片的意思，用来控制生产系统中的物料流动和生产，在看板上列有包括与取货、传送和生产有关的信息，它可以告诉工人需要取用或加工不同的部件的数量，图 10.3 是传送看板示例图。

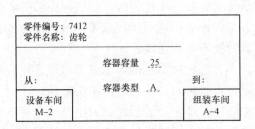

图 10.3　传送看板示例图

看板的发明受到了再订货库存管理模型的启示，再订货库存模型可以看成是两箱式的库存系统，如图 10.4 所示。

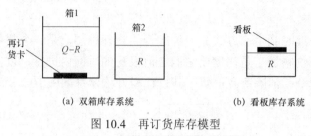

(a) 双箱库存系统　　　　　(b) 看板库存系统

图 10.4　再订货库存模型

注：Q=订货批量；R=再订货点

如果 Q 为订货批量，R 为再订货点，当库存量大于 R 时，使用第一箱的库存；当库存水平达到 R（即消耗了 $Q-R$ 库存量）时，见到箱底的订货卡，此时发出一个订货；而在提前期内使用第二箱中的库存，该箱最大库存量为 R，当提前期结束，此箱库存为 0，新订单到货，按数量添满两个箱子。看板的发明者认为如果可以将订货卡（他们称为看板）放在第二箱的上面，第一箱库存的设置就是无用的，可以取消 $Q-R$ 的库存量，从而减小了库存。当供应商送来新的订货（数量为 R），他又接到一个相同的订货（看板），并按此看板进行生产和供货，由此产生了看板系统。整个生产系统的所有活动都是由看板来进行控制的，由最后一道工序开始，反向牵动上一道工序按需进行生产和传送，因此可以防止过量的生产。这种系统要求员工必须按有关规则进行工作。

看板有以下一些功能。

① 提供取货或移动信息提供生产信息，能经济合理地控制生产活动。② 防止浪费。③ 防止过量的生产和过早传送。④ 通过标准容器控制数量。⑤ 通过识别产生残次件的工序，可以防止生产残次的产品。⑥ 暴露存在的问题和对在制品库存的控制。⑦ 联系厂内外有关单位之间和各工序之间的动脉。⑧ 实现可视管理的一种工具。图 10.5 为产品加工示意图，这里只列举两个工序（工序 3 和工序 4）之间通过两种看板（移动看板 M4 和生产看板 P3）进行物料移动和授权生产的控制。通过图 10.5 可以看出，移动看板是在下一道工序的入口存放处与上一道工序的出口存放处之间控制取送货活动，生产看板只在每个工序的出口存放处与加工地点之间传递信息，授权生产活动。加工和传送批量都由标准容器进行控制，工作流与信息流（看板流）的方向相反（如图 10.6 所示）。

2. 看板的使用规则

使用看板的规则很简单，但执行必须严格。

（1）无论生产看板还是传送看板，在使用时，必须附在装有零件的容器上。

（2）必须由需方到供方工作地凭传送看板提取零件或由需方向供方发出信号，供方凭传送看板转送零件，没有传送看板不得传送零件。

（3）要使用标准容器，不允许使用非标准容器或者虽然使用标准容器但不按照标准数量放入。这样做可以减少搬运与点数时间，并可防止损伤零件。

（4）当从生产看板盒中取出一个生产看板时，只生产一个标准容器所容纳数量的零件，当标准容器装满时，一定要将生产看板附在标准容器上，放置到出口存放处，且按照看板出现的先后顺序进行生产。

（5）次品不交给下道工序，出现次品本身就是浪费，如果把次品交给下道工序，不仅会造成新的浪费，而且会影响整个生产线的工作。所以，在严格控制次品发生的同时，必须严

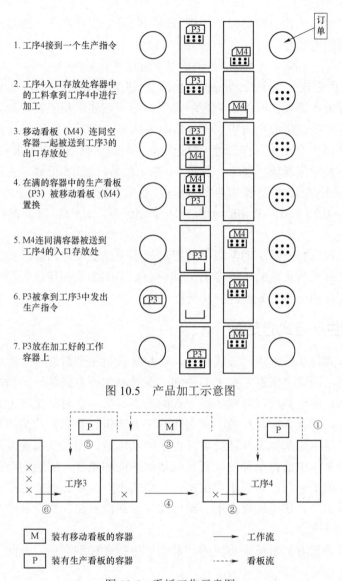

图 10.5　产品加工示意图

图 10.6　看板工作示意图

禁次品进入下一道工序。

　　按照这个规则，就会形成一个十分简单的牵引式系统。每道工序都为下道工序准时提供所需的零件，每个工作地都可以在需要的时候从其上道工序得到所需的零件。使物料从其原材料到最终装配线同步进行。做到这一点，就可以消除人们的紧张心理，避免零件的囤积造成的浪费。

　　看板是实现准时制生产方式的重要工具，它是对传统生产管理的挑战。在这种系统中生产是被需求驱动，而不是被生产能力来驱动，需要多少生产多少。这对很多企业，特别是对我国国有企业而言，实施起来具有较大的困难，丰田汽车公司也用了将近 10 年的时间才使看板系统在整个公司正常运行。

3. 看板个数的计算

　　看板系统实际上非常类似于再订货库存系统，只是在应用上不同。再订货库存系统是试图设立一个长久的库存政策，而看板系统则鼓励不断降低库存水平。通过下面看板个数的计算，可以进一步说明这一点。

$$N = (d \times L + S)/C$$

其中：N 表示看板个数或容器个数，d 表示提前期内每天的平均需求量，L 表示加工件的提前期，即完成一个订单所需要的时间，S 表示安全库存量，通常是以提前期内的需求的百分比计算，也可按服务水平或提前期内需求变异情况来计算，C 表示容器容量。

【例1】某化妆品生产企业，有三道工序：装瓶、封口和贴商标。需求量为每小时 200 瓶，要求每个容器上贴系一张看板，每个容器装 11 瓶化妆品，需 15 分钟从上一工序得到一个容器，安全库存的百分比为 10%，计算需要多少看板。有关数据：$d = 200$ 瓶/小时，$L = 15$ 分钟 $= 0.25$ 小时，$d \times L = 200 \times 0.25 = 50$，$S = dL \times 10\% = 10\% \times 50 = 5$，$C = 11$ 瓶，$N = (dL + S)/C = (200 \times 0.25 + 5)/11 = 5$

为了迫使对过程进行改进，通常容器的容量远小于提前期内的需求量，如丰田汽车公司设计的容器容量是每天需求量的 10% 左右，这样小批量的加工和传送有利于及时发现系统中的问题，使管理人员和一线工人及时解决问题。

四、准时制生产方式的要素

准时制生产方式与传统的生产方式相比，看起来只是生产组织程序的不同，实质上是一种管理方式的创新，两者之间存在很大的不同。准时制生产方式是一种新型的综合生产管理思想、原理和技术，用于实现准时制生产方式的基本目标。准时制生产方式要求企业具备严密科学的组织规划，拥有掌握多技能、高素质的工人队伍，要求企业实施严格的质量控制。准时制生产方式的基本思想似乎非常简单，也很容易理解，但是要实施准时制生产方式却不容易，它几乎涉及企业中的每个部门，甚至包括供应商和顾客，渗透到企业的每一项活动。准时制生产方式的因素包括：看板生产控制、平稳式生产、单元式的生产系统布置、牵引式生产系统、小批量生产、快速调整准备、柔性的生产系统资源、质量从源头开始、全面的设备维修保养、供应商网络。

牵引式生产是通过看板系统来实施的，前面已进行了详细介绍，在此不再阐述。下面对其他 9 个要素进行讨论。

（一）平稳式生产

要想实现准时制生产方式，就必须保证从公司的供应商到顾客的整个过程的物料能够平稳流动，这一过程的物料流动除了维持生产过程的最低需要外不应有延误（积压）和中断，使生产率等于或接近需求比率，这称为生产平稳性。要实现生产的平稳性，首先要做到生产计划的平稳化，包括订单的处理和生产进度计划的安排。

1. 订单的处理

准时制生产方式预测的需求基于必需的数量，它表示市场上的实际需求量或销量。为了确定实际的需求量，要求厂家的销售商定期向厂家报告销售情况，为此要建立有效的信息系统，这样的数据才可被用来制订生产计划。为了能够保证得到一个相对均衡的生产计划，同时又减少生产提前期来满足顾客需求，必须对订单进行全面的处理，这一过程包括将订单进行录入和分析，结合生产能力和已安排的生产计划情况对接到的订单进行筛选和排序，对筛选后的订单制订出生产进度计划。要组织准时生产，一般来说，在产品品种与产量相对比较稳定的企业实行起来比较顺利。

2. 生产进度计划

需求是随时变化的，要使生产率完全与需求同步非常困难，准时制生产方式关心的是如何将需求比率转变成为一个相对比较稳定的、尽可能接近需求的生产率，如图 10.7 所示。

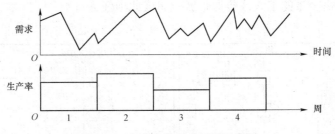

图 10.7　生产力和需求匹配示意图

一般来说，需求是以一个特定的时间范围确定的，如月份，因此计划可以是一个月的生产进度安排。月计划的安排应在两至三个月之前提出，在生产前一个月确定，并将计划的有关内容通知给协作厂（或供应商），然后企业可以将月需求量平均分配至每周或每个工作日，甚至对某些关键资源可以分配至每小时。生产率越接近销售比例，生产对需求的适应能力越强。这一点传统的生产管理可能难以接受，通常生产设施设备的运行是由可供利用的设备负荷时间和生产部件的综合能力驱动，而不由销售比例驱动。要使生产率接近销售比例，就涉及提高生产频率的问题。这里有两个概念，生产率和生产频率。

生产率：单位时间内的产出量。

生产频率：单位时间（月）内进行同一种产品生产的次数。

（二）单元式的生产系统布置

为了实施准时生产方式，需要对生产设施内部进行重新布置与调整。在设施布置一章中，已经讨论了单元式布置的概念。在准时制生产方式中，特别提倡采用单元式布置形式来对生产现场的设备和人员进行安排。下面分析单元式布置如何提高系统的柔性和效率。假设有 8 种产品 A，B，C，D，E，F，G，H 的生产，需经过 12 种不同的设备进行加工。图 10.8 是 8 种产品的工艺要求及有关的工艺式布置。

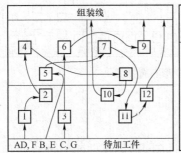

加工件	\\ 设备 1	2	3	4	5	6	7	8	9	10	11	12
A	×	×		×				×		×		
B				×		×					×	×
C			×			×		×				
D	×	×	×					×		×		
E						×						×
F	×		×		×			×				
G			×				×		×			

图 10.8　8 种产品的工艺要求及有关的工艺式布置

经过工艺分析，根据产品加工的相似性，可以将设备进行适当的分组，并采用局部流水线的形式进行布置，如图 10.9 所示。改进后的布置以产品为中心设置制造单元，一个制造单元内配备生产一种产品或一类产品的各种机器设备。材料或零部件在制造单元内按加工顺序从一种设备向另一种设备转移。制造单元之间的距离很近，进入制造单元和离开制造单元的材料或半成品、零部件，只经由两个制造单元之间的库存点，而非传统生产系统下的中心仓库。这样就大大节约了材料、零部件的处理成本和中心仓库到各个生产车间的运送成本。两个制造单元之间只需少量的工人或传送带就能完成此项任务。

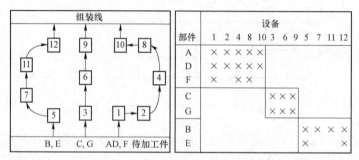

图 10.9　改进后的单元制造布置

实施准时生产制系统，要求企业采用单元式布置组织生产，使整个生产过程由若干个制造单元构成。单元式布置通常采用"U"形布置，这样可缩短工人的行走路线，通常安排一个工人控制多台设备，周期时间可通过改变工人行走路线来调整，工作忙时可增加工人人数，并适当减少每人控制的设备台数，加快生产速度；而工作闲时，可撤下部分工人去检修设备，或打扫卫生等。准时制生产方式有一条重要原则，它视人力资源的闲置是最大的浪费，设备可以有一定时间的空闲，但工人不能空闲，必须使他们具有较满的工作负荷。

另外，调整工人人数要比调整设备数目容易，而且迅速。因此，这种布置形式大大减少了浪费，提高了柔性和生产效率。"U"形布置模式如图 10.10 所示。

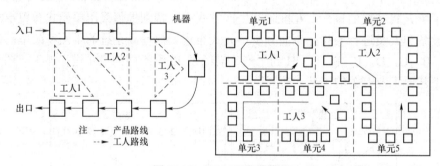

图 10.10　"U"形布置模式

（三）牵引式生产系统

准时制生产方式由顾客订单开始，根据订单上的需求按产品结构自上而下驱动所有生产活动。为此，准时制生产方式的创建者提出改变传统的由前向后推进式的生产系统为从后向前需求牵引式的生产系统。在牵引式系统中，物流与信息流方向相反，计划生产数量与实际生产数量相同；而在推进式系统中，物流与信息流方向相同，计划生产数量与实际生产数量不同。日本人最早提出牵引式系统是受到超级市场的启发，顾客在超级市场购物，从货架上选取他们所需数量的商品，因此没有人力的浪费。而户到户的推销员带着商品入户推销，他不知道户主是否有需求，因此可能卖不出他所带的商品，人力白白浪费。需求牵引式的准时生产系统要求生产企业必须根据客户订货或市场要求的数量、品种、质量标准和交货时间组织生产并安排采购。前一生产工序必须严格按照后一生产工序所要求的有关在产品、半成品或零部件的数量、规格、质量和需求时间安排生产，即前一生产工序生产什么、数量多少、质量怎样和何时生产等只能根据后一生产工序的具体要求而定，如此从后向前，直至材料采购。这种生产系统将采购、生产、存货和销售管理活动融为一体，要求企业的供、产、销各环节密切配合。原材料、外购件的采购，要在生产部门需用时不早不晚地抵达现交付使用，不需要通过库存储备；生产各环节密切衔接，上道生产工序按下道生产工序进一步加工的要求保质保量地生产在制品、半成品、零部件，在下道工序需用时，适时地抵达下道生产工序，直接使用，不需要通过半成品库存储备；在销售阶段产成品保质保量符合市场和客户的需要，并按客户要求适时送到客户手中，不需要经由产成品库存。由于在供、产、销各个环节都是在需要时适时到达，产品生产总时间就是对产品直接加工的操作时间，从而消除了各个环节的等待、运送、储存和检验，大大缩短了时间，节约了成本，提高了劳动生产率。

（四）小批量生产

为了使生产系统的物料能够平稳移动，为了使看板系统能够得以实施，保证在需要的时间能够得到所需要的物料，并使生产能够及时得到补充，必须降低生产系统中各个工序的加工批量。大批量生产会招致过高的库存，特别是在制品的数量与批量成正比例关系。过高的库存占用较大的存放场地和搬运时间，进而增加生产提前期。这些都将造成浪费，并影响准时生产制实施。因此，设法减小批量，除了可以减少空间占用和资金投入，缩短提前期和搬运成本外，还可以使工序衔接更加紧密，便于发现瓶颈工作，更容易发现质量问题和提高柔性。

小批量生产在准时制生产方式中有两个方面的含义，小批量加工与小批量进货和传送。在准时制生产系统中，批量是使用标准容器进行控制的，容器容量通常小于需求量，目的是容易检查、点数和搬运，并可加快加工件通过工序的速度，从而缩短提前期。下面例子显示不同传送批量对提前期的影响。

【例2】某种工件的加工要经过3个作业，每个作业的时间均为2分钟，如果加工批量为100件，在图10.11中，（a）表示传送批量等于生产批量的情况，三个作业的生产提前期为 3×200 分钟 $= 600$ 分钟（10小时），（b）表示传送批量不等于生产批量的一种极端情况，加工1件向下一个作业传送1件，生产提前期为 $2 + 200 + 2 = 204$ 分钟（3.4小时），可显著提高加工件通过系统的速度和降低在制品的库存。

小批量生产和供货意味着生产频率的增加和调整准备次数的增加，为此要设法减少调整准备时间。对系统内部要寻找快速的调整准备的方法，对外寻找合格的供应商，他们应该能够快速和经常性地供货，这些将在后面讨论。

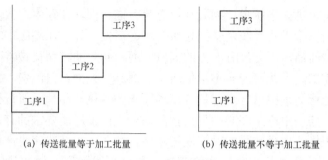

(a) 传送批量等于加工批量   (b) 传送批量不等于加工批量

图 10.11　加工批量比较示意图

（五）快速调整准备

准时制生产方式要求大大减少机器设备的调整和准备时间。调整准备时间的减少对于小批量多批别的生产组织是极为重要的，因为小批量、多批别将增加调整和准备次数，如果调整准备时间不能大量削减，生产等待时间就难以消除。减少机器设备的调整准备时间，企业通常采用以下原则。

（1）合理地规划安排生产，使每一制造单元尽量只生产一种或一组类似产品，而非差异很大的不同产品，尽量采用标准零部件和标准操作规程方法。

（2）区分内部调整准备和外部调整准备活动，内部调整准备是指必须在停机状态下才能进行的调整和装卸工作，如换刀具等，而外部调整准备是指在不停机的情况下就可以提前进行的调整准备工作，如事先准备好所需的工具，编制控制数控设备的计算机程序等。为了对调整准备活动的组成进行分析，可将整个调整作业记录下来，检查不必要的作业，如果有工程师、管理人员和一线员工一起参与，将会很成功。

（3）尽量将内部调整准备转为外部调整准备（如图 10.12 所示），这需要通过不断改进和发明去实现。这样可以实现不同批量生产之间的快速转换，使调整时间减少 30%～50%。

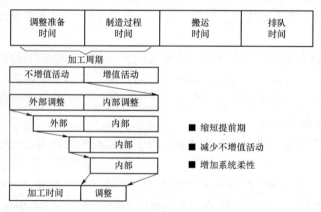

图 10.12　设备调整示意图

（4）使调整准备的各种活动或操作尽量流畅，将工具尽量放在使用它们的地点附近，便于使用；保持设备和夹具处于良好的工作状态；简化或删除不必要的调整；尽量采用插件或扣件，减少使用工具；采取措施避免安装时出现偏差；使物体（如工具箱）便于移动等。

（5）以并行的形式去完成调整准备的各项工作，以小组的形式去进行调整准备活动可以大大减少调整时间，两个人共同进行同一调整工作比一个人干要减少一半时间。另外，使用标准部件、零件和原材料也可减少调整时间，甚至消除某些调整准备活动。

（6）训练生产线工人，使他们掌握精湛的调整准备技能。

（7）改进机器设备的调整准备方法与程序，使之最为合理快捷。可以利用计算机网络，实施计算机一体化的制造系统，使生产过程实现自动化。通常采用准时生产系统是实施计算机一体化的准备阶段，有了适时生产的基本条件，才能将其纳入计算机系统，实现计算机一体化生产系统。

（8）使用必要的手段和设备如电子显示屏，提示工人提前做好有关的准备工作。

（六）柔性的生产系统资源

柔性生产资源包括多技能的员工和通用性较强的设备，其中对员工的要求被认为是准时制生产方式的关键要素。在 JIT 系统中，更多的是采用"一人多机"的工作方式，它的效率是大量生产方式中"一人一机"工作方式的 2～3 倍。在准时生产系统下，由于是以产品为中心组织生产，设置制造单元，而非传统生产系统下的以功能为中心确立生产工序。因此，在制造单元内工作的工人需要掌握多种不同的操作技术，会使用制造单元内的不同机器和设备，还要掌握机器和设备的维修保养技术，能够进行机器设备的调整准备工作和其他辅助性工作。不仅如此，制造单元内的工人还应负责产品质量的检验检测，而非传统生产系统下的经由专门的质量检验部门。所以准时生产系统下的工人是高素质的、掌握多种技能、具备高度灵活性和适应性的工人。另外，准时制生产方式要求全体员工的贡献和参与，对各个过程、工序、作业进行不断的改进。多技能、高素质的员工需要有全面的教育和培训，这种培训应该是各种层次的、跨部门的。应该使工人掌握正确的工作方法和自我工作的检验方法。为此，要设计标准的工作程序，列出完成每一作业的标准方法、周期时间、工作顺序和标准库存（最小库存量），并将它们文件化，以便今后对员工的培训和进行改进。

（七）质量从源头开始

为使准时制生产方式很好地运行，必须要有很高的质量水平，因此，准时制生产方式的实施要求有一个全面质量管理的企业文化，必须实施全面的质量控制。由于在准时制生产方式下，企业生产经营的各个环节基本实现零存货，如果采购、生产的某一环节没有严格的质量控制，一个制造单元出现残次品，就会影响整个生产过程，导致整个生产过程的中断和混乱，造成的损失将难以估计。所以实施全面的质量控制是准时制生产方式的必要条件。全面质量控制与传统的质量管理不同，传统生产系统下，质量控制是以产品事后检验为主；为防止缺陷或故障对生产的影响，在各环节备有额外的材料或零部件。准时制生产方式下的全面质量控制是以零缺陷为目标，以生产过程的质量检测为核心，在生产操作过程中进行质量监控，把缺陷消灭于产品生产过程之中。制造单元内的生产工人同时也是质量检验和检测人员，在生产加工的操作过程中进行连续的自我质量监控，一旦发现缺陷，便在生产线上及时解决和纠正，杜绝任何残次品或缺陷从前一生产工序转入下一道工序。

为了进行全面质量控制，必须从源头开始保证质量，这包括给一线员工适当的授权，允许他们在发现质量问题的情况下停止生产线的运行。设计和使用一些警示设施，如警示灯或仪表，用来显示生产过程的质量水平，当超出允许的水平范围时能及时发出警报，以便采取相应的措施。

另外，在设计生产过程时可设计使用一些防错技术，不给操作人员犯错误的机会，在日文称这种防错技术为 Poka－yoke。防错技术在我们日常生活中应用的例子很多，如个人计算机的 3.5 英寸的软盘驱动器中的防错技术设计使得软盘只有一个方向可以插入软驱中，从而避免使用不当造成操作错误，汽车的 ABS 防抱死系统，洗衣机的缸盖的设计等都使用了防错技术。这些可以从根本上防止操作人员的误操作。适当放宽的生产进度计划使得员工能够规划工作，解决问题和对设备进行维修保养。可视控制容易暴露问题，可视控制系统如图 10.13 所示。

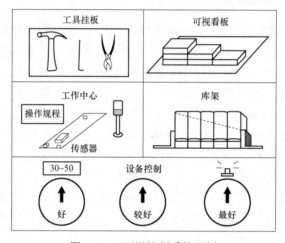

图 10.13　可视控制系统示例

（八）全员参与的生产保养

准时制生产方式实行无存货控制，要求机器设备处于良好的状态之中，不允许生产设备在生产过程中出现故障。因此实施适时生产系统时，机器设备的维护和保养是防护性的，超前的，维护和保养贯穿于生产过程之中，从而使机器设备处于最佳状态，获得最好的使用效率。准时制生产方式通常不在满负荷状态下运行设备，这也是与传统的生产管理不同的方面。准时制生产方式测量设备的可运行比率是基于当需要时设备的可供使用的比率。而传统的制造商测量设备的可运行比率是基于设备能够满负荷运行的比率，当设备老化报废时，很快更换一台新的设备，增加了固定资产的投资。准时制生产方式通过全面的设备维修保养不仅可大大延长设备的寿命，而且还没有增加费用，也不需要很大的固定资产投资。

1. 发展进程

全员参与的生产保养是 1969—1971 年在 NIPPONDENS0 电器公司试验，1971 年由日本设备管理协会中岛清一等人正式提出，是指通过各部门全员对设备的一生进行有效利用，进行无损耗、无浪费为目标的生产活动。

2. 方针

提高设备效率，降低设备的运行成本，全面提高设备的自动化水平。

3. 整体思路

全员参与的生产保养需要建立四个体系：（1）建立全员预防检修体系，（2）建立设备技术创新体系，（3）建立设备备件统一采购体系，（4）建立设备管理成本控制体系。

全员参与的生产保养还需要建立三个网络：（1）设备技术信息网络，（2）设备技术支持网络，（3）内部专业技术网络。此外，全员参与的生产保养还需要建立两个机制：（1）内部市场链机制，（2）员工技术培训升级机制。

（九）供应商网络

准时生产系统须采用准时采购系统，即要求材料、外购零部件在生产需用时保质保量地适时到达现采购的关键问题在于选择供应商，需要考虑价格、质量、交货时间等问题。传统的采购方式最为关心的是价格问题，往往忽视质量和及时交货等要求。这种采购方式下，企业一般有许多供应商。而在准时生产系统下，尽管价格仍然是一个重要的因素，但质量和供货的可靠性成为越来越重要的因素。因为材料或零部件质量缺乏可靠性，或到货不及时将会引起整个生产系统的停顿和瘫痪，以及销售时机的丧失。质量可靠还可以免除到货检验、次品退还、返工废弃等成本。

因此准时生产系统选择少数质量过硬，供货及时和信誉可靠的供货商，并同他们建立长期合作的伙伴关系是极为重要的。通过计算机的电子信件传递系统，与供给商的订购货手续更加简便快速。采用适时生产系统，美国的苹果计算机生产部，供应商减少了87%，国际商用机器公司供应商减少了95%，施乐公司则减少供应商96%。所以与少数供应商建立长期的合作伙伴关系是适时生产对购货方式的重大影响。供应商应尽可能靠近厂家建厂或仓库，运输工具应使用小型、侧面装卸的货车，便于直接将物料运进生产线卸货，并采用混合装运，降低运输成本。供应商可考虑在靠近厂家的地方建立小型仓库或与其他供应商使用共同的仓库，以降低成本和提高供货速度。使用标准容器并根据准确的供货计划交货，成为通过认证的供应商并且接受定期支付的方式，而不一定是一次一付。

五、准时制生产方式的实施

图10.14为实施准时制生产方式所要考虑的内容。一个要想实施准时制生产方式的企业，必须首先明确企业和顾客的需求是什么。在需求确定的情况下，还要确定所需要的系统资源和相应的组织结构。当研究了实施准时制生产方式的可行性后，接下来必须搜集有关成本、产品/工艺流程和信息流程等的数据。这些数据应该能够显示有关流程中的物料的延误和中断点，缩短提前期的可能性，库存分析以及相冲突的目标。根据这些信息可以进行一项试验项目，其目的是使企业能够获得有关准时生产系统的要素和技术的经验。这种试验项目是在对已有的生产系统最小限度的影响的情况下进行的。通常试验项目的试验应围绕某一特定过程、作业、产品或一组产品进行。一般来说，这种试验首先要用3个月时间进行认真准备，以选择一个合适的试验项目，然后对选好的试验项目要运行2～3个月的时间，才能发现其优点和存在的问题。准时制生产方式项目通常并不需要很高的投入，但是它需要涉及部门、过程和人员的参与以及时间的投入。因此，这需要有充分的时间对人员进行培训。实施准时制生产方式的步骤包括：① 实施 JIT 的可行性分析；② 试验项目的确定；③ 压缩的目标，如运转周期、库存、空间等；④ 资源—时间选择—跟踪点；⑤ 库存政策；⑥ 培训需求；⑦ 组织

结构调整。

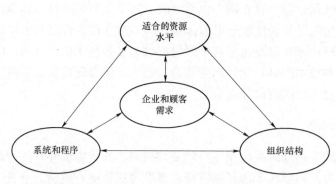

图 10.14　实施准时制生产方式所要考虑的内容

六、准时制生产方式与 MRP 的比较

准时制生产方式和 MRP 系统用于存货控制，哪种方法最好？不能一概而论，应根据不同企业的具体情况而定。MRP 适合于企业全部资源和物资计划及数据管理，向企业内部的不同功能区域提供信息服务。MRP 在产品批别复杂多变，材料物资互动需求层次多，主生产计划经常发生变化的企业实施，效果较为显著。然而 MRP 都要求企业保持及时、准确、可靠的相关输入信息，如材料、在制品、产成品的成本记录，每批产品生产的设备调试准备时间等，因此信息收集和整理方面的成本是不可忽视的。如果企业没有一个有效的组织结构，没有一套合理可靠的信息收集系统，没有形成企业内部科学管理的基本环境，缺乏应用的基本条件，引入 MRP 系统只能造成更大的浪费。

相比之下，准时制生产方式是一个应用成本比较低的系统，更适合于生产过程中的材料物资的流动管理。对于分步连续加工式的、产品产量稳定、生产计划变动有序的制造企业，则更为实用。从我国多数企业的现行管理水平看，实施准时制生产方式现实可行。企业可以根据实际条件，不断地改进工作，循序渐进地实施准时制生产方式。企业可以先在局部生产过程推行，获取经验再推广到生产全过程，然后推广到购货和销售，进而到生产经营的全过程。准时制生产方式不仅适合于制造业，还适用于服务性企业和政府机关。这些单位提供服务往往及时，增加顾客排队等待时间。若引入准时制生产方式思想，分析服务的各个环节，改进和调整服务程序，减少和消除非增值环节，则能实现对顾客适时服务，提高服务质量，降低服务成本等目标。

思考题

1. 如何理解零库存管理？
2. 如何实施零库存管理，零库存管理的运作形式有哪几种？
3. 组织零库存生产的基本条件有哪些？
4. 简述准时制生产方式（JIT）的含义及其目标。
5. 何谓看板管理？它的作用是什么？看板管理是如何运行的？
6. 比较"推进式 Push"和"牵引式 Pull"两种供应链库存管理的特点。

戴尔零库存的实施关键

戴尔的直销模式物流业界已经研究得很多了，其中高效的电子商务系统、迅速的配送体系、完善的服务也为人们所称道，但其对库存的管理大家还未能有一个比较全面的认识。实际上，戴尔所采取的零库存也有其独到之处。

一、零库存的实施模式可以多样

在企业生产中，库存是由于无法预测未来需求变化，而又要保持不间断的生产经营活动必须配置的资源。但是，过量的库存会诱发企业管理中诸多问题，如资金周转慢、产品积压等。因此很多企业往往认为，如果在采购、生产、物流、销售等经营活动中能够实现零库存，企业管理中的大部分问题就会随之解决。零库存便成了生产企业管理中一个不懈追求的目标。如此看来库存显然成了一个包袱。目前条件下，任何一个单独的企业要向市场供货都不可能实现零库存。通常所谓的零库存只是节点企业的零库存，而从整个供应链的角度来说，产品从供货商到制造商最终到达销售商，库存并没有消失，只是由一方转移到另一方。成本和风险也没有消失，而是随库存在企业间的转移而转移。

戴尔电脑的零库存也是基于供应商的零距离之上的。假设戴尔的零部件来源于全球四个市场，美国市场 20%，中国市场 30%，日本市场 30% 和欧盟市场 20%，然后在中国香港基地进行组装后销售全球。那么，从美国市场的供应商 A 到达中国香港基地，空运至少 10 个小时，海运至少 25 天；从中国内地市场供应商 B 到达中国香港基地公路运输至少 2 天；从日本市场供应商 C 到达中国香港基地，空运至少 4 小时，海运至少 2 天；从欧盟市场供应商 D 到达中国香港，空运至少 7 个小时，海运至少 10 天。若要保持戴尔在香港组装基地电子器件的零库存，供应商在香港基地必须建立仓库，或自建或租赁，来保持一定的元器件库存量。供应商则承担了戴尔制造公司库存的风险，而且还要求戴尔制造公司与供应商之间要有及时、频繁的信息沟通与业务协调行为。

由此，戴尔制造公司与供应商之间可能存在两种库存管理模式：

模式一：戴尔制造公司在香港的基地有自己的存储库存。该模式要求香港基地的库存管理由戴尔制造公司自行负责。一旦缺货，即通知供货商 4 小时内送货入库。供应商要能及时供货也必须要建立仓库，从而导致供应商和企业双重设库降低了整个供应链的资源利用率，增加了制造商的成本。

模式二：戴尔制造公司在香港的制造基地不设仓库，由供货商直接根据生产制造过程中物品消耗的进度来管理库存。比如采用准时制物流，精细物流组织模式，按销售订单排产。该模式中的配送中心可以是四方供应商合建的，也可以和香港基地的第三方物流商合作。此时，供应商完全了解电脑组装厂的生产进度、日产量，不知不觉地参与到戴尔制造厂的生产经营活动之中，但也承担着零部件库存的风险。尤其在 PC 行业，原材料价格每星期下降 1%。而且，供应商至少要保持二级库存，即原材料采购库存和面向制造商所在地香港进行配送业务而必须保持的库存。

面对"降低库存"这一令人头痛的问题，供应商实际上处在被动"挨宰"的地位。在这种情况下，对供应商而言，所谓的战略合作伙伴关系以及与戴尔的双赢都是很难实现的。在供货商—制造商—销售商这根链条中，如果只有制造商实现了最大利益，而其他两方都受损，这样的链条必定解体。因为各供应商为了自身的生存，必然扩展自己新的供货合作伙伴，如向联想电脑制造商供货，扩大在香港配送基地的市场业务覆盖范围。供货商这种业务扩展策略就会降低戴尔电脑产品的市场竞争力。很显然，当几家电脑制造商都用相同的电脑元件组装时，各企业很难形成自身的产品优势，而且还有泄露制造企业商业秘密的危险。这种缺乏共兴共荣机制的供应链关系，必然会给制造商埋下隐患。

二、整条供应链利润的合理分配是关键

实行供应链管理，提升企业的核心竞争力，关键不在企业所采用的信息技术的先进性，而在于采用合理的管理体制和运行机制以及构建整个供应链健康的利润分配机制。按法国物流专家沙卫教授的观点，戴尔电脑制造商要想与其供应商建立良好的战略合作伙伴关系，就应该在多方面照顾供应商的利益，支持供应商的发展。

首先，在利润上，戴尔除了要补偿供应商的全部物流成本（包括运输、仓储、包装等费用）外，还要让其享受供货总额 3%～5% 的利润，这样供应商才能有发展机会。

其次，在业务运作上，还要避免因零库存导致的采购成本上升。制造商一般都要向供应商承诺长期合作，即一年内保证预定的采购额。然而一旦采购预测失误，制造商就应该把消化不了的采购额转移到全球别的工厂，以尽可能减轻供应商的压力，保证其利益。

最后，戴尔制造商应调动供应链上各个企业的积极性，变供应商的被动"挨宰"地位为主动参与，从而充分发挥整个供应链的能量。比如，让各地区的供应商同时作为该地区销售代理商之一，这样供应商又可以从中得到另外一部分利润。这种由单纯的供应商身份向供货及销售代理商双重身份的转变，使物品采购供应—生产制造—产品销售各环节更加紧密结合，也真正实现了企业由商务合作向战略合作伙伴关系的转变，真正实现了风险共担、利润共享的双赢目标。

事实上，戴尔公司就是采用了这种战略，使得戴尔每年用于产品创新的支出不到 5 亿美元，平均占公司销售额的 1.5%，而其主要的竞争对手惠普公司每年用于产品创新的支出则高达 40 亿美元，平均占到公司销售额的 6.3%。但是，惠普的个人计算机部门和服务器部门去年一年的亏损为 14.4 亿美元，而戴尔公司去年却获利 19.8 亿美元，这说明戴尔公司的战略是正确的。

这种战略联盟关系能达到以下目的：有利于制造商新产品的研发。因为供货商最能掌握自己熟悉的采购供货领域中电脑用电子元器件新产品的面市情况，在了解其性能/价格比之后，及时反馈给制造商，让他们选用，有利于完善产品的性能。有利于把握客户的需求变化动态，促进生产商调整适宜的生产经营战略。这样，供货商—生产商—销售商就被紧密地联系在一起，具有供货及销售双重身份的第三方专业物流公司，全面参与戴尔公司的供应链生产经营活动。一个可以给各方参与者都带来赢利的供应链就建立起来，至此，第三利润源得到深层次的开发，并真正实现各方的互赢。

问题：戴尔公司是如何实施零库存管理的？

第十一章

企业质量管理

学习目标

1. 了解质量的相关概念及质量管理发展历程。
2. 掌握质量管理的基本方法。
3. 熟悉 ISO 9000 质量体系。
4. 理解六西格玛管理法及思想体系。

引导案例

　　一位衣冠楚楚的外国客人小心翼翼地敲开了北京市朝阳区一户普通居民的家门。在主人的热情引导下，这位客人进屋后不仅仔细地观察了这套居室的布局及厨房、卫生间的结构和各种家电的品牌、功能，还向主人询问了有关购买和使用这些家电的情况。看这位客人对所有家电都十分感兴趣，主人感到很惊讶。原来，这位客人是瑞典伊莱克斯公司的首席执行总裁利福·约翰森。伊莱克斯是全球最大的家电生产商之一，其冰箱、洗衣机、吸尘器、空调、厨房设备等的产量在全世界名列前茅。跨国公司总裁深入百姓家是为了了解消费者的生活需求，并以此需求作为企业生产、经营的决策依据。只有掌握了顾客的消费要求，才能胸有成竹，胜券在握。与顾客进行交流作为现代质量管理的手段对于发达国家的许多企业管理者来说已成为一种武器。在他们看来，企业不搞顾客调查而进行营销决策是不可思议的。在美国73%的企业设有正规的情报收集部门，有些情报收集部门设在市场部下，这些情报机构负责对产品或服务进行调查预测、数据分析等工作，并且对竞争对手的情报进行搜集。美国各大公司的情报机构耗用经费约占营销额的 3.5%，这些调查成果能为企业带来千百倍的回报。

　　资料来源：https://www.globrand.com/2003/308.shtml.

第一节　质量的相关概念

　　质量、成本、交货期、服务及响应速度，是决定市场竞争成败的几个关键要素，而质量更是居首位的要素，是企业参与市场竞争的必备条件。质量低劣的产品，成本再低也无人问津。日本企业为什么能够占据世界汽车市场和家用电器市场的领先地位？靠的是优异的产品质量。企业要想跻身国际市场，后来居上，首先要有优质的产品和完美的服务。

　　提高生产率是社会生产的永恒主题，只有高质量，才可能有真正的高生产率。企业的产品和服务的质量不能满足顾客要求，就不能在市场上实现其价值，就是一种无效率或低效率的劳动，就不可能有真正的高效率和高效益。

一、质量的定义

质量这个名词，人们耳熟能详，但是若问 100 个人，要求他们给质量下定义，至少会有几十种答案。在生活中越是熟悉的概念，人们越会凭感觉来理解它，但是，感觉往往隐含着一些偏见，一些先入为主的谬误。

1. 企业角度的质量定义

美国质量管理学者克劳斯比将质量定义为"质量就是合乎标准"。对生产者来说，质量意味着"同技术要求的一致性"。他们通过技术标准来体现产品的质量状况，在制造业通常表现为公差、寿命、可靠性等；在服务业，则通过服务标准来体现质量状况，如服务承诺、服务守则、制度等。

对于生产者来说，质量与其现有生产技术能力和欲达到的目的相关。质量标准可以将质量量化为便于衡量的特性值。质量必须"符合要求"，意味着组织的运作不再只是依靠意见或经验，而是将所有的脑力、精力、知识集中于制定质量标准。达到质量标准是企业质量管理所追求的。

2. 顾客角度的质量定义

陈生民在《如何管理品质》一书中认为"质量是一种价值，一种尊严。"美国著名的质量管理专家朱兰博士认为，"产品质量就是产品的适用性"，即"产品在使用时能成功地满足用户需要的程度"。

此定义有两个方面的含义，即使用要求和满足程度。人们使用产品，总对产品质量提出一定的要求，而这些要求往往受到使用时间、使用地点、使用对象、社会环境和市场竞争等因素的影响，这些因素的变化，会使人们对同一产品提出不同的质量要求。

因此，质量不是一个固定不变的概念，它是动态的、变化的、发展的，它随着时间、地点、使用对象的不同而不同，随着社会的发展、技术的进步而不断更新和丰富。

用户对产品使用要求的满足程度，必然反映在对产品的性能、经济特性、服务特性、环境特性和心理特性等方面的态度。因此，质量是一个综合的概念。但是，质量并不意味着技术特性越高越好，而是追求诸如外观、性能、安全、成本、数量、期限及服务等因素的最佳组合，即所谓的最适当。

朱兰博士认为，用户对产品的基本要求就是适用，适用性恰如其分地表达了质量的内涵。

可见，用户对他们所需要的产品或服务的质量水平的判断，是以是否达到了预期的购买目的来衡量的。

3. ISO 9000 角度的质量定义

在 ISO 9000 系列中将质量定义为"反映实体满足明确和潜在需要的能力的特性之总和"。这里所说的实体是指"能单独描述和研究的事物"。包括：（1）活动或过程；（2）产品（硬件、软件、流程性材料、服务）；（3）组织、体系或人；（4）上述各项的任意组合。

需要在合同环境，法规规定情况下表现为明确规定；其他情况下，隐含需要应加以识别和确定；需要具有时变性，对质量要求进行定期评审；需要常常表现、转化为性能。可见，ISO 9000 系列标准中质量的定义由两个层次构成。

第一层次是指实体必须满足规定或潜在的要求，这种要求可以是以技术规范中的规定加以表现，也可能是在技术规范中虽未注明，但却是用户在使用过程中实际存在的要求。这种需要具有动态性和相对性，它随时间、地点、使用对象和社会环境的不同而异。在此意义上质量即适用性。

第二层次是指需要必须以指标加以表述，即质量是实体特征和特性的总和。在实践中需要必须转化成特定的指标，包括可用性、可信性、经济性、时间性及环境适应性等方面，这些特征和特性通常是可以衡量的。全部符合特征和特性要求的产品，就是合格产品，也就是符合规范要求的产品。因此，质量就是实体的符合性。

二、质量概述

（一）质量特性

产品满足人们某种需要所具备的属性和特征称为质量特性。质量特性作为直接反映用户要求的目的特性，一般需要用质量特性参数来定量表示，如飞机飞行半径、设备的加工精度、产品的使用寿命等。

真正质量特性是用户所要求的使用质量特性。由于受科技水平和发展状态的限制和顾客要求的多面性和多变性，企业制订的质量标准与实际使用质量要求之间，存在既相互适应又相互矛盾的地方。企业为了便于生产，往往将其转化为生产标准或规范，即以代用质量特性表示。所谓代用质量特性是指制造过程中可以把握的规范要求和技术参数，如去污性作为洗衣机的目的质量特性，需要用功率、水流类型等指标加以表述。

（二）质量的由来

1. 产品质量

产品质量是指产品满足规定和潜在需要能力的特性总和，是内在质量特性和美学质量特性的结合。在一个产品中，各种特性主次、轻重不同。

产品的适用性和符合性就是建立在这些质量特性基础上的。不同的产品对各种特性的要求是有区别的。艺术品更注重美学特性，而工业品则更注重内在特性。美学特性是指造型、色彩、手感、气味、光洁度等特性。内在特性包括性能、可信性、安全性、适应性、经济性和时间性。性能是指产品满足一定使用要求所具备的功能，如洗衣机要有很好的洗净功能，电冰箱要有很好的制冷功能等。它们一般通过一系列技术性能指标来表示。可信性包括可用性、可靠性和维修性。可靠性是指在规定条件下和规定时间内，完成规定功能的能力。该指标反映了产品在使用过程中，满足人们需要的程度。安全性是指产品在流通和使用过程中，保证人身和环境免遭危害的程度。经济性是指产品寿命周期总费用的多少。产品寿命周期总费用指产品从设计、制造到使用整个过程中的全部成本和费用的大小，包括设计成本、制造成本和使用成本，是质量的代价。时间性是指产品在规定的时间内满足顾客对产品交货期和数量要求的能力，以及满足随时间变化而引起的顾客需求变化的能力。它体现产品响应需求和竞争能力的强弱。适应性是指产品适应外界环境变化的能力。这里的环境包括自然环境和社会环境。自然环境适应能力指产品在沙漠、噪声、电磁干扰等自然条件下的工作能力。社会环境适应能力是指产品对不同地区文化、民族习俗等环境的适应能力。

对产品质量的评价，即从上述特性各方面衡量产品满足用户需要的程度的过程。通常，主要用包括表示上述特性各方面的指标体系来全面评价。

影响产品质量的内外因素在西方的质量管理界存在多种说法。著名质量管理学家费根堡姆认为，影响质量的基本因素有九个方面，可将其简称为 9M，包括市场（markets）、资金（money）、管理（management）、人（men）、激励（motivation）、材料（materials）、机器和机械化（machines and machination）、现代信息方式（modern information methods）、产品规格要求（mounting product requirement）。

2. 工作质量

工作质量是指与质量有关的各项工作对产品质量、服务质量、过程质量的保证程度。

它是由人的业务水平、文化素质、思想觉悟及管理水平等决定的，具有主观性和不易定量控制性。质量指标率一般表示工作质量水平，如不合格品率、一等品率等。

质量管理的重要目的在于控制和提高人的工作质量，做到此要求最不容忽视的是通过各项管理工作提高员工的工作热情，进行必要及时的培训与教育。

从事各项工作的人对工作的态度受满意与不满意因素的影响。满意因素一般包括值得做，并且做起来有干劲的工作；做完后可得到上级和同事认可的工作；能发挥自己才智和能力的工作；独立负责完成的工作；能提高知识、能力和促进自我成长的工作。这些使工作者有成就感、自我存在感、自我价值感、信任感和进取感的工作蕴含着大量的满意因素。

实践表明，质量管理卓有成效的企业无一例外地都对员工的教育与培训投入了大量的财力和精力。

3. 过程质量

过程指把输入转化成输出的一组相关联的资源和活动，即全部手段和条件的总称。过程质量就是这些手段和条件所达到的水平。

对制造业而言，过程质量由设计、制造与服务过程构成；对服务业而言，过程一般由服务设计、服务提供过程及纠错等环节构成。

一个组织内有许多不同的过程，主要过程涉及若干职能与部门。过程由分过程和程序组成，可用流程图表示和分析。不同过程能力水平是不同的，一般用过程组成要素的状态加以衡量。由于过程要素的波动使得过程具有波动性，因此，对过程的控制成为过程质量管理的重要部分。

过程质量受 6 个方面因素影响，一般称之为 5M1E，分别是：

人（man），此因素是指人的素质、质量意识、责任感、文化和技术水平及组织管理能力等。人是最活跃和难以管理的因素。

材料（material），包括原材料、毛坯、零部件及外购件的质量状况。

设备（machine），指工艺装备、机器设备及其他生产工具的质量。

方法（method），指工艺方法、试验分析方法、试验方法、组织管理方法等的质量。

检测手段（measurement），包括检测设施、工具和相应方法的质量。

环境（environment），包括环境温度、湿度、清洁度、噪声和振动等。

4. 工作质量、产品质量、过程质量三者的关系

工作质量决定过程质量，过程质量决定产品质量；产品质量作为结果，反映过程质量的状况，过程质量水平则反映工作质量的状况。

三、对质量的认识

（一）关于质量的谬误

有这样一种关于质量的普遍看法，认为高质量意味着高成本、高代价。人们通常将高质量与大量的质量管理人员、质量检查人员、各种检验、化验设备联系在一起，它成为大多数管理者放松质量管理的借口。实际上，在质量管理混乱的企业里，因为低质量而导致的返工、废品、索赔以及由此带来信誉低下、竞争力弱、市场萎缩等给企业所造成的经济损失远远超过为进行质量管理所付出的代价。

（二）质量优劣的基本公式

在现代社会有两样东西没有人要，即劣质产品和劣质服务。实践证明，质量优劣的基本公式为：

质量好=竞争力强、用户多、市场大、效益好

质量差=竞争力弱、用户少、市场小、效益差

质量差的另一个表现是造假、造伪产品的现象。

第二节 质量管理的发展

一、历程

（一）质量检验阶段

20 世纪以前，产品质量主要依靠操作者本人的技艺水平和经验来保证，属于"操作者的质量管理"。20 世纪初，科学管理之父泰勒引入了产品检验的概念，并在其生产管理基本原理的三个标准中确立了产品检验的地位，促使产品的质量检验从加工制造中分离出来，质量管理的职能由操作者转移给工长，是"工长的质量管理"。质量管理的重要性得到了进一步的强调。雷德福发展了泰勒的理论，他的两个最重要的贡献是在产品的设计阶段就开始考虑产品质量的观点以及把提高产品质量和生产率同降低成本结合起来的思想。随着企业生产规模的扩大和产品复杂程度的提高，产品有了技术标准（技术条件），公差制度也日趋完善，各种检验工具和检验技术也随之发展，大多数企业开始设置检验部门，有的直属于厂长领导，这时是"检验员的质量管理"。上述几种做法都属于事后检验的质量管理方式。

（二）统计质量控制阶段

1924 年，来自贝尔实验室的美国统计数理专家休哈特制订了可用于监控生产的统计控制表。后来，同样是来自贝尔实验室的道奇和罗米格编制了抽样数表。不过，直到第二次世界大战，由于事后检验无法控制武器弹药的质量，美国国防部决定把数理统计法用于质量管理，统计质量控制方法才得到广泛应用。自此以后，美国政府要求供货商都要采用这些方法。

第二次世界大战后质量控制在人们心目中越来越重要。美国军方利用改进的抽样方法处理来自众多供应商的军需品运输问题。截至 20 世纪 40 年代，美国的军方、贝尔实验室和一些大学都在培养管理工程师以便在其他工业领域推广应用统计抽样方法。几乎同时，专业质量管理组织在全国范围内出现，其中之一便是美国质量控制协会。该协会已通过其出版物、研讨班、会议、培训项目使美国产品的质量得到了提高。

在 20 世纪 50 年代，质量管理发展到了质量保证阶段。20 世纪 50 年代中期，质量管理的重点从早期集中于生产过程扩展到了产品设计和原材料的采购。这一理论的一个重要特征就是要求高层领导更多地参与质量管理。

（三）全面质量管理阶段

从 20 世纪 60 年代开始，进入全面质量管理（total quality management，TQM）阶段。20 世纪 50 年代以来，由于科学技术的迅速发展，工业生产技术手段越来越现代化，工业产品更新换代也越来越频繁。特别是出现了许多大型产品和复杂的系统工程，质量要求大大提高了，特别是对安全性、可靠性的要求越来越高。此时，单纯靠统计质量控制，已无法满足要求。因为整个系统工程与试验研究、产品设计、试验鉴定、生产准备、辅助过程、使用过程等每个环节都有着密切关系，仅仅靠控制过程是无法保证质量的。这样就要求从系统的观点，全面控制产品质量形成的各个环节、各个阶段。其次，由于行为科学在质量管理中的应用，其中主要内容就是重视人的作用，认为人受心理因素、生理因素和社会环境等方面的影响。因而必须从社会学、心理学的角度去研究社会环境、人的相互关系以及个人利益对提高工效和产品质量的影响，发挥人的能动作用，调动人的积极性，去加强企业管理。同时，如果没有认识到不重视人的因素，质量管理是搞不好的。因而在质量管理中，也相应地出现了"依靠工人""自我控制""无缺陷运动""QC 小组活动"等。

此外，由于"保护消费者利益"运动的发生和发展，迫使政府制定法律，制止企业生产和销售质量低劣、影响安全、危害健康等的劣质品，要求企业对提供产品的质量承担法律责任和经济责任。制造者提供的产品不仅要求性能符合质量标准规定，而且在保证产品售后的正常使用过程中，使用果良好，安全、可靠、经济。于是，在质量管理中提出了质量保证和质量责任问题，这就要求在企业建立全过程的质量保证系统，对企业的产品质量实行全面的管理。

基于上述理由，美国通用电气公司的费根鲍姆（A.V.Feigenbaum）首先提出全面质量管理的思想，或称综合质量管理，并且在 1961 年出版了《全面质量管理》一书，他指出要真正搞好质量管理除了利用统计方法控制制造过程外，还需要组织管理工作，对生产全过程进行质量管理。他还指出，执行质量职能是企业全体人员的责任，应该使全体人员都具有质量意识和承担质量的责任。费根堡姆、朱兰等一些著名质量管理专家建议，用全面质量管理代替统计质量管理。全面质量管理的提出符合生产发展和质量管理发展的客观要求，所以很快被人们普遍接受，并在世界各地逐渐普及和推行。经过多年实践，全面质量管理理论已比较完善，在实践上也取得了较大的成功。我国自 1978 年开始推行全面质量管理，并取得了一定成效。

二、质量管理专家

（一）休哈特

休哈特是质量控制领域真正的先驱者，被称为"统计质量控制之父"。他提出了分析工序产品质量的方法，利用这些方法可以判断何时才有必要对工序采取纠正措施。休哈特对另外两个质量管理大师戴明和朱兰有很大的影响。休哈特侧重于管理技术，而戴明和朱兰则更多地强调管理理念和领导者在质量管理中的作用。

（二）戴明

戴明是资深质量管理专家。20世纪40年代，戴明是纽约大学统计学教授。第二次世界大战以后，他前往日本以帮助日本的公司改善它们的产品质量，提高它们的生产率。戴明对日本公司的影响深远，以至于在听取了戴明所做的一系列讲座之后，日本于1951年设立了戴明奖。戴明奖每年颁发一次，以奖励那些在质量管理工作中做出杰出贡献的个人。

尽管日本人尊敬戴明，美国大部分公司的领导人却不熟悉这位质量管理专家。事实上，在得到自己国家的认可之前，戴明已与日本人一块工作了近30年。1993年他去世前夕，美国的公司才注意到了戴明，开始接受他的基本理论，请求他帮助建立质量改进计划。

戴明总结出了质量管理的14条原则。他认为一个公司要想使其产品达到规定的质量水平必须遵循这些原则。他的主要观点是引起效率低下和不良质量的原因在公司的管理系统而不在职员。部门经理的责任就是要不断调整管理系统以取得预期的结果。戴明14条原则的核心是目标不变、持续改善和知识渊博。知识渊博包括：以所在公司为荣，掌握质量波动的原理，知识体系，心理学原理。戴明知识渊博的概念使得指导日本成为世界经济强国的好学信念和价值观具体化了。以自己所在公司为荣是一个起点，它是指公司的每个人都努力工作以取得最优成绩。如果最终能够实现这一点，在内部管理中就应该取消竞争。减少质量波动对质量改善来说是一个重要因素，但必须区分随机波动和可纠正的波动并且要更加关注后者。戴明相信知识来自系统的原理，并且相信，如果没有一个知识体系，在公司内部就不可能形成一个勤学好问的气氛。戴明认为心理因素是知识渊博中最重要的成因。他相信，工人希望创新和学习，而管理者却无意于建立一种可以挖掘工人内部动机的激励机制。他相信，为达到质量标准，管理最重要的任务是激励工人以发挥他们的集体力量来实现共同目标。最后，为了从知识体系中受惠，戴明认为有必要从整体上去把握这一概念。

除了这14条原则之外，戴明还强调了减少质量变动（与一定标准之间的偏差）的必要性。要减少质量波动，就需要辨别引起波动的特殊原因（即可纠正的原因）和共同原因（即随机原因）。

（三）朱兰

像戴明一样，朱兰指导日本的厂商提高产品质量，而他也被认为是日本质量管理取得成功的一个主要贡献者。他于1951年出版了《朱兰质量手册》。几年后，朱兰去了日本。在对统计方法重要性以及为达到一定质量水平公司应该做哪些工作这两个方面，朱兰与戴明在认识上有所不同。但是，在所有的质量管理专家中，朱兰的方法与戴明的最为相似。不过戴明的研究成果展望了质量管理方面的创新，朱兰则相信，公司可通过管理提高质量水平。尽管朱兰确实承认由于公司低估了设计一项新的工作程序的难度而使大部分质量管理项目以失败告终，但他仍然认为质量管理工作不像戴明所说的那样困难。朱兰不像戴明那样更多地强调统计方法的重要性。他的观点是质量来源于顾客的需求。

朱兰视质量为适用性。他还认为通过管理可以控制大约80%的质量缺陷的发生。因而，管理的职责之一就是纠正质量缺陷。他用包含质量计划、质量控制和质量改进的质量三元论的思想来描述质量管理。根据朱兰的观点，为建立有能力满足质量标准的操作程序，质量计划是必要的。为了掌握何时采取必要措施纠正质量问题就必须实施质量控制。质量改进有助于发现更好的管理工作方式。管理就是不断改进工作是朱兰理论的一个核心。

朱兰被认为是第一个提出计算质量成本的质量管理专家。他解释如果不良质量的成本可以降低的话，那么就有可能增加公司利润。

（四）费根鲍姆

费根鲍姆在推行"缺陷成本"方法方面起了重要作用。根据这一方法，管理应服从于质量。24岁那年，费根鲍姆成为通用电气公司质量管理方面的最高权威。他认识到质量不仅仅是工具和技术的集合，而且是公司各方面各环节的集成。他注意到当某一过程的质量得到提高时，公司的其他方面的质量也得到了提高。费根鲍姆对系统理论的理解促使他建立一个处于其中的人们能够从相互的成功中得到启发的环境。而他的领导地位和开放的工作态度促成了公司内部各职能部门相互配合、相互协作的团队精神。

他于1961年出版了《全面质量管理》，在这本书中他将质量原理分解为40个步骤。根据费根鲍姆的观点，质量要由用户来定义。戴明却持不同观点，在戴明的基本理论体系中，他认为公司应该能够把握并满足用户未来的需要。

（五）克劳士比

20世纪60年代，克劳士比提出了"零缺陷"的概念，并以名言"开头就开好"而闻名。他强调预防，并对"总会存在一定程度的缺陷"的说法提出相反的看法。20世纪70年代，他成为ITT公司主管质量的副总裁并说服公司总裁在公司中树立起了质量意识。1979年，他的《质量免费》发表，题目是根据ITT公司执行总裁授意确定的，这本书以通俗易懂的术语解释了质量概念。

按照零缺陷概念，克劳士比认为任何水平的质量缺陷都不应存在。为有助于公司实现共同目标，必须制订相应的质量管理计划。下面是他的一些主要观点：

（1）高层管理者必须承担质量管理责任并表达实现最高质量水平的愿望。

（2）管理层必须持之以恒地努力实现高质量水平。

（3）管理者必须用质量术语来阐明其目标是什么，以及为实现这目标，工人必须做什么。

（4）开头就开好。

不像其他质量管理专家那样，克劳士比坚持认为，达到高质量水平并不难。他的《质量不相信眼泪：和睦相处的艺术》发表于1984年。质量是免费的是指不良质量所造成的成本远远大于传统定义的成本。根据克劳士比的观点，这些成本太高了，以至于公司不应把提高质量所做的努力视为成本，而应该把这种努力视为降低成本的一种途径。之所以这样看，是因为公司通过提高质量水平所得到的将超过所付出的。

（六）石川馨

石川馨对质量管理做出了自己的突出贡献。作为后来的日本质量管理专家，石川馨深受戴明和朱兰的影响。用于解决问题和实施包括质量改进工作在内的鱼刺图（也称作质量循环因果图）是石川馨的主要贡献之一。他是第一个注重外部顾客的人，他把外部顾客视为质量循环中的一个客体。他强烈倡导公司领导必须有相当的远见以便把公司里的每一个人都统一到一个共同的目标上来。同时，他在把质量控制变成工人的"用户朋友"方面所做的努力取得了成功，得到广泛认可。

（七）田口玄一

田口玄一最有名的贡献是建立起了质量损失函数，这一函数中有一个决定不良质量损失的公式。公式的含义是与标准相比，某一部件偏差能造成一定的损失。而且把与标准相比所有部件的偏差造成的影响加起来将会引起很大的影响，不管各自的偏差是多么小。与田口玄一相比，戴明认为要确定质量缺陷所造成的实际损失是不可能的，而克劳士比则认为难以把田口的概念用于大部分美国公司。不过田口玄一的方法由于其帮助福特汽车公司通过减少变速器的误差降低了担保损失而赢得了一定的声誉。

（八）大野耐一和新乡重夫

丰田汽车公司的大野耐一和新乡重夫发展 Kaizen（持续改善）的哲学和方法，kaizen 是日本关于持续改进的一个术语，持续改进是成功质量管理的一个特征。

表 11.1 总结了质量管理专家对现代质量管理所做出的重要贡献。

表 11.1　质量管理专家及其主要贡献

专家	主 要 贡 献
休哈特	控制图，散差控制
戴明	14 条原则，特殊的与共同的差异原因
朱兰	质量就是适应性，质量三元论
费根鲍姆	质量涉及各环节，用户决定质量
克劳士比	质量是免费的，零缺陷
石川馨	鱼刺图，质量循环
田口玄一	质量损失函数
大野耐一，新乡重夫	持续改进

第三节　质量管理的工具

一、检查表

检查表又称调查表、统计分析表等。检查表是这些工具中最简单也是使用得最多的手法。

但或许正因为其简单而不受重视，所以检查表使用的过程中存在的问题不少。使用检查表的目的是系统地收集资料、积累信息、确认事实并可对数据进行粗略的整理和分析。

二、排列图法

排列图法是找出影响产品质量主要因素的一种有效方法。制作排列图的步骤如下。

第一，收集数据，即在一定时期里收集有关产品质量问题的数据，例如，可收集 1 个月或 3 个月或半年等时期里的废品或不合格品的数据。

第二，进行分层，列成数据表，即将收集到的数据资料，按不同的问题进行分层处理，每一层也可称为一个项目；然后统计一下各类问题（或每一项目）反复出现的次数（即频数）；按频数的大小次序，从大到小依次列成数据表，作为计算和作图时的基本依据。

第三，进行计算，即根据所制成的数据表，相应地计算出每类问题在总问题中的百分比，然后计算出累计百分数，并将相应的数据记录到数据表中。

第四，作排列图，即根据数据表数据进行作图。需要注意的是累计百分率应标在每一项目的右侧，然后从原点开始，点与点之间以直线连接，从而作出帕累托曲线（如图 11.1 所示）。

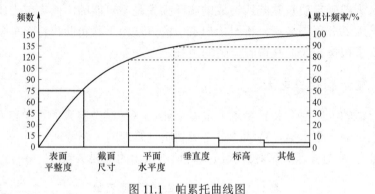

图 11.1 帕累托曲线图

三、因果分析图

因果分析图又叫鱼刺图（如图 11.2 所示），它是寻找质量问题产生原因的一种有效工具。

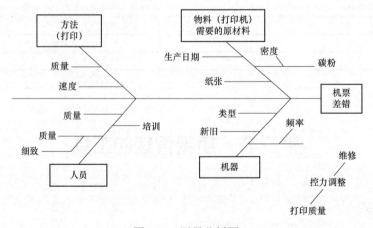

图 11.2 因果分析图

画因果分析图的注意事项如下。

第一，影响产品质量的大原因，通常从五个大方面去分析，即人、机器、原材料、加工方法和工作环境。每个大原因再具体化成若干个中原因，中原因再具体化为小原因，越细越好，直到可以采取措施为止。

第二，讨论时要充分发挥技术民主，集思广益。别人发言时，不准打断，不开展争论。各种意见都要记录下来。

四、分层法

分层法又叫分类，是分析影响质量（或其他问题）原因的方法。它是把收集来的数据按照不同的目的加以分类，把性质相同，在同一生产条件下收集的数据归在一起。这样，可使数据反映的事实更明显、更突出，便于找出问题，对症下药。

企业中处理数据常按以下原则分类：

（1）时间，如按不同的班次、不同的日期进行分类。

（2）操作人员，如按男员工、女员工等进行分类。

（3）使用设备，如按不同的机床型号，不同的夹具等进行分类。

（4）操作方法，如按不同的切削用量、温度、压力等工作条件进行分类。

（5）原材料，如按不同的供料单位、不同的进料时间、不同的材料成分等进行分类。

（6）其他分类：如按不同的检测手段，不同的工厂、使用单位、使用条件、气候条件等进行分类。

总之，分类的目的是把不同质的问题分清楚，便于分析问题找出原因。所以，分类方法多种多样，并无任何硬性规定。

五、直方图法

直方图是频数直方图的简称。它是用一系列宽度相等、高度不等的长方形表示数据的图。长方形的宽度表示数据范围的间隔，长方形的高度表示在给定间隔内的数据数。

直方图的作用包括：显示质量波动的状态；较直观地传递有关过程质量状况的信息；通过研究质量波动状况之后，就能掌握过程的状况，从而确定在什么地方集中力量进行质量改进工作。

直方图的类型如图 11.3 所示。

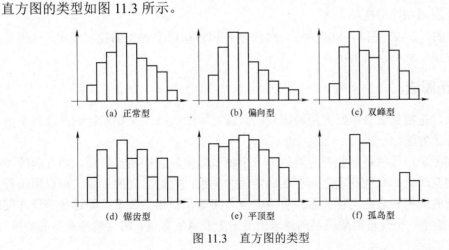

图 11.3　直方图的类型

六、控制图法

控制图法是以控制图的形式，判断和预报生产过程中质量状况是否发生波动的一种常用的质量控制统计方法。它能直接监视生产过程中的过程质量动态，具有稳定生产，保证质量、积极预防的作用。控制图示例如图 11.4 所示。

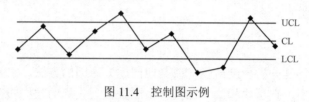

图 11.4　控制图示例

（一）控制图的种类

控制图在实践中，根据质量数据通常可分为两大类七种。

（1）计量型数据的控制图，包括 $\bar{X}-R$ 图（均值－极差图）、$\bar{X}-S$ 图（均值－标准差图）、$I\text{–MR}$ 图（单值－移动极差图）、$\tilde{x}-R$ 控制图（中位数图）。

（2）计数型数据的控制图，包括 P 图（不合格品率图）、np 图（不合格品数图）、c 图（不合格数图）、u 图（单位产品不合格数图）。

（二）控制图的观察

如果有点落到控制界限之外，应判断工艺过程发生了异常变化。如果点虽未跳出控制界限，但其排列有下列情况，也判断工艺过程有异常变化：

（1）点在中心线的一侧连续出现 7 次以上；

（2）连续 7 个以上的点上升或下降；

（3）点在中心线一侧多次出现，如连续 11 个点中，至少有 10 个点（可以不连续）在中心线的同一侧；

（4）连续 3 个点中，至少有 2 点（可以不连续）在上方或下方 2 横线以外出现，即很接近控制界限；

（5）点呈现周期性的变动。

在 $\bar{X}-R$ 图、$\tilde{x}-R$ 图和 $I\text{–MR}$ 图中，对极差 R 和移动极差 MR 的控制观察，一般只要点未超出控制界限，就属正常情况。

七、散布图法

散布图法，是指通过分析研究两种因素的数据之间的关系，来控制影响产品质量的相关因素的一种有效方法。

在生产实际中，往往是一些变量共处于一个统一体中，它们相互联系、相互制约，在一定条件下又相互转化。有些变量之间存在确定性的关系，它们之间的关系，可以用函数关系来表达，如圆的面积和它的半径关系；有些变量之间却存在相关关系，即这些变量之间既有关系，但又不能由一个变量的数值精确地求出另一个变量的数值。将这两种有关的数据列出，用点打在坐标图上，然后观察这两种因素之间的关系。这种图就称为散布图或相关图。

散布图法在工厂生产中会经常用到，例如，棉纱的水分含量与伸长度之间的关系，喷漆时的室温与漆料黏度的关系；热处理时钢的淬火温度与硬度的关系；零件加工时切削用量与加工质量的关系等，都会用到这种方法。图 11.5 就是反映钢的淬火温度与硬度关系的散布图示例。

八、PDCA 循环

在质量管理活动中，各项工作按照制订计划、计划实施、检查实施效果，然后将成功的纳入标准、不成功的留待下一循环去解决的工作方法进行，这就是质量管理的基本工作方法，实际上也是企业管理各项工作的一般规律。这一工作方法简称为 PDCA 循环。P（plan）是计划阶段，D（do）是执行阶段，C（check）是检查阶段，A（action）是处理阶段。PDCA 循环是美国质量管理专家戴明最先总结出来的，所以又称戴明环。

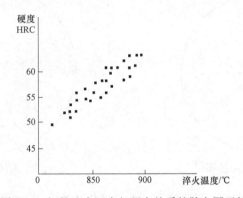

图 11.5　钢的淬火温度与硬度关系的散布图示例

（一）PDCA 的四个阶段

PDCA 的四个阶段，在具体工作中又进一步分为八个步骤。

1. P（计划）阶段

P（计划）阶段分为四个步骤。

（1）分析现状，找出所存在的质量问题。对找到的问题要问三个问题：① 这个问题可不可以解决？② 这个问题可不可以与其他工作结合起来解决？③ 这个问题能不能用最简单的方法解决而又能达到预期的效果？

（2）找出产生问题的原因或影响因素。

（3）找出原因（或影响因素）中的主要原因（或主要影响因素）。

（4）针对主要原因制订解决问题的措施计划。

措施计划要明确采取该措施的原因（why），执行措施预期达到的目的（what），在哪里执行措施（where），由谁来执行（who），何时开始执行和何时完成（when），以及如何执行（how），通常简称为 5W1H 问题。

2. D（执行）阶段

D（执行）阶段有一个步骤，即按制订的计划认真执行。

3. C（检查）阶段

C（检查）阶段有一个步骤，即检查措施执行的效果。

4. A（处理）阶段

A（处理）阶段有两个步骤。

（1）巩固提高，就是把措施计划执行成功的经验进行总结并整理成为标准，以巩固提高。

（2）把本工作循环没有解决的问题或出现的新问题，提交到下一工作循环去解决。

（二）PDCA 循环的特点

PDCA 循环一定要顺序形成一个大圈，接着四个阶段不停地转，如图 11.6 和图 11.7 所示。

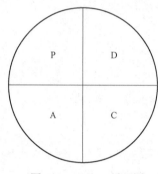

图 11.6　PDCA 循环图

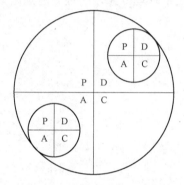

图 11.7　大环套小环示意图

大环套小环，互相促进。如果把整个企业的工作作为一个大的 PDCA 循环，那么各个部门、小组还有各自小的 PDCA 循环，就像一个行星轮系一样，大环带动小环，一级带一级，大环指导和推动着小环，小环又促进着大环，有机地构成一个运转的体系。

PDCA 循环不是到 A 阶段就结束，而是又要回到 P 阶段开始新的循环，就这样不断旋转。PDCA 循环的转动不是在原地转动，而是每转一圈都有新的计划和目标。犹如爬楼梯一样逐步上升，使质量水平不断提高。

PDCA 循环实际上是有效进行任何一项工作的合乎逻辑的工作程序。在质量管理中，PDCA 循环得到了广泛的应用，并取得了很好的效果，因此，有人称 PDCA 循环是质量管理的基本方法。之所以将其称之为 PDCA 循环，是因为这四个过程不是运行一次就完结，而是要周而复始地进行。一个循环完了，解决了一部分问题，可能还有其他问题尚未解决，或者又出现了新的问题，再进行下一次循环。

在解决问题过程中，常常不是一次 PDCA 循环就能够完成的，需要将 PDCA 循环持续下去，直到彻底解决问题。问题=标准－现状，每经历一次循环，需要将取得的成果加以巩固，也就是修订和提高标准，按照新的更高的标准衡量现状，必然会发现新的问题，这也是为什么必须将循环持续上去的原因和方法。每经过一个循环，质量管理达到一个更高的水平，不断坚持 PDCA 循环，就会使质量管理不断取得新成果。这一过程可以形象地用图 11.8 的示意图来表示。

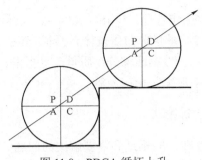

图 11.8　PDCA 循坏上升

第四节　质量管理体系

一、ISO 9000

ISO 9000 标准是由 ISO/TC 176（国际标准化组织质量管理和质量保证技术委员会）制定的所有国际标准，是工业生产、国际贸易高度发展的产物，是国际社会对质量管理产生共识的结果，已经先后发布了 1987（年）版、经过"有限修改"的 1994（年）版、经过"彻底修改"的 2000（年）版，2008（年）版又进行了部分修订。

（一）1987 版 ISO 9000 标准

ISO/TC176 以英国标准 BS 5750：1979 为蓝本并参考欧美国家标准制订了 ISO 9001：1987《质量体系——设计、开发、生产、安装和服务的质量保证模式》、ISO 9002：1987《质量体系——生产、安装和服务的质量保证模式》、ISO 9003：1987《质量体系——最终检验和试验的质量保证模式》三个标准；参考美国标准 ANSI/ASQCZ 1.15 制订了 ISO 9004：1987《质量管理和质量体系要素——指南》，同时还发布了 ISO 8402：1986《质量——词汇》、ISO 9000：1987《质量管理和质量保证标准选择和使用指南》。这六项国际标准统称为 ISO 9000 系列国际标准（1987 版）。

（二）1994 版 ISO 9000 标准

1990 年，ISO/TC 176 开始对 ISO 9000 标准进行修订，保持标准的总体结构和思想，仅对局部进行修改，即"有限修改"，于 1994 年发布了 ISO 8402：1994《质量管理和质量保证——词汇》、ISO 9000 - 1：1994《质量管理和质量保证标准 第 1 部分：选择和使用指南》、ISO 9001：1994《质量体系 设计、开发、生产、安装和服务的质量保证模式》、ISO 9002：1994《质量体系 生产、安装和服务的质量保证模式》、ISO 9003：1994《质量体系 最终检验和试验的质量保证模式》和 ISO 9004 - 1：1994《质量管理和质量体系要素 第 1 部分：指南》，共六项国际标准，统称为 1994 版 ISO 9000 标准。随后 ISO 9000 标准的数量进一步增加到含 27 个标准、技术文件的庞大的"家族"，包括 ISO 10011 - 1：1990《质量体系审核指南 审核》、ISO 10011 - 2：1991《质量体系审核指南——质量体系审核员的评定准则》、ISO 10011 - 3：

1991《质量体系审核指南 审核工作管理》和 ISO 9004－2《质量管理和质量体系要素 第二部分：服务指南》、ISO 9004－3《质量管理和质量体系要素 第三部分：流程性材料指南》、ISO 9004－4《质量管理和质量体系要素 第四部分：质量改进指南》、ISO 10005《质量管理 质量计划指南》、ISO 10013《质量手册编制指南》等。

（三）2000 版 ISO 9000 标准

1994 版 ISO 9000 标准还存在一些不足和需要解决的问题。例如，标准所采用的"过程"和语言的表述主要是针对生产硬件的组织，其他行业采用时，理解和实施都有所不便；标准是对规模较大的组织设计，对于规模较小、机构简单的组织就难以使用，标准提供了 3 种质量保证模式，给标准的应用带来一定的局限性；标准采用 20 项质量体系要素的结构，要素间的相关性不好，不尽合理；标准过多地强调了质量体系的符合性，忽视了对产品质量的保证和组织整体业绩的提高；标准对与客户有关的接口仅做了有限的规定，缺少对顾客满意和不满意信息的监控等。

因此，ISO/TC176 按照《90 年代国际质量标推的实施策略》修改了标准的总体结构和局部内容（"彻底修改"），于 2000 年 12 月 15 日发布了 2000 版的 ISO 9000 标准。该标准可以帮助组织实施并有效运行质量管理体系，是质量管理体系通用的要求或指南。可广泛适用于各种行业、各种类型、不同规模和提供不同产品的组织。在国内贸易、国际贸易中促进相互理解和信任。与 2000 版 ISO 9000 标准密切相关的核心标准包括：ISO 9000：2000《质量管理体系——基础和术语》、ISO 9001：2000《质量管理体系——要求》（代替 ISO 9001：1994、ISO 9002：1994、ISO 9003：1994）、ISO 9004：2000《质量管理体系 业绩和改进指南》、ISO 19011《质量和（或）环境管理体系审核指南》。

为了实现质量目标，2000 版 ISO 9000 标准突出体现了质量管理的八大原则，并作为主线贯穿始终。

原则一，以顾客为中心。专家认为，组织依存于顾客。因此，组织应理解顾客当前和未来的需求，满足顾客要求并争取超越顾客期望。顾客是每一个组织存在的基础，顾客的要求是第一位的，组织应调查和研究顾客的需求和期望，并把它转化为质量要求，采取有效措施使其实现。这个指导思想不仅领导要明确，还要在全体职工中贯彻。

原则二，领导作用。专家认为，领导必须将本组织的宗旨、方向和内部环境统一起来，并创造使员工能够充分参与实现组织目标的环境。领导的作用，即最高管理者具有决策和领导一个组织的关键作用。为了营造一个良好的环境，最高管理者应建立质量方针和质量目标，确保关注顾客要求，确保建立和实施一个有效的质量管理体系，确保应用资源，并随时将组织运行的结果与目标比较，根据情况决定实现质量方针、目标的措施，决定持续改进的措施。在领导作风上还要做到透明、务实和以身作则。

原则三，全员参与。专家认为，各级人员是组织之本，只有他们的充分参与，才能使他们的才干为组织带来最大的收益。全体职工是每个组织的基础。组织的质量管理不仅需要最高管理者的正确领导，还有赖于全员的参与。所以要对职工进行质量意识、职业道德、以顾客为中心的意识和敬业精神的教育，还要激发他们的积极性和责任感。

原则四，过程方法。专家认为，将相关的资源和活动作为过程进行管理，可以更高效地得到期望的结果。过程方法的原则不仅适用于某些简单的过程，也适用于由许多过程构成的过程网络。在应用于质量管理体系时，2000 版 ISO 9000 标准建立了一个过程模式。此模式把管理职责、资源管理、产品实现以及测量、分析和改进作为体系的 4 大主要过程，描述其相互关系，并以顾客要求为输入，提供给顾客的产品为输出，通过信息反馈来测定顾客满意度，评价质量管理体系的业绩。

原则五，管理的系统方法。专家认为，针对设定的目标，识别、理解并管理一个由相互关联的过程所组成的体系，有助于提高组织的有效性和效率。这种建立和实施质量管理体系的方法，既可用于新建体系，也可用于现有体系的改进。此方法的实施可在三方面受益：一是提供对过程能力及产品可靠性的信任；二是为持续改进打好基础；三是使顾客满意，最终使组织获得成功。

原则六，持续改进。专家认为，持续改进是组织的一个永恒的目标。在质量管理体系中，改进指产品质量、过程及体系有效性和效率的提高，持续改进包括了解现状、建立目标以及寻找、评价和实施解决办法；测量、验证和分析结果，把更改纳入文件等活动。

原则七，基于事实的决策方法。专家认为，对数据和信息的逻辑分析或直觉判断是有效决策的基础。以事实为依据做决策，可防止决策失误。在对信息和资料做科学分析时，统计技术是最重要的工具之一。统计技术可用来测量、分析和说明产品和过程的变异性，统计技术可以为持续改进的决策提供依据。

原则八，互利的供方关系。专家认为，通过互利的关系，增强组织及其供方创造价值的能力。供方提供的产品将对组织向顾客提供满意的产品产生重要影响，因此处理好与供方的关系，影响到组织能否持续稳定地提供顾客满意的产品。对供方不能只讲控制不讲合作互利，特别对关键供方，更要建立互利关系，这对组织和供方都有利。

2000 版 ISO 9000 标准发布后，全球 175 个国家和地区的各类组织广泛应用。但 2000 版 ISO 9000 标准仍有一些需改进环节，因此，ISO/TC 176 于 2004 年决定修订 2000 版 ISO 9000 标准。2005 年 9 月 ISO 9000：2005 版标准正式发布，2008 年 11 月 14 日 ISO 9000：2008 版标准正式发布。

（四）ISO 9000 标准的结构和特点

2008 版 ISO 9000 标准结构与 2000 版 ISO 9000 标准相比没有发生太大变化，2008 版 ISO 9000 标准结构见表 11.2。

表 11.2　2008 版 ISO 9000 标准结构表

核心标准	其他标准	技术报告	技术规范
ISO 9000	ISO 10001	ISO/TR10013	ISO/TS16949
ISO 9001	ISO 10002	ISO/TR10017	
ISO 9004	ISO 10003		
ISO 19011	ISO 10005		
	ISO 10006		
	ISO 10007		
	ISO 10012		
	ISO 10014		
	ISO 10015		
	ISO 10019		

现有标准包括 ISO 10001《质量管理　顾客满意　组织行为准则指南》、ISO 10002《质量管理　顾客满意　组织处理投诉指南》、ISO 10003《质量管理　顾客满意　组织外部争议解决指南》、ISO 10005《质量管理　质量计划指南》、ISO 10006《质量管理　项目管理质量指南》、ISO 10007《质量管理体系　技术状态管理指南》、ISO 10012《质量管理体系　测量过程和测量设备的要求》、ISO 10014《质量管理　财务与经济效益实现指南》、ISO 10015《质量管理　培训指南》、ISO 10019《质量管理体系咨询师选择及其使用其服务的指南》、ISO/TR10013《质量经济性管理指南》、ISO/TR10017《统计技术指南》、ISO/TSl6949《汽车供方的质量管理体系要求》。

各标准具体解释如下。

（1）ISO 9000：2008《质量管理体系　基础和术语》。

标准首先明确了组织改进业绩、获得持续成功的八项质量管理原则；提供了建立、实施质量管理体系应遵循的 12 个方面的质量管理体系基础，阐明了 ISO 9000 标准所应用的 84 个术语及术语的使用方法、术语间的关系。

（2）ISO 9001：2008《质量管理体系　要求》。

标准规定了对质量管理体系的要求，适用于内部和外部（第二方或第三方）评价组织提供满足组织自身要求和顾客、法律法规要求的产品的能力。组织通过体系的有效应用，包括持续改进体系的过程及确保产品符合顾客、适用法律法规的要求，以持续增强顾客满意度。

标准以八项质量管理原则为基础，采用了以过程为基础的模式结构。标准鼓励组织在建立、实施和改进质量管理体系及提高其有效性时，采用过程方法。过程方法的优点是对质量管理体系中诸多单个过程之间的联系及过程的组合和相互作用进行连续的控制，以达到质量管理体系的持续改进。

标准规定了质量管理体系要求，保留了产品质量标准，新增了强调顾客的满意度。因此，其名称未用"质量保证"一词。

（3）ISO 9004：2009《质量管理体系　业绩改进指南》。

标准以八项质量管理原则为基础，采用了以过程为基础的模式结构，提供了超出 ISO 9001 标准要求的指南和建议（不是 ISO 9001：2008 的实施指南），旨在帮助组织以有效和高效的方式识别并满足顾客及其他相关方的需求和期望，实现、保持和改进组织的总体业绩而提高相关方的满意程度，从而使组织获得成功，并给出了自我评价和持续改进过程的示例。

标准与 ISO 9001：2008 有着同样的理论基础和结构，采用相同的术语，都鼓励组织采用过程方法建立、实施和改进质量管理体系并提高其有效性和效率，都以"持续满足顾客要求"为目的。

（4）ISO 19011：2002《质量和环境管理体系审核指南》。

标准提供了质量管理体系和环境管理体系审核的基本原则、审核方案的管理、审核的实施指南及审核员的资格要求，以指导其内审和外审的管理工作；体现了"不同管理体系可以有共同管理和审核的要求"的原则。

2015 年 9 月 23 日，ISO 9001：2015 标准正式发布，该标准已进行了自 2000 年以来的首次重大改版，融入了根据全球用户和专家反馈所进行的变更。同时，ISO 9000 中所定义的对于理解 ISO 9001 至关重要的术语也已被修订。ISO 9001：2015 标准一些重要变化包括：更加强调构建与各组织特定需求相适应的管理体系；要求组织中的高层积极参与并承担责任，使质量管理与更广泛的业务战略保持一致；对标准进行基于风险的通盘考虑，使整个管理体系成为预防工具并鼓励持续改进；对文档化的规范要求简化，组织现在可以决定其所需的文档化信息以及应当采用的文档格式；通过使用通用结构和核心文本与其他主要管理体系标准保持一致。

第五节　六西格玛管理法

一、六西格玛管理的由来和发展

20 世纪 80 年代末，六西格玛（6σ）最早作为一种突破性的质量管理战略在制造业领域的摩托罗拉公司付诸实践，使该公司产品的不合格率大幅度下降，从而在 1988 年荣膺极负盛名的马克姆·波里奇奖国家质量奖。随后，联信公司等企业开始全面推广六西格玛管理战略。

而真正把六西格玛这一高度有效的质量战略变成管理哲学和实践，从而形成一种企业文化的是在杰克·韦尔奇领导下的通用电气公司。该公司在 1996 年初开始把六西格玛作为一种管理战略列在其公司三大战略举措之首（另外两个是全球化和服务业），在公司全面推行六西格玛的流程变革方法。而六西格玛也逐渐从一种质量管理方法成为世界上追求管理卓越性的企业最为重要的战略举措，这些公司迅速将六西格玛的管理思想运用于企业管理的各个方面，为组织在全球化、信息化的竞争环境中处于不败之地建立了坚实的管理基础。

六西格玛的成功，特别是它给通用电气公司带来的巨大变化吸引了华尔街的注意力，这使得六西格玛的理念和方法犹如旋风般迅速传遍全球。欧美和亚洲的数百家跨国公司都积极聘请相关的咨询公司帮助他们设计方案、培训员工、辅导项目，以期提高客户的满意度、增加收入、降低成本、推动公司快速而健康地发展，从而给股东以丰厚的回报。

继摩托罗拉、德仪、联信/霍尼维尔、通用电气等先驱之后，几乎所有的财富 500 强的制造型企业，如 ABB、柯达、西门子、诺基亚等，都陆续开始实施六西格玛管理战略。值得注意的是，一直在质量领域领先全球的日本企业也在 20 世纪 90 年代后期纷纷加入实施六西格玛的行列，这其中包括索尼、东芝等。韩国的三星、LG 也开始了向六西格玛进军的旅程。

六西格玛管理法是当今先进的质量管理理论，它最早被摩托罗拉公司应用于质量管理方面，取得了令人瞩目的成就，以后逐步推广到通用电气、ABB 等一些公司，并很快成新的质量标准。现在六西格玛管理法已为各大公司接受和采用。

二、六西格玛的含义

（一）99% 良好率的实际含义

99% 的良好率意味着每天至少 15 分钟饮用不安全水，每个月至少 7 小时停电。从这两个一般的常见的数据可以看出，99% 的良好率意味着巨大风险。如假定某产品从来料到出货需进行机器加工和测试两道工序，每个环节的合格率都是 99%，则来料合率为 99%，机器加工总合格率为 98%（99%×99%），测试总合格率为 96%（99%×99%×99%），在加工 100 万件产品时的不良品为 29 701 件。

（二）六西格玛的含义

自 1924 年休哈特提出质量控制理论以来，通常把质量控制界限设定在 $\pm 3\sigma$（3 倍标准差），在这个限度范围内，产品就能按顾客的需要发挥作用。但是从现代质量观念来看，每百万次操作中有 2 700 次缺陷和错误是被认为不可接受的。表 11.3 为不同的设计规格下，可接受的缺陷和差错率。

表 11.3　不同的设计规格下，可接受的缺陷和差错率

设计规格限	可接受的缺陷和差错率	
	用"%"表示	用"$\times 10^{-6}$"表示
$\pm 1\sigma$	66.27	317 300
$\pm 2\sigma$	94.45	45 500
$\pm 3\sigma$	99.73	2 700
$\pm 4\sigma$	99.993 7	63
$\pm 5\sigma$	99.999 943	0.57
$\pm 6\sigma$	99.999 999 82	0.001 8

如果顾客对产品的规格要求是 $\pm 6\sigma$ 的话，意味着缺陷是百万分之 0.001 8，即 10 亿分之 1.8。这样的要求是十分高的，几乎接近完美。但在实际过程中，某一过程的结果不仅仅只是在均值上下波动，而且随着时间的推移，平均值也会偏移，其偏移量在 $\pm 1.5\sigma$ 之间。

由于偏移总是朝一个方向的。如果规格限仍偏离目标值 6σ（标准差），允许过程平均值随时间偏移 1.5σ，此时的规格限实际是 4.5σ（$6\sigma - 1.5\sigma = 4.5\sigma$）。这样落在界限外的可能性是 3.4×10^{-6}。因此，平时所讲的 6σ 就是 3.4×10^{-6}。表 11.4 则反映了图 11.9 分布曲线尾部较少的部分将会超出界限的缺陷和差错率（实际上有 1.5σ 的偏移量）。3.4×10^{-6} 是个什么概念呢？正确率为 99%意味着每发送 300 000 封信有 3 000 封误投，每 500 000 次开机有 4 100 次死机，而正确率为 3.4×10^{-6} 意味着每发送 300 000 封信有 1 封误投，每 500 000 次开机死机小于 2 次。可以看出，两者之间的差异确实让人大吃一惊。

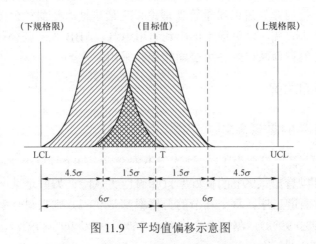

图 11.9　平均值偏移示意图

表 11.4　1－6σ 标准的质量区别

规格界限	缺陷和差错率	
	合格率/%	缺陷率/（×10⁻⁶）
±1σ	30.23	697 700
±2σ	69.13	308 700
±3σ	93.23	66 810
±4σ	99.379 0	6 210
±5σ	99.976 70	233
±6σ	99.999 660	3.4

但是六西格玛的含义并不是简单的在质量上表示每百万个机会中次品率少于3.4，而是一整套系统的理论和实施方法。首先它是一个统计测量基准。它告诉人们目前自己的产品、服务和工序的真实水准如何，六西格玛管理法可以用来与其他类似或不同的产品、服务和工序进行比较，通过比较，可知道自己处于什么位置。最重要的是，可以知道自己的努力方向和如何努力才能达到目的。换句话说，6σ 是帮助企业建立目标和测试客户满意度的标尺。例如，当人们说一个工序具有六西格玛能力时，可以肯定它是世界范围内最好的，这种能力意味着在生产一百万件产品中只有大约3件不良品出现的机会。当人们说一个工序有四西格玛能力时，意味着每百万件产品中有约6 200个不良品发生的机会。由此可以看出，六西格玛测量标尺提供了一个十分精确测量自己产品、服务和工序的"微型标尺"。其次六西格玛是一种工作策略。它极大地帮助企业在竞争中占取先机，原因十分简单，当改进了工序值，产品质量改善，成本下降，自然客户满意度上升。另外，六西格玛是一种处世哲学，它总结出一种业务方法，特别是它能使工作更精简而不是更费力。它使企业在做任何事时都能将失误降到最低程度（从采购直到完成生产）。

三、六西格玛管理的理念

（一）追求完美

实行六西格玛管理，首先，整个公司（组织）从上至下需要改变"我一直都这样做，而且做得很好"的想法。推行六西格玛会改变个人行为、企业行为，乃至企业文化。六西格玛管理法的基本要求就是，任何将六西格玛管理法作为目标的公司都要向着更好的方向持续努力，不但追求完美，同时也愿意接受并控制偶然发生的挫折六西格玛管理要求企业全体人员必须有这样的理念：① 六西格玛质量管理属于领导者，属于经理人员，也属于员工——每一位公司成员的工作。② 我们要改变我们的竞争能力，所依仗的是将自己的质量提升至一个全新的境界。③ 我们要使自己的质量让顾客觉得极为特殊而有价值，并且对他们来说是相当重要的成功因素。如此一来，我们自然就会成为他们最有价值的唯一选择。④ 我们必须在我们所做的工作中成为最好的。必须做到最好，否则就别去做。

（二）注重于目标

六西格玛管理不仅注重不断提高，更注重目标。通过六西格玛管理清楚知道自身水准，改进和提高了多少，离目标还有多远。六西格玛不是一套空谈的理论，它尤其注重企业经济收益。以数据为基础，运用统计技术为手段，建立过程输入与输出变量之间的优化模型，通过对关输入变量的调控，达到改善输出变量特性的目标。

（三）由数据和事实驱动的管理

六西格玛管理法先从澄清什么是业务绩效标准化的关键手段着手；接着，它使用统计数据和分析方法来构筑对关键变量和最优目标的理解。通俗地讲，六西格玛管理法帮助经理们回答了下列两个基本问题，来支持以事实为基础的决策：① 什么才是真正需要的数据和信息？② 怎么使用这些数据和信息，使我们的收益最大化？

（四）主动管理

"主动"就是在事情发生之前进行管理，与"被动"相反。在实际中，主动管理意味着关注经常忽略了的业务运作，并养成习惯：确定远大的目标并且经常加以检视；确立优先事项；注意预防而不是忙于"救火"；经常质疑做事的不是盲目询问"该怎么做"。

（五）无界限的合作

六西格玛管理法扩展了合作的机会，当人们确认如何使自己的职责与公司的"远大前程"相适应时，就会意识到并且衡量出工作流程各部分的相互依赖性。六西格玛管理法里无界限的合作并不意味着无条件的个人牺牲，而是需要确切理解最终用户及整个工作链、供应链、工作流程的需求。更重要的是，它需要使用各种顾客和流程知识使各方同时获益的态度。因此，六西格玛管理法能创造出一种能真正支持团队合作的管理结构和环境。

关注流程在六西格玛管理法里，业务流程就是采取行动的地方。不管是设计产品和服务，评估绩效，还是提高效率和顾客满意度，甚是运作整个业务，六西格玛管理法都把业务流程作为成功的关键。

四、六西格玛管理组织结构

（一）六西格玛组织是推进六西格玛管理的基础

六西格玛管理的一大特点是需要一支专业队伍，其成员的一般组成如下。

（1）倡导者，一般由企业高级管理人员，如 CEO、总经理、副总经理组成，大多数为兼职，由一位副总经理全职负责六西格玛管理的组织和推行。其主要职责为：调动和提供企业内部和外部的各项资源，确认和支持六西格玛管理全面推行，决定"该做什么"，检查实施进展，了解六西格玛管理工具和技术的应用，提出正确的问题，确保按时、按质完成既定目标，管理和领导黑带主管和黑带。

（2）黑带主管，为全职六西格玛管理人员，与倡导者一起协调六西格玛项目的选择和培训。其主要职责为：理顺关系，组织项目实施，执行和实现由倡导者提出的"该做什么"的工作。在六西格玛管理中，决定"该如何培训黑带和为其提供技术支持，推动黑带领导的多个项目"。

（3）黑带，企业全面推行六西格玛管理的中坚力量，是六西格玛管理的全职人员。负责具体执行和推广六西格玛管理，同肩负培训绿带的任务。为绿带和员工提供六西格玛管理工具和技术的培训，提供一对一的支持。

（4）绿带，是企业内部推行六西格玛管理众多线收益项目的负责人，为兼职人员，通常为企业各基层部门的骨干或负责人。他们侧重于六西格玛方法在每天工作中的应用。六西格玛管理的全面推行要求整个企业从上至下使用同样的六西格玛语言和采用同样的六西格玛工具。因此，要建立一支符合项目开展要求的六西格玛专业队伍。根据国外资料表明，一般可以采用如下公式来确定黑带和黑带主管的人数。

黑带总数为公司每年营业总额（美元）/1 000 000，黑带主管与黑带之比为 1∶10。

六西格玛组织结构图如图 11.10 所示。

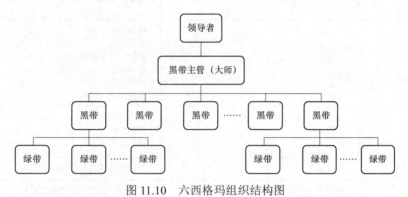

图 11.10　六西格玛组织结构图

（二）黑带的选拔和培训

黑带是推行六西格玛管理的骨干分子，是指在统计和技术产品与流程改造方面具有特殊专长的人，在不同的企业或不同的项目（流程）下，黑带的含义也有不同。当企业流程和产品的技术性很强时，黑带需要比较强的技术能力。在很多服务流程中，由于其数据较粗略，事务的技术性不是很强，所以其他的基本能力——定义流程、建立操作规范、收集和分析数据、团队技巧等就占据了主导地位。当然，如果要把黑带作为"教练"来使用（如为黑带和小组提供专业支持），那么就要强调他在技术方面的能力。在一些刚开始尝试六西格玛管理法的企业，黑带的工作主要侧重于统计、数据分析和其他工程基础方法。在选拔和培训黑带时应注意以下几点。

（1）管理能力的发展。在某些企业，黑带培训的目的之一就是提高现任或未来领导者的能力，黑带的候选人一般从现任领导者中选拔出来。当黑带位置上的人完成任务后，通常会得到提升的机会。

（2）培养技术性专长。可以把黑带设立为永久性的职位或职业角色。这样一般通过招聘或选拔培训来获得掌握了六西格玛管理技能的人才。这些人更适合于"教练"的职位，并且其成就将使其成为六西格玛管理专家小组成员。

（3）混合方法。将上述两种方法结合起来可能效果更好，即从现有的管理和专业团体之中选拔出一些黑带，同时从其他渠道挑选出一些技术人员构成六西格玛管理法的技术力量。

（三）六西格玛改进模型

DMAIC 模型是建立在 PDCA 循环基础上的一种六西格玛改进模型，主要包括定义

（define）、评估（measure）、分析（analyze）、改进（improve）、控制（control）等内容，见表 11.5。

表 11.5　DMAIC 模型

DMAIC	流程改进	流程设计与再设计
1. 定义（D）	识别问题 定义需求 设定目标	确定特殊或普通问题 定义目标、改变的前景 确定改变的范围和客户需求
2. 评估（M）	证实问题流程 改进问题、目标 评估关键步骤、投入	根据需要评估绩效 收集流程效率的教程
3. 分析（A）	建立事件发生原因的假设 辨明"少数"关键的根本原因 改进需求	确认最优表现 评估流程 价值、非价值的附加 瓶颈问题、脱节问题 替换方案 改进需求
4. 改进（I）	找出解决方法 检验解决方法 将解决方法标准化并进行结果评估	设计新流程 挑战假设 使用创造力 流程原则 实施新的流程、结构、系统
5. 控制（C）	建立维持绩效的标准评估方法 在需要时解决问题	建立维持绩效的评估和检验标准 在需要时解决问题

思 考 题

1. 全面质量管理的含义及基本要求是什么？
2. 说明 PDCA 循环的工作程序、步骤和特点。
3. 简述质量管理的发展历程。
4. 戴明、朱兰、费根鲍姆、休哈特的质量管理代表思想是什么？
5. 六西格玛管理法的思想实质是什么？

第十二章

制造业发展与智能制造

学习目标

1. 了解工业 4.0 产生及相关内涵。
2. 理解中国制造 2025。
3. 认识网络化制造的方法。
4. 理解智能制造的方法及思想体系。

引导案例

18 号智能工厂：数据驱动的智能制造

三一重工是一个高度离散型制造企业，这种制造模式分散且独立，需要大量的人力、物力，造成企业成本提高，这种制造模式显然不能满足企业高质量的发展需求。三一重工积极借助信息化时代的优势，导入智能制造模式，优化运行系统，提升设备生产制造能力，积极应对工程机械企业多品种、高效率、高质量、低成本方面的压力与挑战。

18 号智能工厂建筑面积 10 万平方米，是亚洲最大的单体生产厂房，有混凝土机械、路面机械、港口机械等多条装配线，是三一重工总装车间，年产能 300 亿元，生产的混凝土机械全球第一，港口机械中国第一。该工厂从产品设计→工艺→工厂规划→生产→交付，打通了产品到交付的核心流程。通过对整个生产工艺流程建模，在虚拟场景中试生产，优化规划方案。在规划层面的仿真模型实验过程中实现产能分析与评估，通过预测未来可能的市场需求，动态模拟厂房生产系统的响应能力；在装配计划层面的仿真模型中，通过仿真实验进行节拍平衡分析与优化，规划最优的装配任务和资源配置。利用智能装备实现生产过程自动化、机器换人，提升生产效率；同时搭建工业生产物联网，通过网络连入机台，实现机台的生产信息采集、机台互联，以及自动控制与数据传输，使机台使用率最大化。集成 MES（制造企业生产过程执行系统）与 ERP 系统，实现了客户订单下达到生产制造、产品交付以及售后追踪的全流程信息化，实现了生产制造现场与客户的实时交互。客户的个性化需求可以第一时间到达计划、制造、商务等相关部门，制造人员就能直接按照客户的要求进行快速生产和交付，客户也可以随时了解所购买设备的生产进度。智能化立体仓库和物流运输系统实现泵车、拖泵、车载泵装配线及部装线所需物料的暂存、拣选、配盘功能，并与 AGV（自动引导运输车）配套实现工位物料自动配送至各个工位。厂房建设有 PCC（人车沟通系统）生产控制中心，通过对生产过程中物料、设备、辅助生产资源等数据采集，并集成 PDM/ERP/CRM/MES 等应用系统，实现订单执行与生产现场的集中管理与调度。核心业务包括生产计划与执行管控、质量管控、物流管控，以及生产现场视频监控等。

实施智能化改造后，18 号厂房实现了厂内物流、装配、质检各环节自动化，一个订单可逐级快速精准地分解至每个工位，创造了一小时下线一台泵车的"三一速度"，实现"产品混装+流水"线的高度柔性生产。对整个生产过程的精益管控，大大提高了产品制造过程的质量、物流、生产管控程度，企业生产效率提高 24%以上，生产周期缩短 28%，减少生产误操作 40%，不良品率下降 14%，物流运作效率提高 18%以上，送货速度提高 12%；节省人力成本约 20%，总体制造运营成本降低 28%，生产节能 7%。

作为机械制造行业领军者，三一重工对智能制造积极配合和大力推进，从传统的粗放型工业生产模式到积极探索互联网+工业的新型生产模式，用信息技术对制造业进行升级，建立先进的制造和管理系统，做大做强中国制造业。

资料来源：http://www.imchina.net.cn/articles/manufacture/2017/2017615933_3.html.

第一节　工业 4.0

当人们还在为第三次工业革命的信息化与自动化感叹不已时，第四次工业革命已经悄然降临，并正在逐步向全世界蔓延，这次工业革命最先被德国人提出，他们称之为"工业 4.0"。

工业 4.0 最初用于描绘制造业的未来，以电子信息技术与互联网为标志的第三次工业革命（德国人称之为"工业 3.0"）为工业 4.0 时代打下了良好的技术储备基础。人类将以 CPS（信息物理融合系统）为依托，打造一个包含智能制造、数字化工厂、物联网及服务网络的产业物联网。凭借智能技术的力量，虚拟仿真技术与机器生产得以互联融合，整个生产价值链都能完成无缝交流。简言之，工业 4.0 就是智能化生产的时代。

第四次工业革命的到来，让好莱坞科幻电影中的某些幻想逐渐变成现实，工业 4.0 将像互联网一样彻底改变人们的工作与生活。这里面既有发展良机，也存在严峻挑战：任何不能根据工业 4.0 核心精神完成升级的行业与企业，甚至是风头正健的互联网巨头，都有可能在新时代的浪潮中被拍在沙滩上。

一、工业 4.0 的概念

根据德国专家的定义，工业 4.0 指的是以智能制造为主导的第四次工业革命，或者革命性的工业生产方法。

工业 4.0 一词最早出现在德国 2011 年汉诺威工业博览会上，次年 10 月上旬，由博世公司牵头的工业 4.0 小组，向德国联邦政府提出了一套完整的工业 4.0 发展建议。该小组于 2013 年 4 月 8 日在汉诺威工业博览会中提交了最终报告，正式向全世界提出了工业 4.0 的概念。

德国联盟教研部与联邦经济技术部、德国工程院、弗劳恩霍夫协会、西门子公司等政、学、商界单位，纷纷对工业 4.0 表示支持，并联手将其付诸实践。

德国政府把工业 4.0 列入《高技术战略 2020》大纲的十大未来发展项目之一，并投入多达 2 亿欧元的经费。时至今日，工业 4.0 战略在德国已经取得广大科研单位及产业界的普遍认同。例如，弗劳恩霍夫协会就将工业 4.0 概念引入到其下属六七个研究所中，而世界名企西门子公司也在工业软件与生产控制系统的研发过程中贯彻这一战略。

二、工业 4.0 的特征

工业 4.0 主要具有 3 个特征。

第一，通过价值网络实现横向集成。

工业 4.0 通过新价值网络把商业模型与产品设计等领域进行横向集成，从而彻底改变企业的发展模式。

第二，端对端数字集成横跨整个价值链。

在工业 4.0 时代，企业可以实现端对端数字的整合。整个产品价值链也将实现数字世界与真实世界的融合，满足客户日益复杂化的需求。其中，建模技术将在技术系统管理方面起到至关重要的作用。

第三，垂直集成与网络化的制造系统。

所谓垂直集成与网络化的制造系统，主要指的是智能工厂。在将来的智能工厂中，制造结构（包含模型、数据、通信、算法）不再是事先固定好的，而是开发一系列信息技术组合规则，使之根据不同的情况自动生成特定的结构。

上述 3 个方面，决定了工业 4.0 时代的企业能否在瞬息万变的市场中巩固自己的地位。工业 4.0 将使得制造企业实现迅捷、准时、无故障的智能化生产，随时跟上高度动态的市场风向。

德国提出的工业 4.0 战略，以推动制造业智能化转型为宗旨。工业 4.0 发展主要体现为以下几个方面。

第一，全方位互联。

西门子、博世与蒂森克虏伯三大企业的研究人员表示，工业 4.0 的核心是万物互联。无论是机器设备、生产线、产品，还是工厂、供应商、用户，都将被一个庞大的智能网络连接成一体。

这个智能网络由五个部分组成：无处不在的传感器、嵌入式终端系统、智能控制系统、通信设施、CPS。在智能网络的覆盖下，不同的产品与生产设备，甚至是整个"数字世界"与"物理世界"都能互联成一体。人与机器都可以通过智能网络来保持数字信息的持续交流。

第二，全方位集成。

工业 4.0 是信息化产业与工业化产业融会贯通的产物。集成也因此成为德国"工业 4.0"战略的关键词。前述的由 CPS 控制的智能网络。可以实现人与人、人与机器、机器与机器、服务与服务四个层次的全方位互联。如此一来，整个工业生产就完成了纵向、横向、端对端三个层次的高度集成。

纵向集成主要指企业内部物流、信息流、资金流，以及各个部门、各个生产环节、产品生命全周期的集成。企业内部所有因素的无缝连接，是一切智能化转型的基础。

横向集成主要指不同的企业借助工业 4.0 这一价值链及物联网所完成的全方位资源整合。通俗地说，就是企业与其他企业能够做到全方位无缝合作。例如，实时提供各种产品与服务，联合进行研产供销，从产品研发、生产制造到经营管理，整个流程都实现综合集成。总之，各个企业在工业 4.0 时代需要信息共享与业务协同。

从某种意义上说，"端到端的集成"是德国专家率先提出的一个新概念，但是社会各界对这个概念的理解有差异。所谓"端到端"，指的是产业链各环节价值体系的重构。"端到端的集成"是围绕产品全生命周期的价值链而展开的。通过工业 4.0 整合价值链上各个不同企业的资源，如创造集成供应商、制造商、分销商，并让各自的客户信息流、物流和资金流在价值链中集成为一体。

第三，精准的实时大数据分析。

德国不同行业对工业 4.0 的理解各异。比如，有的人认为工业 4.0 时代的核心是数据。提出这个观点的是德国机械设备制造业协会与全球第二大云公司——德国 SAP 公司的专家。在 SAP 公司高级副总裁柯曼看来，企业对实时大数据的精准要求好比对汽车的前挡风玻璃的制造要求。

在第四次工业革命中，呈爆炸式增长的数据对于整个工业体系的价值远远超过之前几个时代的传统工业生产体系，CPS 的推广与各种智能终端、智能传感器的普及，会源源不断地产生数据。这些渗透到整个产业链与产品全生命周期的海量数据，正是第四次工业革命的基石。

第四，层出不穷的创新。

从本质上说，第四次工业革命的转型过程正是制造业全面创新升级的发展过程。制造工艺、产品研发、商业模式、产业形态、组织形式等领域的创新，将会变得层出不穷。

第五，全方位、全纵深的转型。

德国几个行业协会与西门子、博世、蒂森克虏伯等知名企业，在学术探讨中指出，推动制造业服务化转型是第四次工业革命的核心理念。随着工业 4.0 时代的到来，物联网与服务网络将全面渗透到工业体系的各个角落，将传统的生存方式转变为具有个性化、智能化色彩的产品及服务的生产模式。

传统的大规模定制将让位于多元化的个性化定制。企业此前采用的是生产型制造模式，但在工业 4.0 时代将逐渐转型为服务型制造模式，而依赖廉价劳动力与资金投入的传统要素驱动模式将被创新驱动的发展模式所取代。云计算、物联网等新信息技术为传统的制造业带来崭新的产业链协同开放创新模式及用户参与式创新。整个社会的创新激情，将被工业 4.0 彻底激活。

三、工业 4.0 带来的变革

不妨大胆想象一下智能工厂的美妙景象：在一个飞机制造厂里，各条生产线有条不紊地运行着，车间里一个人都没有，只有造型各异的智能机器人。它们不但装配工艺快速娴熟，还能根据指令灵活改变工作任务。虽然这在工业 3.0 自动化工厂中也能实现，但不同的是，这些机器人不需经过人工操作就能相互沟通。

当一台智能机器人改变工作内容或装配速度时，它会自主通知下一岗位的智能机器人做好相应的准备。而产品在投入使用时，其自带的传感器会自动采集飞机在运行过程中的各种数据。这些数据被自动上传到智能网络当中，系统的智能软件系统可以据此精确分析飞机的各种状况，甚至预测飞机故障发生的方式与时间，并即时提出预防性保养方案，如此一来，产品的安全性与使用寿命都将得到大幅度提升。

毫不夸张地说，智能工厂是第四次工业革命的重要发展项目。其卓越的智能制造能力，可以将工人从机械化的流水工作里解放出来。工人无须再将精力浪费在单调的机械重复劳动中，而能把更多能力用于研发新技术与寻找新的增值业务上。

从更长远的角度看，第四次工业革命可以让工厂构建更为灵活的组织形式。工人也可以灵活调整生活方式，为事业和生活寻找一个更合适的平衡点。这也许是第四次工业革命对人类最重要的贡献之一。

工业 4.0 更大的意义在于，打破现实世界与虚拟的数字世界之间的界限，将两个世界彻底融为一体。

德国专家认为，第四次工业革命最主要的驱动力，是一个高度智能化的产业物联网。这种产业物联网依托于大数据分析技术，以物联网为核心。工厂的生产流程、产品设计、技术研发、用户服务等各环节，都被纳入到这个智能网络当中。人与智能机器通过数据实现信息沟通，让科幻电影中的神奇景象变成活生生的现实。

根据英国牛津经济研究院的分析报告，产业物联网应用所产生的价值可以在 20 国集团的 GDP 总量中占据高达 62%的比重。而根据美国通用电气公司的估算，到 2030 年时，产业物联网将为全球 GDP 贡献出高达 15 万亿美元的产值。工业 4.0 的长远意义由此可见一斑。

随着第四次工业革命的到来，世界将在以下几个方面发生革命性的变化。

第一，工业领域将成为新工业革命的策源地。

在工业 4.0 时代中，工厂不再只是简单的生产基地，而是进化为 CPS 中的"智能空间"。智能工厂与物联网及服务网络的高度融合，让生产流程中的所有环节都能实现智能化转换。工厂的生产、管理、仓储、营销、服务通过数字信息链连接成一个密不可分的整体。

此外，智能工厂制造的产品业将获得自己独有的数字化记忆、例如西门子智能生产线，在每个产品中植入一种相当于"黑匣子"的智能芯片。这个"黑匣子"将自动记录该产品在生产、维修、回收等环节的一切数据，产品有数字化记忆就能与智能机器人，甚至客户进行沟通，借由这项技术，个性化定制产品的，生产加工将进入一个崭新的阶段：人们在这次工业革命中需要重新思考机器人在工业生产中扮演的角色，装有各种传感器的智能机器人，不需要工人操作，而是直接根据产品"黑匣子"中的数字化记忆（指令）来加工产品。

智能生产线还能自动连接"云端"平台，寻找不同的专家。专家只需要提供全套维修技术内容与虚拟工具，而智能机器人可以自主思考，运用专家提供的有效信息来进行自我管理与自我完善。

第二，大数据将改变固有的数据管理方式与客户关系管理模式。

从某种意义上说，工业 4.0 时代也可以被称为工业大数据时代。因为按照传统的生产管理方式，企业的数据分散在各个部门的数据库中，缺乏横向联动。决策者想及时、准确地提取企业各个方面的数据，存在技术上与管理上的困难。而工业大数据的出现，使得企业可以把各部门的数据全部集中在一个云平台上。通过云平台来充分挖掘各部门的数据中的有用信息，从而建立一个完整的 PLM（产品生命周期管理）系统。

在产业物联网中，不仅上游的生产流程会运用到智能技术，下游的营销及客户关系管理环节也会广泛使用大数据工具。大数据可以深度挖掘各种传感器采集的客户信息，并通过智能软件分析出每个客户的需求曲线变化，从而进一步自动生成最符合客户当前需求的产品设计及营销推广方案。

第三，未来的企业组织会发生深刻变革。

制造业企业作为发展工业 4.0 的主力军，将会彻底革新自己的组织形式。随着新技术的普及，生产效率极大提升，交易成本迅速下滑。那些不能适应环境变化的低科技含量的传统制造业，将被无情地淘汰。但光有技术研发优势，不代表企业可以适应越来越变化多端的追求个性化和人性化的市场。

对于那些掌握核心科技的制造业巨头而言，传统的企业组织缺乏足够的灵活性与便捷性，亚马逊等以零售为主业的互联网巨头，恰恰以善于灵活应对消费者的多样化著称。这对首倡工业 4.0 的制造业是一个严峻的挑战。

因此，制造业企业将在 CPS 等高新技术的支持下，变革自己的组织形式。美国专家预测：未来的企业组织形式可能接近机动灵活的特种部队，以研发、生产、营销、服务一体化的编制精干的小组为基本单位，独立负责处理各自的细分市场。而企业高层一方面在战略决策环节集权化，另一方面又将战术层次的决策管理权下放至各个小组，寻求集权与放权的平衡，实现从指令性管理向合作式管理的转型。

总之，悄然降临的第四次工业革命与第三次工业革命一样，将会彻底改变人类的生产生活方式。

四、工业 4.0 时代带来的机遇与挑战

从某种意义上说，工业 4.0 战略是被 2008 年国际金融海啸催生的。沉溺于虚拟经济的西方国家在此前纷纷实行"去工业化"策略，把许多制造业工厂设在海外。这导致"产业空心化"问题泛滥成灾。金融海啸让西方国家重新认识了实体经济与虚拟经济的关系。于是各国又设法将制造业重新搬回来，启动"再制造业化"的道路，与此同时，互联网经济的迅猛发展对传统制造业形成了强烈冲击。如果传统制造业不能因时变革，则会像过去那样难以承受虚拟经济的冲击。

德国的工业 4.0 战略，就是在这个背景下提出的，为了避免再度陷入"去制造业化"的恶性循环，德国试图通过构建智能制造技术标准与智能生产体系来全面升级工业生产方式，其传统制造业正朝着智能化、网络化的方向转型，在融入互联网经济浪潮的同时，发起第四次工业革命。

工业 4.0 的横空出世。对全世界所有的制造业大国而言，既是一个实现跨越式发展的机遇，也可能是被颠覆式创新淘汰的挑战。在工业 4.0 时代，全球供应链条将得到全面翻新。可以说，无论是企业的商业模式还是工厂的生产方式，都会发生革命性升级。

在互联网经济横行的今天，消费者需求越来越多样化与个性化。企业再也不能依赖种类单调的大规模标准化产品来打动目标客户群体。云计算等大数据技术的出现，使得企业可以实时了解不断变化的目标客户的消费偏好与消费特征，将资源与技术集中用于提供符合客户个性化需求的产品与服务。

但要实现这种完全以用户需求为核心的商业模式，存在一个技术瓶颈。传统的工业生产方式是通过大规模标准化生产来降低产品的成本的，而以用户为中心的商业模式，需要的是千人千面的个性化定制产品。这与整齐划一的标准化生产相互矛盾。为此，个性化定制产品的成本在工业 2.0 及工业 3.0 时代都很难降低，形成规模效益。而工业 4.0 的技术革命打破了这个僵局，让大规模生产个性化定制产品从梦想变成了现实。

例如，西门子公司的智能生产线，通过在每个产品标签上贴智能芯片的办法，让流水生产线中的设备可以根据每个产品芯片中蕴藏的数据，自动改变产品的组装方式与内容。这种智能制造的新兴生产方式可以让多样化的个性化定制产品在同一条流水生产线上进行制造，

从而将个性化定制模式的灵活性与标准化生产的规模效应有机结合起来。

有了工业 4.0 的智能制造技术支持，企业才能充分利用大数据挖掘到客户信息，制作和满足所有客户个性化需求的产品。

由此可见，工业 4.0 将进一步释放企业的发展潜力。这将让企业的生产流程发生革命性的变化，促使企业把横向集成与纵向集成结合起来，实现整个生产流程的自动化控制。只有革新生产流程的管理方式，才能有效管控这种充满个性化定制特色的高效率的生产方式。与此同时，工业 4.0 时代的企业需要设置更小、更灵活的生产单元，即自主性更高的模块化生产系统，以便适应智能制造的生产机制与复杂多变的市场变化。

德国物流研究院的专家指出，第四次工业革命的发展目标是虚实融合。虚指的是互联网技术构筑的虚拟经济；实指的是实体经济工业 4.0 通过 CPS 将两者融为一体，这是第四次工业革命的核心内容。除了传统的互联网外，方兴未艾的物联网与服务网，也是发展工业 4.0 的重要条件。工业 4.0 时代的企业，通过虚实融合系统与多个云平台进行对接，这些系统通常设置了各种传感器与执行器，可以智能地感知周边环境，依据指令与环境进行感知互动。

总体而言，工业 4.0 带给中国的商机主要有两点。

第一，中国提出的"两化融合"战略（工业化与信息化的深度融合）与德国提出的工业 4.0 计划有殊途同归之处。

中国早已被誉为"世界工厂"，也是互联网经济较为发达的国家。但就实而论，中国的制造业依然处工业 2.0 向工业 3.0 过渡的阶段。虽然发展速度惊人，但尚未成为真正意义上的制造业强国，依然在追赶已经全面实现工业 3.0 的欧美工业强国，而工业 4.0 的横空出世，让中国有了争取跨越式发展，在第四次工业革命中缩短与发达国家差距的机会。

第二，工业 4.0 改变了传统的工业生产流程，对产品提出了标准化、模块化的要求。为制造业提供了更多盈利机会。

到目前为止，中国已是业界最大的机械制造国。尽管出口水平与德国有不小的差距，但我国制造业仍占据 4.2% 的市场份额。由此可见，制造业对我国经济的重要性。假如中国能在此基础上尽早发展工业 4.0，就能与德国、美国等发达国家一同瓜分新兴市场，让经济发展结构变得更为合理。

当然，任何新生事物都有两重性，第四次工业革命也会给世界带来阵痛。尽管工业 4.0 为工厂与企业的发展提供了如同科幻故事般的机遇，却也使得无数工厂与企业面临着被第四次工业革命淘汰出局的严峻挑战。

相对于更容易快速聚敛财富的金融业与依托于互联网及现代物流体系的服务业，处于工业 2.0 或工业 3.0 水平的传统制造业将面临严峻的挑战。

工业 4.0 的智能制造与数字化工厂，将逐渐取代工业 3.0 的自动化生产，这将意味着效率低下且依赖大量廉价劳动力的低端制造业工厂会被效率更高且以智能机器人完全代替人的数字化工厂全面取代。

传统的制造业是通过向发展中国家输出生产线的方式，来获取当地的廉价劳动力与廉价资源，以降低产品的生产成本的。而在数字化工厂中，无人操作的智能制造生产模式节省了大量劳动力，不仅生产效率远超过去，产品成本也大大降低，而向发展中国家转移工厂的方式，已经难以产生更多效益了。

如此一来，拥有雄厚科技优势的发达国家就不需要煞费苦心地向海外转移工厂，可以安心将制造业留在国内，避免再次陷入先"去工业化"再"工业化"的怪圈了。而那些借助发达国家转移工厂来组建本国制造业体系的发展中国家，则将失去长期以来的劳动力比较优势，产业升级速度大大下滑，这在工业科技突飞猛进的今天，意味着彻底丧失未来机遇。

中国拥有全世界最大的制造业市场与完整的轻重工业体系，所以美国好莱坞电影时不时地把"中国制造"当成取悦中国观众的"彩蛋"。

但从整体上来看，中国只能算是制造业大国，而不是制造业强国，其主要问题有以下几点。

第一，中国制造业的自主创新能力不强，拥有自主知识产权的产品还不够多。

第二，很多领域的生产工艺尚未达到国际先进水平，产品的质量与技术含量较低。

第三，产能虽高，但能耗也高，资源能源利用效率较低，对环境造成的污染较严重。

第四，中国制造业的产业结构并不够合理，一方面，低端产品的产能严重过剩；另一方面，又缺乏多种高端产品的生产能力。

在第四次工业革命之前，中国制造业还可以凭借廉价劳动力来获得让西方制造业垂涎的低成本竞争优势。可进入工业 4.0 时代后，以智能制造为核心竞争力的数字化工厂，将在生产效率与生产成本形成对传统制造业的明显优势、以低成本为核心竞争力的中国制造业，将随之进入"高成本时代"，不得不朝着增加工业附加值的方向寻找出路这势必会导致中国制造业与德美等国高端产业展开硬碰硬的正面竞争，而已经占得工业 4.0 先机的发达国家。将获得中国制造业难以撼动的有利地位。

据市场调查显示，中国当前的自动化市场已经超过 1 000 亿元的规模。这已经占据全球市场份额的 1/3 以上。可见。工业 4.0 必将成为中国制造业未来的前进发展方向。假如中国制造也不能顺利实现升级转型的话，这块巨大的市场份额将被德国、美国等制造业强国拿下，错过第四次工业革命带来的跨越式机遇。

第二节　中国制造 2025

制造业是国民经济的主体，是立国之本、兴国之器、强国之基。18 世纪中叶开启工业文明以来，世界强国的兴衰史和中华民族的奋斗史一再证明，没有强大的制造业，就没有国家和民族的强盛。打造具有国际竞争力的制造业，是我国提升综合国力、保障国家安全、建设世界强国的必由之路。

新中国成立尤其是改革开放以来，我国制造业持续快速发展，建成了门类齐全、独立完整的产业体系，有力推动工业化和现代化进程，显著增强综合国力，支撑我世界大国地位。然而，与世界先进水平相比，我国制造业仍然大而不强，在自主创新能力、资源利用效率、产业结构水平、信息化程度、质量效益等方面差距明显，转型升级和跨越发展的任务紧迫而艰巨。

当前，新一轮科技革命和产业变革与我国加快转变经济发展方式形成历史性交汇，国际产业分工格局正在重塑。必须紧紧抓住这一重大历史机遇，按照"四个全面"战略布局要求，实施制造强国战略，加强统筹规划和前瞻部署，力争通过三个十年的努力，到新中国成立一百年时，把我国建设成为引领世界制造业发展的制造强国，为实现中华民族伟大复兴的中国梦打下坚实基础。2014 年 12 月，"中国制造 2025"这一概念被首次提出，它是我国实施制造强国战略第一个十年的行动纲领。

一、发展形势和环境

（一）全球制造业格局面临重大调整

新一代信息技术与制造业深度融合，正在引发影响深远的产业变革，形成新的生产方式、产业形态、商业模式和经济增长点。各国都在加大科技创新力度，推动三维（3D）打印、移动互联网、云计算、大数据、生物工程、新能源、新材料等领域取得新突破。基于信息物理系统的智能装备、智能工厂等智能制造正在引领制造方式变革；网络众包、协同设计、大规模个性化定制、精准供应链管理、全生命周期管理、电子商务等正在重塑产业价值链体系；可穿戴智能产品、智能家电、智能汽车等智能终端产品不断拓展制造业新领域。我国制造业转型升级、创新发展迎来重大机遇。

全球产业竞争格局正在发生重大调整，我国在新一轮发展中面临巨大挑战。国际金融危机发生后，发达国家纷纷实施"再工业化"战略，重塑制造业竞争新优势，加速推进新一轮全球贸易投资新格局。一些发展中国家也在加快谋划和布局，积极参与全球产业再分工，承接产业及资本转移，拓展国际市场空间。我国制造业面临发达国家和其他发展中国家"双向挤压"的严峻挑战，必须放眼全球，加紧战略部署，着眼建设制造强国，固本培元，化挑战为机遇，抢占制造业新一轮竞争制高点。

（二）我国经济发展环境发生重大变化

随着新型工业化、信息化、城镇化、农业现代化同步推进，超大规模内需潜力不断释放，为我国制造业发展提供了广阔空间。各行业新的装备需求、人民群众新的消费需求、社会管理和公共服务新的民生需求、国防建设新的安全需求，都要求制造业在重大技术装备创新、消费品质量和安全、公共服务设施设备供给和国防装备保障等方面迅速提升水平和能力。全面深化改革和进一步扩大开放，将不断激发制造业发展活力和创造力，促进制造业转型升级。

我国经济发展进入新常态，制造业发展面临新挑战。资源和环境约束不断强化，劳动力等生产要素成本不断上升，投资和出口增速明显放缓，主要依靠资源要素投入、规模扩张的粗放发展模式难以为继，调整结构、转型升级、提质增效刻不容缓。形成经济增长新动力，塑造国际竞争新优势，重点在制造业，难点在制造业，出路也在制造业。

（三）建设制造强国任务艰巨而紧迫

经过几十年的快速发展，我国制造业规模跃居世界第一位，建立起门类齐全、独立完整的制造体系，成为支撑我国经济社会发展的重要基石和促进世界经济发展的重要力量。持续的技术创新，大大提高了我国制造业的综合竞争力。载人航天、载人深潜、大型飞机、北斗卫星导航、超级计算机、高铁装备、百万千瓦级发电装备、万米深海石油钻探设备等一批重大技术装备取得突破，形成了若干具有国际竞争力的优势产业和骨干企业，我国已具备了建设工业强国的基础和条件。

但我国仍处于工业化进程中，与先进国家相比还有较大差距。制造业大而不强，自主创新能力弱，关键核心技术与高端装备对外依存度高，以企业为主体的制造业创新体系不完善；产品档次不高，缺乏世界知名品牌；资源能源利用效率低，环境污染问题较为突出；产业结构不合理，高端装备制造业和生产性服务业发展滞后；信息化水平不高，与工业化融合深度不够；产业国际化程度不高，企业全球化经营能力不足。推进制造强国建设，必须着力解决以上问题。

建设制造强国，必须紧紧抓住当前难得的战略机遇，积极应对挑战，加强统筹规划，突出创新驱动，制定特殊政策，发挥制度优势，动员全社会力量奋力拼搏，更多依靠中国装备、依托中国品牌，实现中国制造向中国创造的转变，中国速度向中国质量的转变，中国产品向中国品牌的转变，完成中国制造由大变强的战略任务。

二、战略方针和目标

（一）指导思想

全面贯彻党的十八大和十八届二中、三中、四中全会精神，坚持走中国特色新型工业化道路，以促进制造业创新发展为主题，以提质增效为中心，以加快新一代信息技术与制造业深度融合为主线，以推进智能制造为主攻方向，以满足经济社会发展和国防建设对重大技术装备的需求为目标，强化工业基础能力，提高综合集成水平，完善多层次、多类型人才培养体系，促进产业转型升级，培育有中国特色的制造文化，实现制造业由大变强的历史跨越。基本方针如下。

（1）创新驱动。坚持把创新摆在制造业发展全局的核心位置，完善有利于创新的制度环境，推动跨领域跨行业协同创新，突破一批重点领域关键共性技术，促进制造业数字化网络化智能化，走创新驱动的发展道路。

（2）质量为先。坚持把质量作为建设制造强国的生命线，强化企业质量主体责任，加强质量技术攻关、自主品牌培育。建设法规标准体系、质量监管体系、先进质量文化，营造诚信经营的市场环境，走以质取胜的发展道路。

（3）绿色发展。坚持把可持续发展作为建设制造强国的重要着力点，加强节能环保技术的推广应用，全面推行清洁生产。发展循环经济，提高资源回收利用效率，构建绿色制造体系，走生态文明的发展道路。

（4）结构优化。坚持把结构调整作为建设制造强国的关键环节，大力发展先进制造业，改造提升传统产业，推动生产型制造向服务型制造转变。优化产业空间布局，培育一批具有核心竞争力的产业集群和企业群体，走提质增效的发展道路。

（5）人才为本。坚持把人才作为建设制造强国的根本，建立健全科学合理的选人、用人、育人机制，加快培养制造业发展急需的专业技术人才、经营管理人才、技能人才。营造大众创业、万众创新的氛围，建设一支素质优良、结构合理的制造业人才队伍，走人才引领的发展道路。

（二）基本原则

（1）市场主导，政府引导。全面深化改革，充分发挥市场在资源配置中的决定性作用，强化企业主体地位，激发企业活力和创造力。积极转变政府职能，加强战略研究和规划引导，完善相关支持政策，为企业发展创造良好环境。

（2）立足当前，着眼长远。针对制约制造业发展的瓶颈和薄弱环节，加快转型升级和提质增效，切实提高制造业的核心竞争力和可持续发展能力。准确把握新一轮科技革命和产业变革趋势，加强战略谋划和前瞻部署，扎扎实实打基础，在未来竞争中占据制高点。

（3）整体推进，重点突破。坚持制造业发展全国一盘棋和分类指导相结合，统筹规划，合理布局，明确创新发展方向，促进军民融合深度发展，加快推动制造业整体水平提升。围绕经济社会发展和国家安全重大需求，整合资源，突出重点，实施若干重大工程，实现率先突破。

（4）自主发展，开放合作。在关系国计民生和产业安全的基础性、战略性、全局性领域，着力掌握关键核心技术，完善产业链条，形成自主发展能力。继续扩大开放，积极利用全球资源和市场，加强产业全球布局和国际交流合作，形成新的比较优势，提升制造业开放发展水平。

（三）战略目标

立足国情，立足现实，力争通过"三步走"实现制造强国的战略目标。

第一步：力争用十年时间，迈入制造强国行列。

到 2020 年，基本实现工业化，制造业大国地位进一步巩固，制造业信息化水平大幅提升。掌握一批重点领域关键核心技术，优势领域竞争力进一步增强，产品质量有较大提高。制造业数字化、网络化、智能化取得明显进展。重点行业单位工业增加值能耗、物耗及污染物排放明显下降。

到 2025 年，制造业整体素质大幅提升，创新能力显著增强，全员劳动生产率明显提高，两化（工业化和信息化）融合迈上新台阶。重点行业单位工业增加值能耗、物耗及污染物排放达到世界先进水平。形成一批具有较强国际竞争力的跨国公司和产业集群，在全球产业分工和价值链中的地位明显提升。

第二步：到 2035 年，我国制造业整体达到世界制造强国阵营中等水平。创新能力大幅提升，重点领域发展取得重大突破，整体竞争力明显增强，优势行业形成全球创新引领能力，全面实现工业化。

第三步：新中国成立一百年时，制造业大国地位更加巩固，综合实力进入世界制造强国前列。制造业主要领域具有创新引领能力和明显竞争优势，建成全球领先的技术体系和产业体系。2020 年和 2025 年制造业主要指标见表 12.1。

表 12.1　2020 年和 2025 年制造业主要指标

类别	指标	2013 年	2015 年	2020 年	2025 年
创新能力	规模以上制造业研发经费内部支出占主营业务收入比重	0.88%	0.95%	1.26%	1.68%
	规模以上制造业每亿元主营业务收入有效发明专利数	0.36 件	0.44 件	0.70 件	1.10 件
质量效益	制造业质量竞争力指数	83.1	83.5	84.5	85.5
制造业增加值率提高		—	—	比 2015 年提高2 个百分点	比 2015 年提高4 个百分点	—

续表

类别	指标	2013 年	2015 年	2020 年	2025 年
制造业全员劳动生产率增速	—	—	7.5%左右("十三五"期间年均增速)	6.5%左右("十四五"期间年均增速)	—
两化融合	宽带普及率	37%	50%	70%	82%
	数字化研发设计工具普及率	52%	58%	72%	84%
	关键工序数控化率	27%	33%	50%	64%
绿色发展	规模以上单位工业增加值能耗下降幅度	—	—	比 2015 年下降 18%	比 2015 年下降 34%
	单位工业增加值二氧化碳排放量下降幅度	—	比 2015 年下降 22%	比 2015 年下降 40%	—
	单位工业增加值用水量下降幅度	—	比 2015 年下降 23%	比 2015 年下降 41%	—
	工业固体废物综合利用率	62%	65%	73%	79%	

三、战略任务和重点

实现制造强国的战略目标,必须坚持问题导向,统筹谋划,突出重点;必须凝聚全社会共识,加快制造业转型升级,全面提高发展质量和核心竞争力。

(一)提高国家制造业创新能力

1. 完善以企业为主体、市场为导向、政产学研用相结合的制造业创新体系

围绕产业链部署创新链,围绕创新链配置资源链,加强关键核心技术攻关,加速科技成果产业化,提高关键环节和重点领域的创新能力。

(1)加强关键核心技术研发。强化企业技术创新主体地位,支持企业提升创新能力,推进国家技术创新示范企业和企业技术中心建设,充分吸纳企业参与国家科技计划的决策和实施。瞄准国家重大战略需求和未来产业发展制高点,定期研究制定发布制造业重点领域技术创新路线图。继续抓紧实施国家科技重大专项,通过国家科技计划(专项、基金等)支持关键核心技术研发。发挥行业骨干企业的主导作用和高等院校、科研院所的基础作用,建立一批产业创新联盟,开展政产学研用协同创新,攻克一批对产业竞争力整体提升具有全局性影响、带动性强的关键共性技术,加快成果转化。

(2)提高创新设计能力。在传统制造业、战略性新兴产业、现代服务业等重点领域开展创新设计示范,全面推广应用以绿色、智能、协同为特征的先进设计技术。加强设计领域共性关键技术研发,攻克信息化设计、过程集成设计、复杂过程和系统设计等共性技术,开发一批具有自主知识产权的关键设计工具软件,建设完善创新设计生态系统。建设若干具有世界影响力的创新设计集群,培育一批专业化、开放型的工业设计企业,鼓励代工企业建立研究设计中心,向代设计和出口自主品牌产品转变。发展各类创新设计教育,设立国家工业设计奖,激发全社会创新设计的积极性和主动性。

(3)推进科技成果产业化。完善科技成果转化运行机制,研究制定促进科技成果转化和产业化的指导意见,建立完善科技成果信息发布和共享平台,健全以技术交易市场为核心的技术转移和产业化服务体系。完善科技成果转化激励机制，推动事业单位科技成果使用、处置和收益管理改革，健全科技成果科学评估和市场定价机制。完善科技成果转化协同推进机制，引导政产学研用按照市场规律和创新规律加强合作，鼓励企业和社会资本建立一批从事技术集成、熟化和工程化的中试基地。加快国防科技成果转化和产业化进程，推进军民技术双向转移转化。

（4）完善国家制造业创新体系。加强顶层设计，加快建立以创新中心为核心载体、以公共服务平台和工程数据中心为重要支撑的制造业创新网络，建立市场化的创新方向选择机制和鼓励创新的风险分担、利益共享机制。充分利用现有科技资源，围绕制造业重大共性需求，采取政府与社会合作、政产学研用产业创新战略联盟等新机制新模式，形成一批制造业创新中心（工业技术研究基地），开展关键共性重大技术研究和产业化应用示范。建设一批促进制造业协同创新的公共服务平台，规范服务标准，开展技术研发、检验检测、技术评价、技术交易、质量认证、人才培训等专业化服务，促进科技成果转化和推广应用。建设重点领域制造业工程数据中心，为企业提供创新知识和工程数据的开放共享服务。面向制造业关键共性技术，建设一批重大科学研究和实验设施，提高核心企业系统集成能力，促进向价值链高端延伸。

2. 制造业创新中心（工业技术研究基地）建设工程

围绕重点行业转型升级和新一代信息技术、智能制造、增材制造、新材料、生物医药等领域创新发展的重大共性需求，形成一批制造业创新中心（工业技术研究基地），重点开展行业基础和共性关键技术研发、成果产业化、人才培训等工作。制定完善制造业创新中心遴选、考核、管理的标准和程序。到2020年，重点形成15家左右制造业创新中心（工业技术研究基地），力争到2025年形成40家左右制造业创新中心（工业技术研究基地）。

（1）加强标准体系建设。改革标准体系和标准化管理体制，组织实施制造业标准化提升计划，在智能制造等重点领域开展综合标准化工作。发挥企业在标准制定中的重要作用，支持组建重点领域标准推进联盟，建设标准创新研究基地，协同推进产品研发与标准制定。制定满足市场和创新需要的团体标准，建立企业产品和服务标准自我声明公开和监督制度。鼓励和支持企业、科研院所、行业组织等参与国际标准制定，加快我国标准国际化进程。大力推动国防装备采用先进的民用标准，推动军用技术标准向民用领域的转化和应用。做好标准的宣传贯彻，大力推动标准实施。

（2）强化知识产权运用。加强制造业重点领域关键核心技术知识产权储备，构建产业化导向的专利组合和战略布局。鼓励和支持企业运用知识产权参与市场竞争，培育一批具备知识产权综合实力的优势企业，支持组建知识产权联盟，推动市场主体开展知识产权协同运用。稳妥推进国防知识产权解密和市场化应用。建立健全知识产权评议机制，鼓励和支持行业骨干企业与专业机构在重点领域合作开展专利评估、收购、运营、风险预警与应对。构建知识产权综合运用公共服务平台。鼓励开展跨国知识产权许可。研究制定降低中小企业知识产权申请、保护及维权成本的政策措施。

（3）推进信息化与工业化深度融合。

加快推动新一代信息技术与制造技术融合发展，把智能制造作为两化深度融合的主攻方向；着力发展智能装备和智能产品，推进生产过程智能化，培育新型生产方式，全面提升企业研发、生产、管理和服务的智能化水平。

（4）研究制定智能制造发展战略。编制智能制造发展规划，明确发展目标、重点任务和重大布局。加快制定智能制造技术标准，建立完善智能制造和两化融合管理标准体系。强化应用牵引，建立智能制造产业联盟，协同推动智能装备和产品研发、系统集成创新与产业化。促进工业互联网、云计算、大数据在企业研发设计、生产制造、经营管理、销售服务等全流程和全产业链的综合集成应用。加强智能制造工业控制系统网络安全保障能力建设，健全综合保障体系。

（5）加快发展智能制造装备和产品。组织研发具有深度感知、智慧决策、自动执行功能的高档数控机床、工业机器人、增材制造装备等智能制造装备以及智能化生产线，突破新型传感器、智能测量仪表、工业控制系统、伺服电机及驱动器和减速器等智能核心装置，推进工程化和产业化。加快机械、航空、船舶、汽车、轻工、纺织、食品、电子等行业生产设备的智能化改造，提高精准制造、敏捷制造能力。统筹布局和推动智能交通工具、智能工程机械、服务机器人、智能家电、智能照明电器、可穿戴设备等产品研发和产业化。

（6）推进制造过程智能化。在重点领域试点建设智能工厂/数字化车间，加快人机智能交互、工业机器人、智能物流管理、增材制造等技术和装备在生产过程中的应用，促进制造工艺的仿真优化、数字化控制、状态信息实时监测和自适应控制。加快产品全生命周期管理、客户关系管理、供应链管理系统的推广应用，促进集团管控、设计与制造、产供销一体、业务和财务衔接等关键环节集成，实现智能管控。加快民用爆炸物品、危险化学品、食品、印染、稀土、农药等重点行业智能检测监管体系建设，提高智能化水平。

（7）深化互联网在制造领域的应用。制定互联网与制造业融合发展的路线图，明确发展方向、目标和路径。发展基于互联网的个性化定制、众包设计、云制造等新型制造模式，推动形成基于消费需求动态感知的研发、制造和产业组织方式。建立优势互补、合作共赢的开放型产业生态体系。加快开展物联网技术研发和应用示范，培育智能监测、远程诊断管理、全产业链追溯等工业互联网新应用。实施工业云及工业大数据创新应用试点，建设一批高质量的工业云服务和工业大数据平台，推动软件与服务、设计与制造资源、关键技术与标准的开放共享。

（8）加强互联网基础设施建设。加强工业互联网基础设施建设规划与布局，建设低时延、高可靠、广覆盖的工业互联网。加快制造业集聚区光纤网、移动通信网和无线局域网的部署和建设，实现信息网络宽带升级，提高企业宽带接入能力。针对信息物理系统网络研发及应用需求，组织开发智能控制系统、工业应用软件、故障诊断软件和相关工具、传感和通信系统协议，实现人、设备与产品的实时联通、精确识别、有效交互与智能控制。

3. 智能制造工程

紧密围绕重点制造领域关键环节，开展新一代信息技术与制造装备融合的集成创新和工程应用。支持政产学研用联合攻关，开发智能产品和自主可控的智能装置并实现产业化。依托优势企业，紧扣关键工序智能化、关键岗位机器人替代、生产过程智能优化控制、供应链优化，建设重点领域智能工厂/数字化车间。在基础条件好、需求迫切的重点地区、行业和企业中，分类实施流程制造、离散制造、智能装备和产品、新业态新模式、智能化管理、智能化服务等试点示范及应用推广。建立智能制造标准体系和信息安全保障系统，搭建智能制造网络系统平台。

到 2020 年，制造业重点领域智能化水平显著提升，试点示范项目运营成本降低 30%，产品生产周期缩短 30%，不良品率降低 30%。到 2025 年，制造业重点领域全面实现智能化，试点示范项目运营成本降低 50%，产品生产周期缩短 50%，不良品率降低 50%。

（二）强化工业基础能力

核心基础零部件（元器件）、先进基础工艺、关键基础材料和产业技术基础（以下统称"四基"）等工业基础能力薄弱，是制约我国制造业创新发展和质量提升的症结所在。要坚持问题导向、产需结合、协同创新、重点突破的原则，着力破解制约重点产业发展的瓶颈。

1. 统筹推进"四基"发展

制订工业强基实施方案，明确重点方向、主要目标和实施路径。制订工业"四基"发展指导目录，发布工业强基发展报告，组织实施工业强基工程。统筹军民两方面资源，开展军民两用技术联合攻关，支持军民技术相互有效利用，促进基础领域融合发展。强化基础领域标准、计量体系建设，加快实施对标达标，提升基础产品的质量、可靠性和寿命。建立多部门协调推进机制，引导各类要素向基础领域集聚。

2. 加强"四基"创新能力建设

强化前瞻性基础研究，着力解决影响核心基础零部件（元器件）产品性能和稳定性的关键共性技术。建立基础工艺创新体系，利用现有资源建立关键共性基础工艺研究机构，开展先进成型、加工等关键制造工艺联合攻关；支持企业开展工艺创新，培养工艺专业人才。加大基础专用材料研发力度，提高专用材料自给保障能力和制备技术水平。建立国家工业基础数据库，加强企业试验检测数据和计量数据的采集、管理、应用和积累。加大对"四基"领域技术研发的支持力度，引导产业投资基金和创业投资基金投向"四基"领域重点项目。

3. 推动整机企业和"四基"企业协同发展

注重需求侧激励，产用结合，协同攻关。依托国家科技计划（专项、基金等）和相关工程等，在数控机床、轨道交通装备、航空航天、发电设备等重点领域，引导整机企业和"四基"企业、高校、科研院所产需对接，建立产业联盟，形成协同创新、产用结合、以市场促基础产业发展的新模式，提升重大装备自主可控水平。开展工业强基示范应用，完善首台（套）、首批次政策，支持核心基础零部件（元器件）、先进基础工艺、关键基础材料推广应用。

4. 工业强基工程

开展示范应用，建立奖励和风险补偿机制，支持核心基础零部件（元器件）、先进基础工艺、关键基础材料的首批次或跨领域应用。组织重点突破，针对重大工程和重点装备的关键技术和产品急需，支持优势企业开展政产学研用联合攻关，突破关键基础材料、核心基础零部件的工程化、产业化瓶颈。强化平台支撑，布局和组建一批"四基"研究中心，创建一批公共服务平台，完善重点产业技术基础体系。

到 2020 年，40%的核心基础零部件、关键基础材料实现自主保障，受制于人的局面逐步缓解，航天装备、通信装备、发电与输变电设备、工程机械、轨道交通装备、家用电器等产业急需的核心基础零部件（元器件）和关键基础材料的先进制造工艺得到推广应用。到 2025 年，70%的核心基础零部件、关键基础材料实现自主保障，80 种标志性先进工艺得到推广应用，部分达到国际领先水平，建成较为完善的产业技术基础服务体系，逐步形成整机牵引和基础支撑协调互动的产业创新发展格局。

（三）加强质量品牌建设

提升质量控制技术，完善质量管理机制，夯实质量发展基础，优化质量发展环境，努力实现制造业质量大幅提升。鼓励企业追求卓越品质，形成具有自主知识产权的名牌产品，不断提升企业品牌价值和中国制造整体形象。

1. 推广先进质量管理技术和方法

建设重点产品标准符合性认定平台，推动重点产品技术、安全标准全面达到国际先进水平。开展质量标杆和领先企业示范活动，普及卓越绩效、六西格玛、精益生产、质量诊断、质量持续改进等先进生产管理模式和方法。支持企业提高质量在线监测、在线控制和产品全生命周期质量追溯能力。组织开展重点行业工艺优化行动，提升关键工艺过程控制水平。开展质量管理小组、现场改进等群众性质量管理活动示范推广。加强中小企业质量管理，开展质量安全培训、诊断和辅导活动。

2. 加快提升产品质量

实施工业产品质量提升行动计划，针对汽车、高档数控机床、轨道交通装备、大型成套技术装备、工程机械、特种设备、关键原材料、基础零部件、电子元器件等重点行业，组织攻克一批长期困扰产品质量提升的关键共性质量技术，加强可靠性设计、试验与验证技术开发应用，推广采用先进成型和加工方法、在线检测装置、智能化生产和物流系统及检测设备等，使重点实物产品的性能稳定性、质量可靠性、环境适应性、使用寿命等指标达到国际同类产品先进水平。在食品、药品、婴童用品、家电等领域实施覆盖产品全生命周期的质量管理、质量自我声明和质量追溯制度，保障重点消费品质量安全。大力提高国防装备质量可靠性，增强国防装备实战能力。

3. 完善质量监管体系

健全产品质量标准体系、政策规划体系和质量管理法律法规。加强关系民生和安全等重点领域的行业准入与市场退出管理。建立消费品生产经营企业产品事故强制报告制度，健全质量信用信息收集和发布制度，强化企业质量主体责任。将质量违法违规记录作为企业诚信评级的重要内容，建立质量黑名单制度，加大对质量违法和假冒品牌行为的打击和惩处力度。建立区域和行业质量安全预警制度，防范化解产品质量安全风险。严格实施产品"三包"、产品召回等制度。强化监管检查和责任追究，切实保护消费者权益。

4. 夯实质量发展基础

制定和实施与国际先进水平接轨的制造业质量、安全、卫生、环保及节能标准。加强计量科技基础及前沿技术研究，建立一批制造业发展急需的高准确度、高稳定性计量标准，提升与制造业相关的国家量传溯源能力。加强国家产业计量测试中心建设，构建国家计量科技创新体系。完善检验检测技术保障体系，建设一批高水平的工业产品质量控制和技术评价实验室、产品质量监督检验中心，鼓励建立专业检测技术联盟。完善认证认可管理模式，提高强制性产品认证的有效性，推动自愿性产品认证健康发展，提升管理体系认证水平，稳步推进国际互认。支持行业组织发布自律规范或公约，开展质量信誉承诺活动。

5. 推进制造业品牌建设

引导企业制定品牌管理体系，围绕研发创新、生产制造、质量管理和营销服务全过程，提升内在素质，夯实品牌发展基础。扶持一批品牌培育和运营专业服务机构，开展品牌管理咨询、市场推广等服务。健全集体商标、证明商标注册管理制度。打造一批特色鲜明、竞争力强、市场信誉好的产业集群区域品牌。建设品牌文化，引导企业增强以质量和信誉为核心的品牌意识，树立品牌消费理念，提升品牌附加值和软实力。加速我国品牌价值评价国际化进程，充分发挥各类媒体作用，加大中国品牌宣传推广力度，树立中国制造品牌良好形象。

（四）全面推行绿色制造

加大先进节能环保技术、工艺和装备的研发力度，加快制造业绿色改造升级；积极推行低碳化、循环化和集约化，提高制造业资源利用效率；强化产品全生命周期绿色管理，努力构建高效、清洁、低碳、循环的绿色制造体系。

1. 加快制造业绿色改造升级

全面推进钢铁、有色、化工、建材、轻工、印染等传统制造业绿色改造，大力研发推广余热余压回收、水循环利用、重金属污染减量化、有毒有害原料替代、废渣资源化、脱硫脱硝除尘等绿色工艺技术装备，加快应用清洁高效铸造、锻压、焊接、表面处理、切削等加工工艺，实现绿色生产。加强绿色产品研发应用，推广轻量化、低功耗、易回收等技术工艺，持续提升电机、锅炉、内燃机及电器等终端用能产品能效水平，加快淘汰落后机电产品和技术。积极引领新兴产业高起点绿色发展，大幅降低电子信息产品生产、使用能耗及限用物质含量，建设绿色数据中心和绿色基站，大力促进新材料、新能源、高端装备、生物产业绿色低碳发展。

2. 推进资源高效循环利用

支持企业强化技术创新和管理，增强绿色精益制造能力，大幅降低能耗、物耗和水耗水平。持续提高绿色低碳能源使用比率，开展工业园区和企业分布式绿色智能微电网建设，控制和削减化石能源消费量。全面推行循环生产方式，促进企业、园区、行业间链接共生、原料互供、资源共享。推进资源再生利用产业规范化、规模化发展，强化技术装备支撑，提高大宗工业固体废弃物、废旧金属、废弃电器电子产品等综合利用水平。大力发展再制造产业，实施高端再制造、智能再制造、在役再制造，推进产品认定，促进再制造产业持续健康发展。

3. 积极构建绿色制造体系

支持企业开发绿色产品，推行生态设计，显著提升产品节能环保低碳水平，引导绿色生产和绿色消费。建设绿色工厂，实现厂房集约化、原料无害化、生产洁净化、废物资源化、能源低碳化。发展绿色园区，推进工业园区产业耦合，实现近零排放。打造绿色供应链，加快建立以资源节约、环境友好为导向的采购、生产、营销、回收及物流体系，落实生产者责任延伸制度。壮大绿色企业，支持企业实施绿色战略、绿色标准、绿色管理和绿色生产。强化绿色监管，健全节能环保法规、标准体系，加强节能环保监察，推行企业社会责任报告制度，开展绿色评价。

4. 绿色制造工程

组织实施传统制造业能效提升、清洁生产、节水治污、循环利用等专项技术改造。开展重大节能环保、资源综合利用、再制造、低碳技术产业化示范。实施重点区域、流域、行业清洁生产水平提升计划，扎实推进大气、水、土壤污染源头防治专项。制定绿色产品、绿色工厂、绿色园区、绿色企业标准体系，开展绿色评价。

到 2020 年，建成千家绿色示范工厂和百家绿色示范园区，部分重化工行业能源资源消耗出现拐点，重点行业主要污染物排放强度下降 20%。到 2025 年，制造业绿色发展和主要产品单耗达到世界先进水平，绿色制造体系基本建立。

（五）大力推动重点领域突破发展

瞄准新一代信息技术、高端装备、新材料、生物医药等战略重点，引导社会各类资源集聚，推动优势和战略产业快速发展。组织实施大型飞机、航空发动机及燃气轮机、民用航天、智能绿色列车、节能与新能源汽车、海洋工程装备及高技术船舶、智能电网成套装备、高档数控机床、核电装备、高端诊疗设备等一批创新和产业化专项、重大工程。开发一批标志性、带动性强的重点产品和重大装备，提升自主设计水平和系统集成能力，突破共性关键技术与工程化、产业化瓶颈，组织开展应用试点和示范，提高创新发展能力和国际竞争力，抢占竞争制高点。

到 2020 年，上述领域实现自主研制及应用。到 2025 年，自主知识产权高端装备市场占有率大幅提升，核心技术对外依存度明显下降，基础配套能力显著增强，重要领域装备达到国际领先水平。

（六）深入推进制造业结构调整

推动传统产业向中高端产业迈进，逐步化解过剩产能，促进大企业与中小企业协调发展，进一步优化制造业布局。

1. 持续推进企业技术改造

明确支持战略性重大项目和高端装备实施技术改造的政策方向，稳定中央技术改造引导资金规模，通过贴息等方式，建立支持企业技术改造的长效机制。推动技术改造相关立法，强化激励约束机制，完善促进企业技术改造的政策体系。支持重点行业、高端产品、关键环节进行技术改造，引导企业采用先进适用技术，优化产品结构，全面提升设计、制造、工艺、管理水平，促进钢铁、石化、工程机械、轻工、纺织等产业向价值链高端发展。研究制定重点产业技术改造投资指南和重点项目导向计划，吸引社会资金参与，优化工业投资结构。围绕两化融合、节能降耗、质量提升、安全生产等传统领域改造，推广应用新技术、新工艺、新装备、新材料，提高企业生产技术水平和效益。

2. 稳步化解产能过剩矛盾

加强和改善宏观调控，按照"消化一批、转移一批、整合一批、淘汰一批"的原则，分业分类施策，有效化解产能过剩矛盾。加强行业规范和准入管理，推动企业提升技术装备水平，优化存量产能。加强对产能严重过剩行业的动态监测分析，建立完善预警机制，引导企业主动退出过剩行业。切实发挥市场机制作用，综合运用法律、经济、技术及必要的行政手段，加快淘汰落后产能。

3. 促进大中小企业协调发展

强化企业市场主体地位，支持企业间战略合作和跨行业、跨区域兼并重组，提高规模化、集约化经营水平，培育一批核心竞争力强的企业集团。激发中小企业创业创新活力，发展一批主营业务突出、竞争力强、成长性好、专注于细分市场的专业化"小巨人"企业。发挥中外中小企业合作园区示范作用，利用双边、多边中小企业合作机制，支持中小企业走出去和引进来。引导大企业与中小企业通过专业分工、服务外包、订单生产等多种方式，建立协同创新、合作共赢的协作关系。推动建设一批高水平的中小企业集群。

4. 优化制造业发展布局

落实国家区域发展总体战略和主体功能区规划，综合考虑资源能源、环境容量、市场空间等因素，制定和实施重点行业布局规划，调整优化重大生产力布局。完善产业转移指导目录，建设国家产业转移信息服务平台，创建一批承接产业转移示范园区，引导产业合理有序转移，推动东中西部制造业协调发展。积极推动京津冀和长江经济带产业协同发展。按照新型工业化的要求，改造提升现有制造业集聚区，推动产业集聚向产业集群转型升级。建设一批特色和优势突出、产业链协同高效、核心竞争力强、公共服务体系健全的新型工业化示范基地。

（七）积极发展服务型制造和生产性服务业

加快制造与服务的协同发展，推动商业模式创新和业态创新，促进生产型制造向服务型制造转变。大力发展与制造业紧密相关的生产性服务业，推动服务功能区和服务平台建设。

1. 推动发展服务型制造

研究制定促进服务型制造发展的指导意见，实施服务型制造行动计划。开展试点示范，引导和支持制造业企业延伸服务链条，从主要提供产品制造向提供产品和服务转变。鼓励制造业企业增加服务环节投入，发展个性化定制服务、全生命周期管理、网络精准营销和在线支持服务等。支持有条件的企业由提供设备向提供系统集成总承包服务转变，由提供产品向提供整体解决方案转变。鼓励优势制造业企业"裂变"专业优势，通过业务流程再造，面向行业提供社会化、专业化服务。支持符合条件的制造业企业建立企业财务公司、金融租赁公司等金融机构，推广大型制造设备、生产线等融资租赁服务。

2. 加快生产性服务业发展

大力发展面向制造业的信息技术服务，提高重点行业信息应用系统的方案设计、开发、综合集成能力。鼓励互联网等企业发展移动电子商务、在线定制、线上到线下等创新模式，积极发展对产品、市场的动态监控和预测预警等业务，实现与制造业企业的无缝对接，创新业务协作流程和价值创造模式。加快发展研发设计、技术转移、创业孵化、知识产权、科技咨询等科技服务业，发展壮大第三方物流、节能环保、检验检测认证、电子商务、服务外包、融资租赁、人力资源服务、售后服务、品牌建设等生产性服务业，提高对制造业转型升级的支撑能力。

3. 强化服务功能区和公共服务平台建设

建设和提升生产性服务业功能区，重点发展研发设计、信息、物流、商务、金融等现代服务业，增强辐射能力。依托制造业集聚区，建设一批生产性服务业公共服务平台。鼓励东部地区企业加快制造业服务化转型，建立生产服务基地。支持中西部地区发展具有特色和竞争力的生产性服务业，加快产业转移承接地服务配套设施和能力建设，实现制造业和服务业协同发展。

（八）提高制造业国际化发展水平

统筹利用两种资源、两个市场，实行更加积极的开放战略，将引进来与走出去更好结合，拓展新的开放领域和空间，提升国际合作的水平和层次，推动重点产业国际化布局，引导企业提高国际竞争力。

1. 提高利用外资与国际合作水平

进一步放开一般制造业，优化开放结构，提高开放水平。引导外资投向新一代信息技术、高端装备、新材料、生物医药等高端制造领域，鼓励境外企业和科研机构在我国设立全球研发机构。支持符合条件的企业在境外发行股票、债券，鼓励与境外企业开展多种形式的技术合作。

2. 提升跨国经营能力和国际竞争力

支持发展一批跨国公司，通过全球资源利用、业务流程再造、产业链整合、资本市场运作等方式，加快提升核心竞争力。支持企业在境外开展并购和股权投资、创业投资，建立研发中心、实验基地和全球营销及服务体系；依托互联网开展网络协同设计、精准营销、增值服务创新、媒体品牌推广等，建立全球产业链体系，提高国际化经营能力和服务水平。鼓励优势企业加快发展国际总承包、总集成。引导企业融入当地文化，增强社会责任意识，加强投资和经营风险管理，提高企业境外本土化能力。

3. 深化产业国际合作，加快企业走出去

加强顶层设计，制定制造业走出去发展总体战略，建立完善统筹协调机制。积极参与和推动国际产业合作，贯彻落实丝绸之路经济带和 21 世纪海上丝绸之路等重大战略部署，加快推进与周边国家互联互通基础设施建设，深化产业合作。发挥沿边开放优势，在有条件的国家和地区建设一批境外制造业合作园区。坚持政府推动、企业主导，创新商业模式，鼓励高端装备、先进技术、优势产能向境外转移。加强政策引导，推动产业合作由加工制造环节为主向合作研发、联合设计、市场营销、品牌培育等高端环节延伸，提高国际合作水平。创新加工贸易模式，延长加工贸易国内增值链条，推动加工贸易转型升级。

第三节　网络化制造

网络化制造是指通过采用先进的网络技术、制造技术及其他相关技术，构建面向企业特定需求的基于网络的制造系统，并在系统的支持下，突破空间对企业生产经营范围和方式的约束，开展覆盖产品整个生命周期全部或部分环节的企业业务活动（如产品设计、制造、销售、采购、管理等），实现企业间的协同和各种社会资源的共享与集成，高速度、高质量、低成本地为市场提供所需的产品和服务。

迄今为止，国内外许多专家、学者和企业应用人员在网络化制造方面已经开展了大量的研究和应用实践工作，德国的 Production 2000 框架方案旨在建立一个全球化的产品设计与制造资源信息服务网；欧洲联盟公布的"第五框架计划（1998—2002 年）"已将虚拟网络企业列入研究主体，其目标是为联盟内各个国家的企业提供资源服务和共享的统一基础平台，在此基础上公布的"第六框架计划（2002—2006 年）"的一个主要集成平台体系结构目标是进一步研究利用互联网技术改善联盟内各个分散实体之间的集成和协作机制。

一、网络化制造的产生

所谓网络化制造，是指企业利用计算机网络实现制造过程及制造过程与企业中工程设计、管理信息系统等子系统的集成，包括通过计算机网络远程操纵异地的机器设备进行制造、企业利用计算机网络搜寻产品的市场供应信息、搜寻加工任务、去发现合适的产品生产合作伙伴、进行产品的合作开发设计和制造以及产品的销售等，即通过计算机网络进行生产经营业务活动各个环节的合作，以实现企业间的资源共享和优化组合利用、实现异地制造。网络化制造是制造业利用网络技术开展的产品设计、制造、销售、采购、管理等一系列活动的总称，涉及企业生产经营活动的各个环节。

网络化制造产生的背景主要与互联网的发展、经济全球化以及先进制造系统与技术的发展有关，从目前已了解到的技术来看，以互联网为代表的网络技术将是 21 世纪对制造业影响最大的技术。网络技术将全面和深刻地影响制造业，产生一系列的新技术、新设备和新方法，将对产品从设计、制造到销售及售后服务的各个环节产生巨大影响。

经济全球化为网络化制造系统和技术的产生提供了一种外部环境。在经济全球化的环境中，制造企业若很好地利用网络技术就可以获得很多机会，否则，就有可能坐以待毙。

先进制造系统与技术的发展促进了网络化制造系统和技术的发展，如敏捷制造、计算机集成制造系统（在我国又进一步发展为现代集成制造系统）、精益生产、分形企业、企业重组、合理化工程、成组技术等。

1974 年，美国的哈林顿博士提出了计算机集成制造（computer integrated manufacturing，CIM）的概念，其要点是：① 企业生产的各个环节，即从市场分析、产品设计、加工制造、经营管理到售后服务的全部生产活动是一个不可分割的整体，要紧密连接，统一考虑；② 整个生产过程实质上是一个数据的采集、传递和加工处理的过程，最终形成的产品可以看作数据的物质表现。

从这一概念可以知道：① 网络技术可以使企业生产的各个环节紧密连接，统一考虑，而且可以使分布在世界各地的企业生产的各个相关环节紧密连接，统一考虑；② 将整个生产过程的实质看作是一个数据的采集、传递和加工处理的过程，网络技术可以在生产过程中发挥很大作用。通过网络，可以进行大量的、大范围的、实时的数据采集；通过网络，可以进行大量数据的远程传递；通过网络，可以对数据进行异地协同处理。

二、网络化制造系统与关键技术

网络化制造系统的体系结构是描述网络化制造系统的一组模型的集合，这些模型描述了网络化制造系统的功能结构、特性和运行方式。在进行网络化制造系统规划设计时，对目标系统进行全面的定义；通过网络化制造系统的建模，发现当前网络化制造系统存在的问题，进而改进当前网络化制造系统结构或优化系统运行。

网络化制造涉及协同、设计、服务、销售和装配等，由网络化企业动态联盟和虚拟企业组建的优化系统、网络化制造环境下项目管理系统、网络化协同产品开发支持系统、网络化制造环境下产品数据管理及设计制造集成支持系统、网络化制造环境下敏捷供应链管理系统、产品网络化销售与定制的开发与运行支持系统、相应的网络和数据库支撑分系统等功能分系统构成。这些功能分系统既能集成运行，也能单独应用。在系统层次由下往上依次为基本的网络传输层、数据库管理系统、搜索和分析的基础通信平台、项目管理和 PDM（功能分系统）、面向用户的应用系统和服务。

（一）网络化制造系统体系结构的视图构成

（1）功能视图，描述网络化制造系统中较为稳定的静态功能组成和动态功能联系。

（2）信息视图，描述网络化制造系统中的信息结构、信息流动和信息处理过程。

（3）资源视图，描述网络化制造系统中的设备、物流等系统资源配置以及资源流模型。

（4）组织视图，描述网络化制造系统中的组织构成和组织方式。

（5）过程视图，描述网络化制造系统中涉及上述四个视图的业务流程构成与运行过程。

（二）网络化制造的关键技术

1. 制造系统的敏捷基础设施网络

制造系统的敏捷基础设施网络（agile infrastructure for manufacturing system，AIMS net）包括供应商信息、资源和伙伴选择、合同与协议服务、虚拟企业运作支持和工作小组合作支持等。AIMS Net 是一个开放网络，任何企业都可在其上提供服务，而且这个网络是无缝隙的，因为企业通过它从内部和外部获得服务没有任何区别。通过 AIMS Net 可以减少生产准备时间，使当前的生产更加流畅，并可开辟企业从事生产活动的新途径。利用 AIMS Net 可把能力互补的大、中、小企业连接起来，形成供应链网络。企业不再是"大而全""小而全"，而是更加强调自己的核心专长。通过相互合作，能有效地处理任何不可预测的市场变化。

2. CAM 网络

CAM 网络通过互联网提供多种制造支撑服务，如产品设计的可制造性、加工过程仿真及产品的试验等，使得集成企业的成员能够快速连接和共享制造信息。建立敏捷制造的支撑环境在网络上协调工作，将企业中各种以数据库文本图形和数据文件存储的分布信息集成起来以供合作伙伴共享，为各合作企业的过程集成提供支持。

3. 网络化制造模式下的 CAPP 技术

CAPP 是联系设计和制造的桥梁和纽带，网络化制造系统的实施必须获得工艺设计理论及其应用系统的支持。因此，在继承传统的 CAPP 系统研究成果的基础上，进一步探索网络化制造模式下的集成化、工具化。CAPP 是当前网络化制造系统研究和开发的前沿领域，它包括基于互联网的工具化零件信息输入机制建立、基于互联网的派生式和创成式工艺设计方法等。

4. 企业集成网络

企业集成网络提供各种增值的服务，包括目录服务、安全性服务和电子汇款服务等。目录服务帮助用户在电子市场或企业内部寻找信息、服务和人员。安全性服务通过用户权限为网络安全提供保障。电子汇款服务支持在整个网络上进行商业往来。通过这些服务，用户能够快速地确定所需要的信息，安全地进行各种业务以及方便地处理财务事务。

三、数字化网络化制造技术

（一）数字化网络化制造概述

数字化网络化制造是一项系统工程，既包含了产品生命周期中从生至亡的整个过程的纵向信息化，又涵盖了制造业所有类别相互交织的横向信息化。

数字化网络化制造的特征包括以下方面。

（1）敏捷化。敏捷化是网络化制造的核心思想之一。

（2）分散化。分散化具体体现在两个方面：其一是资源分散化，包括制造硬件资源分散在不同的组织内、不同的地域内和不同的文化条件内等；其二是指制造系统中生产经营管理决策的分散化。

（3）动态化。市场和产品的动态信息是网络化制造联盟存在的先决条件，根据市场和产品的动态变化，网络化制造联盟随之发生动态的变化。

（4）协作化。资源的充分利用体现在形成产品的价值链中的每一个环节。

（5）集成化。由于资源和决策的分散性特征，要充分发挥资源的效率，就必须将制造系统中各种分散的资源能够实现实时集成。

（6）数字化。借助信息技术，网络化制造能够实现真正完全无图纸的虚拟设计、数字化和虚拟化制造，帮助企业形成信息化的组织构架。

（7）网络化。由于制造资源和市场的分散，实现快速重组必须建立在网络化的基础上。因此，组建高效的网络联盟需要将电子网络作为支撑环境，并充分利用现代化通信技术和信息技术。

（二）网络化 CAD 技术

1. 网络化 CAD 的支撑技术

（1）网络联盟中的图形传输模式。对于拥有数控加工装备的网络联盟，可以组成单位之间具有不同程度的和不同类别的数控资源。例如，有的研究所或企业拥有大型商用化CAD/CAM 软件，其设计能力很强，但是其加工能力较弱；而有些过去曾投资大量先进制造设备的大型企业，其设计能力与加工能力也有不相符的现象，造成数控设备利用率低下。所以，研究网络化 CAD 设计还要分析网络联盟中的图形传输模式，它既不同于一般的网络图形分布与浏览，也不同于某些特殊域、特定局域网络的图形传输工作。

（2）VRML Plug-in 插件。使用 VRML 语言可以构建 Web 支持的三维场景对象，它是将产品特征图形发布于网上的通道和桥梁。在国际互联网中，使用 VRML 浏览插件 Plug-in 就可以浏览产品特征图形转换成 VRML 语言格式的 Web 页。

2. VRML 语言及文件格式

VRML 即虚拟现实造型语言，它是一个三维造型和渲染的图形描述性语言，它把一个"虚拟世界"看作一个"场景"，而场景中的一切都看作"对象"，对每一个对象的描述就构成WML 文件。

3. VRML 的结构特点

VRML 文件的最基本的组成部分是结点，主要内容就是结点的层层嵌套以及结点的定义和使用，由此构成整个的虚拟世界。在 VRMI 文件中可以为结点定义一个名称，然后在文本的后面就可以反复地引用该结点。注意，定义结点时要按照一定的语法。

（三）网络化 CAPP 技术

1. CAPP 的概述

与传统的工艺设计方法相比，计算机辅助工艺设计（CAPP）具有以下优点。

（1）提高工艺文件的质量，缩短生产准备周期。

（2）将广大工艺设计人员从烦琐、重复的劳动中解放出来。

（3）能继承有经验的工艺设计的标准化，并有利于工艺设计的最优化。

（4）为适应当前日益自动化的现代制造环节的需要和实现计算机集成创造系统创造必要条件。

2. CAPP 的基本类型

（1）检索式 CAPP 系统。这种系统常用于大批量生产模式，工件的种类很少，零件变化不大且相似程度很高。检索式的系统不需要进行零件的编码，在建立系统时，只需要将各类零件的工艺规程输入计算机。如果需要编制新零件的工艺规程，只需将同类零件的工艺规程调出并进行修改即可。

（2）派生式 CAPP 系统。这是一种建立在成组技术基础上的 CAPP 系统。首先对生产对象进行分析，根据成组技术原理将各类零件分类归族，形成零件族。对于每一个零件族，选择一个能包含该族中所有零件特征的零件为标准样件，也可以构造一个并不存在但包含该族中所有零件特征的零件为标准样件。

（3）创成式 CAPP 系统。这个系统中不存在标准工艺规程，但是有一个收集大量工艺数据的数据库和一个存储工艺专家知识的知识库。当输入零件的有关信息后，系统可以模仿工艺专家，应用各种工艺决策规划，在没有人工干预的条件下，从无到有，自动生成该零件的工艺规程。

（4）半创成式 CAPP 系统。从原理上看，该系统是派生式和创成式 CAPP 原理的综合，也就是说这种系统是在派生式的基础上，增加若干创成功能而形成的系统。这种系统既有派生式的可靠成熟、结构简单、便于使用和维护的优点，又有创成式能够存储、积累、应用工艺专家知识的优点。

（5）广义 CAPP 系统。这种系统将传统 CAPP 系统概念扩充到生产计划编制、车间调度和生产负荷平衡等领域，它同时还包括多种 CAPP 模式，根据不同的生产情况，系统可以自动选择适用的模式。

（6）智能型 CAPP 系统。这种系统是将人工智能技术应用在 CAPP 系统中所形成的 CAPP 专家系统。然而，它与创成式 CAPP 系统有一定的区别，创成式的 CAPP 及 CAPP 专家系统都能自动地生成工艺规程。创成式系统是以逻辑算法加决策表为特征的，而智能型 CAPP 系统则以推理加知识为其特征。

（四）网络化 CAM 技术

1. CAM 的概述

计算机辅助制造有狭义和广义的两个概念。

（1）CAM 的狭义概念指的是从产品的设计到加工制造之间的一切生产准备活动，它包括 CAPP、NC 的编程、工时定额的计算、生产计划的制订、资源需求计划的制订等。

（2）CAM 的广义概念包括的内容则更多，除了上述 CAM 定义所包含的所有内容外，它还包括制造活动中与物流有关的所有过程的监视、控制和管理。

2. CAM 的支撑系统

（1）硬件。硬件系统主要包括主机、外存储器、输入输出设备及其他通信接口。

　　主机：主处理计算机，它是 CAD/CAM 系统的中心。目前，主机一般采用小型机或超级小型机、超级微机和个人微机三个档次。选用何种机型，要视产品的生产规模、复杂程度、设计工作量大小等情况而定。

　　外存储器：由于 CAD/CAM 要处理的信息量特别多，因此，大容量外存储器显得特别重要。目前，外存储器主要有硬磁盘、软磁盘、磁带机、光盘等。

　　输入输出设备：CAD/CAM 系统因为它特有的特点要求输入输出设备精度高、速度快等。输入输出设备有数字化仪、图形输入板、图形扫描仪及键盘等；输出设备有绘图机、打印机、笔绘仪、硬拷贝机等。

　　（2）软件。软件主要包括系统软件、支撑软件、应用软件等。

　　系统软件：主要用于计算机的管理、维护、控制及运行，以及计算机程序的翻译、安装及运行。它包括操作系统和语言编译系统等。

　　支撑软件：它是 CAD 软件系统的核心，是为满足 CAD/CAM 工作中一些用户共同需要而开发的通用软件。由于计算机应用领域范围的扩大，支撑软件开发研制有很大的进展，商品化支撑软件层出不穷。其中，通用的软件可分为计算机分析软件、图形支撑软件系统、数据库管理系统、计算机网络工作软件。

　　应用软件：应用软件是在系统软件、支撑软件基础上，针对某一个专门应用领域而研制的软件。因此，这类软件类型多，内容丰富。

第四节　智 能 制 造

　　自 20 世纪 80 年代以来，随着产品性能的复杂化及功能的多样化，促使产品包含的设计信息量猛增，对制造设备的要求越来越高。21 世纪，基于信息和知识的产品设计、制造和生产管理将成为知识经济和信息社会的重要组成部分，是制造科学与技术最重要与最基本的特征之一，智能制造正是在这一背景下提出并得到学术界和工业界的广泛关注。

一、智能制造的概念

　　智能制造应当包含智能制造技术（IMT）和智能制造系统（IMS）。

（一）智能制造技术

　　智能制造技术是指利用计算机模拟制造专家的分析、判断、推理、构思和决策等智能活动，并将这些智能活动与智能机器有机地融合起来，将其贯穿应用于整个制造企业的各个子系统（如经营决策、采购、产品设计、生产计划、制造、装配、质量保证和市场销售等），以实现整个制造企业经营运作的高度柔性化和集成化，从而取代或延伸制造环境中专家的部分脑力劳动，并对制造业专家的智能信息进行收集、存储、完善、共享、继承和发展的一种极大地提高生产效率的先进制造技术。智能制造技术的支撑技术主要包含以下四类。

1. 人工智能技术

　　IMT 的目标是利用计算机模拟制造人类专家的智能活动，取代或延伸人的部分脑力劳动，而这些正是人工智能技术研究的内容。因此，IMS 离不开人工智能技术。IMS 的智能水平的提高依赖于人工智能技术的发展。当然，由于人类大脑活动思维的复杂性，人们对其的认识还很片面，人工智能技术尚处于低级阶段。目前，IMS 中的智能主要是人（各专业领域专家）的智能。

2. 并行工程

就制造业而言，并行工程（concurrent engineering, CE）是指产品概念的形成和设计与其生产和服务系统实现相平行，即在制造过程的设计阶段就考虑到产品整个生命周期的各个环节（包括质量、成本、进度计划、用户要求及报废处理），集成并共享各个环节的制造智能，并行地开展产品制造各环节的设计工作。

3. 虚拟制造技术

虚拟制造技术（virtual manufacturing technology，VMT）是实际制造过程在计算机上的本质实现，即采用计算机仿真与虚拟现实（vinual reality，VR），在计算机支持的协同工作环境中，实现产品的设计、工艺过程编制、加工制造、性能分析、质量检验以及企业各级过程的管理与控制等产品制造的本质过程，以增强制造过程中各级的决策与控制能力，以此达到产品开发周期最短、成本最低、质量最优、生产效率最高。

4. 信息网络技术

信息网络技术是制造过程的系统和各个环节"智能集成"化的支撑。信息网络是制造信息及知识流动的通道。

（二）智能制造系统

智能制造系统是指基于 IMT，利用计算机综合应用人工智能技术（如人工神经网络、遗传算法等）、智能制造机器、代理技术、材料技术、现代管理技术、制造技术、信息技术、自动化技术、并行工程、生命科学和系统工程的理论与方法，在国际标准化和互换性的基础上，使整个企业制造系统中的各个子系统分别智能化，并使制造系统形成由网络集成的、高度自动化的一种制造系统。智能制造系统的特点如下。

1. 自组织能力

IMS 中的各种组成单元能够根据工作任务的需要，自行集结成一种超柔性最佳结构，并按照最优的方式运行。其柔性不仅表现在运行方式上，还表现在结构形式上。完成任务后，该结构自行解散，以备在下一个任务中集结成新的结构。自组织能力是 IMS 的一个重要标志。

2. 自律能力

IMS 具有搜集与理解环境信息及自身信息并进行分析判断和规划自身行为的能力。强有力的知识库和基于知识的模型是自律能力的基础。IMS 能根据周围环境和自身作业状况的信息进行监测和处理，并根据处理结果自行调整控制策略，以采用最佳运行方案。这种自律能力使整个制造系统具备抗干扰、自适应和容错等能力。

3. 自学习和自维护能力

IMS 能以原有的专家知识为基础，在实践中不断进行学习，完善系统的知识库，并删除库中不适用的知识，使知识库更趋合理；同时，还能对系统故障进行自我诊断、排除及修复。

4. 整个制造系统的智能集成

IMS 在强调各个子系统智能化的同时，更注重整个制造系统的智能集成。这是 IMS 与面向制造过程中特定应用的"智能化孤岛"的根本区别。

5. 人机一体化智能系统

IMS 不单纯是人工智能系统，而是人机一体化智能系统，是一种混合智能。人机一体化一方面突出人在制造系统中的核心地位，另外，在智能机器的配合下，更好地发挥了人的潜能，使人机之间表现出一种平等共事、相互"理解"、相互协作的关系，使两者在不同的层次上各显其能，相辅相成。

6. 虚拟现实

这是实现虚拟制造的支持技术，也是实现高水平人机一体化的关键技术之一。人机结合的新一代智能界面，使得可用虚拟手段智能地表现现实，这是智能制造的一个显著特征。

二、国内外发展现状

智能制造源于人工智能的研究。随着产品性能的完善及其结构的复杂化、精细化，以及功能的多样化，产品所包含的设计信息和工艺信息量猛增，生产线和生产设备内部的信息流量也随之增加，促使制造技术发展的热点与前沿转向了提高制造系统对于爆炸性增长的制造信息处理的能力、效率及规模上。有专家认为，制造系统正在由原先的能量驱动型转变为信息驱动型，这就要求制造系统不但要具备柔性，而且还要表现出智能，否则就难以处理如此大量而复杂的信息工作量。其次，瞬息万变的市场需求和激烈竞争的复杂环境也要求制造系统表现出更高的灵活、敏捷和智能。因此，智能制造越来越受到高度的重视。纵览全球，虽然总体而言智能制造尚处于概念和实验阶段，但各国政府均将此列入国家发展计划，大力推动实施。

1992 年，美国执行新技术政策，大力支持被总统称为关键重大技术的信息技术和新的制造工艺，智能制造技术便在其中，美国政府希望借助此举改造传统工业并启动新产业。

加拿大制定的 1994—1998 年发展战略计划认为，知识密集型产业是驱动未来全球经济和加拿大经济发展的基础，认为发展和应用智能系统至关重要，并将具体研究项目选择为智能计算机、人机界面、机械传感器、机器人控制、新装置、动态环境下系统集成。

日本于 1989 年提出智能制造系统，并于 1994 年启动了先进制造国际合作研究项目，包括公司集成和全球制造、制造知识体系、分布智能系统控制、快速产品实现的分布智能系统技术等。

欧洲联盟的信息技术相关研究有 ESPRIT 项目，该项目大力资助有市场潜力的信息技术。1994 年又启动了新的 R81-D 项目，选择了 39 项核心技术，其中的三项（信息技术、分子生物学和先进制造技术）均突出了智能制造的位置。

中国在 20 世纪 80 年代末也将"智能模拟"列入国家科技发展规划的主要课题，已在专家系统、模式识别、机器人、汉语机器理解方面取得了一批成果。最近，国家科技部正式提出了"工业智能工程"，作为技术创新计划中创新能力建设的重要组成部分，智能制造将是该项工程中的重要内容。

由此可见，智能制造正在世界范围内兴起，它是制造技术发展，特别是制造信息技术发展的必然，是自动化和集成技术向纵深发展的结果。

智能装备面向传统产业改造提升和战略性新兴产业的发展需求，重点包括智能仪器仪表与控制系统、关键零部件及通用部件、智能专用装备等。它能实现各种制造过程自动化、智能化、精益化、绿色化，带动装备制造业整体技术水平的提升。

 思 考 题

1. 制造业 2025 的主要内容有哪些？
2. 网络化制造流程有哪些内容？
3. 智能制造的研究现状如何？

参 考 文 献

[1] 邹艳芬，胡宇辰，陶永进. 运营管理. 上海：复旦大学出版社，2013.

[2] 王磊，王宜举. 库存管理. 北京：北京交通大学出版社，2016.

[3] 陈荣秋，马士华. 生产运作管理. 4 版. 北京：机械工业出版社，2013.

[4] 曹翠珍. 供应链管理. 北京：北京大学出版社，2010.

[5] 孙慧. 运营管理. 上海：复旦大学出版社，2013.

[6] 冯晋中，管军. 落地：从工业 4.0 到中国制造 2025. 北京：机械工业出版社，2017.

[7] 克洛彭博格，佩特里克. 项目质量管理. 北京：机械工业出版社，2005.

[8] 马义中，汪建均. 质量管理学. 北京：机械工业出版社，2012.

[9] 刘丽文. 生产与运作管理. 2 版. 北京：清华大学出版社，2002.

[10] 陈丽霞，诺敏，孟波，等. 精益生产：现代 IE. 深圳：兵器工业出版社，2003.

参考文献